Sprechen Sie Java?

Hanspeter Mössenböck ist Professor für Informatik an der Universität Linz. Seine Interessen liegen auf dem Gebiet der Programmiersprachen und der Systemsoftware, insbesondere des Übersetzerbaus. Von 1988 bis 1994 war er Assistenzprofessor an der ETH Zürich und Mitarbeiter von Prof. Niklaus Wirth im Oberon-Projekt. Zusammen mit Prof. Rechenberg entwickelte Mössenböck den Compiler-Generator Coco/R, der heute weltweit als Public-Domain-Software eingesetzt wird. Im Sommer 2000 verbrachte er einen dreimonatigen Forschungsaufenthalt in der JavaSoft-Gruppe von Sun Microsystems in Kalifornien. Ferner hatte er Gastprofessuren in Oxford und Budapest inne.

Mössenböck ist Verfasser der Bücher »Softwareentwicklung mit C#« und »Objektorientierte Programmierung in Oberon-2« sowie Mitverfasser der Bücher »Die .NET-Technologie«, »Ein Compiler-Generator für Mikrocomputer« und »Informatik-Handbuch«.

dpunkt.lehrbuch

Bücher und Teachware für die moderne Informatikausbildung

Berater für die dpunkt.lehrbücher sind:

Prof. Dr. Gerti Kappel, E-Mail: gerti@big.tuwien.ac.at

Prof. Dr. Ralf Steinmetz, E-Mail: Ralf.Steinmetz@kom.tu-darmstadt.de

Prof. Dr. Martina Zitterbart, E-Mail: zit@telematik.informatik.uni-karlsruhe.de

Hanspeter Mössenböck

Sprechen Sie Java?

Eine Einführung in das systematische Programmieren

3., überarbeitete und erweiterte Auflage

dpunkt.verlag

Prof. Dr. Hanspeter Mössenböck
Johannes Kepler Universität Linz
Institut für Systemsoftware
Altenbergerstraße 69
A-4040 Linz
E-Mail: moessenboeck@ssw.uni-linz.ac.at
http://www.ssw.uni-linz.ac.at

Lektorat: Christa Preisendanz
Copy-Editing: Ursula Zimpfer, Herrenberg
Satz: FrameMaker-Dateien vom Autor
Herstellung: Birgit Bäuerlein
Umschlaggestaltung: Helmut Kraus, Düsseldorf
Druck: Koninklijke Wöhrmann B.V., Zutphen, Niederlande

Bibliografische Information Der Deutschen Bibliothek
Die Deutsche Bibliothek verzeichnet diese Publikation in der Deutschen Nationalbibliografie; detaillierte bibliografische Daten sind im Internet über <http://dnb.ddb.de> abrufbar.

ISBN 978-3-89864-362-7
3., überarbeitete und erweiterte Auflage 2005
Nachdruck 2009

Ringstraße 19
69115 Heidelberg

5 4 3 2

Vorwort zur 3. Auflage

In den letzten Jahren hat sich Java nicht nur in der Industrie immer mehr durchgesetzt, sondern ist auch zur primären Ausbildungssprache an vielen Universitäten und Fachhochschulen geworden.

Seit Sommer 2004 gibt es eine neue Version von Java (Java 5, in älteren Dokumenten auch Java 1.5 genannt), die als wesentliche Neuerungen *generische Typen*, *Enumerationstypen*, eine neue Form der *for-Schleife*, Methoden mit *variabler Parameteranzahl*, *Auto-Boxing* sowie *statisch importierte Klassen* zur Verfügung stellt. Diese Spracherweiterungen machten eine Neuauflage des vorliegenden Buches nötig. Seiner Intention gemäß, ein einführendes Lehrbuch zu sein, werden die neuen Sprachmerkmale jedoch nur so weit beschrieben, als sie für Programmieranfänger von Bedeutung sind. Fortgeschrittene Konzepte wie *Attribute*, die ebenfalls Teil von Java 5 sind, werden nicht behandelt.

Die wichtigsten Neuerungen sind zweifellos generische Typen und Enumerationstypen, denen je ein eigenes Kapitel gewidmet ist. Die anderen Neuerungen wurden in die bestehenden Kapitel eingebaut.

Auf Wunsch vieler Leser wurde ein weiteres Kapitel hinzugefügt, das einen Überblick über die wichtigsten Klassen der Java-Bibliothek gibt. Dort werden Collection-Klassen beschrieben (Listen, Mengen und Abbildungen) sowie Klassen für die Ein- und Ausgabe. Das Kapitel bietet auch einen Einstieg in die Programmierung grafischer Benutzeroberflächen mit *Swing*.

Die für dieses Buch entwickelten einfachen Ein-/Ausgabeklassen In und Out können wie bisher von *ssw.jku.at/JavaBuch/* heruntergeladen werden. Ferner enthält diese Webseite auch *Musterlösungen* zu den Übungsaufgaben am Ende jedes Kapitels.

Ich danke allen Lesern, die mir Feedback und Verbesserungsvorschläge geschickt haben, und bin auch in Zukunft für Fehlerhinweise und Verbesserungswünsche dankbar.

Linz, im Juli 2005
Hanspeter Mössenböck

Vorwort zur 2. Auflage

Die positive Aufnahme der ersten Auflage dieses Buches als Lehrbuch an zahlreichen Universitäten und Schulen hat zu Verbesserungsvorschlägen geführt, die nach einem ersten Nachdruck eine Neuauflage nahe legten.

In dieser zweiten Auflage wurden nicht nur Fehler korrigiert und Unklarheiten beseitigt, sondern vor allem auch die *objektorientierten Konzepte* von Java stärker betont. So gibt es jetzt ein neues Unterkapitel über *abstrakte Klassen* und eines über *Interfaces*. Auch die dynamische Bindung wurde mit weiteren Beispielen verdeutlicht.

Auf zahlreichen Wunsch gibt es jetzt auch Musterlösungen zu den Übungsaufgaben am Ende der einzelnen Kapitel. Damit aber Dozenten die Aufgaben in ihren Lehrveranstaltungen als Übungsbeispiele austeilen können, werden die Musterlösungen nicht allgemein zugänglich gemacht, sondern Dozenten, aber auch Leser, die das Buch im Selbststudium lesen, können die Musterlösungen beim Verlag (*neumann@dpunkt.de*) anfordern.

Ferner gibt es nun eine Webseite (*www.ssw.uni-linz.ac.at/Misc/JavaBuch/*[1]), auf der man begleitendes Material zu diesem Buch findet. Man kann von dieser Seite nicht nur die Klassen In und Out herunterladen, die für die Ein- und Ausgabe in diesem Buch verwendet werden, sondern man findet auch zahlreiche Verweise auf Java-Systeme, Java-Tutorials und weiterführende Dokumentationen. Insbesondere gibt es auf dieser Seite auch Folien im Powerpoint-Format, die ich für eine Lehrveranstaltung an der Universität Linz entwickelt habe und die sich an den Aufbau dieses Buches halten.

Für Verbesserungsvorschläge und Fehlermeldungen bin ich dankbar und erbitte eine Mitteilung an *moessenboeck@ssw.uni-linz.ac.at*.

Linz, im Januar 2003
Hanspeter Mössenböck

1. Die aktuelle URL lautet *http://ssw.jku.at/JavaBuch/*. Von dort können nun auch die Musterlösungen heruntergeladen werden.

Vorwort zur 1. Auflage

Als ich vor einiger Zeit vor der Aufgabe stand, eine einführende Programmier-Vorlesung mit Java zu halten, stellte ich fest, dass es zwar eine große Zahl von Büchern über Java-Programmierung gab, aber nur wenige, die sich als einführendes Lehrbuch eigneten. Die meisten Java-Bücher beginnen sofort mit Dingen wie Applets für das Internet, mit der Programmierung grafischer Benutzeroberflächen oder zumindest mit objektorientierten Konzepten. Wer noch nie programmiert hat, kann die Beispiele in diesen Büchern zwar nachcodieren und hat auf diese Weise auch Erfolgserlebnisse, er lernt aber nicht systematisch zu programmieren.

Ich ging also daran, ein eigenes Skriptum zu entwerfen, aus dem schließlich dieses Buch entstand. Mein Ziel war es, den Studenten[1] fundamentale Konzepte zu vermitteln, die sie auch in andere Sprachen übertragen konnten. Dazu gehören:

- *Algorithmisches Denken.* Wie formuliert man einen Algorithmus (d.h. ein Problemlösungsverfahren) für eine gegebene Aufgabe? Wie wählt man die richtigen Datenstrukturen und Anweisungsarten dafür? Wie führt man systematische Korrektheitsüberlegungen durch, die einem das Vertrauen geben, dass ein Programm auch wirklich das tut, was es soll?

- *Systematischer Programmentwurf.* Wie zerlegt man eine komplexe Aufgabe systematisch in kleinere Teilaufgaben, die dann als Bausteine (Pakete, Klassen und Methoden) einfach zu implementieren und modular zusammenzusetzen sind?

- *Moderne Softwarekonzepte.* Welche fundamentalen Konzepte gibt es in modernen Programmiersprachen? Dazu gehören zum Beispiel Rekursion, dynamische Datenstrukturen, Datenabstraktion, Vererbung, dynamische Bindung, Ausnahmebehandlung oder Parallelität. Die Beherrschung dieser (sprachunabhängigen) Konzepte zeichnet einen versierten Programmierer aus und gibt ihm einen Werkzeugkasten in die Hand, der ihn zum Meister macht und von Gelegenheitsprogrammierern unterscheidet.

---

1. Aus Gründen der Kürze und Lesbarkeit wird in diesem Buch nur die männliche Form von Personen verwendet. Selbstverständlich sind damit aber auch alle weiblichen Personen (Studentinnen, Programmiererinnen, Benutzerinnen) gemeint.

- *Programmierstil.* Gute Programme sind nicht nur korrekt, sondern auch elegant, effizient und lesbar. Diese Eigenschaften sind besonders schwierig zu lehren und zu lernen. Andererseits sind sie für die Softwareentwicklung im größeren Umfang essenziell.

Dieses Buch ist keine Sprachspezifikation von Java, sondern ein Programmierlehrbuch, das Java als Werkzeug verwendet. Java ist eine moderne Programmiersprache, die vor allem im Bereich der Web-Programmierung häufig verwendet wird. Ihre Vorzüge machen sie aber auch für alle anderen Bereiche der Programmierung bestens geeignet. Java unterstützt moderne Konzepte der Softwaretechnik wie Sicherheit, Objektorientierung, Parallelität, Ausnahmebehandlung oder Komponentenorientierung. Ihre reichhaltige Bibliothek erlaubt die Erstellung grafischer Benutzeroberflächen, verteilter Anwendungen, Applikationen aus den Bereichen Multimedia, Computergrafik, E-Commerce und vieles andere.

Das vorliegende Buch geht allerdings kaum auf die Java-Bibliothek ein. Die Benutzung dieser Bibliothek ist Katalogwissen, das man jederzeit, auch über das Internet, beziehen kann. Für Programmieranfänger ist die Java-Bibliothek mit ihren Hunderten von Klassen und Tausenden von Methoden sogar eher verwirrend. Wir verwenden sie daher nur dort, wo es unumgänglich ist, nämlich für die Zeichenkettenverarbeitung und für einige mathematische Hilfsfunktionen. Für die Ein-/Ausgabe wurde für dieses Buch eine einfachere Bibliothek in Form der beiden Klassen `In` und `Out` entwickelt, die im Anhang A beschrieben wird und die man von [JavaBuch] laden kann.

Dieses Buch ist als Lehrbuch gedacht. Seine Kapitel sollten daher in der angegebenen Reihenfolge gelesen werden. Meist umfasst ein Kapitel genau den Stoff, der in einer Vorlesungseinheit von 90 Minuten bewältigt werden kann. Am Ende jedes Kapitels finden sich Übungsaufgaben, die den gelernten Stoff vertiefen und Lehrveranstaltungsleitern Gelegenheit für praktische Übungen geben.

Ich möchte an dieser Stelle meinen Assistenten Wolfgang Beer, Dietrich Birngruber, Markus Hof, Markus Knasmüller, Christoph Steindl und Albrecht Wöß danken, die die Übungen zu meiner Vorlesung über Jahre hinweg betreut und zahlreiche Übungsaufgaben zu diesem Buch beigesteuert haben. Wolfgang Beer hat außerdem geholfen, etliche Fehler im Manuskript dieses Buches zu entdecken.

Ferner danke ich den vom Verlag eingesetzten Begutachtern Prof. László Böszörményi, Prof. Dominik Gruntz und Prof. Martin Hitz für die zahlreichen nützlichen Anregungen, die sie zu diesem Buch beigetragen haben.

Nun möchte ich Sie als Leser einladen, die spannende Welt des Programmierens zu entdecken. Ich hoffe, dass Ihnen das Programmieren genauso viel Spaß und intellektuelle Befriedigung verschafft, wie das bei mir immer der Fall war.

Linz, im Februar 2001
Hanspeter Mössenböck

Inhaltsverzeichnis

1 Grundlagen

Programmieren ist eine kreative Tätigkeit. Ein Programm ist ein Artefakt wie ein Haus, ein Bild oder eine Maschine, mit dem einzigen Unterschied, dass es immateriell ist. Seine Bausteine sind nicht Holz, Metall oder Farben, sondern Daten und Befehle. Trotzdem kann das Erstellen eines Programms genauso spannend und befriedigend sein, wie das Malen eines Bildes oder das Bauen eines Modellflugzeugs.

Programmieren bedeutet, einen Plan zur Lösung eines Problems zu entwerfen, und zwar so vollständig und detailliert, dass ihn nicht nur ein Mensch, sondern auch ein Computer ausführen kann. Computer sind ziemlich einfältige Geschöpfe, die zwar schnell rechnen, aber nicht denken können. Sie tun nur das, was wir ihnen ausdrücklich sagen und befolgen diese Befehle dafür auf Punkt und Komma genau. Man muss sich als Programmierer also angewöhnen, genau zu sein, an alle Eventualitäten und Fehlerfälle zu denken und nichts dem Zufall zu überlassen.

Die intellektuelle Herausforderung des Programmierens wird oft unterschätzt. Manche Leute bezeichnen das Programmieren abfällig als stumpfe Codierarbeit oder als Routinetätigkeit. Es ist aber alles andere als einfach oder gar langweilig, besonders wenn man elegante und effiziente Programme schreiben will. Programmieren ist eine höchst anspruchsvolle und kreative Tätigkeit, die nur wenige Leute meisterhaft beherrschen. Ein einfaches Programm zu schreiben ist zwar schnell erlernt, so wie jeder Grundschüler schnell Lesen und Schreiben lernt. Gute Software zu erstellen ist aber eher mit der Tätigkeit eines Schriftstellers zu vergleichen. Jeder Mensch kann schreiben, aber nur ganz wenige Menschen können gut schreiben.

Manche Informatik-Studenten fragen sich, wozu sie eigentlich Programmieren lernen sollen. Ihr Berufsziel ist vielleicht das eines IT-Managers oder eines Software-Beraters. Wozu muss man in diesen Berufen programmieren können? Die Antwort ist einfach: Auch wer später nicht selbst programmiert, muss verstehen, wie Software arbeitet. Anders wird er nicht in der Lage sein, Programmiererteams zu leiten und die Qualität von Software zu beurteilen. So wie ein Architekt über Baustoffe und Verfahren Bescheid wissen muss, so muss auch ein Informatiker das Programmieren als sein Grundhandwerk beherrschen. Ehrlich gesagt, macht Programmieren aber auch Spaß, und das ist nicht zuletzt ein wichtiger Grund, warum die meisten Informatiker gerne programmieren.

1.1 Daten und Befehle

Woraus bestehen eigentlich Programme? Jedes Stück Software besteht aus zwei Grundelementen, nämlich aus Daten und Befehlen.

Programm = Daten + Befehle

Die Daten sind jene Elemente, die das Programm verarbeitet. Das können Zahlen, Texte, aber auch Bilder oder Videos sein. Die Befehle sind die Operationen, die mit den Daten ausgeführt werden. Zum Beispiel gibt es Befehle, um Zahlen zu addieren, Texte zu lesen oder Bilder zu drucken.

Computer beherrschen nur einen sehr eingeschränkten Satz von Daten und Befehlen. Aber aus diesen einfachen Grundelementen lassen sich trotzdem fast unbegrenzt komplexe Anwendungen zusammenbauen. Sehen wir uns einmal die Daten und Befehle in einem Rechner genauer an.

Daten. Die Daten werden im Speicher eines Rechners abgelegt. Ein Speicher besteht aus Zellen, die wir uns wie kleine Schachteln vorstellen können. Jede Zelle enthält ein Datenelement, zum Beispiel eine Zahl. Damit wir die Zellen (von denen es Millionen gibt) einzeln ansprechen können, haben sie eine *Adresse*, die wir uns wie einen *Namen* vorstellen können. Ein Speicher besteht also aus benannten Zellen, die Werte enthalten (siehe Abb. 1.1).

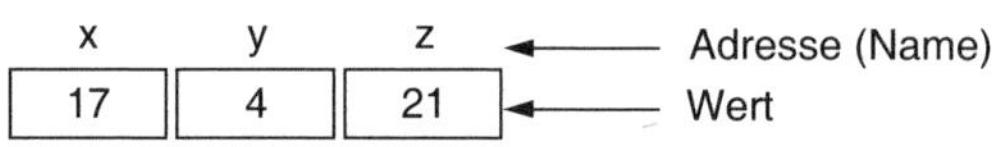

Abb. 1.1 *Speicherzellen*

Die Zelle mit der Adresse x enthält in Abb. 1.1 den Wert 17. Die Zelle mit der Adresse y enthält den Wert 4. Der Wert einer Zelle kann mit Hilfe von Befehlen geändert werden.

Die Werte in den Speicherzellen sind binär codiert, das heißt, sie bestehen aus Folgen von Nullen und Einsen. Die folgende Tabelle zeigt die Binärdarstellung der ersten 16 natürlichen Zahlen:

0 = 0000	4 = 0100	8 = 1000	12 = 1100
1 = 0001	5 = 0101	9 = 1001	13 = 1101
2 = 0010	6 = 0110	10 = 1010	14 = 1110
3 = 0011	7 = 0111	11 = 1011	15 = 1111

Die Binärdarstellung ist universell, das heißt, es lassen sich damit beliebige Informationen codieren. Neben positiven und negativen Zahlen kann man auch Texte, Bilder, Töne oder Videos binär codieren. Wir gehen hier nicht näher darauf ein; als Programmierer muss man es auch nicht wissen. Das Binärformat ist Sache des Computers. Der Programmierer denkt in höheren Begriffen.

Es sei noch erwähnt, dass eine Binärziffer (0 oder 1) als *Bit* bezeichnet wird. 8 Bits werden zu einem *Byte* zusammengefasst. Je nach Rechnertyp werden 2 oder 4 Bytes als *Wort* bezeichnet und 2 Worte als *Doppelwort*. Ein Rechner arbeitet also intern mit Bits, Bytes, Worten und Doppelworten. Wie wir sehen werden, denkt man als Programmierer aber in anderen Größen, nämlich in Variablen und Objekten.

Befehle. Ein Rechner besitzt eine Hand voll sehr einfacher Befehle, mit denen er die Datenzellen manipulieren kann. Ein einfaches Maschinenprogramm könnte zum Beispiel folgendermaßen aussehen:

ACC ← x	Lade den Wert der Zelle x in ein Rechenregister ACC (Accumulator)
ACC ← ACC + y	Addiere den Wert der Zelle y zu ACC
z ← ACC	Speichere den Wert aus ACC in Zelle z ab (d.h., ersetze den Wert der Zelle z durch den Wert von ACC)

Auch Befehle sind binär codiert, bestehen also aus Nullen und Einsen. Das zeigt, wie universell die Binärcodierung ist. Befehle werden wie Daten im Speicher eines Rechners abgelegt. Das ist bemerkenswert. Ein Programm kann die Befehle eines anderen Programms (ja sogar seine eigenen Befehle) als Daten betrachten. Es kann Programme erzeugen, inspizieren und sogar modifizieren.

Wie bei den Daten gibt es auch bei Befehlen verschiedene Abstraktionsebenen. Ein Programmierer arbeitet nur selten auf der Ebene von Maschinenbefehlen. Er benutzt mächtigere Befehle (so genannte *Anweisungen*) einer Programmiersprache wie *Java*, C oder *Pascal*. Die Anweisungen werden aber schlussendlich auf Maschinenbefehle zurückgeführt, denn ein Rechner kann nur Maschinenbefehle verstehen. Die Umsetzung von Anweisungen in Maschinenbefehle wird durch ein Übersetzungsprogramm vorgenommen, das man *Compiler* nennt. Abb. 1.2 zeigt die Schritte, die bei der Entstehung eines Programms von der Spezifikation bis zum Maschinenprogramm durchlaufen werden.

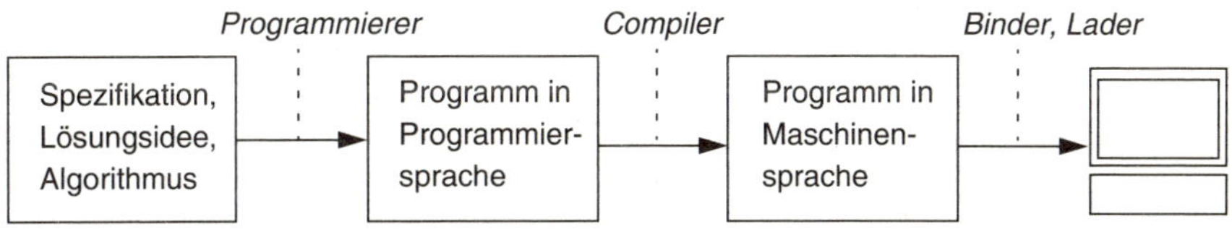

Abb. 1.2 *Entstehungsschritte eines Programms*

Alles beginnt mit einem Problem, das man lösen will, und mit seiner *Spezifikation*, d.h. mit einer genauen Beschreibung dessen, was eigentlich gesucht ist. Aus der Spezifikation ergibt sich eine erste *Lösungsidee* und aus dieser wiederum ein Lösungsverfahren für das Problem, ein so genannter *Algorithmus*. All das sind Vorarbeiten für das Programmieren.

Ein Programmierer erstellt schließlich aus einem oder mehreren Algorithmen ein Programm, das in einer Programmiersprache (z.B. in Java) geschrieben wird. Java-Programme sind zwar für den Menschen gut lesbar, nicht jedoch für einen Rechner, deshalb muss das Java-Programm von einem Compiler in ein Maschinenprogramm übersetzt werden, das aus Nullen und Einsen besteht. Dieses kann nun mit anderen Programmteilen *gebunden*, in den Speicher eines Rechners *geladen* und dort ausgeführt werden.

1.2 Algorithmen

Jedem Programm liegen *Algorithmen* zugrunde. In der Literatur finden sich verschiedene Definitionen dieses Begriffs. Wir verwenden eine sehr einfache, aber für unsere Zwecke völlig ausreichende Definition:

> *Ein Algorithmus ist ein schrittweises, präzises Verfahren zur Lösung eines Problems.*

Algorithmen sind noch keine Programme. Sie können sogar in Umgangssprache beschrieben werden. Ein Kochrezept ist zum Beispiel ein Algorithmus zur Zubereitung eines Gerichts. Eine Wegbeschreibung ist ein Algorithmus, der sagt, wie man von einem Ort zu einem anderen gelangt. In der Informatik stellen wir an Algorithmen jedoch die Forderung, dass sie schrittweise und präzise sein müssen.

Schrittweise bedeutet, dass ein Algorithmus aus einzelnen Schritten besteht, die in genau festgelegter Reihenfolge ausgeführt werden müssen. Dabei darf kein auch noch so nebensächlicher Schritt unerwähnt bleiben. Bedenken Sie: Ein Rechner ist nicht intelligent. Er kann nicht mitdenken.

Aus diesem Grund müssen Algorithmen in der Informatik auch präzise und eindeutig sein. In einem Kochrezept (das für Menschen geschrieben wurde) reicht die Anweisung »gut umrühren«. Für einen Rechner wäre das aber zu wenig präzise. Was heißt »gut«? In der Informatik muss jeder Schritt eines Algorithmus so klar beschrieben sein, dass ein Rechner ihn in eindeutiger Weise ausführen kann.

Nun wird es aber Zeit für ein Beispiel. Nehmen wir an, wir wollen die Summe der natürlichen Zahlen von 1 bis zu einer Obergrenze max berechnen. Ein Algorithmus dafür könnte folgendermaßen aussehen:

Summiere Zahlen (↓max, ↑sum)
1. Setze sum ← 0
2. Setze zahl ← 1
3. Wiederhole Schritt 3, solange zahl ≤ max
   3.1 Setze sum ← sum + zahl
   3.2 Setze zahl ← zahl + 1

Ein Algorithmus besteht aus drei Teilen:

1. Er hat einen *Namen* (Summiere Zahlen), über den man sich auf ihn beziehen kann.
2. Er kann *Eingangswerte* (max) und *Ausgangswerte* (sum) haben. Die Eingangswerte werden von außen (z.B. von einem anderen Algorithmus, dem so genannten *Rufer*) zur Verfügung gestellt und zur Berechnung von Ergebnissen verwendet. Nach Ablauf des Algorithmus kann sich der Rufer die Ergebnisse in den Ausgangswerten abholen. Die Flussrichtung der Parameter deuten wir durch Pfeile an.
3. Ein Algorithmus besteht aus einer Folge von Schritten, die Operationen mit den Eingangswerten und anderen Daten ausführen. In unserem Algorithmus sind die Schritte nummeriert und müssen in der Reihenfolge der Nummern ausgeführt werden. Schritt 3 besteht aus mehreren Teilschritten, die wiederholt ausgeführt werden, bis eine bestimmte Bedingung (hier zahl ≤ max) zutrifft. Dann wird die Wiederholung abgebrochen. Unser Algorithmus würde mit Schritt 4 fortfahren, wenn es ihn gäbe. Da es ihn nicht gibt, ist unser Algorithmus hier zu Ende.

Wir können diesen Algorithmus mit Papier und Bleistift durchspielen und uns für jeden durchlaufenen Schritt die Werte von sum und zahl notieren. Nichts anderes macht ein Computer. Am Ende des Algorithmus steht sein Ergebnis in sum bereit und wird als Ausgangswert an den Benutzer des Algorithmus geliefert.

Programmieren beginnt also damit, dass wir uns für ein gegebenes Problem einen Lösungsalgorithmus überlegen. Aus einem Algorithmus wird ein Programm, indem wir den Algorithmus in einer bestimmten Programmiersprache codieren.

Ein Programm ist die Beschreibung eines Algorithmus in einer bestimmten Programmiersprache.

Ein Algorithmus kann in verschiedenen Programmiersprachen codiert werden, z.B. in Java oder in Pascal. Der Algorithmus ist also das universellere Konstrukt, ein Programm ist nur eine von vielen möglichen Implementierungen davon.

1.3 Variablen

Die Daten eines Programms werden in *Variablen* gespeichert. Eine Variable ist ein benannter »Behälter« für einen Wert. Abb. 1.3 zeigt zwei Variablen x und y mit den Werten 99 und 3.

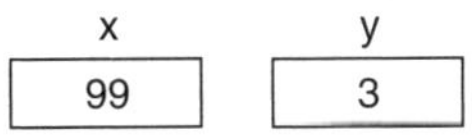

Abb. 1.3 *Variablen als benannte Behälter*

Der Begriff der Variablen ist Ihnen wahrscheinlich aus der Mathematik bekannt. Man sagt, dass die Gleichung

$$x + y = 5$$

zwei Variablen x und y enthält. Aber Vorsicht: In der Mathematik bezeichnen Variablen *Werte*. In der obigen Gleichung stehen x und y für alle Werte, die diese Gleichung erfüllen. In der Informatik hingegen ist eine Variable ein *Behälter* für einen Wert. Einer Variablen x kann man im Laufe eines Programms nacheinander zum Beispiel die Werte 3, 25 und 100 zuweisen. Der Inhalt einer Variablen ist also in der Informatik veränderlich.

Variablen haben nicht nur einen Namen, sondern auch einen *Datentyp*. Der Datentyp legt die Art der Werte fest, die man in einer Variablen speichern kann. In der einen Variablen möchte man zum Beispiel Zahlen speichern, in einer anderen Buchstaben eines Textes. Bildlich kann man sich den Datentyp wie die »Form« des Behälters vorstellen. Da Werte ebenfalls einen Datentyp (und somit eine Form) haben, passen nur jene Werte in eine Variable, deren Typ dem Typ der Variablen entspricht.

Abb. 1.4 *Variablen und Werte haben einen Datentyp (Form)*

In Abb. 1.4 ist die Variable i ein Behälter für Zahlen, ausgedrückt durch die eckige Form. Es passen z.B. die Werte 17 und 54 hinein, die in unserem Bild ebenfalls eckige Form haben. Die Variable ch ist hingegen ein Behälter für Zeichen, ausgedrückt durch ihre runde Form. Es passen z.B. die Zeichenwerte 'a' und 'x' hinein, die ebenfalls eine runde Form haben.

1.4 Anweisungen

Anweisungen greifen auf Werte von Variablen zu und führen damit die gewünschten Berechnungen durch. Programmiersprachen bieten zwar unterschiedliche Anweisungen an, aber eigentlich gibt es nur sehr wenige Grundmuster, die in den einzelnen Sprachen lediglich abgewandelt werden. Wir sehen uns nun diese Grundmuster an. Dabei verwenden wir keine Programmiersprache, sondern eine grafische Notation, ein so genanntes *Ablaufdiagramm*.

1.4.1 Wertzuweisung

Die häufigste Art einer Anweisung ist eine *Wertzuweisung*. Sie berechnet den Wert eines Ausdrucks und legt ihn in einer Variablen ab. Die Zuweisung

$y \leftarrow x + 1$

berechnet den Ausdruck x + 1, indem sie den Wert der Variablen x nimmt, 1 dazuzählt und das Ergebnis in der Variablen y abspeichert. Beachten Sie, dass sich der Wert von x dabei nicht ändert. Der alte Wert von y wird hingegen ersetzt durch den Wert des Ausdrucks x + 1. Man liest die Zuweisung als »y wird zu x + 1«.

Auf der linken Seite des Zuweisungssymbols ← muss immer eine Variable stehen, auf der rechten Seite ein Ausdruck aus Variablen oder Konstanten. Folgende Beispiele verdeutlichen das nochmals:

x ← 2	x enthält nun den Wert 2
y ← x + 1	y enthält nun den Wert 3, x hat noch immer den Wert 2
x ← x * 2 + y	x enthält nun den Wert 7 (2 * 2 + 3), y behält den Wert 3 (Der Operator * bedeutet eine Multiplikation)

Folgende Zuweisungen sind hingegen falsch:

3 ← x	auf der linken Seite muss eine Variable stehen (keine Zahl)
x + y ← x + 1	auf der linken Seite muss eine Variable stehen (kein Ausdruck)

1.4.2 Folge (Sequenz)

Man kann mehrere Anweisungen hintereinander schreiben. Sie werden dann in sequenzieller Reihenfolge ausgeführt. Das obige Beispiel zeigte bereits drei in Folge ausgeführte Zuweisungen:

```
x ← 2
y ← x + 1
x ← x * 2 + y
```

Oft deutet man den Programmablauf (den *Steuerfluss*) durch einen Pfeil an, der die Leserichtung vorgibt. Man erhält dadurch ein *Ablaufdiagramm* (siehe Abb. 1.5).

Das Ablaufdiagramm in Abb. 1.5 zeigt noch ein weiteres Beschreibungselement, nämlich eine *Assertion* (Zusicherung). Eine Assertion ist eine Aussage über den Zustand eines Algorithmus oder eines Programms an einer bestimmten Stelle. Sie wird vom Rechner nicht wie eine Zuweisung ausgeführt, sondern dient lediglich als Erläuterung für den Leser. Die Assertion in Abb. 1.5 sagt dem Leser zum Beispiel, dass nach Ausführung der drei Zuweisungen x den Wert 3, y den Wert 4 und z den Wert 12 hat. Die gestrichelte Linie zeigt an, an welcher Stelle die Assertion gilt.

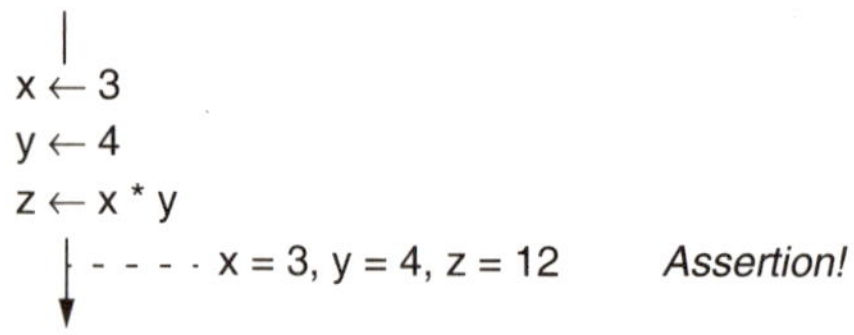

Abb. 1.5 *Ablaufdiagramm einer Sequenz*

1.4.3 Verzweigung (Selektion, Auswahl)

Anweisungen können nicht nur sequenziell hintereinander geschaltet werden, sondern man kann auch ausdrücken, dass eine Anweisung nur unter einer bestimmten Bedingung ausgeführt werden soll. Wir zeigen das wieder anhand eines Ablaufdiagramms (siehe Abb. 1.6):

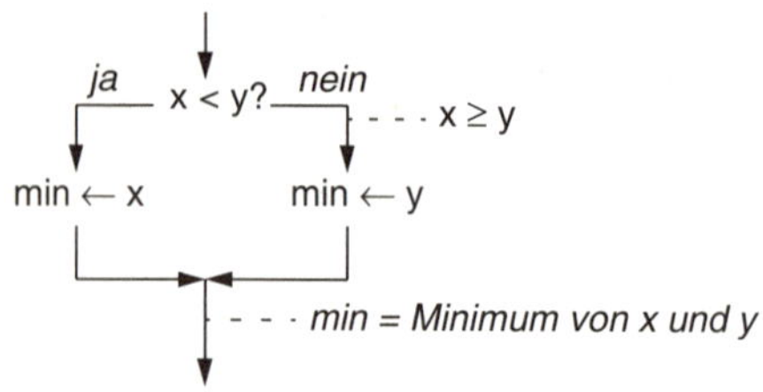

Abb. 1.6 *Ablaufdiagramm einer Verzweigung*

Der Steuerfluss erreicht in Abb. 1.6 zunächst die Abfrage x < y?, die prüft, ob x kleiner ist als y. Das Ergebnis kann »ja« oder »nein« lauten. Je nachdem geht man im Ablaufdiagramm nach links oder nach rechts. Der Steuerfluss verzweigt sich also an dieser Stelle. Ist x < y, werden die Anweisungen im linken Zweig ausgeführt (min ← x), andernfalls die Anweisungen im rechten Zweig (min ← y). Anschließend kommen die beiden Zweige wieder zusammen und der Steuerfluss geht wieder in einem einzigen Zweig weiter.

Was macht der Algorithmus aus Abb. 1.6 eigentlich? Er speichert in der Variablen min das Minimum von x und y, also den kleineren Wert der beiden Variablen. Ist x kleiner als y, geht man nach links und min bekommt den Wert von x, andernfalls geht man nach rechts und min erhält den Wert von y. Die Assertion am Ende des Diagramms gibt nochmals explizit an, was zum Schluss in min gespeichert ist.

Beachten Sie auch die Assertion x ≥ y am Beginn des nein-Zweiges. Da x hier nicht kleiner als y ist, muss gelten, dass es größer oder gleich y ist. Diese Assertion hilft uns beim Verstehen des Algorithmus, denn sie macht sofort deutlich, dass in diesem Zweig y das Minimum der beiden Zahlen ist.

1.4.4 Schleife (Iteration, Wiederholung)

Schleifen erlauben uns auszudrücken, dass eine Folge von Anweisungen mehrmals ausgeführt werden soll, bis eine bestimmte *Abbruchbedingung* eintritt. Abb. 1.7 zeigt, wie eine Schleife als Ablaufdiagramm dargestellt wird.

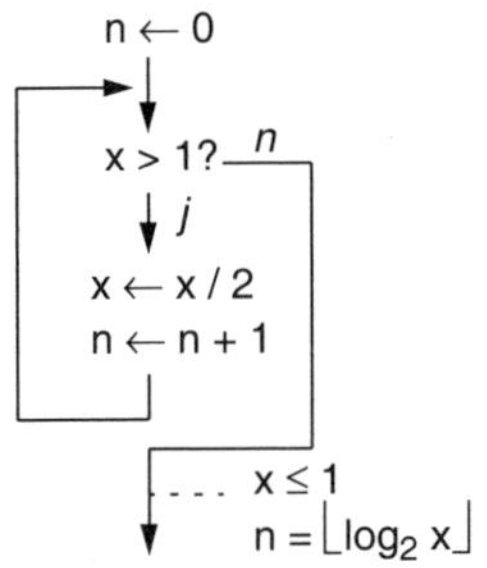

***Abb. 1.7** Ablaufdiagramm einer Schleife*

Nehmen wir an, dass x zu Beginn den Wert 4 enthält. Vor der Schleife wird n auf 0 gesetzt. Die Bedingung $x > 1$ trifft zu (denn $x = 4$), also geht man im Diagramm nach unten. x wird ersetzt durch $x / 2$ (x dividiert durch 2, also $4 / 2 = 2$), und n wird zu $n + 1$, also zu 1.

Nun sehen wir, dass der Pfeil zurückführt und eine Schleife bildet. Wir gelangen wieder zur Abfrage $x > 1$, die wieder »ja« ergibt, weil x ja nun den Wert 2 hat, also gehen wir im Diagramm wieder nach unten. Die Abfrage und die Anweisungen der Schleife werden also mehrmals durchlaufen. Die Schleife bricht ab, wenn die Bedingung $x > 1$ nicht mehr zutrifft. In diesem Fall gehen wir im Diagramm nach rechts und verlassen die Schleife. Folgende Tabelle zeigt jeweils die Werte von x und n unmittelbar vor der Abfrage $x > 1$:

	x	n
1. Besuch	4	0
2. Besuch	2	1
3. Besuch	1	2

Beim dritten Besuch hat x den Wert 1, die Bedingung $x > 1$ trifft also nicht mehr zu, und die Schleife wird verlassen. n hat den Wert 2. Eine Assertion zeigt den Zustand des Algorithmus am Ende der Schleife. Es gilt hier, dass $x \leq 1$ ist, was sich durch Negation der Schleifenbedingung ergibt. Bei etwas Nachdenken können wir auch angeben, was für n gilt: n ist nämlich der ganzzahlige Logarithmus von x zur Basis 2. Somit erkennen wir auch den Zweck der Schleife: Sie berechnet den ganzzahligen Zweierlogarithmus von x.

Für Schleifen gibt es in Ablaufdiagrammen noch eine andere (kompaktere) Schreibweise (siehe Abb. 1.8). Die Abbruchbedingung wird dabei in ein langgestrecktes Sechseck eingeschlossen. Trifft die Bedingung zu, wird die Schleife betreten. Trifft sie nicht zu, wird sie verlassen, das heißt hinter dem kleinen Kreis an ihrem Ende fortgesetzt. Vom Schleifenende führt ein Weg zurück zur Schleifenbedingung.

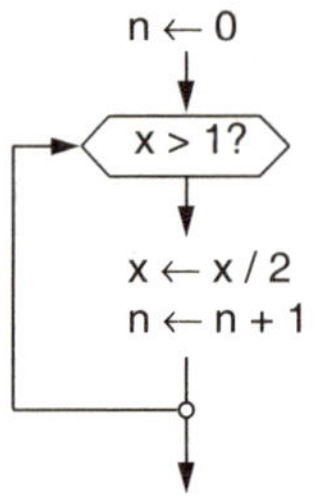

Abb. 1.8 *Schleife als Ablaufdiagramm (andere Darstellungsform)*

Die Schleifen in Abb. 1.7 und Abb. 1.8 sind völlig identisch. Die Schreibweise in Abb. 1.8 ist aber etwas kompakter und drückt besser aus, dass eine Schleife genau 1 Eingang und 1 Ausgang hat.

Schleifen sind für Programmieranfänger sicher die schwierigste Anweisungsart. Man sollte sich ihre Funktionsweise klar machen, indem man einige Schleifen mit konkreten Variablenwerten durchspielt, wie wir das oben getan haben.

Jede Software – von kleinen Beispielprogrammen bis zu komplexen Systemen wie z.B. einer Flugzeugsteuerung – besteht im Wesentlichen nur aus diesen vier Arten von Anweisungen: Zuweisungen, Anweisungsfolgen, Verzweigungen und Schleifen. Natürlich können sie miteinander kombiniert werden (eine Verzweigung kann eine Schleife enthalten, die wieder eine Verzweigung enthält usw.) und natürlich gibt es in den einzelnen Programmiersprachen noch verschiedene Varianten dieser Anweisungsarten. Aber im Wesentlichen haben Sie auf den letzten paar Seiten die Grundelemente des Programmierens kennen gelernt.

1.5 Beispiele für Algorithmen

Wir wollen nun einige Beispiele für Algorithmen betrachten, in denen Zuweisungen, Verzweigungen und Schleifen vorkommen.

1.5.1 Vertauschen zweier Variableninhalte

Gegeben seien zwei Variablen x und y. Gesucht ist ein Algorithmus, der die Werte der beiden Variablen vertauscht. Wenn x also zu Beginn den Wert 3 und y den Wert 2 enthält, soll x am Ende den Wert 2 und y den Wert 3 enthalten. Abb. 1.9 zeigt den Algorithmus als Ablaufdiagramm.

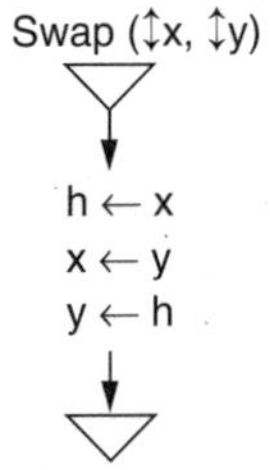

Abb. 1.9 *Algorithmus Swap*

Wir sehen hier ein neues Element eines Ablaufdiagramms: Ein kleines Dreieck deutet den Beginn und das Ende des Algorithmus an. Da es sich in Abb. 1.9 um einen vollständigen Algorithmus handelt, zeigen wir auch seinen Namen (Swap) sowie seine *Parameter*, das heißt die Liste der Eingangs- und Ausgangswerte, die vom Benutzer des Algorithmus übergeben werden und auch wieder an diesen zurückgelangen. Die Doppelpfeile deuten an, dass x und y sowohl Eingangs- als auch Ausgangswerte sind. Sie sind *Übergangswerte*.

Wie funktioniert nun das Vertauschen zweier Variablen. Wir benötigen dazu eine Hilfsvariable h, in die wir den Wert von x retten, so dass x durch den Wert von y ersetzt werden kann. Anschließend speichern wir den geretteten Wert nach y.

Ein *Schreibtischtest* hilft uns, den Algorithmus zu verstehen. Wir legen auf einem Blatt Papier eine kleine Tabelle an, die für jede Variable eine Spalte besitzt. Die erste Zeile der Tabelle füllen wir mit den Anfangswerten der Variablen. Nach jeder Zuweisung an eine Variable tragen wir an das Ende der entsprechenden Spalte den neuen Wert der Variablen ein. Auf diese Weise erhalten wir einen kleinen Papiercomputer, der zwar langsam rechnet, mit dem wir aber jeden Algorithmus durchsimulieren können.

Anfangstabelle

x	y	h
3	2	

h ← x

x	y	h
3	2	3

x ← y

x	y	h
~~3~~	2	3
2		

y ← h

x	y	h
~~3~~	~~2~~	3
2	3	

1.5.2 Maximum dreier Zahlen berechnen

Gegeben seien drei Zahlen a, b und c. Gesucht ist das Maximum dieser Zahlen, das in der Variablen max gespeichert werden soll. Der Algorithmus ist in Abb. 1.10 dargestellt:

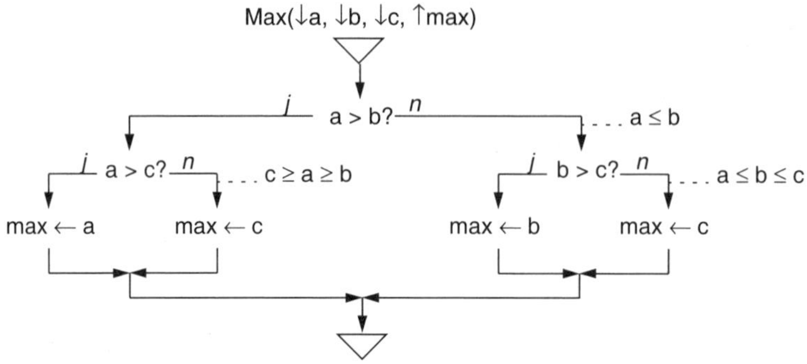

Abb. 1.10 *Algorithmus Max*

Wir sehen hier geschachtelte Verzweigungen. Zuerst wird geprüft, ob a größer als b ist. Wenn ja, wird geprüft, ob a auch größer als c ist. In diesem Fall ist a das Maximum, in anderen Fällen sind weitere Abfragen nötig. Der Algorithmus hat vier Zweige, die alle wieder zusammenkommen und in einem einzigen Zweig an das Ende des Algorithmus fließen.

Wir sehen in Abb. 1.10 auch nochmals den sinnvollen Einsatz von Assertionen. Wenn die Abfrage $a > b$ den Wert »falsch« ergibt, gilt offenbar $a \leq b$. Das ist eine wichtige Erkenntnis und wir schreiben sie als Assertion in das Diagramm. Sie hilft uns, die Logik des Algorithmus zu verstehen. Wenn anschließend auch $b > c$ den Wert »falsch« ergibt, wissen wir, dass $b \leq c$ sein muss. Wir wissen aber auch, dass $a \leq b$ ist, denn das wurde vor Ausführung der inneren Abfrage festgestellt. Daher können wir diese beiden Assertionen kombinieren und erhalten $a \leq b \leq c$. Aus dieser Assertion sehen wir sofort, dass das Maximum der drei Zahlen c ist. Die Assertionen haben uns geholfen, den Algorithmus zu formulieren.

Sie sollten sich angewöhnen, regelmäßig mit Assertionen zu arbeiten. Mit der Zeit wird es für Sie ganz selbstverständlich werden, dass im nein-Zweig einer Abfrage die Negation der Abfragebedingung gilt. Sie werden daher vielleicht eine so einfache Assertion nicht mehr anschreiben, aber Sie sollten sie im Kopf behalten, wenn Sie einen Algorithmus oder ein Programm lesen.

1.5.3 Anzahl der Ziffern einer Zahl bestimmen

Gegeben sei eine positive ganze Zahl n. Gesucht ist die Anzahl ihrer Ziffern. Die Zahl 17 hat z.B. zwei Ziffern, die Zahl 2006 hat vier Ziffern.

Um die Anzahl der Ziffern einer Zahl zu bestimmen, bedienen wir uns eines einfachen Tricks. Wenn wir die Zahl durch 10 dividieren, wird sie um eine Ziffer kürzer. Wir müssen also nur mitzählen, wie oft wir durch 10 dividieren können, bis die Zahl nur noch eine einzige Ziffer enthält, also kleiner als 10 ist. Abb. 1.11 zeigt diesen Algorithmus.

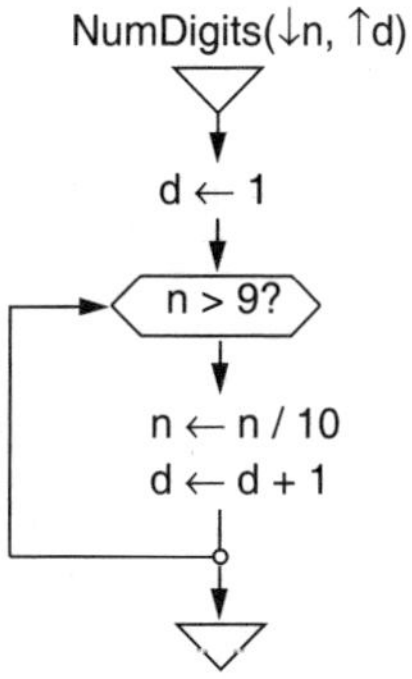

Abb. 1.11 *Algorithmus NumDigits*

Ein Schreibtischtest mit n = 123 zeigt uns, dass der Algorithmus wirklich d = 3 zurückgibt.

n	d
123	1

zu Beginn

n	d
~~123~~	~~1~~
12	2

nach dem ersten Schleifendurchlauf

n	d
~~123~~	~~1~~
~~12~~	~~2~~
1	3

nach dem zweiten Schleifendurchlauf

1.5.4 Größter gemeinsamer Teiler zweier Zahlen

Der folgende Algorithmus ist 2300 Jahre alt. Er wurde vom griechischen Mathematiker *Euklid* um 300 v. Chr. fomuliert. Natürlich verwendete Euklid dazu keine Ablaufdiagramme, sondern eine textuelle Beschreibung. Und natürlich dachte Euklid nicht an eine Umsetzung des Algorithmus in ein Computerprogramm. Aber er definierte das Lösungsverfahren, um für zwei positive ganze Zahlen x und y den größten gemeinsamen Teiler zu berechnen. Dies zeigt, dass Algorithmen »ewige Werte« darstellen können, während Programme oft nur wenige Jahre halten (manchmal nur bis zur nächsten Version der Programmiersprache, in der sie formuliert sind).

Abb. 1.12 zeigt den euklidischen Algorithmus als Ablaufdiagramm. Er berechnet zunächst den Rest der Division von x durch y. Ist dieser Rest 0, so ist y der größte gemeinsame Teiler. Ist der Rest nicht 0, so wird x durch y und y durch den Rest ersetzt. Anschließend wird erneut der Rest der Division x durch y berechnet.

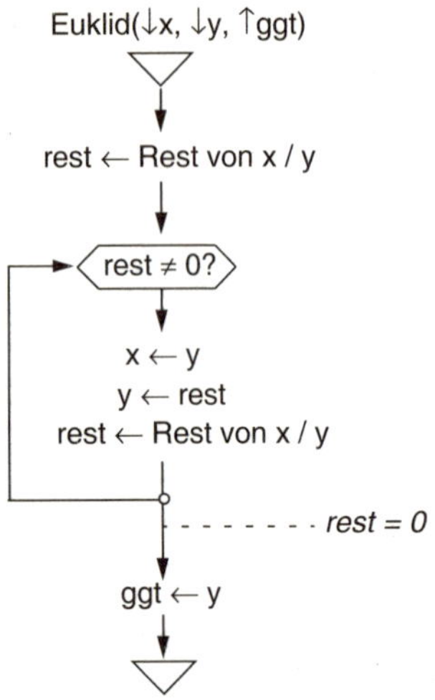

***Abb. 1.12** Euklidischer Algorithmus*

Versichern wir uns zuerst durch einen Schreibtischtest, ob der Algorithmus für $x = 28$ und $y = 20$ das richtige Ergebnis, nämlich $ggt = 4$, liefert, wobei die folgende Tabelle die Werte der Variablen vor Prüfung der Schleifenbedingung zeigt.

x	y	rest
28	20	8

x	y	rest
~~28~~	~~20~~	~~8~~
20	8	4

x	y	rest
~~28~~	~~20~~	~~8~~
~~20~~	~~8~~	~~4~~
8	4	0

Beweist eigentlich der Schreibtischtest, dass unser Algorithmus korrekt ist? Nein, denn er simuliert nur einen von vielen Fällen, in denen x und y ganz unterschiedliche Werte annehmen können. Genau genommen gibt es sogar unendlich viele Kombinationen von x und y. Ein Test kann also (außer in sehr einfachen Fällen) niemals die Korrektheit eines Algorithmus beweisen, allenfalls seine Fehlerhaftigkeit, nämlich dann, wenn der Test ein falsches Ergebnis liefert. Trotzdem sind Tests sinnvoll. Sie fördern das Verständnis des Algorithmus. Außerdem steigt mit zunehmender Anzahl von Testfällen die Wahrscheinlichkeit, dass der Algorithmus korrekt ist.

Wenn wir jedoch die Korrektheit eines Algorithmus *beweisen* wollen, dann müssen wir mathematische Überlegungen anstellen. Wir suchen also eine Zahl ggt mit der Eigenschaft

(ggt teilt x) und (ggt teilt y)

Für diese Zahl muss offenbar auch gelten, dass

ggt teilt (x - y)

denn wenn gilt, dass ggt teilt x, so kann x dargestellt werden als x = i * ggt für irgendein i. In ähnlicher Weise gilt y = j * ggt für irgendein j. Aus x - y = i * ggt - j * ggt = (i - j) * ggt sieht man, dass x - y ebenfalls ein Vielfaches von ggt sein muss.

Wenn wir y von x abziehen können und das Ergebnis immer noch von ggt geteilt wird, so können wir y auch mehrmals von x abziehen, z.B.

ggt teilt (x - q * y)

Der Ausdruck x - q * y ist aber nichts anderes als der Rest der Division x / y, wobei q der Quotient ist. Wir haben also jetzt bewiesen, dass ggt auch den Rest der Division x / y teilt. Anders ausgedrückt ist der größte gemeinsame Teiler von x und y auch der größte gemeinsame Teiler von y und dem Rest von x / y. Diese Überlegung rechtfertigt die Ersetzungen, die wir in der Schleife vorgenommen haben.

Anders als ein Test zeigt der Beweis, dass der Algorithmus Euklid für *alle* möglichen Werte von x und y das korrekte Ergebnis liefert. Falls Sie den Beweis schwierig finden und nicht von selbst darauf gekommen wären, so ist das kein Grund zur Beunruhigung. Solche Beweise sind tatsächlich schwierig, besonders für größere Programme. Mit der Zeit bekommt man zwar etwas Übung, aber es macht nichts, wenn man solche Beweise nicht von Anfang an selbst führen kann.

1.5.5 Quadratwurzel von x berechnen

Bis jetzt haben wir immer mit ganzen Zahlen gerechnet. Ein Computer kann aber auch mit Kommazahlen wie 2.75 rechnen. Dabei ist allerdings die Genauigkeit begrenzt. Wie Sie wissen, gibt es reelle Zahlen, deren genauen Wert man nur mit einer unendlich großen Zahl von Kommastellen beschreiben kann. Ein Rechner hat aber für jede Zahl nur eine endliche Anzahl von Kommastellen zur Verfügung, so dass sich beim Rechnen mit Kommazahlen kleine Fehler einschleichen können (mehr darüber in Kapitel 5).

Nun aber zu unserem Problem: Wir haben eine ganze positive Zahl x, z.B. 10, und suchen ihre Quadratwurzel. Ein mögliches Lösungsverfahren ist das folgende: Wir nehmen als ersten Näherungswert an, dass die Wurzel root den Wert x / 2 hat (was noch nicht stimmt). Anschließend berechnen wir eine Zahl a = x / root. Wäre root wirklich die Wurzel von x, so wäre a = root. root ist aber etwas größer als die Wurzel und a etwas kleiner.

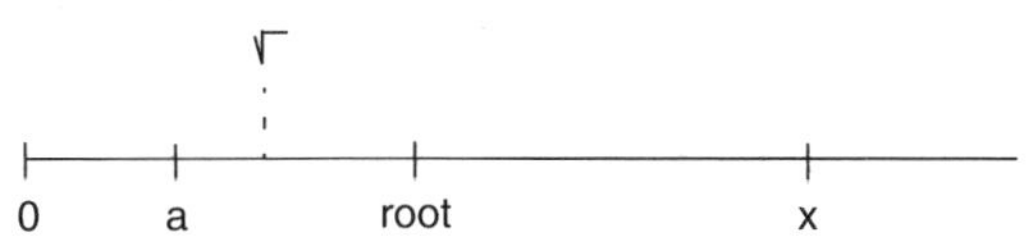

Wir müssen daher weiterrechnen. Wir können nun als neuen Näherungswert die Mitte zwischen root und a berechnen, also root = (root + a) / 2. Der neue Wert von a ergibt sich wieder als a = x / root.

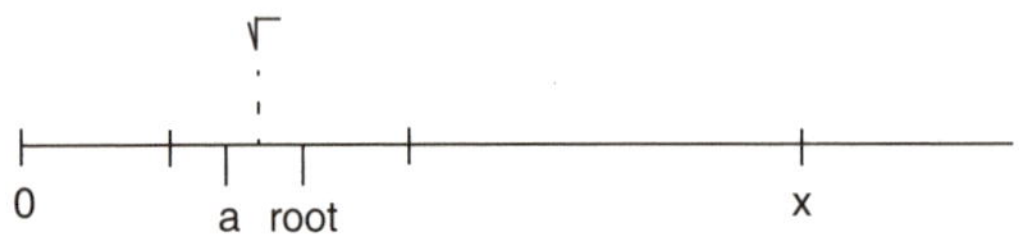

Wir sehen, dass root noch immer nicht genau der Wurzel von x entspricht. Es ist wieder etwas zu groß und a ist wieder etwas zu klein. Das Intervall zwischen a und root ist aber kleiner geworden und irgendwo dazwischen liegt der gesuchte Wert. Wir können dieses Verfahren nun fortsetzen, bis das Intervall so klein geworden ist, dass wir mit hinreichender Genauigkeit sagen können, dass a = root ist. In diesem Fall entspricht root auch mit hinreichender Genauigkeit der Wurzel von x.

Abb. 1.13 zeigt den Algorithmus SquareRoot, der die Wurzel von x nach diesem Näherungsverfahren berechnet.

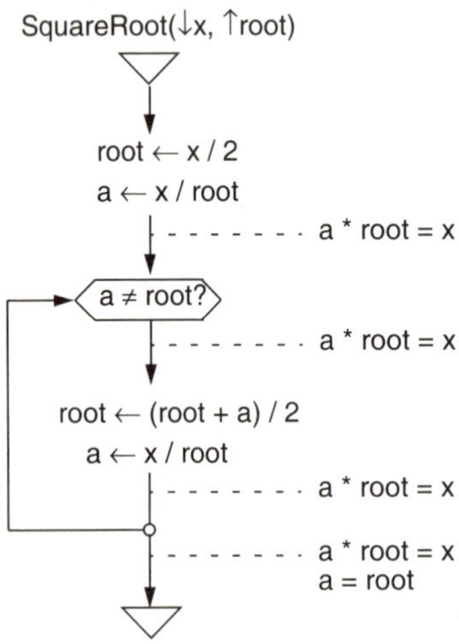

***Abb. 1.13** Algorithmus SquareRoot*

Aus den Assertionen sieht man, dass an den gekennzeichneten Stellen a * root = x gilt. Am Ende des Algorithmus gilt zusätzlich noch a = root, denn sonst wäre die Schleife nicht verlassen worden. Daraus folgt, dass root * root = x ist und root also tatsächlich die Wurzel von x.

Wie bereits gesagt, wird das Intervall zwischen a und root immer kleiner, aber nie 0. Daher sollte man die Schleifenbedingung besser als |a - root| > 0.00000001 schreiben, wenn man die Wurzel auf 8 Kommastellen genau berechnen will.

Ein Schreibtischtest überzeugt uns wieder, dass der Algorithmus terminiert und das Intervall zwischen root und a tatsächlich kleiner wird.

x	root	a
10	5	2
	3.5	2.85714
	3.17857	3.14607
	3.16232	3.16223
	3.16228	3.16228

1.6 Beschreibung von Programmiersprachen

Wir kommen nun zu einem ganz anderen Thema, nämlich zur Frage, wie man Programmiersprachen beschreiben kann. Wir wollen ja die Programmiersprache Java erlernen und daher ist es wichtig, eine Notation zu haben, die uns sagt, wie Java-Programme aussehen oder anders gesagt, welche Texte korrekte Java-Programme sind.

Eine Programmiersprache ist in gewisser Hinsicht ähnlich aufgebaut wie eine natürliche Sprache (z.B. wie Deutsch) und kann durch eine *Grammatik* beschrieben werden. Wie bei natürlichen Sprachen unterscheiden wir zwischen *Syntax* und *Semantik* der Sprache.

1.6.1 Syntax

Die Syntax einer Sprache gibt Regeln an, wie die Sätze dieser Sprache gebaut sein müssen. Im Deutschen besteht ein gewöhnlicher Hauptsatz zum Beispiel aus einem Subjekt, einem Prädikat und einem Objekt. Ähnlich kann man für eine Programmiersprache definieren, dass eine Zuweisung aus einer Variablen, einem Zuweisungssymbol und einem Ausdruck besteht. Man schreibt dann

```
Zuweisung = Variable "←" Ausdruck.
```

Diese Syntaxregel besteht aus einer linken und einer rechten Seite, die durch ein Gleichheitszeichen getrennt sind. Die linke Seite besagt, welches Sprachkonstrukt die Regel beschreibt, die rechte Seite gibt an, wie dieses Sprachkonstrukt aufgebaut ist. Jede Regel wird durch einen Punkt abgeschlossen.

1.6.2 Semantik

Um eine Sprache zu beschreiben, genügt es nicht, ihre Syntax zu definieren. Man muss auch sagen, was die Sätze der Sprache bedeuten. Dies bezeichnet man als Semantik. Die Semantik von

```
Zuweisung = Variable "←" Ausdruck.
```

ist: Werte den Ausdruck aus und weise ihn der Variablen zu. Ohne diese Erklärung könnte der Satz Beliebiges bedeuten. Die Semantik von Programmiersprachen lässt sich leider formal nur sehr kompliziert beschreiben. Daher geben wir sie hier immer textuell an.

1.6.3 Grammatik

Eine Grammatik ist eine Menge von Syntaxregeln, die sämtliche Konstrukte einer Sprache beschreiben. Zum Beispiel kann man die Grammatik der Dezimalzahlen wie folgt formulieren:

```
Ziffer = "0" | "1" | "2" | "3" | "4" | "5" | "6" | "6" | "7" | "8" | "9".
Zahl = Ziffer {Ziffer}.
```

Der senkrechte Strich ("|") bedeutet dabei *oder*. Er trennt Alternativen voneinander. Eine Ziffer ist also entweder "0" oder "1" oder ... oder "9"; die Hochkommas besagen, dass die eingeschlossenen Texte genau so im Satz vorkommen müssen, wie sie geschrieben sind. Die zweite Grammatikregel enthält geschweifte Klammern. Diese bedeuten eine null-, ein- oder mehrmalige Wiederholung des geklammerten Konstrukts. Eine Zahl besteht also immer aus einer Ziffer, auf die null, eine oder mehrere weitere Ziffern folgen können. Damit können wir beliebige Zahlen wie 1, 57, 38462 usw. beschreiben.

Grammatikregeln werden manchmal auch als *Syntaxdiagramme* angegeben. Die Regel für Zahl sieht dann folgendermaßen aus:

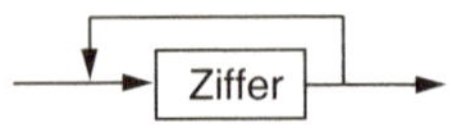

Indem man den Pfeilen entlangfährt, erhält man eine korrekte Folge von Symbolen. Da Syntaxdiagramme aber in der Regel mehr Platz einnehmen als eine Grammatikregel, werden wir in Zukunft Grammatikregeln bevorzugen.

Die oben gezeigte Grammatikschreibweise mit dem Gleichheitszeichen, dem Punkt, den Alternativenstrichen und den geschweiften Klammern nennt man *EBNF* (Erweiterte Backus-Naur-Form, nach den Informatikern *John Backus* und *Peter Naur*, die an der Entwicklung einflußreicher Sprachen wie *Fortran* und *Algol* beteiligt waren). Folgende Tabelle zeigt sämtliche EBNF-Metazeichen (d.h., die zur Grammatikschreibweise gehörenden Zeichen) und ihre Bedeutung.

Metazeichen	*Bedeutung*	*Beispiel*	*beschreibt*
=	trennt Regelseiten		
.	schließt Regel ab		
|	trennt Alternativen	x | y	x, y
()	klammert Alternativen	(x | y) z	xz, yz
[]	wahlweises Vorkommen	[x] y	xy, y
{}	0..n-maliges Vorkommen	{x} y	y, xy, xxy, xxxy, ...

Das folgende Beispiel einer EBNF-Regel zeigt eine Definition von Gleitkommazahlen (z.B. 0.314E+1, was so viel bedeutet wie $0.314 * 10^1$).

```
Gleitkommazahl = Zahl "." Zahl ["E" ["+"|"-"] Zahl].
```

Diese Regel benutzt zwei Arten von Symbolen. Die einfachen Symbole wie ".", "E", "+" oder "-" werden *Terminalsymbole* genannt, weil sie sich selbst bedeuten, d.h. nicht mehr weiter zerlegt werden können. Das Symbol Zahl ist hingegen ein *Non-*

terminalsymbol, weil man es weiter zerlegen kann (siehe die weiter oben stehende Grammatikregel für Zahl). Auf der linken Seite einer Grammatikregel steht immer ein Nonterminalsymbol. Die rechte Regelseite besteht aus Terminalsymbolen, Nonterminalsymbolen und Metazeichen wie "|" oder "{".

Die Regel für Gleitkommazahl enthält eckige Klammern als Metazeichen. Eine eckige Klammer bedeutet, dass das geklammerte Konstrukt auch fehlen kann. Gültige Gleitkommazahlen sind also zum Beispiel

```
3.14
3.14E0
31.4E-1
```

Das folgende Syntaxdiagramm stellt die Grammatikregel nochmals grafisch dar.

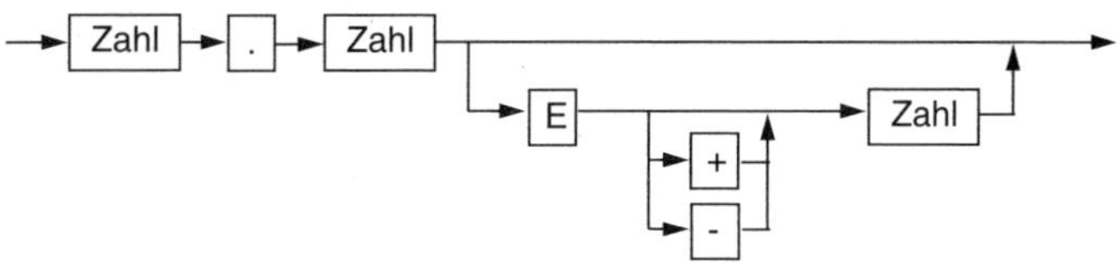

Wir werden in Zukunft die Sprachkonstrukte von Java durch eine Grammatik beschreiben und dadurch ausdrücken, wie Java-Programme aussehen dürfen.

Übungsaufgaben[1]

1. Liegt jedem Programm ein Algorithmus zugrunde? Kann man jeden Algorithmus als Programm formulieren?
2. Erklären Sie den Unterschied zwischen einer Variablen und einem Wert.
3. Warum gibt man Variablen einen Datentyp? Diskutieren Sie Vor- und Nachteile.
4. *Sortieren dreier Zahlen.* Gegeben seien drei Zahlenvariablen a, b und c. Schreiben Sie einen Algorithmus Sort, der die Variableninhalte so umordnet, dass $a \leq b \leq c$ ist. Formulieren Sie den Algorithmus als Ablaufdiagramm und versuchen Sie, seine Korrektheit durch Assertionen zu untermauern.
5. *Median dreier Zahlen bestimmen.* Gegeben seien drei Zahlen a, b und c. Schreiben Sie einen Algorithmus GetMedian, der den Median (also den mittleren Wert) der drei Zahlen ermittelt und zurückgibt. Formulieren Sie den Algorithmus als Ablaufdiagramm und geben Sie Assertionen dazu an. Versuchen Sie, mit möglichst wenigen Abfragen auszukommen.

---

1. Musterlösungen unter http://ssw.jku.at/JavaBuch/

6. *Schreibtischtest.* Versuchen Sie durch einen Schreibtischtest herauszufinden, was folgender Algorithmus leistet. Die Variablen enthalten ganze Zahlen. Die Division x/y schneidet Nachkommastellen ab.

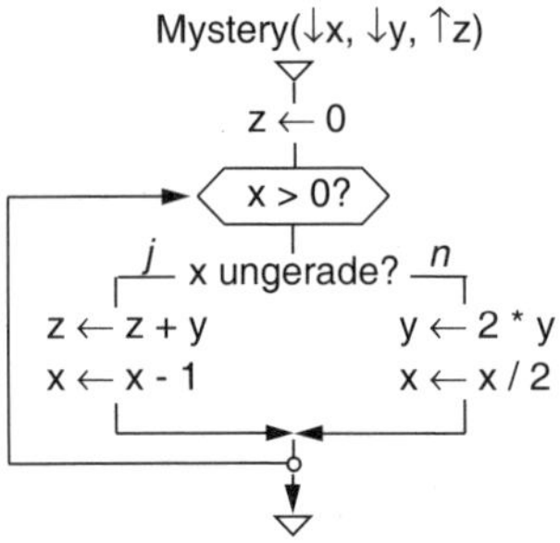

7. *Schreibtischtest.* Simulieren Sie in einem Schreibtischtest die Funktionsweise des euklidischen Algorithmus für x = 96 und y = 36 sowie für x = 53 und y = 12.

8. *Erzeugen einer Multiplikationstabelle.* Schreiben Sie einen Algorithmus PrintMulTab, der für einen beliebigen Wert n eine Multiplikationstabelle der Größe n mal n ausgibt, in der das Element in Zeile i und Spalte j den Wert i * j hat. Für n = 5 soll z.B. folgende Tabelle erzeugt werden:

1	2	3	4	5
2	4	6	8	10
3	6	9	12	15
4	8	12	16	20
5	10	15	20	25

Verwenden Sie für die Ausgabe einer Zahl x die Operation print(x) und für einen Zeilenumbruch die Operation println(). Auf die Formatierung der Tabelle brauchen Sie nicht zu achten.

9. *Grammatiken.* Gegeben seien die Terminalsymbole x, y und z. Welche Symbolfolgen können durch die folgenden Grammatikregeln erzeugt werden:

```
Sequence1 = x (y | z) x.
Sequence2 = [x | y] z {z}.
Sequence3 = x {y z | [x] y} z.
```

10. *Grammatiken.* Geben Sie eine Grammatik an, die die üblichen Datumsformate beschreibt, also z.B.

    1. Mai 2006
    1. 5. 06
    2006-05-01

11. *Grammatiken.* Begründen Sie, warum in folgender Grammatik für arithmetische Ausdrücke die Multiplikation stärker bindet als die Addition.

```
Expression = Term { "+" Term}.
Term = number { "*" number}.
```

12. *Syntaxdiagramm.* Zeichnen Sie ein Syntaxdiagramm für die Grammatikregel

```
A = x {y z | [x] y} z.
```

2 Einfache Programme

Nachdem wir in Kapitel 1 Algorithmen in sprachunabhängiger Form betrachtet haben, wollen wir uns jetzt langsam Java-Programmen zuwenden. Java ist eine moderne Programmiersprache, die vor allem in Zusammenhang mit dem Internet bekannt wurde. Sie eignet sich aber nicht nur für das Internet, sondern auch für alle anderen Arten der Programmierung. Die Sprache ist klein genug, um sie rasch zu beherrschen. Sie enthält Mechanismen zur Vermeidung der häufigsten Programmierfehler. Sie ist weit verbreitet und portabel, d.h., Java-Programme laufen auf nahezu jedem Rechner. Schließlich unterstützt Java auch moderne Konzepte des Software Engineering wie Objektorientierung, Komponententechnologie, Parallelität oder Ausnahmebehandlung.

Wir werden in diesem Buch nicht jede dieser Techniken im Detail behandeln. Es geht uns hier mehr um die Grundlagen des Programmierens, die man beherrschen muss, noch bevor man sich der Internet-Programmierung oder der Komponententechnologie zuwenden kann.

In diesem Kapitel werden Sie lernen, einfache Java-Programme zu schreiben, die Variablen manipulieren und Ausdrücke berechnen. Dazu sehen wir uns zunächst einmal an, aus welchen Symbolen ein Java-Programm besteht.

2.1 Grundsymbole

Java-Programme bestehen aus Namen, Schlüsselwörtern, Zahlen, Zeichenketten und einigen anderen Symbolen. Was bedeuten diese Symbole und nach welchen Regeln sind sie aufgebaut?

Namen

Namen bezeichnen Dinge in einem Programm wie zum Beispiel Variablen, Konstanten, Typen oder Methoden. Sie bestehen aus Buchstaben, Ziffern und den Zeichen '_' und '$', wobei das erste Zeichen ein Buchstabe, ein Unterstrich ('_') oder '$' sein muss. Beispiele für Namen sind:

```
x
x12
totalSum
total_Sum
```

Groß- und Kleinbuchstaben werden als verschieden betrachtet. Die Namen min und Min sind also in Java verschieden. Ein Name darf außerdem beliebig lang sein.

Schlüsselwörter

Schlüsselwörter sind spezielle Namen wie if oder while, die dafür verwendet werden, Programmteile einzuleiten oder hervorzuheben. Sie sind reserviert, d.h., man darf sie nicht für eigene Namen verwenden. Hier ist eine Liste aller Java-Schlüsselwörter:

abstract	continue	for	new	switch
assert	default	goto	package	synchronized
boolean	do	if	private	this
break	double	implements	protected	throw
byte	else	import	public	throws
case	enum	instanceof	return	transient
catch	extends	int	short	try
char	final	interface	static	void
class	finally	long	strictfp	volatile
const	float	native	super	while

Schlüsselwörter werden in Java ausschließlich mit Kleinbuchstaben geschrieben. Es heißt also immer while und nicht While oder WHILE.

Zahlen

In Java unterscheidet man zwischen *ganzen Zahlen* und *Gleitkommazahlen*. Ganze Zahlen können als Dezimal- oder als Hexadezimalkonstanten geschrieben werden. Gleitkommazahlen werden wir in Kapitel 5 behandeln.

Eine Dezimalzahl entspricht unseren gewohnten Zahlen (z.B. 0, 1000, 376). Sie besteht aus einer Folge der Ziffern 0 bis 9. Jede Stelle i hat die Wertigkeit 10^{i-1}.

Eine Hexadezimalzahl besteht aus den Ziffern 0 bis 9 und aus den Buchstaben a, b, c, d, e und f (oder A, B, C, D, E und F) für die dezimalen Werte 10, 11, 12, 13, 14 und 15. Jede Stelle i hat die Wertigkeit 16^{i-1}. Um Hexadezimalzahlen von Dezimalzahlen zu unterscheiden, beginnt eine Hexadezimalzahl mit '0x'. Die Zahl 0x1A5 bedeutet also $1 * 16^2 + 10 * 16^1 + 5 * 16^0$, was 421 in Dezimaldarstellung ergibt. Hexadezimalzahlen werden in der Systemprogrammierung verwendet, also zur Programmierung von Betriebssystemen oder hardwarenaher Software.

Zeichen

Zeichenkonstanten sind Buchstaben, Ziffern und Sonderzeichen, die in einfache Hochkommas eingeschlossen sind (z.B. 'x', '+', '3'). In Java kann man auch Zeichen aus anderen als dem lateinischen Alphabet benutzen, z.B. griechische oder chinesische Zeichen. Darauf werden wir in Kapitel 8 zurückkommen.

Zeichenketten (Strings)

Eine Zeichenkettenkonstante ist eine Folge beliebiger Zeichen, die durch doppelte Hochkommas eingeschlossen ist (z.B. "a simple string"). Zeichenketten dürfen auch Leerzeichen und Sonderzeichen enthalten, sie dürfen aber nicht über Zeilengrenzen hinweg gehen. Will man ausdrücken, dass eine Zeichenkette ein Zeilenendezeichen oder ein doppeltes Hochkomma enthält, muss man dies durch eine Zeichenkombination ausdrücken, die mit einem inversen Schrägstrich beginnt. Der Compiler übersetzt diese Zeichenkombination in das Zeichen, für das sie steht. Hier sind einige Beispiele solcher Kombinationen (mehr darüber in Kapitel 8.1):

\n Zeilenende in einer Zeichenkette (*newline*-Zeichen)
\" doppeltes Hochkomma in einer Zeichenkette
\\ inverser Schrägstrich in einer Zeichenkette

2.2 Variablendeklarationen

Variablen sind benannte Behälter für Werte und haben einen bestimmten *Typ*. Jede Variable muss vor ihrer ersten Verwendung *deklariert* (d.h. bekannt gemacht) werden. Die Deklaration

```
int x;
```

deklariert eine Variable x vom Typ int (integer = ganze Zahl). Die Deklaration führt den Namen x ein, gibt ihm den Typ int und reserviert bei der Ausführung des Programms eine entsprechend große Speicherzelle. Beachten Sie, dass eine Deklaration mit einem Strichpunkt endet. Die Deklaration

```
short y, z;
```

deklariert zwei Variablen y und z, beide vom Typ short (short integer = kurze ganze Zahl). Alle Namen in einer Klasse (Kapitel 10) oder Methode (Kapitel 6) müssen voneinander verschieden sein, damit bei ihrer Benutzung klar ist, welche Speicherzellen man meint. Schlüsselwörter dürfen nicht als Namen verwendet werden.

Datentypen

In Kapitel 1 haben wir gesagt, dass man sich den Typ einer Variablen wie die Form eines Behälters vorstellen kann. Er bestimmt, welche Werte man in diesem Behälter speichern darf. Etwas genauer ausgedrückt, definiert ein Datentyp

- eine Menge von Werten, die zu diesem Typ gehören. Der Typ int besteht zum Beispiel aus der Menge der ganzen Zahlen.
- eine Menge von Operationen, die mit den Werten des Typs ausgeführt werden dürfen. Die erlaubten Operationen auf int-Werte sind zum Beispiel die arithmetischen Operationen (Kapitel 2.4), die Vergleichsoperationen (Kapitel 3.2) und die Bitoperationen (Kapitel 3.2).

Datentypen sind ein fundamentales Konzept moderner Programmiersprachen. Sie erlauben dem Compiler zu prüfen und sicherzustellen, dass Variablen nur erlaubte Werte enthalten und dass auf diese Werte nur erlaubte Operationen angewendet werden. Zahlreiche Programmierfehler können durch diese *statische Typprüfung* bereits vom Compiler entdeckt werden, noch bevor man das Programm zum ersten Mal ausführt.

Neben den bereits vordefinierten Standardtypen wie int und short kann ein Programmierer auch eigene Typen deklarieren, indem er ihre Wertebereiche und Operationen definiert. Auf diese Weise kann man Typen für Dinge wie Bruchzahlen, Personen oder Bilder konstruieren und damit die Programmiersprache seinen Bedürfnissen anpassen. Wir werden in Kapitel 10, 11 und 14 näher auf diese benutzerdefinierten Typen (*Klassen* und *Enumerationstypen*) eingehen.

Standardtypen für ganze Zahlen

Java bietet verschiedene vordefinierte Typen für ganze Zahlen, die sich lediglich in der Größe der zugehörigen Werte unterscheiden. Hier ist eine vollständige Liste aller ganzzahligen Java-Typen:

byte	8-Bit-Zahl	$-2^7 \ldots 2^7-1$	(-128 ... 127)
short	16-Bit-Zahl	$-2^{15} \ldots 2^{15}-1$	(-32768 ... 32767)
int	32-Bit-Zahl	$-2^{31} \ldots 2^{31}-1$	(-2147483648 ... 2147483647)
long	64-Bit-Zahl	$-2^{63} \ldots 2^{63}-1$	

Ganze Zahlen können positive und negative Werte enthalten, allerdings muss der Wert in den passenden Zahlenbereich fallen. In einer short-Variablen kann man zum Beispiel nicht den Wert 100000 speichern, sehr wohl aber in einer int-Variablen. In den meisten Fällen arbeiten wir mit dem Typ int. Er ist groß genug, um die häufigsten Zahlenwerte aufzunehmen. Außerdem sind die meisten heutigen Rechner auf 32-Bit-Zahlen ausgelegt, d.h., sie rechnen mit int-Zahlen am schnellsten.

Zwischen den ganzzahligen Typen besteht folgende Teilmengen-Beziehung:

long ⊃ int ⊃ short ⊃ byte

Das bedeutet, dass die Menge aller long-Werte die Menge aller int-Werte einschließt. Man kann zum Beispiel einen short-Wert einer int- oder long-Variablen zuweisen, nicht aber einer byte-Variablen, weil der short-Wert zum Beispiel 1000 sein könnte, was nicht in einer byte-Variablen Platz hat.

Initialisierung von Variablen

Bei der Deklaration einer Variablen kann man bereits einen Anfangswert (eine *Initialisierung*) angeben. Die Deklaration

```
int x = 100;
```

legt nicht nur eine int-Variable namens x an, sondern speichert in ihr bereits als Anfangswert die Zahl 100. Später kann man der Variablen natürlich einen anderen Wert zuweisen. Jedenfalls muss eine Variable einen Wert bekommen (durch Initialisierung oder durch Wertzuweisung), bevor man sie verwenden darf. Versucht man, eine Variable zu verwenden, die noch keinen Wert hat, meldet der Java-Compiler einen Fehler.

Bei der Deklaration mehrerer Variablen kann man jeder Einzelnen von ihnen einen Initialwert geben, z.B.

```
int x = 0, y = 1;
```

Kommentare

Die Bedeutung einer Variablen kann recht gut durch ihren Namen ausgedrückt werden. Manchmal möchte man aber zusätzliche Erläuterungen anbringen, die die Variable oder eine andere Programmstelle näher beschreiben. Solche Erläuterungen werden als *Kommentare* bezeichnet. Ein Kommentar beginnt in Java mit zwei Schrägstrichen (//) und erstreckt sich bis zum Ende der Zeile, in der der Kommentar steht. Die Deklaration

```
int sum;  // sum of all input values
```

enthält zum Beispiel einen erläuternden Kommentar. Kommentare machen ein Programm lesbarer. Man sollte sie dazu verwenden, Dinge zu erklären, die aus dem Programmtext alleine nicht ersichtlich sind. Folgender Kommentar ist zum Beispiel unsinnig

```
int x;  // integer number
```

denn er enthält keine zusätzliche Information. Anhang C enthält einige nützliche Richtlinien zur guten Kommentierung.

Kommentare können beliebigen Text enthalten. Sie werden vom Programm nicht ausgeführt, sondern dienen lediglich dem menschlichen Leser zum besseren Verständnis. Man braucht also keine Angst zu haben, dass ein Programm speicheraufwendiger oder langsamer wird, wenn es Kommentare enthält. Sie werden vom Compiler ignoriert.

Manchmal möchte man längere Kommentare schreiben, die über mehrere Zeilen gehen. Natürlich könnte man an den Beginn jeder Zeile // schreiben. Bequemer ist es allerdings, in diesem Fall statt *Zeilenendekommentaren* so genannte *Klammerkommentare* zu verwenden, die mit /* beginnen und mit */ enden.

```
/* the following program computes the greatest common divisor
   of the variables x and y */
```

Klammerkommentare werden auch oft dazu benutzt, Programmteile, die man für Testzwecke eingebaut hat, vorübergehend auszublenden. Indem man sie in Kommentarklammern einschließt, werden sie vom Compiler weggelassen. Leider darf man in Java Klammerkommentare nicht schachteln. Der folgende Kommentar ist also falsch:

```
/* A wrong comment:
   /* nested comments are not allowed */
   // but this is ok
... */
```

Sie werden bemerkt haben, dass Variablennamen und Kommentare in den obigen Beispielen auf englisch geschrieben wurden. Das ist Geschmackssache. Man könnte sie natürlich auch auf deutsch angeben. Die englische Namensgebung hat aber folgende Vorteile:

- Englische Texte sind meist kürzer als deutsche.
- Englische Texte passen besser zu den (englischen) Schlüsselwörtern.
- Wenn man Programme weitergibt (zum Beispiel über das Internet), sollten sie auch von Personen gelesen werden können, die nicht deutsch können.

Egal ob man die englische oder deutsche Schreibweise bevorzugt, man sollte sie jedenfalls nicht mischen, denn das sieht unprofessionell aus. Anhang C enthält noch weitere Richtlinien zur Namensgebung und Kommentierung.

2.3 Zuweisungen

Eine Zuweisung wird dazu verwendet, einen berechneten Wert in einer Variablen zu speichern. Die Zuweisung

```
x = y + 1;
```

berechnet den Wert des Ausdrucks y + 1 und weist ihn der Variablen x zu. Als Zuweisungsoperator wird in Java das Gleichheitszeichen verwendet. Es handelt sich allerdings nicht um eine Gleichheitsbeziehung, sondern um eine Zuweisung. Man sollte daher nicht sagen »x *ist* y plus 1«, sondern »x *wird zu* y plus 1«. Beachten Sie, dass eine Zuweisung (wie die meisten anderen Java-Anweisungen) mit einem Strichpunkt beendet wird.

Zuweisungen sind nur dann erlaubt, wenn die Typen der linken und rechten Seite miteinander *zuweisungskompatibel* sind, d.h., wenn

- die linke und rechte Seite denselben Typ haben (z.B. int) oder
- der Typ der linken Seite gemäß der Typhierarchie aus Kapitel 2.2 den Typ der rechten Seite einschließt ($T_{links} \supset T_{rechts}$).

Der Typ eines Ausdrucks ergibt sich aus Regeln, die wir in Kapitel 2.4 behandeln. Wenn man zwei int-Variablen in einem Ausdruck verknüpft, kann man aber davon ausgehen, dass der gesamte Ausdruck wieder den Typ int hat. Der Typ von Zahl*konstanten* ist immer int.

Beispiele

```
int i, j;
short s;
byte b;

i = j;          // ok, same type
i = s;          // ok, int contains short
s = i;          // error
i = 300;        // ok (number constants are of type int)
b = 1;          // ok (1 is of type int; the compiler knows, however, that 1 fits into byte)
b = 300;        // error (300 does not fit into byte)
```

In allen Fällen, in denen eine Zuweisung in den obigen Beispielen nicht erlaubt ist, meldet der Compiler einen Fehler.

Die Prüfung der Zuweisungskompatibilität ist Teil der *statischen Typprüfung*, die eine wichtige Eigenschaft von Java ist. Statische Typprüfung bedeutet, dass der Compiler sicherstellt,

- dass Variablen nur erlaubte Werte enthalten und
- dass auf Werte nur erlaubte Operationen angewendet werden.

Durch die statische Typprüfung werden viele Programmierfehler bereits zur Übersetzungszeit (also statisch) entdeckt. Würde der Compiler die Typen in Zuweisungen nicht prüfen, hätte der zugewiesene Wert in der Variablen unter Umständen nicht Platz. Er würde dann abgeschnitten werden oder würde sogar andere Speicherbereiche überschreiben und damit zerstören. In Java können solche Fehler nicht vorkommen.

2.4 Arithmetische Ausdrücke

Ein arithmetischer Ausdruck wie zum Beispiel

```
- (3 + x * y)
```

berechnet einen numerischen Wert aus den Werten von Variablen und Konstanten. Eine vereinfachte Grammatik arithmetischer Ausdrücke sieht wie folgt aus:

```
Expression = Operand {BinaryOperator Operand}.
Operand = [UnaryOperator] (Variable | Number | "(" Expression ")").
```

Binäre Operatoren

Die binären Operatoren und ihre Bedeutung können aus folgender Tabelle entnommen werden:

+	Addition
-	Subtraktion
*	Multiplikation
/	Division: Ergebnis ganzzahlig: 4/3 = 1, (-4)/3 = -1
%	Modulo (d.h. Divisionsrest): 4%3 = 1, (-4)%3 = -1

Es gelten die üblichen Vorrangregeln, also Punktrechnung (*, /, %) vor Strichrechnung (+, -), wobei die Vorrangregeln durch Klammerung durchbrochen werden können (z.B. (3+4)*2). Gleichrangige Operatoren werden von links nach rechts ausgewertet (z.B. 3-2-1 = (3-2)-1 = 0). Die Operanden eines ganzzahligen arithmetischen Ausdrucks müssen vom Typ long, int, short oder byte sein. Der Typ des Ergebnisses berechnet sich wie folgt: Wenn mindestens *ein* Operand vom Typ long ist, so ist der Ergebnistyp long, sonst ist er int. Der Typ von Zahl*konstanten* ist immer int. Arithmetische Ausdrücke mit Gleitkommazahlen werden in Kapitel 5 behandelt.

Die folgenden Beispiele zeigen die Ergebnistypen verschiedener arithmetischer Ausdrücke:

```
short s;
int i;
long x;
... x + 1 ...           // long
... s + 1 ...           // int (the type of 1 is int)
s = (short)(s+1);       // type cast required for assignment
```

Die letzte Zeile dieser Beispiele berechnet den Wert s + 1, der vom Typ int ist. Wenn wir ihn einer short-Variablen zuweisen wollen, so geht das zunächst nicht, weil nicht alle int-Werte in eine short-Variable passen. Wenn wir jedoch ganz genau wissen, dass der Wert des Ausdrucks an dieser Stelle des Programms immer in eine short-Variable passt, können wir den Typ des Ausdrucks in short umwandeln. Wir nennen das eine *Typkonversion* (*type cast*). Indem wir den Zieltyp in Klammern vor den Ausdruck schreiben, wandeln wir den Typ des Ausdrucks in diesen Zieltyp um.

Ein int-Wert besteht aus vier Bytes (32 Bits). Wenn wir ihn mit einer Typkonversion zu einem short-Wert machen, werden einfach die ersten beiden Bytes (16 Bits) des Wertes abgeschnitten (siehe Abb. 2.1). Falls der int-Wert daher mehr als zwei Bytes belegt, wird er durch die Typkonversion verstümmelt.

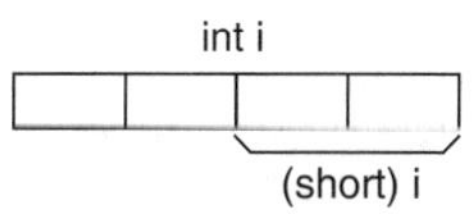

Abb. 2.1 *Auswirkungen einer Typkonversion*

Unäre Operatoren

In arithmetischen Ausdrücken können als unäre Operatoren nur + und - vorkommen. Sie heißen *unär*, weil sie sich nur auf einen einzigen Operanden beziehen. Ihre Bedeutung ist wie folgt:

+	Identitätsoperator: +x entspricht x
-	Vorzeichenumkehr

Unäre Operatoren binden stärker als binäre Operatoren, was auch aus der Grammatik am Anfang dieses Abschnitts hervorgeht. Der Ausdruck 4 + -3 liefert also 1, der Ausdruck -4 + 3 liefert -1.

Inkrement- und Dekrement-Operatoren

Eine besonders häufige Operation ist die Erhöhung oder Erniedrigung eines Variablenwertes um 1. Java sieht für diese Operation spezielle Operatoren vor. Um den Wert einer Variablen x um 1 zu erhöhen, schreibt man:

```
x++;  // or ++x;
```

Um den Wert von x um 1 zu vermindern, schreibt man:

```
x--;  // or --x;
```

In der oben geschriebenen Form handelt es sich um eigenständige Anweisungen. Die Anweisung x++; entspricht x = x + 1; Man kann diese Operatoren aber auch in Ausdrücken verwenden, was jedoch eine ziemlich komplizierte Semantik hat. Nehmen wir an, x hätte den Wert 1. Der Ausdruck

```
... x++ * 3 ...
```

liefert den Wert 3. Die Variable x hat anschließend den Wert 2. Das kommt daher, weil der Wert von x (d.h. 1) mit 3 multipliziert und anschließend der Operator ++ auf die Variable x angewendet wird, was zum Wert 2 in x führt. Würde man hingegen schreiben

```
... ++x * 3 ...
```

so würde zuerst der Wert der Variablen x um 1 erhöht, was 2 ergibt. Anschließend würde dieser Wert mit 3 multipliziert, so dass der Wert des gesamten Ausdrucks 6 ist. Analoges gilt für den Operator --.

Wegen dieser komplizierten Semantik ist es ratsam, die Operatoren ++ und -- nur als eigenständige Anweisungen zu verwenden. Beide Operatoren dürfen übrigens nur auf Variablen und nicht auf Ausdrücke angewendet werden. Die Anweisung

```
(x * y)++;
```

ist also falsch.

Multiplikation und Division mittels Shift-Operationen

Die Operatoren << und >> können dazu benutzt werden, schnelle Multiplikationen und Divisionen mit Zweierpotenzen (2, 4, 8, 16 etc.) durchzuführen.

<<	Shift left (Multiplikation mit 2^i)	3 << 2 = 12 (0011 << 2 = 1100)
>>	Shift right (Division durch 2^i)	7 >> 1 = 3 (0111 >> 1 = 0011)

Der Ausdruck 3 << 2 schiebt das Bitmuster von 3 um zwei Stellen nach links, was einer Multiplikation mit 2^2 entspricht und schneller ist als eine echte Multiplikation 3 * 4. Der Ausdruck 7 >> 1 schiebt das Bitmuster von 7 um eine Stelle nach rechts, was bei positiven Zahlen einer Division durch 2^1 entspricht und ebenfalls schneller ist als eine echte Division. Aus Lesbarkeitsgründen sollten jedoch außer in besonders zeitkritischen Anwendungen die arithmetischen Operatoren * und / anstelle der Shift-Operatoren verwendet werden.

Zuweisungsoperatoren

Programme enthalten oft Zuweisungen der Art

x = x *op* y;

wobei *op* ein beliebiger arithmetischer Operator ist. Java bietet für dieses häufige Muster spezielle Zuweisungsoperatoren an, die eine arithmetische Operation mit einer anschließenden Zuweisung kombinieren, wie aus folgender Tabelle zu entnehmen ist.

	Kurzform	*Langform*
+=	x += y;	x = x + y;
-=	x -= y;	x = x - y;
*=	x *= y;	x = x * y;
/=	x /= y;	x = x / y;
%=	x %= y;	x = x % y;

Es handelt sich allerdings nur um eine kürzere Schreibweise. Das Programm wird durch diese Operatoren nicht schneller.

2.5 Ein-/Ausgabe

Bis jetzt wissen wir nur, dass Variablen ihre Werte durch Zuweisungen oder Initialisierungen bekommen können. Auf diese Weise könnten wir aber nur Programme schreiben, die bei jeder Ausführung dieselben Ergebnisse liefern.

Eine andere Möglichkeit, Variablen mit Werten zu belegen, besteht darin, die Werte von der Tastatur oder von einer Datei einzulesen. Auf diese Weise kann ein und dasselbe Programm je nach gelesenen Werten ein unterschiedliches Ergebnis liefern. Ferner müssen wir die berechneten Werte auch ausgeben können (zum Beispiel auf den Bildschirm), damit sie der Benutzer sehen kann. Wir brauchen also Anweisungen für die Eingabe und Ausgabe von Werten.

In Java ist die Ein- und Ausgabe von Werten nicht Teil der Sprache, sondern gehört zur Java-Bibliothek (siehe Kapitel 21). Es gibt in dieser Bibliothek diverse Klassen, um Zahlen, Texte oder auch Bitströme einzulesen und wieder auszugeben. Für den Anfang ist das zu kompliziert. Wir benutzen eine einfachere Bibliothek (siehe [JavaBuch]), die für dieses Buch entwickelt wurde und uns erlaubt, Zahlen und Zeichen von der Tastatur zu lesen und auf den Bildschirm auszugeben.

Eingabe

Die Eingabe einer Zahl von der Tastatur wird durch folgendes Programmstück bewirkt (die Klasse In kann von [JavaBuch] geladen werden):

```
int i = In.readInt(); // read a number and store it in variable i
```

Die Funktion In.readInt liefert eine Zahl, die anschließend als Teil eines Ausdrucks weiterverarbeitet oder wie hier in einer Variablen abgelegt werden kann. Der Benutzer tippt seine Eingabe in eine Bildschirmzeile ein und beendet diese mit der Return-Taste. Falls in der Zeile mehrere Zahlen eingetippt wurden (durch Leerzeichen getrennt), können sie durch aufeinander folgende Aufrufe von In.readInt gelesen werden. Die Funktion In.done zeigt dabei an, ob die unmittelbar vorausgegangene Eingabeanweisung erfolgreich war (siehe Anhang A).

Statt von der Tastatur kann man auch von einer Datei (einem Datenbestand auf der Platte) lesen. Dazu muss man die Datei vor dem Lesen öffnen und nach dem Lesen wieder schließen. Ein Programmstück, das zwei Zahlen von einer Datei *input.txt* liest, sieht folgendermaßen aus:

```
int a, b;
In.open("input.txt");     // open file "input.txt" for reading
a = In.readInt();         // read from file "input.txt"
b = In.readInt();
In.close();               // close file "input.txt"; future input comes from keyboard again
```

Nach dem Schließen der Datei führen weitere In.readInt-Aufrufe wieder zum Lesen von der Tastatur. Es gibt noch weitere Funktionen zum Lesen von Werten anderer Datentypen (z.B. long, float, String) sowie zum Lesen ganzer Wörter oder Zeilen. Anhang A enthält eine genaue Beschreibung all dieser Funktionen.

Ausgabe

Zur Ausgabe auf den Bildschirm können zum Beispiel folgende Anweisungen verwendet werden (die Klasse Out kann von [JavaBuch] geladen werden):

```
Out.print(x + y);         // writes the value of x + y to the output window
Out.println(x + y);       // same as above, but writes also an end-of-line symbol
                          // (i.e. starts a new line)
Out.println();            // starts a new line
```

Die Funktionen Out.print und Out.println können Ausdrücke vom Typ long, int, short und byte ausgeben, ja sogar Zeichen und Zeichenketten. Das folgende Beispiel fordert den Benutzer auf, zwei Zahlen einzutippen, liest die Zahlen, addiert sie und gibt ihre Summe aus.

```
int i, j, sum;
Out.print("Type 2 numbers: "); // the user types e.g. 3  17  followed by return key
i =In.readInt(); // reads 3 and stores it in i
j = In.readInt(); // reads 17 and stores it in j
sum = i + j;
Out.print("Sum = "); Out.println(sum);
```

Java erlaubt, Zeichenketten mit dem Operator + zu verknüpfen, und zwar nicht nur in Ausgabeanweisungen. Der Ausdruck "Dear " + "John" liefert also "Dear John". Wenn der zweite Operand keine Zeichenkette ist, wird er in eine konvertiert. Im Ausdruck "sum = " + 324 wird die Zahl 324 in die Zeichenkette "324" umgewandelt und anschließend mit der ersten Zeichenkette zu "sum = 324" verknüpft. Wir könnten daher die letzte Zeile des obigen Beispiels wie folgt schreiben:

```
Out.println("Sum = " + sum);
```

was kürzer und lesbarer ist.

Statt auf den Bildschirm kann man auch auf eine Datei schreiben, die man vor dem Schreiben öffnen und nach dem Schreiben wieder schließen muss. Das folgende Programmstück schreibt zuerst eine Eingabeaufforderung auf den Bildschirm, öffnet anschließend eine Datei *output.txt* und schreibt seine Ergebnisse auf diese Datei. Nach dem Schließen der Datei gehen weitere Ausgaben wieder auf den Bildschirm.

```
int i, j, sum;
Out.print("Type 2 numbers: "); // output to the screen
i = In.readInt(); j = In.readInt();
Out.open("output.txt"); // opens file "output.txt"
Out.println("Sum = " + (i + j));
Out.close(); // closes file "output.txt"; further output goes to the screen again
```

Man beachte, dass hier `(i + j)` geklammert werden muss, damit der Operator `+` die Addition von `i` und `j` bedeutet. Würde man die Klammer weglassen, würde `+` als Verkettungsoperator interpretiert und die Werte von `i` und `j` würden an die Zeichenkette `"Sum = "` angehängt werden. Wenn `i` zum Beispiel den Wert 3 und `j` den Wert 15 hätte, würde `"Sum = " + i + j` das Ergebnis `"Sum = 315"` liefern, während `"Sum = " + (i + j)` zum Ergebnis `"Sum = 18"` führt. Anhang A enthält eine vollständige Beschreibung aller Ausgabefunktionen.

2.6 Grundstruktur von Java-Programmen

Bis jetzt haben wir nur Programmfragmente geschrieben. Ein vollständiges Java-Programm enthält aber neben Deklarationen und Anweisungen auch noch andere Teile. Es hat für unsere Zwecke immer folgende Struktur:

```
class ProgrammName {

    public static void main (String[] arg) {
        ... Deklarationen ...
        ... Anweisungen ...
    }

}
```

Die kursiven Teile sind jene, die der Programmierer ersetzen muss. Er muss dem Programm einen Namen geben (z.B. `PrintSum`) und an den oben gekennzeichneten Stellen die Deklarationen und Anweisungen einfügen. Die restlichen Teile dieses Rahmens bleiben unverändert. Der Zweck dieser Teile wird in späteren Kapiteln klar. Einstweilen nehmen wir sie einfach als gegeben hin.

Beispiel

Hier ist ein vollständiges Java-Programm, in dem alle kursiven Teile durch eigenen Code ersetzt wurden. Es handelt sich um eine etwas polierte Version des Beispiels aus Kapitel 2.5.

```
class PrintSum {

    public static void main (String[] arg) {
        int i, j;
        Out.print("Type 2 numbers: ");
        i = In.readInt(); j = In.readInt();
        Out.println("Sum = " + (i + j));
    }

}
```

Dieses Programm können wir nun in einer Datei namens *PrintSum.java* speichern (der Name der Datei muss immer dem Programmnamen entsprechen). Anschließend können wir die Datei compilieren. Wenn wir mit dem Java Development Kit (JDK) arbeiten (*java.sun.com/j2se/*), lautet die Übersetzungsanweisung:

```
cd ... Quellverzeichnis ...
javac PrintSum.java
```

Der Compiler (javac) erzeugt eine ausführbare Datei namens *PrintSum.class*, die wir mit dem Kommando

```
java PrintSum
```

ausführen können. Im Bildschirmfenster erscheint nun der Text

```
Type 2 numbers:
```

Wir geben zwei Zahlen durch Leerzeichen getrennt ein (z.B. 3 17) und beenden die Eingabe durch die Return-Taste. Das Programm liest diese beiden Zahlen und gibt ihre Summe aus, also hier

```
Sum = 20
```

2.7 Konstantendeklarationen

In den Beispielen der letzten Kapitel sind bereits Konstanten wie 17 oder "xyz" vorgekommen. In größeren Programmen wirken solche Konstanten mitten im Programmtext jedoch oft etwas mysteriös, weil ihre Bedeutung nicht immer klar ist. Es wäre schön, wenn man ihnen wie Variablen einen sprechenden Namen geben könnte.

Java erlaubt die Deklaration *benannter Konstanten*. Man kann sie sich wie Variablen vorstellen, die bei ihrer Deklaration initialisiert werden und anschließend ihren Wert nicht mehr ändern dürfen. Die Deklaration

```
static final int TAX_RATE = 30;
```

deklariert eine Konstante namens TAX_RATE mit dem Typ int und dem Wert 30 (per Konvention werden Namen benannter Konstanten mit Großbuchstaben geschrieben). Die einleitenden Schlüsselwörter static und final sind nötig, um auszudrücken, dass es sich um eine Konstante handelt. final bedeutet, dass TAX_RATE nicht verändert werden darf; auf die Bedeutung von static kommen wir in Kapitel 11.3 zurück.

Deklarationen mit dem Zusatz static müssen *auf Klassenebene* stehen, also im folgenden Beispiel unmittelbar nach class MyProg { und nicht vor den Anweisungen, wo zum Beispiel salary deklariert ist.

```
class MyProg {
    static final int TAX_RATE = 30;

    public static void main (String[] arg) {
        int salary = In.readInt();
        Out.println("Tax rate is " + TAX_RATE + " percent.");
        Out.println("Your salary is therefore " + salary * (100 - TAX_RATE) / 100);
    }
}
```

Benannte Konstanten sehen wie Variablen aus und werden auch so benutzt. Man darf sie allerdings nicht verändern. Versucht man, der Konstanten TAX_REATE einen anderen Wert zuzuweisen, meldet der Compiler einen Fehler.

Benannte Konstanten erhöhen die Lesbarkeit und Wartbarkeit von Programmen. Der Name TAX_RATE ist aussagekräftiger als der Wert 30. Sollte man einmal den Konstantenwert ändern wollen (was ja bei Steuern manchmal vorkommen soll), muss man das nur an einer einzigen Stelle tun, nämlich in der Konstantendeklaration. An allen Stellen, an denen der Name verwendet wird, wird dann automatisch der neue Wert benutzt. Das vermeidet unangenehme Fehler bei der Wartung. Man sollte sich daher angewöhnen, wichtige Konstanten mit einem Namen zu deklarieren.

2.8 Namenswahl

Die Lesbarkeit eines Programms hängt maßgeblich von einer guten Namensgebung ab. Namen sollten kurz aber aussagekräftig sein, damit man beim Lesen sofort an die Bedeutung der bezeichneten Variablen oder Konstanten denkt. Dabei sollte man die Länge des Namens aber auch nicht übertreiben. totalSum ist sicher aussagekräftiger als x. totalSumOfAllComputedValues ist aber zu schwerfällig und sollte gekürzt werden. Hilfsvariablen, die man nur über kurze Strecken eines Programms braucht, können ruhig kurze Namen wie i oder j tragen. Wichtige Variablen, die über weite Programmteile hinweg benutzt werden, sollten hingegen längere und »sprechendere« Namen bekommen.

Ob Namen deutsch oder englisch geschrieben werden ist Geschmackssache. Englische Namen sind kürzer, passen besser zu den englischen Schlüsselwörtern und sind auch für Personen verständlich, die kein Deutsch sprechen (was auch in internationalen Firmen immer wichtiger wird).

Wenn ein Name aus mehreren Wörtern zusammengesetzt ist, gibt es zwei Möglichkeiten, die Wörter voneinander abzuheben. Die in Java übliche Methode ist die, jedes neue Wort mit einem Großbuchstaben beginnen zu lassen (z.B. numberOfValues, totalSum etc.). Alternativ dazu kann man die Wörter auch durch Unterstriche trennen (z.B. number_of_values, total_sum, etc.).

Während Namen von Klassen (siehe Kapitel 10) üblicherweise mit einem Großbuchstaben beginnen (z.B. InputStream), lässt man Namen von Variablen und Konstanten mit einem Kleinbuchstaben anfangen (z.B. lineWidth). Das ist jedoch nur eine Konvention und könnte auch anders gehandhabt werden.

Egal welche Regeln man bei der Namenswahl und Schreibweise befolgt, sie sollten jedenfalls konsistent sein. Konsistente Namensgebung erleichtert das Lesen von Programmen. Die in diesem Abschnitt angegebenen Regeln haben sich bewährt und werden zur Benutzung empfohlen. Anhang C fasst die Regeln der Namensgebung sowie weitere Stilrichtlinien zusammen.

Übungsaufgaben

1. *Namen.* Welche der folgenden Symbole sind gültige Variablennamen in Java? Begründen Sie Ihre Antwort.

```
maxvalue      max value     10%ofSum
maxValue      end           sum10
max_value     End           _10PercentOfSum
```

2. *Ausdrücke.* Gegeben seien folgende Variablendeklarationen in Java:

```
long a = 3;
int b = 4;
short c = 5;
byte d = 6;
```

Welchen Wert liefern die folgenden Ausdrücke und von welchem Typ sind sie?

```
d / b * a
c + b * (d + 1)
d / (c - 1) * b / 2
d % b
- c % b
c++ % d
```

3. *Zuweisungen.* Gegeben seien dieselben Variablendeklarationen wie in Aufgabe 2. Welche der folgenden Zuweisungen sind in Java erlaubt?

```
a = b + 3 * (d + 1);
b = c * c;
c = b / 3;
d = (byte) a + b;
d = (byte) (a + b);
```

4. *Ausdrücke.* Schreiben Sie den Ausdruck `x % 8 * 4` so um, dass er statt `%` und `*` die in Kapitel 2.4 erläuterten Shift-Operationen verwendet.

5. *Ausdrücke.* Schreiben Sie einen Java-Ausdruck, der eine Zahl `x` auf das nächstliegende Vielfache von 100 rundet. Der Wert 149 soll also auf 100 abgerundet und der Wert 150 auf 200 aufgerundet werden.

6. *Ausdrücke.* Schreiben Sie einen Java-Ausdruck, der eine Zahl `x` mittels der in Kapitel 2.4 beschriebenen Shift-Operationen auf das nächstgrößere Vielfache von 8 rundet. Wenn `x` bereits durch 8 teilbar ist, soll sein Wert erhalten bleiben.

7. *Zeitrechnung.* Schreiben Sie ein Java-Programm, das eine Anzahl von Sekunden einliest und in die Anzahl von Stunden, Minuten und Sekunden umrechnet und ausgibt. Die Eingabe 1234 soll also zur Ausgabe von 0:20:34 führen. Testen Sie Ihr Programm mit vernünftigen Eingabewerten, zum Beispiel mit 0, 59, 60, 100, 3600 und 4000.

8. *Polynomberechnung.* Schreiben Sie ein Java-Programm, das die Koeffizienten `a`, `b`, `c`, `d` sowie den Wert `x` des Polynoms

   $$y = a * x^3 + b * x^2 + c * x + d$$

   einliest und das Ergebnis `y` ausgibt. Testen Sie Ihr Programm mit vernünftigen Eingabewerten.

9. *Abstand zwischen Punkten.* Schreiben Sie ein Java-Programm, das die `x`- und `y`-Koordinaten zweier Punkte einliest und den Abstand zwischen ihnen berechnet und ausgibt. Hinweis: Die ganzzahlige Wurzel einer Zahl `x` können Sie als `(int)Math.sqrt(x)` berechnen.

10. *Abrechnung.* Herr S. Tupid ist Kabelverleger. Am Ende jeder Woche muss er eine Abrechnung durchführen. Dazu gibt er seiner Firma bekannt, wie viele Meter Kabel er verlegt und wie viele Stunden er dafür benötigt hat. Die Firma errechnet daraus die angefallenen Kosten wie folgt: Eine Kabeltrommel hat 500 Meter Kabel und kostet 2 Euro pro Meter. Angefangene Kabeltrommeln kosten 3 Euro pro Meter. Herr Tupid hat einen Stundensatz von 50 Euro pro Stunde. Hat Herr Tupid mehr als 40 Stunden gearbeitet, so gebührt ihm für

jede Überstunde der doppelte Stundensatz. Schreiben Sie ein Programm, das eine Abrechnung durchführt und in übersichtlicher Form ausdruckt.

11. *Politikergehälter.* Herr und Frau Clever sind Politiker. Sie haben je ein Grundeinkommen von 100000 Euro. Dazu kommt eine Abgeordnetenpauschale von 40000 für Herrn Clever und eine von 50000 für Frau Clever. Zusätzlich bekommen sie für jede Rede 500 Euro (ab der 6. Rede 700 Euro) und für jede Stunde Sekretariatsarbeit 200 Euro. Schreiben Sie ein Programm, das aus den ausgeführten Reden und Arbeiten das Einkommen von Herrn und Frau Clever berechnet.

12. Kreuzen Sie richtige Behauptungen an: Benannte Konstanten (z.B. `static final int PI = 3.14;`) sollte man verwenden, weil

    - ❑ Programme dadurch leichter änderbar werden,
    - ❑ weniger Speicherplatz verbraucht wird,
    - ❑ Programme dadurch lesbarer werden,
    - ❑ der Compiler in Ausdrücken bessere Typprüfungen erzeugen kann.

3 Verzweigungen

Die Lösung eines Problems besteht meist aus mehreren Teillösungen, die in Abhängigkeit von bestimmten Bedingungen ausgewählt werden. Wie wir bereits in Kapitel 1 gesehen haben, führen solche Fallunterscheidungen zu Verzweigungen in Algorithmen. Der Programmfluss spaltet sich dort in zwei oder mehrere Zweige, die später wieder zusammenlaufen. Java bietet für diese Zwecke zwei Anweisungsarten an: die *if-Anweisung* als Zweiweg-Verzweigung und die *switch-Anweisung* als Mehrweg-Verzweigung.

3.1 if-Anweisung

Eine if-Anweisung prüft eine Bedingung, die wahr oder falsch sein kann. In Abhängigkeit davon führt das Programm zwei verschiedene Anweisungen aus. Die Anweisung, die ausgeführt wird, wenn die Bedingung wahr ist, nennt man den *then-Zweig*, die andere Anweisung nennt man den *else-Zweig*. Das bereits in Kapitel 1 gezeigte Ablaufdiagramm

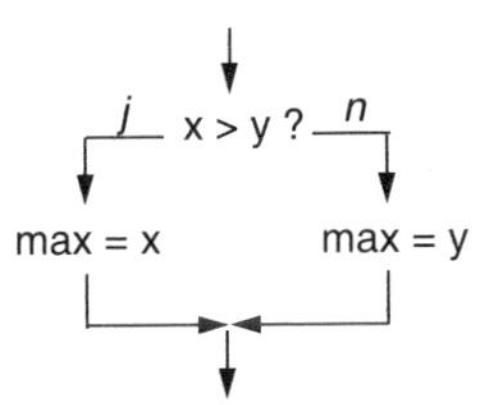

wird in Java folgendermaßen codiert (Schlüsselwörter sind hier zur besseren Lesbarkeit unterstrichen):

```
if (x > y) max = x; else max = y;
```

Die Anweisung beginnt mit dem Schlüsselwort `if`. Die zu prüfende Bedingung muss in Klammern gesetzt werden; dahinter folgt die Anweisung des then-Zweigs. Der else-Zweig wird mit dem Schlüsselwort `else` eingeleitet und kann auch fehlen, wie zum Beispiel im folgenden Ablaufdiagramm,

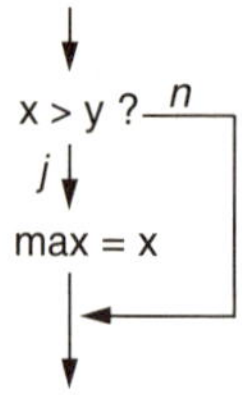

das in Java wie folgt geschrieben wird:

```
if (x > y) max = x;
```

Die Syntax der if-Anweisung lautet:

```
IfStatement = "if" "(" Expression ")" Statement ["else" Statement].
```

Die Bedingung ist ein Ausdruck, der ein Ergebnis vom Typ boolean liefern muss (siehe Kapitel 3.2), was bei Vergleichsausdrücken immer der Fall ist.

Eine if-Anweisung enthält innere Anweisungen (hier zum Beispiel max = x;). Man bezeichnet sie daher als *strukturierte Anweisung*. Neben Verzweigungen sind auch Schleifen strukturierte Anweisungen, da sie – wie wir in Kapitel 1 gesehen haben – ebenfalls innere Anweisungen enthalten können. Auf Schleifen werden wir in Kapitel 4 näher eingehen.

Einrückungen

Längere if-Anweisungen passen oft nicht in eine Zeile und müssen daher auf mehrere Zeilen verteilt werden. Dabei sollten die Folgezeilen eingerückt werden, damit man auf den ersten Blick sieht, dass sie noch zur if-Anweisung gehören und nicht bereits eine neue Anweisung darstellen. Üblicherweise beträgt die Einrückungstiefe ein Tabulatorzeichen oder zwei Leerzeichen. Eine if-Anweisung sollte also folgendermaßen eingerückt werden:

```
if (x > y)
   max = x;
```

oder

```
if (x > y)
   max = x;
else
   max = y;
```

Einrückungen machen die Schachtelungsstruktur von Anweisung sichtbar. Die Schlüsselwörter if und else leiten den then-Zweig und den else-Zweig ein und werden daher in die gleiche Spalte geschrieben. Die geschachtelten Anweisungen werden hingegen eingerückt. Die Lesbarkeit des Programms steigt dadurch deutlich.

Anweisungsblöcke

Manchmal ist es nötig, im then- oder else-Zweig mehrere Anweisungen auszuführen. Da die Syntax der if-Anweisung jedoch in beiden Zweigen nur eine einzige Anweisung erlaubt, muss man solche Anweisungsfolgen zu einem *Block* zusammenfassen, der in geschweifte Klammern ({...}) eingeschlossen wird. Ein Block wird wie eine einzige Anweisung betrachtet. Die in ihm enthaltenen Anweisungen werden sequenziell ausgeführt.

```
if (x < 0) {
    negNumbers++;
    Out.print(-x);
} else {
    posNumbers++;
    Out.print(x);
}
```

Dangling else

Wenn eine if-Anweisung wieder eine if-Anweisung enthält, kann sich folgende Situation ergeben:

```
if (a > b)
    if (a > 0) max = a;
else
    max = b;
```

Nun taucht die Frage auf, zu welchem `if` der else-Zweig gehört, zu `if (a > b)` oder zu `if (a > 0)`. Es handelt sich hier um eine Mehrdeutigkeit in der Sprachdefinition von Java. Da sie auch in anderen Sprachen vorkommt, hat sie sogar einen Namen: Man bezeichnet sie als *dangling else* (»das else, das in der Luft baumelt«).

In Java wird diese Mehrdeutigkeit gelöst, indem man festlegt, dass ein `else` immer zum unmittelbar vorhergehenden `if` gehört (also hier zu `if (a > 0)`). Will man das nicht, dann muss man das Beispiel wie folgt schreiben:

```
if (a > b) {
    if (a > 0) max = a;
} else
    max = b;
```

Hier steckt die innere if-Anweisung in einem Block, der vor dem `else` beendet wird. Das `else` gehört hier also zur äußeren if-Anweisung.

3.2 Boolesche Ausdrücke

Vergleichsoperatoren

In den bisherigen Beispielen für if-Anweisungen haben wir bereits Vergleiche wie a > b benutzt. Generell kann man in Java zwei Operanden auf sechs verschiedene Arten miteinander vergleichen:

Operator	*Bedeutung*	*Beispiel*
==	gleich	x == 3
!=	ungleich	x != y
>	größer	4 > 3
<	kleiner	x < y
>=	größer oder gleich	x >= y
<=	kleiner oder gleich	x <= y

Um zu prüfen, ob die Variable x den Wert 0 enthält, schreibt man also

```
if (x == 0) Out.println("x is zero");
```

Hier muss man aufpassen, dass man statt x == 0 nicht wie in der Mathematik üblich x = 0 schreibt, denn das wäre in Java eine Zuweisung und kein Vergleich. Glücklicherweise erkennt der Java-Compiler diesen Fehler: Wo ein Vergleich erwartet wird, ist keine Zuweisung erlaubt.

Datentyp boolean

Ein Vergleich kann wahr oder falsch sein. Diese beiden *Wahrheitswerte* bezeichnet man in Java als true und false. Sie bilden die Werte des Typs boolean (nach dem schottischen Mathematiker *George Boole*, 1815–1864). boolean ist ein Datentyp wie int oder short, aber seine beiden einzigen Werte sind true und false. Hier sind einige Beispiele:

```
boolean p, q;
p = false;
q = 0 < x;
p = (p || q) && x < 10;
```

Boolesche Werte können in Variablen abgespeichert (z.B. q = 0 < x;) und wie im nächsten Abschnitt gezeigt mittels &&, || und ! verknüpft werden (z.B. p || q), was wieder einen booleschen Wert ergibt.

Namen für boolesche Variablen sollten mit einem Adjektiv oder Hilfsverb beginnen (z.B. equal, isFull), da sie eine Bedingung ausdrücken, die in der Variablen gespeichert wurde.

Zusammengesetzte Vergleiche

Boolesche Werte (und somit Vergleiche) können mit den Operatoren &&, || und ! verknüpft werden, wie in der folgenden Tabelle dargestellt:

Operanden x	y	*Und-Verknüpfung* x && y	*Oder-Verknüpfung* x || y	*Negation* ! x
true	true	true	true	false
true	false	false	true	false
false	true	false	true	true
false	false	false	false	true

Damit kann man zum Beispiel folgende if-Anweisung schreiben, die eine komplex zusammengesetzte Bedingung enthält:

```
if (0 <= x  &&  x <= 10  ||  100 <= x  &&  x <= 110) y = x;
```

Die Zuweisung y = x wird ausgeführt, wenn x zwischen 0 und 10 oder zwischen 100 und 110 liegt. Der Operator ! kann zur Negation von Vergleichen verwendet werden. Die Anweisung

```
if (!(x > 0)) x = -x;
```

bedeutet, dass x = -x ausgeführt wird, falls nicht gilt, dass x größer als 0 ist. Allerdings wäre es lesbarer, die Bedingung folgendermaßen zu schreiben:

```
if (x <= 0) x = -x;
```

Negationen erschweren oft das Verstehen von Programmen und sollten daher möglichst vermieden werden.

Kurzschlussauswertung

Die Auswertung eines Vergleichsausdrucks bricht in Java bereits ab, sobald der Wert des Ausdrucks feststeht. Schreibt man zum Beispiel

```
if (y != 0  &&  x / y > 10) ...
```

so wird zunächst y != 0 geprüft. Ergibt dieser Vergleich false, so braucht x / y > 10 gar nicht mehr ausgewertet zu werden, denn ein Ausdruck a && b kann nicht true ergeben, wenn a bereits false ist. Man nennt diese Auswertungsreihenfolge *Kurzschlussauswertung* oder *bedingte Auswertung*. Sie ist in der Praxis nützlich, denn wenn y == 0 wäre, würde der zweite Vergleich x / y > 10 zu einer Division durch 0 führen, was ja bekanntlich nicht erlaubt ist und zu einem *Laufzeitfehler* (d.h. zu einem Programmabbruch) führen würde. Durch die Kurzschlussauswertung wird dieser Vergleich gar nicht mehr ausgeführt, wenn y den Wert 0 hat. Der Laufzeitfehler wird so vermieden. Die Kurzschlussauswertung gilt auch für die ||-Verknüpfung. Schreibt man zum Beispiel:

```
if (x < 0 || x > 10) ...
```

so wird zunächst x < 0 berechnet. Wenn dieser Vergleich true ergibt, wird x > 10 gar nicht mehr berechnet, weil nach den Regeln der booleschen Logik ein Ausdruck a || b immer true ergibt, sobald feststeht, dass a true ist. Kurz gesagt, ergibt der Wert von

a && b	wenn !a, dann false, sonst b
a || b	wenn a, dann true, sonst b

Bitweise logische Verknüpfungen

Zahlen werden in Binärdarstellung gespeichert. Normalerweise betrachtet man eine Zahl zwar nicht als Bitfolge, wenn man aber will, bietet Java entsprechende Operatoren an, mit denen man Zahlen bitweise verknüpfen kann. Diese Bitoperatoren werden in der folgenden Tabelle beschrieben:

&	Bitweises Und	10 & 3 = 2	(1010 & 0011 = 0010)
|	Bitweises Oder	10 | 3 = 11	(1010 | 0011 = 1011)
^	Bitweises Exklusives Oder	10 ^ 3 = 9	(1010 ^ 0011 = 1001)
~	Einerkomplement	~10 = -11	(~00001010 = 11110101)

Die Operatoren &, |, ^ und ~ werden bitweise auf ihre Operanden angewendet. Die Bedeutung jeder Bitoperation ist wie folgt definiert:

a	b	a & b	a | b	a ^ b	~a
0	0	0	0	0	1
0	1	0	1	1	1
1	0	0	1	1	0
1	1	1	1	0	0

Bitoperatoren werden in der Systemprogrammierung (d.h. in der Programmierung von Betriebssystemen) benötigt. Für unsere Zwecke spielen sie kaum eine Rolle.

Bitoperatoren sind auch auf Wahrheitswerte anwendbar, allerdings sollte man Wahrheitswerte immer mit && und || und nicht mit den Operatoren & und | verknüpfen. Schreibt man nämlich

```
if (y != 0  &  x / y > 10) ...
```

so werden *beide* Vergleichsausdrücke ausgewertet und die Ergebnisse mit dem Bitoperator & verknüpft. Das Ergebnis ist das gleiche wie wenn man && verwendet hätte, aber es findet keine Kurzschlussauswertung statt (was hier zu einer Division durch 0 führen würde). Entsprechendes gilt für den Operator |.

Vorrangregeln

In zusammengesetzten Vergleichen gelten folgende Vorrangregeln: ! bindet stärker als &&, was wiederum stärker als || bindet. Im Ausdruck

```
!(y == 0) || 0 < x && x < 10
```

wird zuerst der Teilausdruck !(y == 0) berechnet, anschließend 0 < x && x < 10 und schließlich die ||-Verknüpfung der Ergebnisse, natürlich immer unter Berücksichtigung der Kurzschlussauswertung, d.h., wenn !(y == 0) bereits true ergibt, wird der gesamte Ausdruck als true betrachtet; wenn 0 < x bereits false ergibt, kann der Ausdruck 0 < x && x < 10 nur noch false sein.

Vorrangregeln können durch Klammerung durchbrochen werden. Wenn man im obigen Ausdruck möchte, dass || vor && ausgewertet wird, dann muss man folgendermaßen klammern:

```
(!(y == 0) || 0 < x) && x < 10
```

Bei bitweisen logischen Verknüpfungen gilt ebenfalls, dass ~ stärker bindet als & und dieses wiederum stärker als | und ^.

3.3 switch-Anweisung

Während es sich bei der if-Anweisung um eine *Zweiweg-Verzweigung* handelt, ist die *switch-Anweisung* eine *Mehrweg-Verzweigung*. Sie prüft den Wert eines Ausdrucks vom Typ int, short, byte oder char und schlägt in Abhängigkeit davon einen von mehreren möglichen Wegen ein. Als Ablaufdiagramm schreibt man switch-Anweisungen zum Beispiel wie folgt:

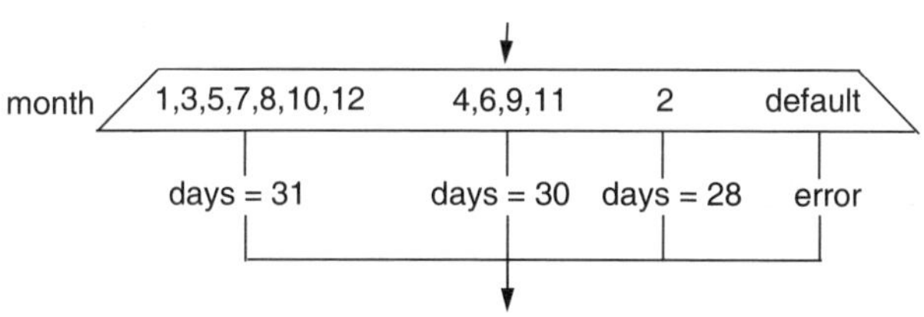

Dieses Beispiel berechnet die Anzahl der Tage für einen gegebenen Monat. Die Anweisung prüft den Wert der Variablen month (in diesem Fall ist der Ausdruck nur eine einfache Variable). Ist er 1, 3, 5, 7, 8, 10 oder 12, wird der erste Weg beschritten, in dem der Variablen day der Wert 31 zugewiesen wird. Ist der Wert von month

4, 6, 9 oder 11, wird der zweite Weg beschritten, bei month == 2 der dritte Weg (Schaltjahre werden hier ignoriert). Hat month keinen der angegebenen Werte, wird der *default*-Zweig gewählt, der in diesem Fall zu einer Fehlermeldung führt.

Dieses Beispiel wird in Java folgendermaßen geschrieben (die Schlüsselwörter sind zur besseren Lesbarkeit unterstrichen; beachten Sie bitte auch die Einrückungen):

```
switch (month) {
   case 1: case 3: case 5: case 7: case 8: case 10: case 12:
      days = 31; break;
   case 4: case 6: case 9: case 11:
      days = 30; break;
   case 2:
      days = 28; break;
   default:
      Out.println("error");
}
```

Der zu prüfende Ausdruck wird in Klammern hinter das Schlüsselwort switch geschrieben. In geschweiften Klammern folgt dann eine Liste von case-Marken, die die möglichen Werte des Ausdrucks angeben. Wenn eine der case-Marken zutrifft, wird die dahinter stehende Anweisungsfolge betreten. Das Schlüsselwort default steht für alle jene Werte des Ausdrucks, die nicht in case-Marken vorkommen. Die case-Marken müssen Konstanten sein, die zum Typ int zuweisungskompatibel sind. Jeder Wert darf nur in einer einzigen case-Marke vorkommen.

Beachten Sie die Anweisung break am Ende jeder Anweisungsfolge. Sie bedeutet, dass die switch-Anweisung an dieser Stelle verlassen werden soll, dass also mit der nächsten Anweisung nach der switch-Anweisung fortgesetzt werden soll. Würde man das break weglassen, würde das Programm über die nächste case-Marke hinweg in die nächste Anweisungsfolge laufen. Dies ist eine häufige Fehlerquelle und eine der Schwachstellen von Java (die sie übrigens von der Sprache C geerbt hat).

Der default-Zweig darf in einer switch-Anweisung auch weggelassen werden. Wenn in diesem Fall keine der case-Marken passt, wird einfach hinter der switch-Anweisung fortgesetzt, ohne dass eine der geschachtelten Anweisungen ausgeführt wird. Die bereits recht komplizierte Syntax der switch-Anweisung lautet:

```
SwitchStatement    = "switch" "(" Expr ")" "{" {SwitchGroup} "}".
SwitchGroup        = CaseLabel {CaseLabel} BlockStatement {BlockStatement}.
CaseLabel          = "case" ConstExpr ":" | "default" ":".
BlockStatement     = Statement | ["final"] Type Var {"," Var} ";" | ... .
```

Eine Anweisungsfolge (BlockStatement) kann wie man sieht auch Deklarationen enthalten. Die vollständige Syntax von BlockStatement ist aus Anhang B ersichtlich.

Der Leser mag sich fragen, ob man die switch-Anweisung überhaupt braucht. Schließlich könnte man dasselbe doch auch mit einer if-Anweisung erreichen:

```
if (month == 1 || month == 3 || ...) days = 31;
else if (month == 4 || month == 6 || ...) days = 30;
else if (month == 2) days = 28;
else Out.println("error");
```

Die if-Anweisung leistet hier dasselbe wie die switch-Anweisung. Die switch-Anweisung ist aber schneller, weil sie die Alternativen nicht wie die if-Anweisung sequenziell prüft, sondern eine Tabelle benutzt, um herauszufinden, welche Anweisungsfolge ausgeführt werden muss (siehe Abb. 3.1). Für unser Beispiel legt der Compiler eine Tabelle mit 13 Einträgen an (12 für die gültigen Monatswerte und einen für den Default-Wert). Jeder Tabelleneintrag enthält die Adresse der passenden Anweisungsfolge. Der Wert des switch-Ausdrucks (hier month) bestimmt, welcher Tabelleneintrag und somit welche Anweisungsfolge ausgewählt wird.

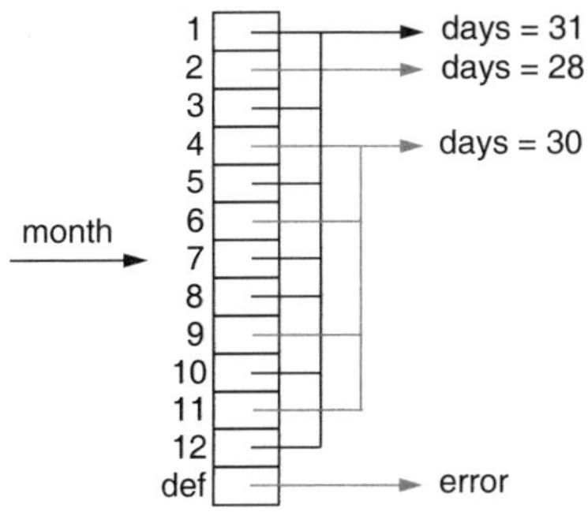

Abb. 3.1 *Eine vom Compiler erzeugte Tabelle für eine switch-Anweisung*

Die switch-Anweisung ist zwar schneller als die if-Anweisung, benötigt aber wegen der Tabelle meist auch mehr Speicherplatz. Besonders schlimm ist es, wenn man sehr weit auseinander liegende case-Marken benutzt, weil dann auch für alle dazwischen liegenden (unbenutzten) Werte ein Tabellenelement angelegt werden muss. Statt der Anweisung

```
switch (x) {
    case 0: ... statement 1 ...; break;
    case 1000: ... statement 2 ...
}
```

sollte man lieber eine if-Anweisung schreiben

```
if (x == 0) ... statement 1 ...
else if (x == 1000) ... statement 2 ...
```

weil sonst der Compiler eine Tabelle mit 1002 Elementen anlegt. Besonders intelligente Compiler erkennen jedoch dieses Problem und wandeln eine switch-Anweisung mit weit auseinander liegenden Markenwerten automatisch in eine if-Anweisung um.

3.4 Assertionen bei Verzweigungen

Wie in Ablaufdiagrammen sollten Sie sich auch in Programmen angewöhnen, Assertionen (Zusicherungen) anzubringen, also Aussagen über den Zustand des Programms an einer bestimmten Stelle. Assertionen werden als Kommentare geschrieben. Sie dienen nur zum besseren Verständnis des Programms und werden vom Compiler ignoriert.

In einer if-Anweisung gibt es zwei Assertionen, die man immer anbringen kann oder sich zumindest denken sollte: Am Beginn des then-Zweigs gilt, dass die geprüfte Bedingung true ist, am Beginn des else-Zweigs gilt, dass sie false ist.

```
if (x > y)
   // x > y
   ...
else
   // !(x > y)  d.h. x <= y
   ...
```

Die erste Assertion ist trivial und wird meist nicht angeschrieben. Die zweite Assertion kann aber manchmal nützlich sein. Im folgenden Beispiel, das wir in Kapitel 1 bereits als Ablaufdiagramm gesehen haben, wird das Maximum dreier Zahlen a, b und c berechnet. Assertionen am Beginn der then- und else-Zweige (hier grau dargestellt) leisten uns bei den Korrektheitsüberlegungen gute Dienste.

```
int a, b, c, max;
a = In.readInt(); b = In.readInt(); c = In.readInt();
if (a > b) // a>b
   if (a > c) // a>b && a>c
      max = a;
   else // a>b && a<=c
      max = c;
else // a<=b
   if (b > c) // a<=b && b>c
      max = b;
   else // a<=b && b<=c
      max = c;
```

Programmieranfänger sollten sich angewöhnen, Assertionen immer explizit anzugeben, auch wenn sie oft trivial erscheinen. Sie erleichtern das Verstehen des Programms. Wenn man einmal mehr Übung im Programmieren hat, braucht man nicht mehr alle Assertionen niederzuschreiben, sondern wird sie mit der Zeit automatisch im Kopf bilden.

Negation zusammengesetzter Ausdrücke

Wenn eine if-Anweisung einen zusammengesetzten Ausdruck enthält, so gilt am Anfang ihres else-Zweigs seine Negation. Die Negation eines zusammengesetzten

Ausdrucks lässt sich nach den Regeln von DeMorgan (*Augustus DeMorgan*, 1806–1871) systematisch umformen und vereinfachen:

```
! (a && b)    ≡   ! a || ! b
! (a || b)    ≡   ! a && ! b
```

Der !-Operator wird also vor jeden Operanden gesetzt, ein && ändert sich zu || und umgekehrt. Damit können wir ganz systematisch die Assertion bestimmen, die im else-Zweig der folgenden if-Anweisung gilt:

```
if (0 <= x && x < 10)
    ...
else
    // !(0 <= x && x < 10)
    // wird umgeformt zu  !(0 <= x) || !(x < 10)   oder besser   x < 0 || x >= 10
    ...
```

Der Ausdruck x < 0 || x >= 10 ist einfacher zu verstehen als !(0 <= x && x < 10).

assert-Anweisung

Bis jetzt haben wir Assertionen nur als Kommentare geschrieben. Aber eigentlich sind sie Aussagen, die immer wahr sein müssen. Daher liegt es nahe, sie auch im laufenden Programm zu überprüfen. Zu diesem Zweck hat Java eine assert-Anweisung, die zum Beispiel folgendermaßen geschrieben werden kann:

```
assert a <= b && b <= c;
```

Die assert-Anweisung besteht aus dem Schlüsselwort assert und einem booleschen Ausdruck, der zur Laufzeit true sein muss. Ist er false, bricht das Programm mit einer Fehlermeldung ab. Man kann in der assert-Anweisung auch einen zweiten Ausdruck angeben, der zusammen mit der Fehlermeldung ausgegeben wird, z.B.:

```
assert a <= b && b <= c : 10;
assert x >= 0 : "negative value of x";
```

Wenn der Ausdruck vor dem Doppelpunkt false ist, bricht das Programm mit einer Fehlermeldung ab, die den Ausdruck nach dem Doppelpunkt enthält (zum Beispiel java.lang.AssertionError: negative value of x).

Da das Prüfen von Assertionen Laufzeit kostet, werden assert-Anweisungen nur dann ausgeführt, wenn man das Programm mit der Option -enableassertions ausführt:

```
java -enableassertions MyProgram
```

Man kann also sein Programm ruhig mit Assertionen spicken. Das kostet kaum Laufzeit, solange man die Assertionen nicht aktiviert; normalerweise aktiviert man sie nur bei der Fehlersuche, wo die Laufzeit des Programms keine Rolle spielt.

3.5 Effizienzüberlegungen

Jedes Problem lässt sich auf verschiedene Arten lösen. So gibt es auch für eine Programmieraufgabe unterschiedliche Lösungen. Zur Bestimmung des Maximums dreier Zahlen haben wir in Kapitel 3.4 folgendes Programmfragment verwendet:

```
if (a > b)
   if (a > c) max = a; else max = c;
else
   if (b > c) max = b; else max = c;
```

Eine andere Lösung wäre folgendes Programmstück:

```
max = a;
if (b > max) max = b;
if (c > max) max = c;
```

Welches dieser beiden Programmstücke ist besser? Dazu muss man erst einmal definieren, was man unter »besser« versteht. Programmqualität kann unter anderem Folgendes bedeuten:

- *Statische Kürze*
  Welches der beiden Programme ist textuell kürzer? Wie man sieht, ist das zweite Programm um eine Zeile kürzer, aber Zeilen sind ein schlechtes Längenmaß. Besser ist es, die Anzahl der Anweisungen zu zählen. Das erste Programm hat 7 Anweisungen (3 if-Anweisungen plus 4 Zuweisungen), das zweite Programm hat nur 5 Anweisungen. Es ist also wirklich kürzer. Kürzere Programme sind oft leichter zu verstehen und enthalten weniger Fehler, obwohl es auch Gegenbeispiele gibt.

- *Dynamische Kürze*
  Welches der beiden Programme läuft schneller? Um das festzustellen, müsste man die beiden Programme ausführen. Man kann aber auch Überlegungen anstellen, wie viele Anweisungen in jedem Programm ausgeführt werden. Das erste Programm braucht immer 2 Vergleiche und 1 Zuweisung, um das Maximum zu finden. Beim zweiten Programm hängt es davon ab, in welcher der drei Variablen das Maximum steht:

max	Vergleiche	Zuweisungen
a	2	1
b	2	2
c	2	3

  Im Mittel benötigt das zweite Programm 2 Vergleiche und 2 Zuweisungen. Es ist also geringfügig langsamer als das erste Programm.

- *Lesbarkeit*
  Welches der beiden Programme ist leichter verständlich? Das ist schwer zu messen und ist oft subjektiv. Aber es gibt einige Faustregeln: Kürzere Pro-

gramme sind meist auch einfacher zu verstehen. Außerdem hat man festgestellt, dass Programme mit vielen verschachtelten Anweisungen schwerer verständlich sind als solche ohne Verschachtelungen. Das erste Programm hat sowohl im then-Zweig als auch im else-Zweig verschachtelte Anweisungen. Wenn man diese verstehen will, muss man immer im Kopf behalten, unter welcher Bedingung man in diesen Zweig gekommen ist. Daher ist das erste Programm für die meisten Leute etwas schwieriger zu verstehen als das zweite.

Übungsaufgaben

1. *Verzweigungen.* Schreiben Sie ein Java-Programm, das drei Werte x, y und z einliest und prüft,
   - ob x, y und z nicht lauter gleiche Werte enthalten,
   - ob x, y und z lauter verschiedene Werte enthalten,
   - ob mindestens zwei Werte gleich sind.
2. *Dreiecksbestimmung.* Schreiben Sie ein Java-Programm, das die Seitenlängen eines Dreiecks einliest und prüft, ob es ein gleichseitiges, ein gleichschenkeliges, ein rechtwinkeliges, ein sonstiges gültiges oder ein ungültiges Dreieck ist. Ein Dreieck ist ungültig, wenn die Summe zweier Seitenlängen kleiner oder gleich der dritten Seitenlänge ist. Beachten Sie, dass ein Dreieck sowohl rechtwinkelig als auch gleichschenkelig sein kann.
3. *Vereinfachung boolescher Ausdrücke.* Vereinfachen Sie die folgenden booleschen Ausdrücke mit Hilfe der Regeln von DeMorgan:
   - `! (x < y && y < z)`
   - `(x != y) || ! (y == z && y == x)`
   - `! (x >= -3 && x <= 0) && 5 < x`
4. *Boolesche Variablen.* Was sind die Werte der Variablen a, b und c, wenn im folgenden Programmstück nacheinander für x die Eingabewerte -1, 0, 5 und 10 gelesen werden?

```
int x = In.readInt();
boolean a = x > 0 && x <= 10;
boolean b = x < 5 || x > 9;
boolean c = ! (b || a);
```

5. *Assertionen.* Geben Sie in Form von Assertionen an, welche Bedingungen an den mit /*a*/, /*b*/, /*c*/ und /*d*/ gekennzeichneten Stellen in folgendem Programmstück gelten:

```
if (i > p) {
    if (i < q) /*a*/... else /*b*/ ...
```

```
} else {
    if (i > r) /*c*/ ... else /*d*/ ...
}
```

6. Kreuzen Sie richtige Behauptung(en) an: Die Kurzschlussauswertung

   ```
   if (a && b) x = 0;
   ```

   ist äquivalent zu

   - ❑ `if (a) { x = 0; if (b) x = 0; }`
   - ❑ `if (a) if (b) x = 0;`
   - ❑ `if (a) x = 0; else if (b) x = 0;`
   - ❑ `if (a) x = 0; if (b) x = 0;`

7. *Sortieren dreier Zahlen.* Schreiben Sie ein Programm, das drei Zahlen a, b und c einliest und sie in sortierter Reihenfolge wieder ausgibt. Kommentieren Sie dabei alle then- und else-Zweige durch Assertionen.

8. *Plausibilitätsprüfungen.* Lesen Sie ein Datum in Form dreier Zahlen ein (Tag, Monat, Jahr). Prüfen Sie, ob es sich um ein gültiges Datum handelt. Berücksichtigen Sie auch Schaltjahre. Ein Jahr ist ein Schaltjahr, wenn es durch 4 teilbar ist. Jahre, die durch 100, aber nicht durch 400 teilbar sind, sind keine Schaltjahre.

9. *Wochentagberechnung.* Lesen Sie ein Datum in Form dreier Zahlen (Tag, Monat, Jahr) sowie eine weitere Zahl zwischen 1 und 7 ein, die den Wochentag (Montag bis Sonntag) des 1. Januars dieses Jahres darstellt. Berechnen Sie den Wochentag des eingelesenen Datums und geben Sie diesen aus. Sie können davon ausgehen, dass die Eingaben korrekt sind. Berücksichtigen Sie auch Schaltjahre. Schreiben Sie Ihr Programm mit Hilfe einer switch-Anweisung.

10. *Überlaufsprüfung.* Lesen Sie zwei int-Zahlen a und b ein und prüfen Sie, ob bei ihrer Addition ein Überlauf stattfindet, also eine Summe entstehen würde, die größer als 2^{31}-1 oder kleiner als -2^{31} ist.

11. *Schnitt zweier Linien.* Lesen Sie die Endpunkte zweier horizontaler oder vertikaler Linien in Form ihrer x- und y-Koordinaten ein und prüfen Sie, ob sich die beiden Linien schneiden.

12. *Codevereinfachungen.* Vereinfachen Sie folgende Codestücke (benutzen Sie Assertionen, um sich zu überlegen, was am Beginn der einzelnen Zweige gilt):

```
if (b == 0)
    a = 2 * c;
else if (c != 0)
    a = a * b + 2 * c;
else
    a = a * b;
```

```
if (x < 0 && y < 0)
    a = x * y;
else if (x < 0)
    a = x * (-y);
else if (y > 0)
    a = (-x) * (-y);
else
    a = x * (-y);
```

4 Schleifen

Die meisten Algorithmen erfordern, dass gewisse Berechnungen wiederholt ausgeführt werden, bis eine bestimmte Bedingung eintritt. Wie wir bereits in Kapitel 1 gesehen haben, werden solche Wiederholungen durch Schleifen ausgedrückt. Java kennt wie die meisten Sprachen eine *Abweisschleife* (while-Anweisung), eine *Durchlaufschleife* (do-while-Anweisung) und eine *Zählschleife* (for-Anweisung). Wir wollen uns nun diese Schleifenarten der Reihe nach ansehen.

4.1 while-Anweisung (Abweisschleife)

Betrachten wir zum Beispiel die Aufgabe, die Zahlen von 1 bis zu einer Obergrenze n zu summieren. Natürlich könnten wir schreiben

```
sum = 1 + 2 + 3 + ... + n;
```

aber das würde nur für ein festes n funktionieren. Wenn n bei jedem Programmlauf verschiedene Werte annehmen kann, müssen wir die Summe durch Wiederholung der Anweisung

```
sum = sum + i;
```

berechnen, wobei i der Reihe nach die Werte 1, 2, 3, ..., n annehmen muss. Wir führen die Anweisung in einer Schleife aus, wobei jeder Schleifendurchlauf den Wert von i um 1 erhöht. Als Ablaufdiagramm würden wir das wie folgt beschreiben:

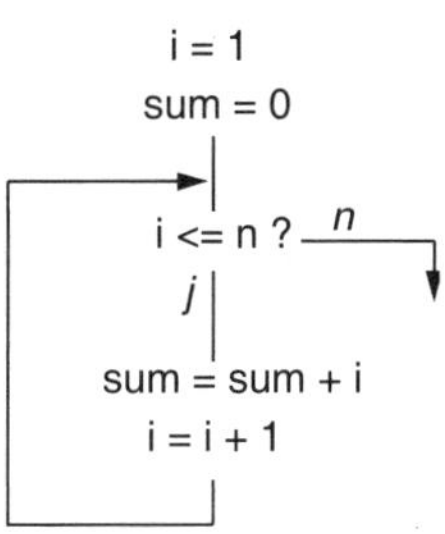

Die Variable i wird mit 1 initialisiert und in der Schleife ständig um 1 erhöht. Die Schleife bricht ab, sobald i > n ist. Somit durchläuft i alle Werte von 1 bis n. Die Schleifenbedingung (oder auch Abbruchbedingung) wird hier vor jedem Schleifendurchlauf geprüft. Daher heißt diese Schleifenart auch *Abweisschleife*. Im Prinzip wäre es auch möglich, dass die Schleife überhaupt nicht betreten wird, nämlich wenn n gleich am Anfang den Wert 0 hat.

In Java wird eine Abweisschleife durch eine *while-Anweisung* codiert, die für unser Beispiel so aussieht (das Schlüsselwort ist wieder durch Unterstreichung hervorgehoben):

```
i = 1; sum = 0;
while (i <= n) {
    sum = sum + i;
    i++;
}
```

Solange die Bedingung i <= n erfüllt ist, wird der Schleifenrumpf

```
{ sum = sum + i; i++; }
```

ausgeführt. Wenn die Bedingung nicht mehr erfüllt ist, wird mit der ersten Anweisung nach der Schleife fortgesetzt. Die Syntax der while-Schleife lautet:

```
WhileStatement = "while" "(" Expr ")" Statement.
```

Diese Regel erlaubt als Schleifenrumpf nur eine einzige Anweisung. Wenn der Schleifenrumpf aus mehreren Anweisungen bestehen soll, muss er daher wie im obigen Beispiel als Block geschrieben werden.

Zum Verständnis von Schleifen ist es manchmal nützlich, einen Schreibtischtest durchzuführen, der zeigt, wie sich die Werte der Variablen von Schleifendurchlauf zu Schleifendurchlauf verändern. Für n == 3 ergeben sich zum Beispiel folgende Werte:

i	sum	
1	0	Initialisierung
2	1	nach 1. Durchlauf
3	3	nach 2. Durchlauf
4	6	nach 3. Durchlauf

Die Schleife wird nach dem dritten Durchlauf abgebrochen, weil die Bedingung i <= n nicht mehr erfüllt ist. Das Ergebnis 6 (= 1 + 2 + 3) steht dann in der Variablen sum.

Beispiel

Programmieranfänger finden es erfahrungsgemäß schwierig, Schleifen zu formulieren, weil sie nicht recht wissen, wo sie anfangen sollen. Das folgende Beispiel zeigt, wie man am besten vorgeht.

Nehmen wir an, wir wollen ein Programm schreiben, das eine Folge positiver Zahlen liest und als Histogramm ausgibt. Für die Eingabe 3 2 4 soll die Ausgabe wie folgt aussehen:

```
***
**
****
```

Wir betrachten zunächst einmal nur die Teilaufgabe, die Zahlen einzulesen. Die Verarbeitung können wir später hinzufügen. Um die Zahlenfolge zu lesen, müssen wir zuerst die erste Zahl lesen und dann, solange wir noch nicht das Ende der Eingabe erreicht haben, weitere Zahlen lesen. Das ergibt folgendes Programmfragment (In.done() zeigt an, ob die vorangegangene Leseoperation erfolgreich war):

```
int i = In.readInt();
while (In.done()) {
    ...
    i = In.readInt();
}
```

Dieses Muster ist typisch und kommt oft vor. Abstrakt kann man es folgendermaßen beschreiben:

```
lies erstes Element;
while (noch nicht fertig) {
    verarbeite Element;
    lies nächstes Element;
}
```

Wir haben nun also die Zahlen gelesen und müssen jetzt nur noch ihre Verarbeitung hinzufügen. Wir müssen also die Zeile "..." in unserem Programmfragment durch Code ersetzen, der eine Bildschirmzeile mit i Sternen ausgibt. Dazu benutzen wir eine zweite Schleife, die i-mal durchlaufen wird und in jedem Durchlauf einen Stern ausgibt. Um die Schleifendurchläufe zu zählen, verwenden wir eine Hilfsvariable j.

```
int j = 1;
while (j <= i) {
    Out.print('*');
    j++;
}
Out.println();
```

Haben Sie bemerkt, dass diese Schleife dem gleichen Muster gehorcht wie zuvor?

```
initialisiere j;
while (noch nicht fertig) {
    ... verarbeite ...
    erhöhe j;
}
```

Mit der Zeit prägt man sich diese Muster ein und sie werden einem völlig geläufig.

Um unser Programm fertig zu stellen, müssen wir nun nur noch das zweite Codestück in das erste einsetzen:

```
int i = In.readInt();
while (In.done()) {
    int j = 1;
    while (j <= i) {Out.print('*'); j++;}
    Out.println();
    i = In.readInt();
}
```

Mit einiger Übung können Sie Programme wie dieses in einem einzigen Zug schreiben. Für Neulinge ist es aber ratsam, es schrittweise anzugehen, wie wir das getan haben.

4.2 Assertionen bei Schleifen

Wie bei Verzweigungen kann man auch bei Schleifen Assertionen angeben, die das Verstehen der Schleife erleichtern. Bei jeder while-Schleife kann man zunächst völlig mechanisch zwei triviale Assertionen niederschreiben, die sich aus der Schleifenbedingung ergeben. Betrachten wir dazu nochmals das Summieren natürlicher Zahlen aus dem letzten Abschnitt.

```
i = 1; sum = 0;
while (i <= n) {
    // i <= n
    sum = sum + i;
    i = i + 1;
}
// i > n
```

Die erste Assertion steht am Anfang des Schleifenrumpfes und ist identisch zur Schleifenbedingung. Es lohnt sich meist nicht, sie ausdrücklich anzuschreiben, außer sie wird mit anderen Aussagen kombiniert, die ebenfalls an dieser Stelle gelten.

Die zweite Assertion steht nach der Schleife und ergibt sich durch die Negation der Schleifenbedingung. Sie ist oft sehr nützlich, weil man aus ihr sehen kann, was nach der Schleife gilt und wie es hier weitergeht. Man sollte sich angewöhnen, die Assertion am Ende der Schleife immer anzuschreiben oder zumindest im Kopf zu formulieren.

Schleifeninvariante

Neben den Assertionen, die sich automatisch aus der Schleifenbedingung ableiten lassen, gibt es eine weitere Assertion, deren Formulierung etwas mehr Gehirnarbeit erfordert: die *Schleifeninvariante*. Wie der Name schon sagt, handelt es sich um eine Aussage über das Ergebnis der Schleife, die in jedem Schleifendurchlauf gleich bleibt. Sie muss also beim ersten Betreten der Schleife genauso gelten wie bei jedem weiteren Durchlauf. Außerdem sollte sie über den Fortschritt der Berechnung Auskunft geben. Für unsere Summierungsschleife von vorhin lautet die Schleifeninvariante:

```
// sum == Summe(1..i-1)
```

Sie steht am Anfang des Schleifenrumpfes und besagt, dass sum als Zwischenergebnis die Summe der Zahlen von 1 bis i-1 enthält. Beim ersten Betreten der Schleife ist i == 1 und sum == 0 (d.h. sum == Summe(1..0)). Nach dem ersten Durchlauf ist i == 2 und sum == 1 (d.h. sum == Summe(1..1)). Die Invariante scheint also zu stimmen. Gilt sie aber wirklich für jeden Durchlauf? Erstaunlicherweise kann man das »berechnen«. Programme sind ja formale Notationen wie Gleichungen in der Mathematik. Man kann mit ihnen rechnen und daher in gewissen Fällen beweisen, dass ein Programm korrekt ist. In unserem Fall müssen wir zeigen, dass die Schleifeninvariante durch die Anweisungsfolge

```
sum = sum + i;
i = i + 1;
```

erhalten bleibt und daher auch im nächsten Schleifendurchlauf gilt. Wir können berechnen, was aus unserer Invariante wird, wenn wir die erste Anweisung sum = sum + i ausführen. Dazu machen wir uns zunächst klar, dass nach dieser Anweisung gilt:

```
// sum ' == sum + i
```

wobei wir mit sum' den Wert von sum nach der Zuweisung bezeichen. Für das alte sum können wir aber laut Invariante den Wert Summe(1..i-1) einsetzen. Das ergibt:

```
// sum ' == Summe(1..i-1) + i == Summe(1..i)
```

Nun können wir das Apostroph von sum' wieder vergessen, da dieser Wert ja nun der aktuelle Wert von sum ist. Nach der ersten Zuweisung gilt daher die Assertion:

```
// sum == Summe(1..i)
```

Diese Assertion bringen wir nun mit der gleichen Technik auch durch die zweite Anweisung i = i + 1. Nach dieser Anweisung gilt

```
// i' == i + 1
```

was wir umformen können zu i == i' - 1. Dieses i können wir in die Assertion sum == Summe(1..i) einsetzen und erhalten:

```
// sum == Summe(1..i'-1)
```

Wenn wir jetzt das Apostroph von i wieder weglassen, bekommen wir die Assertion

```
// sum == Summe(1..i-1)
```

Insgesamt ergeben sich also in unserem Programm folgende Assertionen:

```
i = 1; sum = 0;
while (i <= n) {
    // sum == Summe(1..i-1)
    sum = sum + i;
    // sum == Summe(1..i)
    i = i + 1;
    // sum == Summe(1..i-1)
}
```

Wir sehen, dass am Ende des Schleifenrumpfes dieselbe Assertion gilt wie am Anfang. Damit ist bewiesen, dass der Schleifenrumpf die Invariante unverändert lässt. Sie gilt auch bei jedem neuerlichen Schleifendurchlauf.

Wenn die Invariante am Anfang und Ende jeder Schleife gilt, dann gilt sie auch unmittelbar nach Verlassen der Schleife, weil ja dazwischen keine Anweisungen liegen, die sie verändern könnten. Nach obiger Schleife gilt also

```
// sum == Summe(1..i-1) && i == n + 1
```

wobei der Term i == n + 1 durch Negation der Schleifenbedingung entstanden ist (i > n wurde präzisiert zu i == n + 1). Wenn man den zweiten Term in den ersten einsetzt, entsteht

```
// sum == Summe(1..n)
```

was das gewünschte Ergebnis ist. Wir haben also mit Hilfe der Invariante und der Schleifenbedingung die Korrektheit dieses Programms *beweisen* können.

Ein Beweis ist wertvoller als ein Test. Wir hätten das Programm auch mit einigen Werten von n (z.B. 0, 10, 1000) laufen lassen können, um zu überprüfen, ob das Ergebnis stimmt. Das hätte zwar unser Vertrauen in die Korrektheit des Programms erhöht, aber es hätte nicht bewiesen, dass das Programm auch für andere Werte von n funktioniert. Der Beweis zeigt jedoch die Korrektheit für *alle* Werte von n.

Beweise sind leider für große Programme äußerst schwierig und zeitaufwendig. Deshalb werden sie in der Praxis kaum durchgeführt. Für kleine, sicherheitskritische Programmstücke lohnt sich diese Technik aber. Daher ist es gut, wenn man weiß, wie man sie anwendet.

Für einen vollständigen Beweis müssen wir noch zeigen, dass die Schleife immer *terminiert*. Das ist hier aber einfach. Bei jedem Schleifendurchlauf wird der Wert von i um 1 erhöht und stößt irgendwann gegen die obere Schranke n, wodurch die Schleife beendet wird.

4.3 do-while-Anweisung (Durchlaufschleife)

Die do-while-Schleife unterscheidet sich von der while-Schleife dadurch, dass die Abbruchbedingung nicht am Anfang, sondern am Ende jedes Schleifendurchlaufs geprüft wird. Ihr Rumpf wird also zumindest einmal durchlaufen, weshalb sie auch *Durchlaufschleife* genannt wird.

Betrachten wir folgendes Beispiel: Gegeben ist eine positive Zahl n (z.B. 123). Gesucht ist die Ausgabe aller Ziffern dieser Zahl in umgekehrter Reihenfolge (also 321). Die Lösungsidee besteht darin, jeweils die letzte Ziffer mittels n % 10 (Rest der Division durch 10) abzuspalten und den Quotienten n / 10 weiterzuverarbeiten. Diesen Algorithmus können wir gleich als Ablaufdiagramm formulieren:

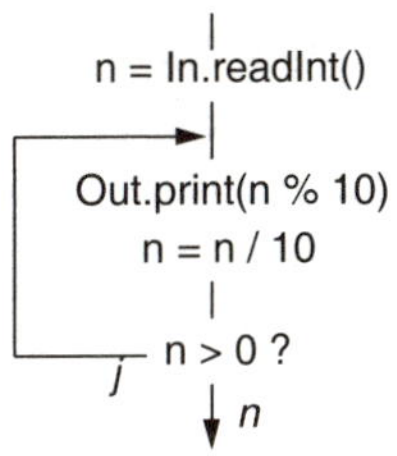

Solange der Quotient größer als 0 ist, muss die Schleife nochmals ausgeführt werden, weil ja noch Ziffern auszugeben sind. Ein Schreibtischtest für n == 123 zeigt die Arbeitsweise dieser Schleife:

n	n%10	
123		Initialisierung
12	3	1. Durchlauf
1	2	2. Durchlauf
0	1	3. Durchlauf

Man sieht, dass nacheinander die Ziffern 3, 2 und 1 abgespalten und ausgegeben werden. Nach dem dritten Schleifendurchlauf wird n == 0 und die Schleife bricht ab.

Hätten wir die Abbruchbedingung statt am Ende der Schleife auch an ihrem Anfang prüfen können? Das hätte zu folgendem Ablaufdiagramm geführt:

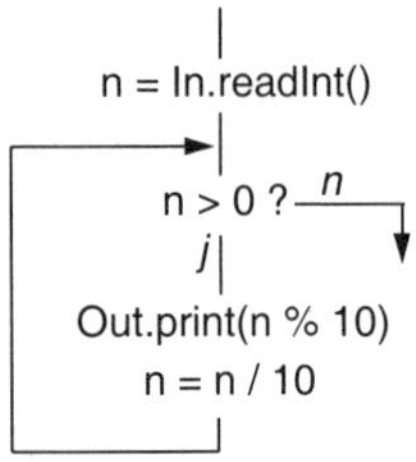

Dieser Algorithmus würde zwar n == 123 korrekt behandeln, aber nicht n == 0. Die Schleife muss also zumindest einmal durchlaufen werden. Das heißt, wir brauchen eine Durchlaufschleife und keine Abweisschleife.

Die Durchlaufschleife wird in Java folgendermaßen geschrieben (Schlüsselwörter sind wieder durch Unterstreichung hervorgehoben):

```
int n = In.readInt();
do {
   Out.print(n % 10);
   n = n / 10;
} while (n > 0);
```

Da die Bedingung am *Ende* der Schleife geprüft wird, steht sie in Java auch *nach* dem Schleifenrumpf. Wenn der Schleifenrumpf wie hier aus mehreren Anweisungen besteht, muss er wieder als Block geschrieben werden. Die Syntax der do-while-Anweisung lautet:

```
DoStatement = "do" Statement "while" "(" Expr ")" ";".
```

4.4 for-Anweisung (Zählschleife)

Neben der Abweisschleife und der Durchlaufschleife gibt es in Java auch eine *Zählschleife*, nämlich die for-Anweisung. Sie wird meist verwendet, wenn die Anzahl der Schleifendurchläufe im Vorhinein feststeht, wobei man eine so genannte *Laufvariable* verwendet, um die Anzahl der Schleifendurchläufe zu zählen. Die for-Anweisung besteht aus folgenden vier Teilen:

- aus einem *Initialisierungsteil*, der vor Betreten der Schleife ausgeführt wird und in dem die Laufvariable einen Wert bekommt;
- aus einer *Abbruchbedingung*, die jedesmal vor Betreten der Schleife geprüft wird;
- aus einem *Inkrementierungsteil*, der am Ende jedes Schleifendurchlaufs ausgeführt wird und zum Beispiel die Laufvariable erhöhen kann;
- aus dem *Schleifenrumpf*.

Folgendes Beispiel zeigt die Summierung der ersten n natürlichen Zahlen mit Hilfe einer for-Anweisung:

```
int sum = 0;
int i;
for (i = 1; i <= n; i++)
    sum = sum  + i;
```

Der Kopf der for-Anweisung enthält den Initialisierungsteil, die Abbruchbedingung und den Inkrementierungsteil. Der Initialisierungsteil besteht aus der Zuweisung i = 1, der Abbruchbedingung i <= n und dem Inkrementierungsteil i++. Der Schleifenrumpf ist die Anweisung sum = sum + i. Die for-Anweisung ist eigentlich nur eine Kurzform einer while-Anweisung, in der die einzelnen Teile explizit angeschrieben werden. Die obige for-Anweisung würde als while-Anweisung folgendermaßen aussehen:

```
int sum = 0;
int i = 1;              // Initialisierungsteil
while (i <= n) {        // Abbruchbedingung
    sum = sum + i;
    i++;                // Inkrementierungsteil
}
```

Im Initialisierungs- und Inkrementierungsteil einer for-Anweisung können mehrere Zuweisungen angegeben werden, die dann allerdings durch Kommas getrennt statt durch Strichpunkte abgeschlossen werden müssen. Der Initialisierungsteil kann auch Variablendeklarationen enthalten. Folgende Grammatik zeigt, dass die for-Anweisung eine der komplexesten Anweisungen in Java ist:

```
ForStatement  =  "for" "(" [ForInit] ";" [Expr] ";" [ForUpdate] ")" Statement.
ForInit       =  Expr {"," Expr}
              |  ["final"] Type Var {"," Var}.
ForUpdate     =  Expr {"," Expr}.
```

Aus Gründen der Lesbarkeit wird davon abgeraten, die volle Mächtigkeit der for-Anweisung auszunutzen. Im Normalfall sollte eine for-Schleife jeweils nur eine einzige Anweisung im Initialisierungs- und Inkrementierungsteil haben. Für kompliziertere Fälle sollte man eine while-Anweisung verwenden.

Beispiel: Ausgabe einer n x n-Multiplikationstabelle

Gegeben sei eine positive ganze Zahl n. Gesucht ist die Ausgabe einer Tabelle mit n Zeilen und n Spalten, in der das Element in Zeile i und Spalte j den Wert i * j enthält.

Zur Ausgabe der Tabelle benötigen wir eine Schleife, die über alle Zeilen der Tabelle läuft. Dann brauchen wir noch eine zweite Schleife, die innerhalb jeder Zeile über alle Spalten läuft. Da die Anzahl der Zeilen und Spalten bekannt ist, können wir zwei Zählschleifen verwenden.

```
int n = In.readInt();                  // n == number of lines and columns
for (int i = 1; i <= n; i++) {         // for all lines
    for (int j = 1; j <= n; j++)       // for all columns
        Out.print(i * j + " ");
    Out.println();
}
```

Wir haben hier also zwei geschachtelte Schleifen. Um zu verstehen, was bei der Ausführung geschieht, schreiben wir uns wieder die Werte auf, die i und j der Reihe nach annehmen, wobei wir davon ausgehen, dass n den Wert 3 hat:

i	j	Zeilenweise Ausgabe
1	1 2 3 4	1 2 3
2	1 2 3 4	2 4 6
3	1 2 3 4	3 6 9
4		

Die Laufvariable i nimmt zunächst den Wert 1 an. Anschließend wird die innere Schleife betreten, in der j der Reihe nach die Werte 1, 2, 3 und 4 durchläuft. Dabei werden die Werte 1*1, 1*2 und 1*3 ausgegeben. Der Wert j == 4 ist bereits größer als n, weshalb die innere Schleife mit diesem Wert nicht mehr betreten wird. Nun wird eine neue Zeile begonnen und der Wert von i erhöht sich auf 2. Dies setzt sich fort, bis auch i den Wert 4 annimmt und die äußere Schleife abbricht.

Durch geeignete Wahl des Initialisierungs- und Inkrementierungsteils kann eine for-Schleife auch *rückwärts* laufen, d.h. den Wert der Laufvariablen dekrementieren statt inkrementieren. Die Schrittweite kann dabei natürlich auch größer als 1 sein, wie folgendes Beispiel zeigt:

```
for (int i = 10; i > 0; i = i - 2)
    Out.println(i);
```

Diese Schleife gibt die geraden Zahlen 10, 8, 6, 4 und 2 aus.

4.5 Abbruch von Schleifen

Manchmal tritt in einer Schleife eine Bedingung ein, die eine weitere Ausführung der Schleife unnötig oder zwecklos macht. Man kann dann die Schleife vorzeitig mit einer *break-Anweisung* abbrechen. Das gilt sowohl für die while- als auch für die do-while- und for-Schleife.

Betrachten wir als Beispiel eine Schleife, die eine Folge von Zahlen liest und summiert. Die Summe darf dabei den Wert 1000 nicht überschreiten, sonst soll es eine Fehlermeldung geben.

```
int sum = 0;
int x = In.readInt();
while (In.done()) {
    sum = sum + x;
    if (sum > 1000) {Out.println("error: sum is too big"); break;}
    x = In.readInt();
}
```

Wir stellen die Fehlerbedingung mitten in der Schleife fest. Da es sinnlos wäre, die Schleife fortzusetzen, geben wir eine Fehlermeldung aus und brechen die Schleife mit einer break-Anweisung ab. Das Programm läuft bei der ersten Anweisung nach der Schleife weiter.

Wenn irgendwie möglich, sollte man allerdings break-Anweisungen in Schleifen vermeiden, weil sie zu einer komplizierten Programmlogik führen. Die Schleife hat dann mehrere Aussprungpunkte und man kann oft nicht mehr so einfach sagen, welche Assertion nach der Schleife gilt. Meist lassen sich Schleifen, die break enthalten, so umwandeln, dass die Abbruchbedingung in der normalen Schleifenbedingung untergebracht wird, wie zum Beispiel in folgender Lösung:

```
int sum = 0;
int x = In.readInt();
while (In.done() && sum + x <= 1000) {
    sum = sum + x;
    x = In.readInt();
}
if (In.done()) out.println("error: sum is too big");
```

Mit einer break-Anweisung kann man nicht nur die unmittelbar umgebende Schleife verlassen, sondern auch äußere Schleifen. Man muss diese dann aber mit einer *Marke* (Label) kennzeichnen und die Marke in der break-Anweisung angeben, zum Beispiel:

```
L: // label
    for (;;) { // infinite loop
        ...
        for (;;) {
            ...
            if (...)
```

```
                break; // terminates inner loop
            else
                break L; // terminates outer loop
        }
    }
```

Die äußere Schleife bekommt durch die Marke L: einen Namen, den man in der break-Anweisung benutzen kann, um auszudrücken, welche Schleife man verlassen will. Gibt man in der break-Anweisung keinen Namen an, wird immer die innerste Schleife verlassen.

Das obige Beispiel zeigt noch einen anderen interessanten Aspekt, nämlich eine *Endlosschleife*, ausgedrückt durch

```
for (;;) ...
```

Eine Endlosschleife wählt man dann, wenn das Programm tatsächlich ständig laufen soll (z.B. in einer Alarmanlage) oder wenn die Schleife mehrere komplizierte Abbruchbedingungen aufweist, die nur mit break-Anweisungen ausdrückbar sind.

4.6 Vergleich der Schleifenarten

Wir haben in diesem Kapitel verschiedene Schleifenarten kennen gelernt: die Abweis- und Zählschleife (while, for), die Durchlaufschleife (do-while) und die Endlosschleife, die mit break verlassen wird. Abb. 4.1 stellt die verschiedenen Schleifenarten als Ablaufdiagramme gegenüber.

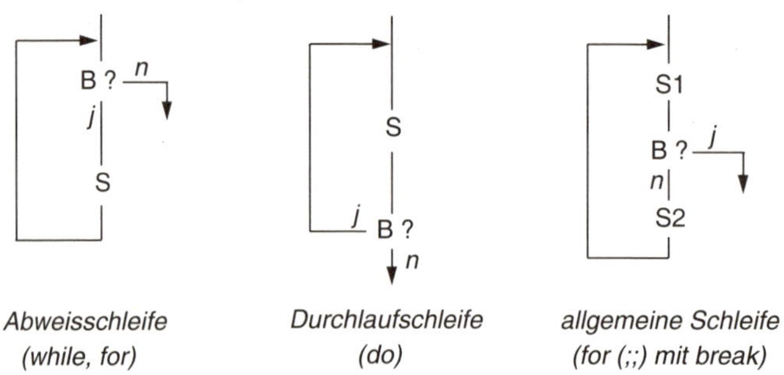

***Abb. 4.1** Gegenüberstellung der verschiedenen Schleifenarten*

Welche Schleifenart man verwendet, geht meist aus der Aufgabenstellung hervor. Die Wahl hängt davon ab, ob man die Abbruchbedingung bereits vor dem ersten Durchlauf prüfen muss oder ob der Schleifenrumpf zumindestens einmal durchlaufen werden soll. Die verschiedenen Schleifenarten lassen sich auch ineinander transformieren, wie Abb. 4.2 zeigt.

while (B)
  S;
	⟷	if (B)
		  do
		    S;
		  while (B);

do
  S;
while (B);
	⟷	S;
		while (B)
		  S;

for (;;) {
  S1;
  if (B) break;
  S2;
}
	⟷	S1;
		while (!B) {
		  S2;
		  S1;
		}

***Abb. 4.2** Mögliche Transformationen von Schleifenarten*

Übungsaufgaben

1. *Schleifenterminierung.* Welche der folgenden Schleifen terminieren?

```
int i = 1, j = 1;
do {
   i = i + j;
   j++;
} while (i < 200);
```

```
int i = 1, j = 20;
while (i + j < 100) {
   i = i + 2;
   j --;
}
```

```
int i = 100, j = 27;
while (i != j) {
   i = i / 2;
   j = j / 3;
}
```

2. *Anzahl der Ziffern einer Zahl.* Schreiben Sie ein Programm, das eine positive ganze Zahl n einliest und feststellt, aus wie vielen Ziffern sie besteht.

3. *Ziffernsumme einer Zahl.* Schreiben Sie ein Programm, das die Ziffernsumme einer Zahl x berechnet und ausgibt. Für 4711 beträgt die Ziffernsumme zum Beispiel 13.

4. *Schleifentransformation.* Wandeln Sie die folgende Schleife in eine while-Schleife und in eine do-while-Schleife um:

```
int s = 0;
for (;;) {
   int x = In.readInt();
   if (x < 0) break;
   s = s + x;
}
```

5. *Binärzahlen als Mengen.* Die binäre Darstellung einer Zahl kann als Zahlenmenge interpretiert werden. Das Element i ist in der Menge enthalten, wenn das Bit an der Stelle i gesetzt ist (wobei die Zählung bei 0 beginnt). Die Zahl 44 lautet zum Beispiel binär 00000000000000000000000000101100 und ent-

spricht der Menge {2, 3, 5}. Schreiben Sie ein Programm, das eine int-Zahl liest und in Mengendarstellung (z.B. {2, 3, 5}) wieder ausgibt. Hinweis: Sie können die jeweils letzte Binärziffer einer Zahl n durch n / 2 abspalten bzw. mit n % 2 prüfen, ob sie 0 oder 1 ist.

6. *Zahlenstatistik*. Schreiben Sie ein Programm, das eine Zahlenfolge aus einer Textdatei liest und ihren größten und kleinsten Wert sowie ihren Mittelwert berechnet und ausgibt.

7. *Primfaktorenzerlegung*. Schreiben Sie ein Programm, das eine positive ganze Zahl n einliest und in ihre Primfaktoren zerlegt. Die Zahl 100 besteht zum Beispiel aus den Primfaktoren 2, 2, 5, 5; die Zahl 252 aus den Primfaktoren 2, 2, 3, 3, 7.

8. *Codevereinfachungen*. Vereinfachen Sie folgende Codestücke:

```
i = 0;  // assume j >= 0
while (i != j) i++;
```

```
while (a < b) {
    c = a;
    a = b;
    b = c;
}
```

5 Gleitkommazahlen

Bis jetzt haben wir immer mit ganzen Zahlen gerechnet. Ein Computer kann aber auch mit Kommazahlen rechnen, obwohl das wesentlich langsamer geht als mit ganzen Zahlen. Zur Darstellung von Kommazahlen wird in Java das *Gleitkommaformat* verwendet, bei dem eine Kommazahl mit einer Zehnerpotenz multipliziert wird. Die Zahl

```
0.314E1
```

bedeutet 0.314 mal 10^1, also 3.14. Der Exponent kann auch negativ sein, zum Beispiel

```
31.4E-1
```

was so viel bedeutet wie 31.4 mal 10^{-1}, also ebenfalls 3.14. Das Komma kann wie man sieht gleiten, deshalb der Name *Gleitkommazahl.* Beachten Sie bitte, dass das Komma in Java als Punkt geschrieben werden muss und nicht als Beistrich. Wenn der Exponent 0 ist, kann er auch weggelassen werden, also

```
3.14
```

Datentypen float und double

In Java gibt es für Gleitkommazahlen die Datentypen `float` und `double`, die sich nur in ihrer Größe unterscheiden. Beide können in gewohnter Weise zur Deklaration von Variablen verwendet werden:

```
float x, y;
double z;
```

`float`-Zahlen werden mit 32 Bits dargestellt, `double`-Zahlen mit 64 Bits. Eine `double`-Zahl hat sowohl mehr Nachkommastellen als auch einen größeren Exponentenbereich als eine `float`-Zahl. Sie kann also größere und genauere Gleitkommazahlen ausdrücken. Die Genauigkeit ist allerdings bei beiden Datentypen begrenzt. Die reellen Zahlen der Mathematik, die beliebig genau sind, müssen im Rechner durch eine begrenzte Anzahl von Nachkommastellen dargestellt werden. Es treten dabei geringfügige Rundungsfehler auf, die bei einzelnen Gleitkommaoperationen keine

Rolle spielen, sich aber bei vielen Multiplikationen und Divisionen aufschaukeln können.

Die größten und kleinsten darstellbaren positiven Gleitkommazahlen sind in folgender Tabelle aufgeführt:

	größte positive Zahl	*kleinste positive Zahl*
float	≈ 3.4E38	≈ 1.4E-45
double	≈ 1.8E308	≈ 4.9E-324

Betrachten wir nun ein Beispiel, in dem Gleitkommazahlen verwendet werden. Wir wollen für ein gegebenes n die *Harmonische Reihe*

1/1 + 1/2 + 1/3 + ... + 1/n

bis zum n. Glied berechnen. Die Berechnung wird in einer Schleife durchgeführt, und zwar absteigend, um Rundungsfehler zu minimieren. Die Ausgabe von Gleitkommazahlen kann mit den gewohnten Ausgabeanweisungen Out.print() und Out.println() erfolgen.

```
int n = In.readInt();
float sum = 0;
for (int i = n; i > 0; i--)
    sum = sum + (float) 1 / i;
Out.println("sum = " + sum);
```

Bei der Berechung des Bruchs (float)1 / i muss man den Operanden 1 durch Typkonversion in eine float-Zahl umwandeln, damit das Ergebnis des Ausdrucks ebenfalls vom Typ float ist. Würde man nur 1 / i schreiben, wäre das Ergebnis vom Typ int.

Mit Gleitkommazahlen kann man wie mit ganzen Zahlen rechnen. Es sind also die arithmetischen Operatoren +, -, *, / und % erlaubt. Die Modulo-Operation ist für Gleitkommazahlen wie folgt definiert: Sind x und y Gleitkommazahlen, so ist x % y = x - q * y, wobei q der ganzzahlige Teil von x / y ist. Die Modulo-Operation wird jedoch für Gleitkommazahlen kaum verwendet.

Gleitkommazahlen kann man auch miteinander vergleichen, wobei alle Vergleichsoperatoren (==, !=, <, <=, >, >=) zulässig sind. Bei der Prüfung zweier Gleitkommazahlen auf Gleichheit oder Ungleichheit muss man allerdings berücksichtigen, dass zwei Werte, die an sich gleich sein sollten, durch Rechenungenauigkeit geringfügig voneinander abweichen können. Hätten wir die Glieder der Harmonischen Reihe zum Beispiel nicht von n bis 1, sondern von 1 bis n berechnet, so hätte sich durch Rechenungenauigkeiten ein geringfügig anderer Wert ergeben. Anstatt zwei Gleitkommazahlen auf Gleichheit zu prüfen, sollte man daher besser prüfen, ob ihre Differenz im Verhältnis zur Größe der Operanden sehr klein ist.

Zuweisungskompatibilität

Zwischen den ganzzahligen Typen besteht eine Kompatibilitätsbeziehung, die sich im Bereich der Gleitkommatypen folgendermaßen fortsetzt:

double ⊃ float ⊃ long ⊃ int ⊃ short ⊃ byte

Der Typ float enthält auch alle long-Zahlen, daher darf man eine long-Zahl einer float-Variablen zuweisen (allerdings mit Genauigkeitsverlust). Die folgenden Beispiele zeigen einige erlaubte und unerlaubte Zuweisungen:

```
double d; float f; int i;
f = i;          // ok since float ⊃ int
i = f;          // wrong since float ⊄ int
i = (int) f;    // ok
```

Die letzte Zuweisung wandelt den Typ von f nach int um. Dabei werden die Nachkommastellen abgeschnitten. Ist f zu groß oder zu klein für i, wird die größt- oder kleinstmögliche ganze Zahl zugewiesen. Bei der Zuweisung von Konstanten ist ebenfalls Vorsicht geboten:

```
d = 3.14;       // ok
f = 3.14;       // wrong!
f = 3.14f;      // ok
```

Der Typ einer Gleitkommakonstanten ist in Java immer double, daher ist die zweite Zuweisung verboten. Hängt man an die Konstante jedoch ein "f" an, wird sie als float-Konstante betrachtet. Daher ist die dritte Zuweisung erlaubt.

Gleitkommakonstanten

Wir haben bereits einige Gleitkommakonstanten verwendet. Nun wollen wir aber nochmals einen Blick auf ihre Syntax werfen:

```
FloatNumber  =  Digits  ( "." [Digits] [Exponent] [FloatSuffix]
                        | Exponent [FloatSuffix]
                        | FloatSuffix
                        )
             |  "." Digits [Exponent] [FloatSuffix].
Digits       =  Digit {Digit}.
Exponent     =  ("e" | "E") ["+" | "-"] Digits.
FloatSuffix  =  "f" | "F" | "d" | "D".
```

Beim Schreiben von Gleitkommakonstanten hat man also große Freiheit. Alle folgenden Konstanten sind korrekt:

3f, 3F, 3d, 3.2, 3., 3E2, 3.2E2, .32E3

Mit der Endung "d" gibt man an, dass eine Konstante vom Typ double sein soll.

Typregeln in Ausdrücken

Ausdrücke können sowohl ganze Zahlen als auch Gleitkommazahlen enthalten, und zwar auch in gemischter Form. Welchen Typ hat aber ein Ausdruck, der eine int-Zahl mit einer float-Zahl addiert? Für alle arithmetischen Operatoren gilt die Regel:

> *Der »kleinere« Operandentyp wird vor Ausführung der Operation in den »größeren« konvertiert. Der Ausdruck bekommt dann den gleichen Typ wie seine Operanden, zumindest aber den Typ* int.

Folgende Beispiele erläutern diese Regel:

```
double d; float f; int i; short s;
... f + i ...          // float
... d * (f + i) ...    // double
... s + s ...          // int
... f / 3 ...          // float, i.e. result with decimal places
... i / 3 ...          // int, integer result
... (float)i / 3 ...   // float, i.e. result with decimal places
```

Im letzten Ausdruck wird der Typ von i zunächst mittels Typkonversion nach float umgewandelt. Anschließend wird dieser float-Wert durch den int-Wert 3 dividiert, was wieder einen float-Wert ergibt. Wie man aus diesem Beispiel sieht, bindet die Typkonversion stärker als eine arithmetische Operation.

Geschwindigkeitsüberlegungen

Das Rechnen mit Gleitkommazahlen ist für einen Computer aufwendiger und daher auch langsamer als das Rechnen mit ganzen Zahlen. Wenn möglich, sollte man Gleitkommazahlen daher nur benutzen, wenn man Nachkommastellen braucht. Aber auch bei ganzzahligen Typen ist die Rechengeschwindigkeit nicht überall gleich: Die meisten heutigen Rechner haben eine 32-Bit-Architektur und bevorzugen daher int-Zahlen. Damit können sie schneller rechnen als mit short, long oder gar mit float.

Übungsaufgaben

1. *Berechnung von π.* Die Kreiszahl π kann durch folgende Näherungsformel berechnet werden:

$$\pi = 4 * \sum_{i=0}^{n} \frac{(-1)^i}{2i+1} = 4 * \left[1 - \frac{1}{3} + \frac{1}{5} - \frac{1}{7} + \frac{1}{9} - \dots\right]$$

   Schreiben Sie ein Java-Programm, das π auf 5 Dezimalstellen genau berechnet.

2. *Berechnung des Arcussinus.* Der Arcussinus von x (wobei $|x| \leq 1$) kann durch folgende Näherungsformel berechnet werden. Das Ergebnis wird im Bogenmaß *Rad* geliefert (1 Rad = 180/π Grad).

$$\sum_{i=0}^{\infty} \frac{(2i)!}{2^{2i}\, i!^2\, (2i+1)} x^{2i+1}$$

   Schreiben Sie ein Programm, das einen Wert für x liest und den Arcussinus nach obiger Formel berechnet. Berücksichtigen Sie, dass die Potenzfunktion und die Faktoriellefunktion nicht für jeden Summanden neu berechnet werden muss, sondern aus dem letzten Summanden berechnet werden kann. Brechen Sie die Berechnung nach 100 Iterationsschritten ab.

3. *Widerstandsberechnung.* Der Gesamtwiderstand R einer Gruppe von Einzelwiderständen wird für serielle und parallele Schaltungen wie folgt berechnet:

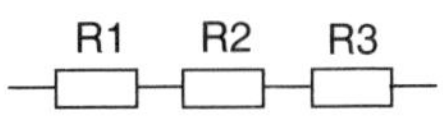

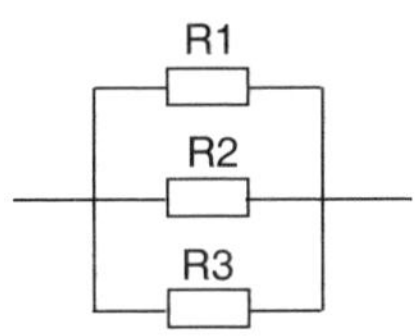

$$R = R1 + R2 + R3 \qquad \frac{1}{R} = \frac{1}{R1} + \frac{1}{R2} + \frac{1}{R3}$$

   Die Beschreibung einer Widerstandsgruppe soll in folgendem Format vorliegen:

   100 + 50 | 200 + 300

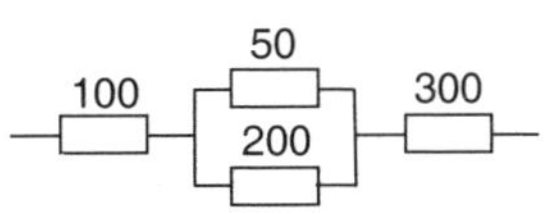

   Stellen Sie eine Grammatik für dieses Format auf, lesen Sie eine Widerstandsbeschreibung nach diesem Format von einer Datei ein und berechnen Sie den sich daraus ergebenden Gesamtwiderstand.

   Achtung: Zur Lösung dieser Aufgabe benötigen Sie das Konzept der *Methoden* (siehe Kapitel 6).

4. *Zinseszinstabelle.* Lesen Sie einen Kapitalwert, einen Zinssatz und eine Laufzeit ein und erzeugen Sie daraus eine Zinseszinstabelle, in der der Wert des Kapitals nach jedem Jahr der Laufzeit ausgegeben wird.

6 Methoden

Programme sind in der Praxis viel zu groß, um in einem einzigen Stück geschrieben zu werden. Daher zerlegt man sie in kleinere Anweisungsfolgen, die logisch zusammengehören und eine bestimmte Teilaufgabe erledigen. Diesen Anweisungsfolgen gibt man einen Namen und kann sie dann beliebig oft unter diesem Namen aufrufen. Man nennt solche benannten Anweisungsfolgen *Methoden.*

6.1 Parameterlose Methoden

In ihrer einfachsten Form haben Methoden keine Parameter, sondern nur einen Namen. Wenn wir zum Beispiel in einem Programm eine Überschrift ausgeben wollen, können wir die Anweisungsfolge

```
Out.println("Artikelliste");
Out.println("--------------");
```

unter dem Namen printHeader als Methode deklarieren. Das sieht folgendermaßen aus:

```
static void printHeader() {              // method header
    Out.println("Artikelliste");         // method body
    Out.println("--------------");
}
```

Anschließend können wir diese Methode beliebig oft unter ihrem Namen aufrufen, d.h. zur Ausführung bringen. Jeder Aufruf

```
printHeader();
```

führt die unter printHeader gespeicherte Anweisungsfolge aus.

Die Deklaration einer Methode besteht aus einem *Kopf* (header) und einem *Rumpf* (body). Der Methodenkopf gibt den Namen der Methode und eventuelle Parameter an. Da printHeader keine Parameter hat, besteht die Parameterliste aus einem leeren Klammernpaar. Das Schlüsselwort static gibt an, dass die Methode statisch aufgerufen wird (siehe Kapitel 11.3). Das Schlüsselwort void besagt, dass die Methode keinen Wert zurückliefert (siehe Kapitel 6.3). Einstweilen nehmen wir diese Schlüsselwörter einfach hin und schreiben sie wie im Beispiel angegeben. Der

Methodenrumpf besteht aus einem Paar geschweifter Klammern, das eine Folge von Anweisungen und Deklarationen enthält.

Das folgende Beispiel zeigt, wie Methoden in den Kontext eines Programms eingebunden werden, d.h., an welcher Stelle im Programm man sie deklariert und wo man sie aufrufen kann.

```
class Program {

    static void printHeader() {          // declaration of the method
        Out.println("Artikelliste");
        Out.println("-------------");
    }

    public static void main (String[] arg) {
        printHeader();                   // calls the method printHeader
        ...
        printHeader();                   // calls the method printHeader again
        ...
    }
}
```

printHeader ist eine Methode der Klasse Program. Sie steht auf der gleichen Ebene wie die Methode main, die das Hauptprogramm darstellt. Klassen können beliebig viele Methoden enthalten, die dann in anderen Methoden aufgerufen werden können. Eine aufgerufene Methode kann wieder andere Methoden aufrufen usw. Abb. 6.1 zeigt eine Methode P, die eine Methode Q aufruft, die wiederum eine Methode R aufruft.

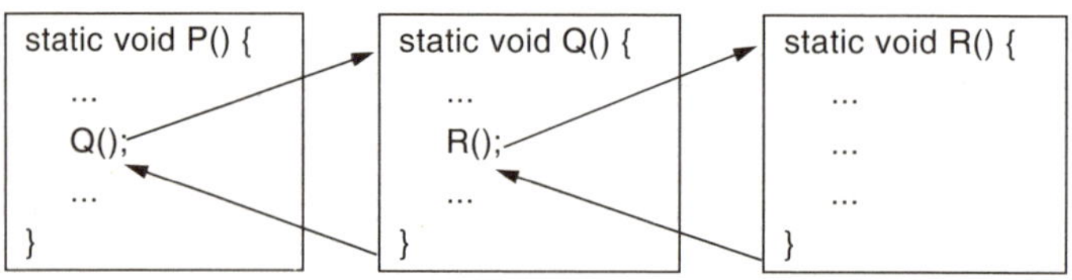

***Abb. 6.1** Funktionsweise von Methodenaufrufen*

Bei der Abarbeitung von P stößt das Programm auf den Aufruf von Q und verzweigt an dieser Stelle zur ersten Anweisung von Q. Wenn es bei der Abarbeitung von Q zum Aufruf der Methode R kommt, verzweigt es zur ersten Anweisung von R. Nach der Abarbeitung von R kehrt das Programm an die Stelle in Q zurück, an der R aufgerufen wurde, und setzt mit der nächsten Anweisung fort. Dasselbe geschieht nach der Abarbeitung von Q: es wird nach dem Aufruf von Q in P fortgesetzt. Methodenaufrufe schieben also die Ausführung der aufgerufenen Methode an der Aufrufstelle ein.

Namenskonventionen für Methoden

Methoden können wie Variablen beliebige Namen tragen. Aus Lesbarkeitsgründen sollte der Name einer Methode aber ausdrücken, was die Methode leistet (z.B. printHeader). Er sollte daher mit einem Verb beginnen. Methodennamen werden in Java üblicherweise klein geschrieben. Falls sie aus mehreren Worten bestehen, sollten die Folgeworte mit Großbuchstaben beginnen.

6.2 Parameter

Parameter sind Werte, die vom Rufer an eine Methode übergeben werden, damit diese sie in ihren Berechnungen verwenden kann. Einer Methode, die das Maximum zweier Zahlen bestimmen und ausgeben soll, gibt man zum Beispiel die beiden zu vergleichenden Zahlen als Parameter mit.

```
static void printMax (int x, int y) {
    if (x > y) Out.print(x); else Out.print(y);
}
```

Die Methode printMax hat zwei Parameter x und y, die wie Variablendeklarationen zwischen die Parameterklammern des Methodenkopfs geschrieben werden. Allerdings werden die Parameterdeklarationen nicht mit einem Strichpunkt abgeschlossen, sondern durch Kommas getrennt. Der Methodenkopf mit der Parameterliste bildet die Schnittstelle (oder auch *Signatur*) der Methode. Sie definiert, wie die Methode benutzt werden kann.

Beim Aufruf von printMax muss man nun ebenfalls zwei Werte mitgeben, die den beiden Parametern x und y zugewiesen werden.

```
printMax(100, 2 * i);
```

Der Parameter x bekommt dadurch den Wert 100, der Parameter y den Wert 2 * i. Mit diesen Werten wird die Methode ausgeführt. An einer anderen Aufrufstelle könnten ganz andere Werte an printMax übergeben werden. Durch Verwendung von Parametern kann man also ein und denselben Code der Methode in verschiedenem Kontext nutzen.

Formale und aktuelle Parameter

Aus den obigen Beispielen geht hervor, dass es zwei Arten von Parametern gibt. Die *formalen Parameter* sind jene, die bei der Deklaration der Methode angegeben werden. Sie werden wie Variablen behandelt, sind also benannte Speicherzellen. Die *aktuellen Parameter* sind Werte, die beim Aufruf der Methode übergeben werden. Sie können beliebige Ausdrücke sein (z.B. 100 oder 2 * i), also nicht nur einfache Variablen.

Formale Parameter sind lokal zur Methode, in der sie deklariert werden (siehe Kapitel 6.4). Sie sind nur in dieser Methode bekannt und können daher den gleichen Namen haben wie eine außerhalb der Methode deklarierte Variable. Die durch sie bezeichnete Speicherzelle existiert auch nur so lange die Methode läuft. Nach Beendigung der Methode werden die Speicherzellen der Parameter wieder freigegeben (siehe Kapitel 6.6).

Parameterübergabe

Beim Aufruf einer Methode werden die aktuellen Parameter an die formalen übergeben. Dabei finden folgende Aktionen statt:

- Die Ausdrücke der aktuellen Parameter werden berechnet.
- Der Wert dieser Ausdrücke wird an die entsprechenden formalen Parameter zugewiesen.

Da es sich um echte Zuweisungen handelt, gelten die gleichen Kompatibilitätsregeln wie für Zuweisungen: Der Typ eines aktuellen Parameters muss gleich oder »kleiner« sein als der Typ des entsprechenden formalen Parameters. Ein aktueller Parameter vom Typ int kann also an einen formalen Parameter vom Typ float übergeben werden, umgekehrt aber nicht.

Durch die Zuweisung erhält der formale Parameter eine Kopie des aktuellen Parameters. Wenn die Methode den Wert des formalen Parameters ändert, wird also nur die Kopie verändert, nicht aber der aktuelle Parameter (der ja vielleicht gar keine Variable ist, sondern eine Konstante oder ein Ausdruck).

6.3 Funktionen

Methoden können nicht nur Werte vom Rufer empfangen, sondern auch einen Ergebniswert an den Rufer zurückgeben. Methoden, die einen Wert zurückliefern, nennt man *Funktionen*. Methoden, die keinen Wert zurückliefern, nennt man *Prozeduren*.

Nehmen wir an, dass eine Methode das Maximum zweier Zahlen bestimmen soll. Das Ergebnis soll aber nicht ausgegeben, sondern an den Rufer zurückgeliefert werden. Die Methode soll also eine Funktion sein. Sie wird folgendermaßen deklariert:

```
static int max (int x, int y) {
    if (x > y) return x; else return y;
}
```

Im Gegensatz zu Prozeduren muss man bei Funktionen den Typ des Ergebniswerts (in diesem Fall int) vor den Methodennamen schreiben. Statt des Schlüsselworts void (das »kein Ergebnistyp« bedeutet) gibt man hier also vor dem Methodennamen als Ergebnistyp int an: Die Funktion liefert ein int-Ergebnis.

Das Funktionsergebnis wird durch eine *return-Anweisung* zurückgegeben. Um den Wert x als Ergebnis der Funktion max zurückzugeben, schreibt man also

```
return x;
```

Eine Funktion muss immer mit einer return-Anweisung beendet werden. Sie darf also nie bis an ihr Ende laufen, ohne eine return-Anweisung auszuführen. Der Compiler prüft das und meldet gegebenenfalls einen Fehler. Prozeduren müssen hingegen nicht mit return enden, können aber eine return-Anweisung enthalten (siehe mehr dazu auf der nächsten Seite).

Funktionen werden normalerweise nicht als eigenständige Anweisungen aufgerufen, sondern kommen als Operanden in einem Ausdruck vor. Schreibt man zum Beispiel an der Aufrufstelle einer Funktion den Ausdruck

```
... max(x, 0) + y ...
```

so wird die Methode max mit den Parametern x und 0 aufgerufen, und das von ihr gelieferte Ergebnis fließt als Operand in die weitere Berechnung des Ausdrucks ein. Der Ausdruck berechnet also das Maximum von x und 0 und addiert es mit y.

Man kann Funktionen auch als eigenständige Anweisungen aufrufen, also

```
max(x, 0);
```

In diesem Fall wird das gelieferte Ergebnis verworfen. Das ist hier nicht sinnvoll, kann aber zum Beispiel dazu benutzt werden, aus Methoden einen Statuscode zurückzugeben, der vom Rufer in gewissen Fällen ignoriert wird.

Funktionen können nur einen einzigen Ergebniswert zurückliefern. Will man mehrere Werte zurückgeben, muss man diese zu einem Objekt zusammenfassen und dieses Objekt zurückliefern (siehe Kapitel 10.2).

Beispiel: Berechnung des ganzzahligen Zweierlogarithmus einer Zahl

Methoden kann man dazu verwenden, häufig benutzte Operationen zu implementieren, wie zum Beispiel die Berechnung des Zweierlogarithmus einer Zahl x. Da diese Operation einen Wert liefern soll (den Logarithmus), schreiben wir sie als Funktion:

```
static int log2 (int x) { // assume: x > 0
    int result = 0;
    while (x > 1) { x = x / 2; result++; }
    return result;
}
```

Die Funktion zählt, wie oft die übergebene Zahl x durch 2 dividiert werden kann, bevor sie den Wert 0 erreicht. Das Ergebnis ist der ganzzahlige Teil des Zweierlogarithmus von x. Es wird mit return zurückgegeben. log2 kann nun in anderen Methoden aufgerufen werden, zum Beispiel:

```
int n = log2(1000);
```

return-Anweisung in Prozeduren

Nicht nur Funktionen, sondern auch Prozeduren können mit einer return-Anweisung beendet werden. Die return-Anweisung wird dort benutzt, um eine Prozedur vorzeitig abzubrechen. Da eine Prozedur aber kein Ergebnis zurückliefert, wird return ohne Rückgabewert geschrieben (einfach return;). Folgende Prozedur printIfPrime prüft, ob eine positive Zahl n eine Primzahl ist, also nur durch 1 oder sich selbst teilbar ist. In diesem Fall wird n ausgegeben, sonst geschieht nichts.

```
static void printIfPrime (int n) {
    if (n > 2 && n % 2 == 0) return;   // not a prime number
    for (int i = 3; i * i <= n; i = i + 2)
        if (n % i == 0) return;   // not a prime number
    Out.println(n + "  is prime");
}
```

Wenn n durch 2 teilbar ist, kann es sich um keine Primzahl handeln, und die Prozedur wird abgebrochen. Ansonsten werden alle ungeraden Zahlen von 3 bis zur Wurzel von n durchprobiert. Falls eine dieser Zahlen n ohne Rest teilt, ist n nicht prim. In allen anderen Fällen wird ausgegeben, dass n eine Primzahl ist.

Meist kann man eine Prozedur so schreiben, dass sie kein return benötigt. Die Prozedur printIfPrime könnte zum Beispiel auch wie folgt implementiert werden:

```
static void printIfPrime (int n) {
    if (n > 2 && n % 2 != 0) {
        int i;
        for (i = 3; i * i <= n && n % i != 0; i = i + 2) ; // for loop with empty body
        // i * i > n || n % i == 0
        if (i * i > n) Out.println(n + "  is prime");
    }
}
```

Welche dieser beiden Prozeduren besser verständlich ist, bleibt dem Urteil des Lesers überlassen. Grundsätzlich ist eine Prozedur einfacher zu verstehen, wenn sie nur einen einzigen Endpunkt hat. Ausnahmen bestätigen aber die Regel. Meiner Meinung nach ist die erste Version klarer.

Man beachte in der zweiten Version von printIfPrime die for-Schleife mit leerem Schleifenrumpf. Diese Schleife prüft bei jedem Durchlauf lediglich die Schleifenbedingung und führt den Inkrementierungsteil aus. Ein leerer Schleifenrumpf wird einfach durch einen Strichpunkt ausgedrückt.

Zum Schluss sei noch gesagt, dass es besser wäre, die obige Methode als Funktion zu implementieren. Man sollte in dieser Funktion nur prüfen, ob n eine Primzahl ist und die Ausgabe dem Rufer überlassen. Die Funktion wäre dann vielseitiger einsetzbar.

```
static boolean isPrime (int n) {
    if (n > 2 && n % 2 == 0) return false;
    for (int i = 3; i * i <= n; i = i + 2)
        if (n % i == 0) return false;
    return true;
}
```

Der Rufer könnte diese Funktion folgendermaßen benutzen:

```
if (isPrime(n)) Out.println(n + "  is prime");
```

Dieses Beispiel zeigt, dass Funktionen auch boolean-Werte zurückgeben können. Eine solche Funktion kann überall dort verwendet werden, wo ein boolescher Wert erwartet wird, also zum Beispiel in einer Bedingung einer if-Anweisung oder in einer Schleifenbedingung. Natürlich kann das Ergebnis einer solchen Funktion auch mit anderen booleschen Werten verknüpft werden, zum Beispiel:

```
if (n > 0 && isPrime(n)) Out.println(n + "  is prime");
```

6.4 Lokale und globale Namen

Eine Methode kann nicht nur Anweisungen, sondern auch Deklarationen enthalten. Alle in einer Methode deklarierten Namen (auch die der formalen Parameter) sind *lokal* zu dieser Methode. Alle außerhalb einer Methode deklarierten Namen sind *global*.

Lokale Variablen

In einer Methode kann man in Java Variablen und Konstanten deklarieren, nicht aber weitere Methoden. Wir betrachten zunächst nur lokale Variablen, einschließlich der formalen Parameter. Die Methode

```
static void P (int x) {
    int y;
    float z;
    ...
}
```

deklariert drei lokale Variablen x, y und z. Sie dürfen nur in dieser Methode P verwendet werden, sind also außerhalb von P nicht sichtbar. Der Speicherplatz für eine lokale Variable wird jedesmal neu angelegt, wenn die Methode, in der sie deklariert wurde, aufgerufen wird. Am Ende der Methode wird ihr Speicherplatz wieder freigegeben. Lokale Variablen leben also nur während der Ausführung ihrer Methode.

Globale Variablen

Eine Variable ist global, wenn sie außerhalb einer Methode, also auf Klassenebene, deklariert wurde. Das folgende Programm deklariert zum Beispiel zwei globale Variablen a und b.

```
class Program {
    static int a;
    static float b;

    static void P (int x) {...}
    public static void main (String[] arg) {...}
}
```

Wir deklarieren globale Variablen einstweilen mit dem Schlüsselwort static, obwohl es auch globale Variablen gibt, die nicht static sind (der Unterschied wird in Kapitel 11 erklärt). Globale Variablen können in allen Methoden der Klasse benutzt werden, in der sie deklariert wurden. a und b können also in P und in main benutzt werden. Der Speicherplatz für eine statische globale Variable wird angelegt, sobald das Programm gestartet wird und existiert, solange das Programm läuft. Ihr Speicherplatz wird also erst am Ende des Programms wieder freigegeben. Das bedeutet auch, dass die Werte globaler Variablen über Methodenaufrufe hinweg erhalten bleiben, während die Werte lokaler Variablen am Ende ihrer Methode wieder verschwinden.

Lokale Konstanten

Eine Methode kann auch Konstanten deklarieren, zum Beispiel

```
static void P () {
    final boolean DEBUG = true;
    ...
    if (DEBUG) Out.println(...);
}
```

Lokale Konstanten werden im Gegensatz zu globalen Konstanten ohne den Zusatz static deklariert (auf die Bedeutung von static wird in Kapitel 11.3 eingegangen). Ihr Name ist aber wie bei lokalen Variablen nur in dieser Methode bekannt. Konstanten sind meist global, da sie üblicherweise in mehreren Methoden benutzt werden. Es spricht aber auch nichts gegen lokale Konstanten.

Beispiel: Summe einer Zahlenfolge

Wir wollen nun als Beispiel eine Methode add(x) schreiben, die bei jedem Aufruf ihren Parameter x zu einer Variablen sum addiert. Die folgende Lösung enthält Fehler. Der Leser möge versuchen, sie zu finden.

```
class Program {

    static void add (int x) {
        int sum = 0;
        sum = sum + x;
    }

    public static void main (String[] arg) {
        add(3); add(17); add(5); ...
        Out.println(sum);
    }
}
```

Was stimmt mit diesem Beispiel nicht? Zum einen darf die Methode main nicht auf die Variable sum zugreifen, da sum in add deklariert wurde und daher nur in add sichtbar ist. Zum anderen ist sum eine lokale Variable, die bei jedem Aufruf von add angelegt und am Ende von add wieder freigegeben wird. Der in sum gespeicherte Wert geht also immer wieder verloren. Man müsste das Programm folgendermaßen schreiben, damit es seinen Zweck erfüllt:

```
class Program {

    static int sum = 0;

    static void add (int x) {
        sum = sum + x;
    }

    public static void main (String[] arg) {
        add(3); add(17); add(5); ...
        Out.println(sum);
    }
}
```

sum ist nun eine globale Variable, die über alle Aufrufe von add hinweg existiert und ihren Wert beibehält. Sie ist sowohl in add als auch in main sichtbar und kann daher in beiden Methoden benutzt werden.

Nebeneffekte von Funktionen

Funktionen sollten so implementiert werden, dass sie keine *Nebeneffekte* haben. Sie sollten also lediglich ein Ergebnis berechnen und liefern, aber keine globalen

Variablen verändern oder sonstige Effekte haben, die außerhalb der Funktion sichtbar sind (z.B. Bildschirmausgaben). Folgendes Programm ist also schlecht:

```
static int n = 0;
static int getN() { return n++; }
```

Die Funktion getN() liefert nicht nur den Wert von n, sondern erhöht ihn auch als Nebeneffekt. Unmittelbar aufeinander folgende Aufrufe von getN() liefern also nicht denselben Wert, was dem mathematischen Funktionsbegriff widerspricht. Besser wäre es, das Inkrementieren von n in eine eigene Methode zu verpacken:

```
static int n = 0;
static int getN() { return n; }
static void incN() { n++; }
```

Wann verwendet man lokale, wann globale Variablen?

Wenn immer möglich sollte man Variablen lokal statt global deklarieren. Auf diese Weise kann man in verschiedenen Methoden Variablen mit gleichen Namen verwenden, ohne dass sie sich in die Quere kommen. Man muss sich so bei der Namenswahl weniger Gedanken machen, welche Namen schon belegt sind. Lokale Variablen bewirken außerdem, dass die Deklaration und die Verwendung der Variablen nahe beisammen liegen, was die Lesbarkeit des Programms fördert. Schließlich kann man bei lokalen Variablen sicher sein, dass keine anderen Methoden sie irrtümlich zerstören. Man kann eine Methode also für sich alleine verstehen und verifizieren, ohne auf andere Methoden Rücksicht nehmen zu müssen.

Man braucht sich übrigens keine Sorgen zu machen, dass das Anlegen und Freigeben lokaler Variablen bei jedem Methodenaufruf zu viel Zeit kostet. Es wird vom Compiler sehr effizient gelöst und wird durch die Tatsache mehr als wett gemacht, dass die meisten Rechner auf lokale Variablen effizienter zugreifen können als auf globale.

Global soll eine Variable nur dann sein, wenn sie in mehreren Methoden benutzt wird oder wenn ihr Wert über mehrere Aufrufe einer Methode hinweg erhalten bleiben soll.

6.5 Sichtbarkeitsbereich von Variablen

Der *Sichtbarkeitsbereich* (oder *Gültigkeitsbereich*) einer Variablen ist jenes Programmstück, in dem auf die Variable zugegriffen werden kann. Er erstreckt sich von ihrer Deklaration bis ans Ende jenes Blocks, in dem die Variable deklariert wurde, bei lokalen Variablen also bis zum Ende ihrer Methode, bei globalen Variablen bis zum Ende ihrer Klasse.

Der Sichtbarkeitsbereich globaler Variablen wird jedoch unterbrochen, wenn er Methoden enthält, in denen eine gleichnamige lokale Variable deklariert ist. Die lokale Variable verdeckt dann die globale Variable.

Abb. 6.2 zeigt ein Beispiel dafür. Die Pfeile rechts neben dem Code geben die Sichtbarkeitsbereiche der einzelnen Variablen an. Man sieht, dass das lokale x aus der Methode P das globale x verdeckt. Greift man in einer Anweisung von P auf x zu, so spricht man damit das lokale x an. Greift man außerhalb von P auf x zu, spricht man das globale x an.

Aus dem Beispiel sieht man ferner, dass auch Anweisungsblöcke Deklarationen enthalten dürfen, wie zum Beispiel der Block der while-Schleife. Die dort deklarierten Variablen sind bis zum Ende ihres Blocks sichtbar. Ihre Namen müssen sich jedoch von den lokalen Variablen ihrer Methode unterscheiden.

Globale Variablen und Methodennamen werden in Java sonderbehandelt: Sie sind auch in Methoden sichtbar, die vor ihrer Deklaration liegen. Das erlaubt es zum Beispiel, Methoden an einer Stelle aufzurufen, die vor ihrer Deklaration liegt.

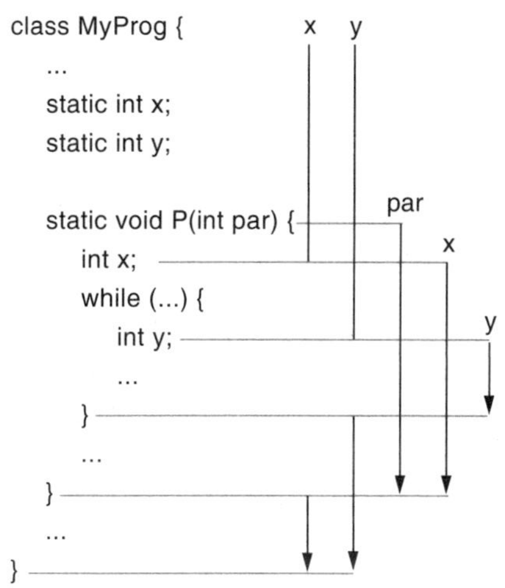

Abb. 6.2 *Sichtbarkeitsbereich von Variablen*

6.6 Lebensdauer von Variablen

Wenn eine Variable an einer Stelle nicht sichtbar ist, heißt das noch lange nicht, dass sie nicht existiert. Sie wird vielleicht nur von einer anderen Variablen verdeckt, wird aber später wieder sichtbar. Die Lebensdauer einer Variablen hängt davon ab, ob sie global oder lokal ist. Globale statische Variablen werden am Programmanfang angelegt und leben bis zum Programmende. Lokale Variablen oder Variablen aus inneren Blöcken werden angelegt, wenn ihr Block betreten wird und freigegeben, wenn ihr Block wieder verlassen wird.

Abb. 6.3 zeigt ein Beispiel für die Lebensdauer von Variablen. Es enthält die Methoden A, B und main mit jeweils lokalen Variablen sowie eine globale Variable g. In Schnappschüssen wird gezeigt, welche Variablen an verschiedenen Stellen des Programms leben und welche sichtbar sind.

```
class Program {

   static int g;

   static void A() {
      int a;
      ... ③ ...
   }

   static void B() {
      int b;
      ② ... A(); ... ④ ... A(); ... ⑤
   }

   public static void main (String[] arg) {
      int m;
      ① ... B(); ... ⑥
   }
}
```

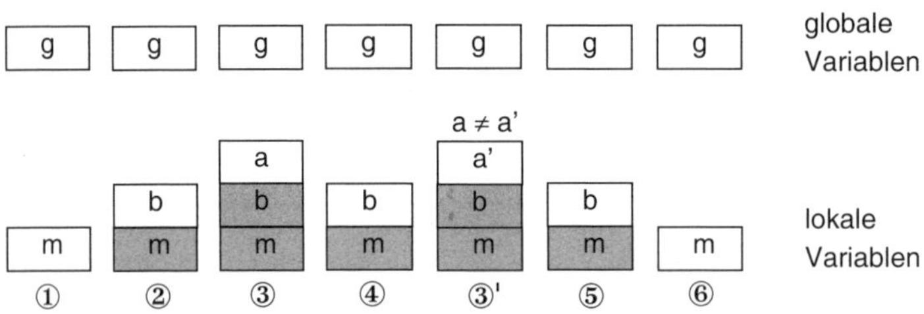

Abb. 6.3 *Lebensdauer und Sichtbarkeit von Variablen (helle Kästchen); die Nummern bedeuten die Schnappschüsse 1–6 laut obigem Programmcode)*

Lokale und globale Variablen werden in verschiedenen Speicherbereichen angelegt. Der Speicherbereich für globale Variablen hat feste Größe, der von lokalen Variablen kann wachsen und schrumpfen, indem bei jedem Methodenaufruf neue Variablen angelegt werden und am Ende der Methode wieder verschwinden. Im Folgenden wird erklärt, wie die Schnappschüsse 1–6 aus Abb. 6.3 zu verstehen sind.

1. Das Programm wurde gestartet. Es wurde Speicherplatz für die globale Variable g reserviert. Diese Variable lebt bis ans Ende des Programms. Es wurde ferner die Methode main aufgerufen. Dabei wurde Speicherplatz für deren lokale Variable m angelegt. Sichtbar sind die Variablen g und m.

2. Beim Aufruf der Methode B wurde deren lokale Variable b angelegt. Es existieren jetzt also die lokalen Variablen b und m sowie die globale Variable g. Die Variable m ist aber zu diesem Zeitpunkt nicht sichtbar, weil sie in main deklariert wurde und sich das Programm momentan in B befindet. Trotzdem existiert sie noch. Sie wird später wieder sichtbar, wenn B nach main zurückkehrt.

3. Beim Aufruf von A wurde deren lokale Variable a angelegt. Es leben jetzt die Variablen a, b, m und g. Sichtbar sind aber nur a und g.

4. A wurde beendet. Dadurch wurde der Speicherplatz ihrer lokalen Variablen a wieder freigegeben. Es leben nur noch die Variablen b, m und g. Sichtbar sind b und g.

3'. Nun wurde A erneut aufgerufen. Dabei wurde wieder Speicher für die lokale Variable a angelegt. Diese Speicherzelle ist aber nicht dieselbe wie beim letzten Aufruf von A. Es handelt sich um eine neue Variable. Der Wert des alten a blieb nicht erhalten.

5. Nach Rückkehr von A leben wieder nur noch b, m und g.

6. Nach Rückkehr von B leben nur noch m und g. Wird nun auch main beendet, verschwindet seine lokale Variable m und am Ende des Programms schließlich auch die globale Variable g.

6.7 Überladen von Methoden

Im Allgemeinen gilt, dass alle in einem Block deklarierten Namen voneinander verschieden sein müssen. Bei Methoden wird aber eine Ausnahme gemacht. Zwei Methoden dürfen den gleichen Namen haben, wenn sie sich in ihren Parameterlisten unterscheiden, das heißt, wenn sie verschiedene Anzahl von Parametern haben oder Parameter von unterschiedlichem Typ. Auf diese Weise ist es zum Beispiel möglich, mehrere Ausgabeprozeduren mit dem Namen print zu schreiben, mit denen man Daten unterschiedlichen Typs ausgeben kann.

```
static void print (int i) {...}
static void print (float f) {...}
static void print (int i, int width) {...}
```

Man sagt, dass der Methodenname print *überladen* ist: Er ist mit mehreren Bedeutungen belegt. Beim Aufruf von print wird diejenige Methode gewählt, die zu den aktuellen Parametern passt. Zum Beispiel:

```
print(100);       // calls print(int i)
print(3.14f);     // calls print(float f)
print(100, 5);    // calls print(int i, int width)
```

Würde man print mit einem Parameter vom Typ short aufrufen, so würde diejenige print-Methode gewählt, deren formaler Parametertyp am nähesten bei short liegt. Dies wäre print(int i). Der short-Parameter würde dann in einen int-Wert konvertiert und an das passende print übergeben werden.

Sie haben vielleicht schon vermutet, dass die in früheren Kapiteln verwendete Ausgabeanweisung Out.print() ebenfalls eine überladene Methode ist. Sie wurde in der Bibliotheksklasse Out definiert, die im Anhang A beschrieben ist, und kann für verschiedene Typen wie int, long oder float verwendet werden.

6.8 Beispiele für Methoden

Wir wollen nun einige Beispiele für Methoden betrachten und daran den Umgang mit ihnen üben. In Kapitel 1 haben wir den euklidischen Algorithmus zur Berechnung des größten gemeinsamen Teilers zweier Zahlen kennen gelernt. Wir formulieren ihn nun als Funktion ggt, welche die beiden Zahlen x und y als Parameter bekommt und ihren größten gemeinsamen Teiler als Funktionswert liefert:

```
static int ggt (int x, int y) {
    int rest = x % y;
    while (rest != 0) {
        x = y; y = rest; rest = x % y;
    }
    return y;
}
```

Die Funktion ggt kann nun in unserem nächsten Beispiel verwendet werden, das eine Bruchzahl kürzt, die durch einen Zähler (z) und einen Nenner (n) gegeben ist. Da wir erst in Kapitel 10.2 lernen werden, wie man Methoden schreibt, die mehr als einen Wert zurückgeben, soll reduce die gekürzte Bruchzahl am Bildschirm ausgeben. Die Methode reduce benutzt die Methode ggt, um den größten gemeinsamen Teiler von Zähler und Nenner herauszufinden. Anschließend braucht sie nur Zähler und Nenner durch diesen Teiler zu dividieren, um die Bruchzahl zu kürzen:

```
static void reduce (int z, int n) {
    int x = ggt(z, n);
    Out.print((z / x) + "/" + (n / x));
}
```

Das nächste Beispiel zeigt eine Methode power zur Berechnung der Exponentialfunktion n^e. Sie berechnet das Ergebnis durch e-malige Multiplikation von n.

```
static long power (int n, int e) {
    long res = 1;
    for (int i = 1; i <= e; i++) res = res * n;
    return res;
}
```

Bei großem e finden auf diese Weise viele Multiplikationen statt. Folgende Methode berechnet daher dasselbe Ergebnis auf effizientere Weise:

```
static long power (int n, int e) {
    long res = 1;
    while (e > 0)
        if (e % 2 == 0) {
            n = n * n; e = e / 2;
        } else {
            res = res * n; e = e - 1;
        }
    return res;
}
```

Diese Methode macht sich die Tatsache zunutze, dass

$$n^{2*e} = (n^2)^e$$

gilt. Wenn also der Exponent durch 2 teilbar ist, können wir die Basis quadrieren und den Exponenten halbieren und kommen zum gleichen Ergebnis. Die Methode ist allerdings schwer zu verstehen. Daher versuchen wir, sie mittels der in Kapitel 4 behandelten Verifikationstechnik zu beweisen. Wir fügen eine Schleifeninvariante und weitere Assertionen ein, die zeigen, dass die Methode das gewünschte Ergebnis liefert.

```
static long power (int n, int e) {
    long res = 1;
    while (e > 0) {
        // result == res * n^e
        if (e % 2 == 0) {
            // result == res * (n^2)^(e/2)
            n = n * n; e = e / 2;
            // result == res * n^e
        } else {
            // result == res * n * n^(e-1)
            res = res * n; e = e - 1;
            // result == res * n^e
        }
    }
    // result == res * n^0
    return res;
}
```

Aus der Schleifeninvariante, die besagt, dass das gewünschte Ergebnis result der Beziehung

```
// result == res * n^e
```

gehorcht, und aus der Negation der Schleifenbedingung (e <= 0 oder besser e == 0) folgt, dass nach der Schleife result == res * n^0 gilt, also result == res. Die übrigen Assertionen ergeben sich nach der in Kapitel 4 gezeigten Umformungstechnik.

6.9 Anwendungsgebiete von Methoden

Warum zerlegt man eigentlich Programme in Methoden? Dafür gibt es viele gute Gründe:

- *Wiederverwendung von Code*
  Als man die ersten Programmiersprachen entwickelte, war der Zweck von Methoden (oder Unterprogrammen, wie sie damals hießen) ausschließlich die Wiederverwendung von Code. Häufig benutzte Programmteile wurden zu Unterprogrammen gemacht und in einer Bibliothek gesammelt, von wo man sie jederzeit aufrufen konnte. Das ist auch heute noch ein wichtiges Motiv für die Verwendung von Methoden. Das Ausgliedern häufig benutzter Anweisungsteile spart Schreibarbeit und macht ein Programm kürzer. Methoden aus einer Bibliothek enthalten meist weniger Fehler als neu geschriebene Methoden. Auf diese Weise fördert Wiederverwendung auch die Korrektheit und Robustheit von Programmen.

- *Definition benutzerspezifischer Operationen*
  Methoden erlauben es, eine Programmiersprache den Bedürfnissen des Programmierers anzupassen. Eine Sprache enthält meist nur eine Hand voll Operatoren wie z.B. +, -, > oder ==. Jeder fehlende Operator kann aber durch eine Methode nachgebildet werden. So können Operationen wie ggt, log2 oder max in Software nachgebaut werden. Man durchbricht damit die Begrenzungen der Sprache und kann sich seinen eigenen Werkzeugkasten zimmern.

- *Strukturierung von Programmen*
  Das vielleicht wichtigste Motiv für Methoden ist die Strukturierung von Programmen. Anstatt ein Programm als unstrukturierte lange Anweisungsfolge zu codieren, bricht man es in kleinere Stücke auf, die logisch zusammengehören und durch einen sprechenden Namen bezeichnet werden. Der Mensch versteht Information am besten in kleinen Häppchen. Eine Methode ist so ein Häppchen, das für sich alleine verstanden werden kann, unabhängig davon, wo es später verwendet wird. Umgekehrt kann man das benutzende Programm verstehen, alleine durch die Namen und Parameter der aufgerufenen Methoden und ohne in deren Implementierung hineinzusehen. Es wäre heute undenkbar, große Programme ohne Methoden und ohne Klassen (die wir in Kapitel 10 behandeln) zu schreiben. Die Komplexität würde einen erdrücken.

Übungsaufgaben

1. *Kubikwurzel einer Zahl.* Schreiben Sie eine Methode root3(x), die die Kubikwurzel der float-Zahl x brechnet. Die Berechnung kann nach folgender Näherungsformel von *Newton* erfolgen:

$$y_i = \frac{2 * y_{i-1} + \frac{x}{y_{i-1}^2}}{3}$$

y_i ist der Näherungswert der Kubikwurzel nach dem i-ten Schritt. Beginnen Sie mit $y_0 = x / 3$. Die Iteration soll so lange fortgesetzt werden, bis sich y_i und y_{i-1} um weniger als 1.0E-5 unterscheiden. Prüfen Sie diese Bedingung mittels Math.abs(y-y1) < 1.0E-5.

2. *Flächenberechnung eines Dreiecks.* Schreiben Sie eine Methode area(a, b, c), die als Parameter die Seitenlängen eines Dreiecks bekommt und daraus die Fäche des Dreiecks nach der Formel von *Heron* berechnet:

$$s = \frac{a + b + c}{2} \qquad area = \sqrt{s\,(s - a)\,(s - b)\,(s - c)}$$

Die Wurzel einer Zahl x kann mittels Math.sqrt(x) berechnet werden.

3. *Konvertieren einer Binärzahl in eine Dezimalzahl.* Lesen Sie eine Folge von Nullen und Einsen und wandeln Sie diese Binärzahl in die entsprechende Dezimalzahl um.

4. *Lebensdauer und Sichtbarkeit von Variablen.* Geben Sie an, welche Variablen an den mit /* i */ gekennzeichneten Stellen im folgenden Programm leben und welche davon sichtbar sind.

```
class Program {
   static int factor = 10;

   static int max (int a, int b) {  /* 3 */
      if (a > b) return a; else return b;
   }

   static int compute (int x) {  /* 2 */
      int y = factor * max(x, 0);
      return y;
   }

   public static void main (String arg[]) {  /* 1 */
      int n = In.readInt();
      Out.println(compute(n));
   }
}
```

5. *Lebensdauer und Sichtbarkeit von Variablen.* Gegeben sei folgendes Programm:

```
class Program {
    static int sum;
    static int nValues;

    static void count (int val) {
        nValues++;
        sum += val;
        /* 1 */
    }

    public static void main (String[] arg) {
        sum = 0;
        nValues = 0;
        for (int i = 1; i <= 10; i++) {
            int x = In.readInt();
            count(x);
        }
        /* 2 */
    }
}
```

   a. Geben Sie für jede der Variablen (sum, nValues, val, arg, i, x) die Lebensdauer an. Das heißt, wann wird Speicherplatz für jede Variable angelegt und wann wird er freigegeben?

   b. Welche Variablen sind an den Programmstellen, die mit /*1*/ und /*2*/ gekennzeichnet sind, sichtbar?

6. Welche der folgenden Aussagen sind richtig? Ein formaler Parameter

   - ❑ darf nur in arithmetischen Formeln verwendet werden,
   - ❑ wird im Methodenkopf deklariert,
   - ❑ hat die Form eines Ausdrucks,
   - ❑ darf seinen Wert nicht verändern.

7 Arrays

In vielen Anwendungen der Informatik arbeitet man nicht mit Einzelwerten, sondern mit Wertefolgen, die man in Tabellen oder Listen anordnet. Ein *Array* ist so eine Tabelle von Werten, die einzeln oder gemeinsam verarbeitet werden können. Das folgende Kapitel behandelt Arrays, wobei wir mit dem einfachsten Fall, den eindimensionalen Arrays, beginnen und uns dann mehrdimensionalen Arrays zuwenden.

7.1 Eindimensionale Arrays

Ein Array ist eine Tabelle gleichartiger Elemente wie zum Beispiel Zahlen, Zeichen oder Zeichenketten (siehe Abb. 7.1). Die Tabelle selbst hat einen Namen (z.B. a), die einzelnen Elemente aber nicht. Sie können nur über eine Nummer (ihren *Index*) angesprochen werden (a[0] spricht z.B. das erste Element an, a[3] das vierte usw.). Die Elemente sind Speicherzellen. Sie verhalten sich also wie namenlose Variablen, in denen Werte abgelegt werden können.

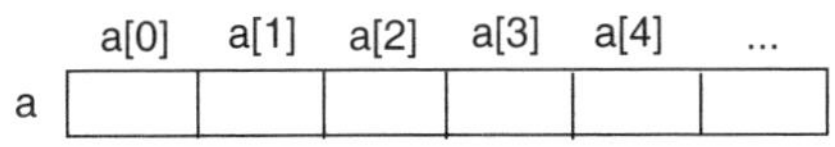

Abb. 7.1 *Ein Array a und seine Elemente*

Deklaration

Arrays werden in Java folgendermaßen deklariert:

```
int[] a;
float[] vector;
```

Die erste Zeile beschreibt ein Array namens a. Seine Elemente sind vom Typ int. Das leere eckige Klammernpaar bedeutet, dass a keine einfache int-Variable ist, sondern ein int-Array. Die Anzahl der Elemente eines Arrays wird in Java bei der Deklaration noch nicht festgelegt. Auch der Speicherplatz für das Array wird bei der Deklaration noch nicht reserviert. Bevor man ein Array benutzt, muss man es daher erzeugen.

Die Elemente eines Arrays können von beliebigem Typ sein. Die zweite Zeile des obigen Beispiels deklariert z.B. ein Array vector, das aus lauter float-Elementen besteht. Alle Elemente eines Arrays haben jedoch den gleichen Typ. Es gibt kein Array, das sowohl aus int- als auch aus float-Elementen besteht. Der Typ des Arrays a ist int[], der Typ der Arrayelemente ist int. Im Gegensatz zu den einfachen Typen int, float usw. nennt man Arraytypen wie int[] und float[] *strukturierte Typen*.

Erzeugung von Arrays

Bevor man ein Array benutzt, muss man es erzeugen. Dabei gibt man die gewünschte Länge des Arrays an. Die Anweisung

```
a = new int[5];
```

erzeugt ein neues Array mit 5 int-Elementen und weist seine Adresse der Variablen a zu. Arrayvariablen enthalten also nicht das Array selbst, sondern nur seine *Adresse* im Speicher. Man sagt, dass a einen *Zeiger* (eine *Referenz*) auf das Array enthält (siehe Abb. 7.2).

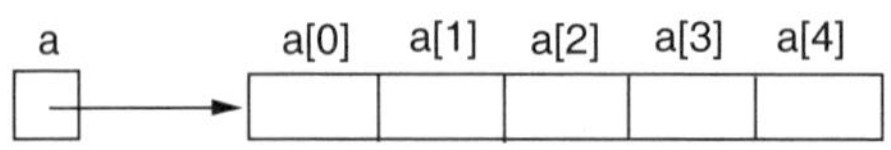

Abb. 7.2 *Eine Arrayvariable enthält einen Zeiger auf ein Array*

Das erzeugte Array hat 5 Elemente, die mit a[0] bis a[4] angesprochen werden können. Die Indizierung beginnt in Java immer bei 0.

Man kann der Variablen a später (einen Zeiger auf) ein neues Array zuweisen, das länger oder kürzer sein kann. Es muss allerdings immer aus Elementen des Typs int bestehen. Die Anweisung

```
a = new int[100];
```

erzeugt zum Beispiel ein Array mit 100 int-Elementen und weist seine Adresse a zu. Die Elemente können wieder mit a[0] bis a[99] angesprochen werden. Die aktuelle Länge des Arrays kann mit

```
a.length
```

abgefragt werden. Sie würde in diesem Fall den Wert 100 liefern, weil das Array a jetzt 100 Elemente hat.

Benutzung von Arrays

Arrayelemente werden über einen *Index* angesprochen, können aber ansonsten wie normale Variablen benutzt werden. Die Indizes können nicht nur Konstanten sein, sondern beliebige Ausdrücke aus Variablen, Konstanten, ja sogar Funktionsaufrufen. Der Typ des Indexausdrucks muss allerdings ganzzahlig sein (long, int, short oder byte). Hier sind einige Beispiele für Arrayzugriffe:

```
a[3] = 0;
a[2*i+1] = a[j];
a[max(i, j)] = 100;
```

Falls man versucht, ein Array zu indizieren, das noch nicht erzeugt wurde, gibt es einen Laufzeitfehler, d.h., das Programm bricht mit einer Fehlermeldung ab. Zur Laufzeit wird auch geprüft, ob der Wert eines Indexausdrucks im erlaubten Bereich liegt. Wenn a mit 5 Elementen angelegt wurde, muss der Wert des Indexausdrucks zwischen 0 und 4 liegen, sonst gibt es eine Fehlermeldung. Durch diese Prüfungen wird verhindert, dass auf Speicherzellen zugegriffen wird, die gar nicht zum Array gehören. a[10] würde über das Array hinausgreifen und irgendeinen anderen Speicherbereich lesen oder gar zerstören. Laufzeitprüfungen helfen also, Programmierfehler zu entdecken.

Im folgenden Beispiel wird eine Schleife benutzt, um die Elemente eines Arrays a (d.h. a[0] bis a[a.length-1]) einzulesen.

```
for (int i=0; i < a.length; i++)
    a[i] = In.readInt();
```

Will man nun die Summe aller Arrayelemente berechnen, kann man das wieder mit einer Schleife tun.

```
int sum = 0;
for (int i=0; i < a.length; i++)
    sum = sum + a[i];
```

Arrayzuweisung

Einer Arrayvariablen dürfen alle Arrays zugewiesen werden, die vom passenden Elementtyp sind. Dem Array

```
int[] a;
```

dürfen also beliebige int-Arrays zugewiesen werden, aber keine float-Arrays. Bei der Zuweisung wird jedoch nicht der *Wert* des Arrays in a gespeichert, sondern nur seine *Adresse*. Mehrere Arrayvariablen können daher auf dasselbe Array zeigen. Das ist für Programmieranfänger oft schwer zu verstehen, weshalb wir uns die Erzeugung und Zuweisung von Arrays nochmals anhand eines Beispiels anschauen. Im Codestück

```
int[] a, b;
a = new int[3];
```

werden zwei Arrayvariablen a und b deklariert, aber nur a zeigt auf ein Array, b ist noch leer. Die Variable b enthält den Wert null. null ist ein vordefinierter Zeigerwert, der so viel bedeutet wie »zeigt nirgendwo hin«. Er darf nicht mit dem int-Wert 0 verwechselt werden.

Elemente eines neu erzeugten Arrays werden in Java automatisch initialisiert. Numerische Elemente bekommen den Wert 0, boolean-Elemente den Wert false. Damit ergibt sich folgendes Bild (das Zeichen —| bedeutet den Wert null):

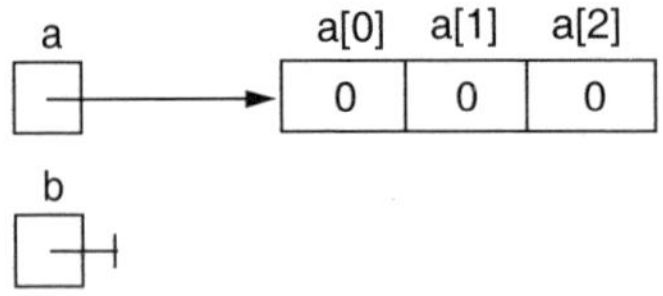

Wir können nun die Zuweisung

```
b = a;
```

durchführen, was erlaubt ist, weil a auf ein int-Array zeigt und b ebenfalls int-Arrays referenzieren kann. Damit ergibt sich folgendes Bild:

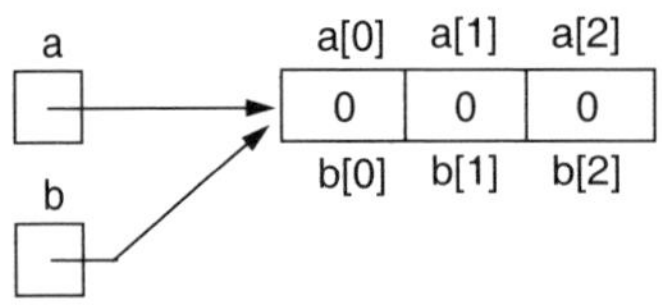

a und b zeigen jetzt auf das gleiche Array. Die Zuweisung ist also eine Zeigerzuweisung. Nur die in a gespeicherte Adresse des Arrays wird b zugewiesen, nicht das Array selbst. Arrayzuweisungen sind in Java immer Zeigerzuweisungen!

Die Elemente des Arrays können jetzt nicht nur als a[0] oder a[2] angesprochen werden, sondern auch als b[0] oder b[2]. Weist man a[0] einen neuen Wert zu, so ändert sich auch der Wert von b[0]. Nach der Zuweisung

a[0] = 17; sieht das Array so aus:

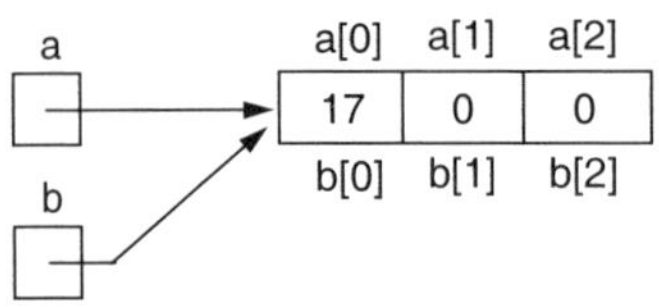

Wenn man a nun ein neues Array zuweist, z.B.

```
a = new int[5];
```

so ergibt sich folgendes Bild:

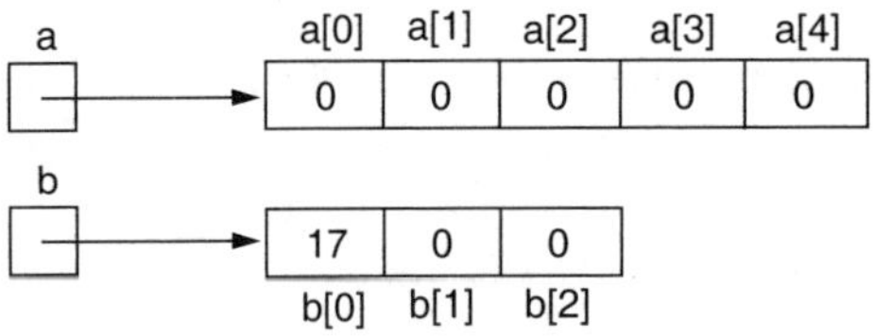

a und b zeigen jetzt wieder auf verschiedene Arrays. Interessant ist auch die Zuweisung

```
b = null;
```

Der Wert null kann jeder Arrayvariablen zugewiesen werden, wenn man will, dass die Variable auf kein Array zeigt. Damit ergibt sich folgendes Bild:

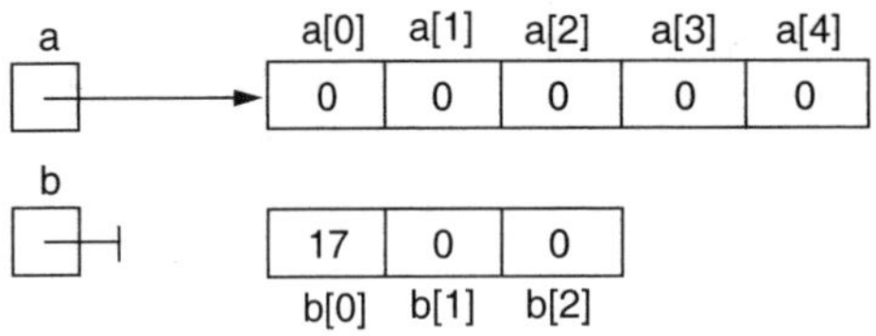

Das Array, auf das b zeigte, hängt nun »in der Luft«. Es wird von keiner Arrayvariablen mehr referenziert, und man kann es nicht mehr ansprechen. Mehr noch: Es gibt in diesem Beispiel keine Möglichkeit, je wieder einen Zeiger auf dieses Array verweisen zu lassen. Also wird es nicht mehr gebraucht und kann weggeworfen werden. Wenn ein Array nicht mehr referenziert wird, sorgt das Java-System automatisch dafür, dass sein Speicherplatz wieder freigegeben wird und für weitere Speicheranforderungen zur Verfügung steht.

Freigabe von Arrayspeicher

Im Gegensatz zu vielen anderen Programmiersprachen wird in Java dynamisch erzeugter Speicherplatz (also Speicherplatz, der mit new angelegt wurde) nicht vom Programmierer freigegeben, sondern vom Java-System. Das Java-System findet selbst heraus, wann ein Array nicht mehr referenziert wird, und gibt seinen Speicherplatz dann frei. Man nennt das *automatische Speicherbereinigung* oder *Garbage Collection*.

Garbage Collection vermeidet unangenehme Programmierfehler. In Sprachen wie *Pascal* oder *C* kommt es immer wieder vor, dass der Programmierer vergisst, Speicherbereiche freizugeben. Sie bleiben dann als »Leichen« zurück und verschwenden Speicherplatz. Schlimmer noch ist es, wenn der Programmierer einen Speicherbereich zu früh freigibt, also zu einem Zeitpunkt, wo noch ein anderer Zeiger darauf verweist. In diesem Fall wird früher oder später über diesen Zeiger ins Leere gegriffen und man zerstört andere Speicherbereiche. In Java sind solche Programmierfehler dank Garbage Collection ausgeschlossen.

Es gibt verschiedene Möglichkeiten, wie ein Array nicht mehr erreichbar werden kann. Wenn a zum Beispiel der einzige Zeiger ist, der auf ein bestimmtes Array zeigt, dann wird dieses Array durch

```
a = b;
```

oder durch

```
a = null;
```

nicht mehr erreichbar. Der Zeiger in a wird hier entweder auf ein anderes Array gesetzt oder bekommt den Wert null. Es gibt aber noch eine dritte Möglichkeit: Wenn a eine lokale Variable ist und die Methode, in der sie deklariert wurde, beendet wird, so hört a auf zu leben. War a der einzige Zeiger auf das Array, dann verschwindet mit ihm auch das Array. Wird das Array aber zum Beispiel noch von einer globalen Variablen aus referenziert, bleibt es erhalten. Arrays werden nicht wie lokale Variablen automatisch am Ende einer Methode freigegeben, sondern erst dann, wenn kein Zeiger mehr auf sie verweist.

Initialisieren von Arrays

Ein Array kann bereits bei seiner Deklaration erzeugt und initialisiert werden. Die Deklaration

```
int[] primes = {2, 3, 5, 7, 11};
```

erzeugt ein neues int-Array mit 5 Elementen und initialisiert diese mit den in geschweiften Klammern angegebenen Werten. Die Deklaration ist identisch zu folgendem Programmstück:

```
int[] primes;
primes = new int[5];
primes[0] = 2;
primes[1] = 3;
primes[2] = 5;
primes[3] = 7;
primes[4] = 11;
```

Ein Array kann nicht nur bei seiner Deklaration, sondern auch bei seiner Erzeugung initialisiert werden. Dies wird wie folgt geschrieben:

```
primes = new int[] {2, 3, 5, 7, 11};
```

Beispiel: Sequenzielles Suchen eines Elements in einem Array

Arrays sind eine häufig benutzte Datenstruktur, die sich zur Lösung vieler Probleme einsetzen lässt. Wir wollen im Folgenden einige bekannte Algorithmen betrachten, die auf Arrays basieren.

Eine häufige Aufgabe ist das Suchen eines Wertes in einem Array. Nehmen wir an, wir haben eine Menge von Zahlen, die in einem Array der Länge 100 abgelegt sind. Wir wollen eine Funktion schreiben, die feststellt, ob eine bestimmte Zahl x in diesem Array enthalten ist, und wenn ja, an welcher Position. Wenn x z.B. an der Stelle 17 vorkommt, soll unsere Funktion den Wert 17 liefern. Wenn x nicht im Array vorkommt, soll die Funktion den Wert -1 liefern (siehe Abb. 7.3).

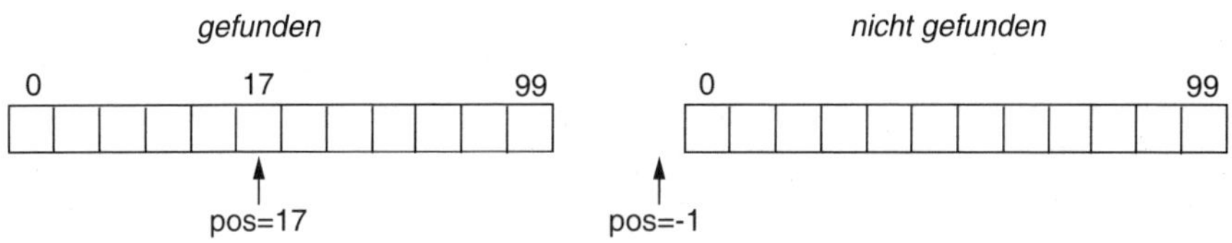

Abb. 7.3 *Gewünschtes Ergebnis der Suchfunktion*

Unsere Suchfunktion durchläuft alle Positionen des Arrays mit einer Laufvariablen pos. An jeder Stelle wird geprüft, ob a[pos] == x ist. Wenn pos das Array von hinten nach vorne durchläuft, so ist sein Wert automatisch -1, falls das gesuchte Element nicht im Array ist.

Die Formulierung der Suchschleife ist hier nicht ganz trivial. Wie soll die Schleifenbedingung lauten? Wann muss die Schleife abbrechen? Wir sehen uns nun an, wie man Assertionen verwenden kann, um damit automatisch die richtige Schleifenbedingung herzuleiten. Am Ende unserer Suchschleife muss gelten

```
pos == -1 || a[pos] == x
```

Das heißt, entweder wurde x nicht gefunden (dann ist pos == -1) oder pos zeigt auf die Stelle, an der x im Array vorkommt (a[pos] == x). Durch Negation dieser Assertion ergibt sich automatisch die Schleifenbedingung

```
pos != -1 && a[pos] != x
```

Die endgültige Funktion lautet:

```
static int search (int[] a, int x) {
    int pos = a.length - 1;
    while (pos >= 0 && a[pos] != x) pos--;
    // pos == -1 || a[pos] == x
    return pos;
}
```

Wir sehen an diesem Beispiel, dass Assertionen nicht nur theoretischen Wert haben, sondern uns helfen können, Algorithmen oder Programme zu formulieren.

Wenn wir die Funktion search aufrufen, übergeben wir ein Array sowie das zu suchende Element. Bei der Übergabe des Arrays findet wieder nur eine Zeigerzuweisung statt, nicht eine Zuweisung der Arrayelemente. Würde man in search also Elemente von a verändern, würde man das Original des Arrays ändern, keine Kopie.

Beispiel: Binäres Suchen eines Elements x in einem Array

Die obige Suchfunktion ist zwar korrekt, aber nicht besonders effizient. Wenn man Pech hat, muss man fast das gesamte Array durchlaufen, bis man das gesuchte Element findet. Falls das gesuchte Element nicht im Array ist, muss man sogar immer das gesamte Array durchlaufen. Das kann bei langen Arrays (z.B. mit 10000 Elementen) viel Zeit kosten. Man hat daher effizientere Suchverfahren entwickelt, zum Beispiel das *binäre Suchen*.

Das binäre Suchen geht davon aus, dass das Array, in dem gesucht wird, sortiert ist. Angenommen, wir suchen das Element 13 in folgendem Array.

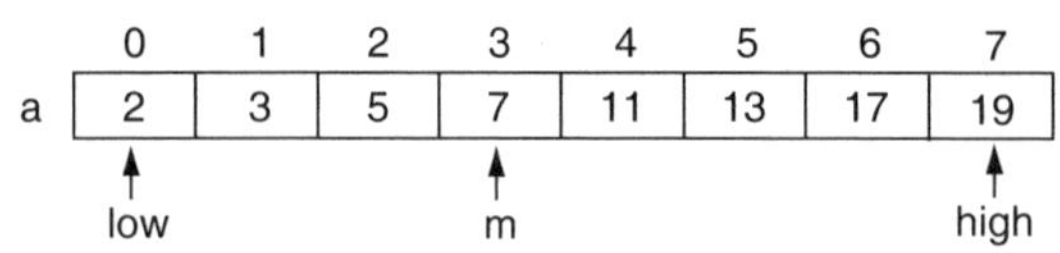

Aufgrund der Sortierung müssen wir das Array nicht von vorne beginnend durchsuchen, sondern können auf einfache Weise feststellen, ob sich das gesuchte Element in der unteren oder in der oberen Hälfte des Arrays befindet. Wir sehen uns dazu das mittlere Element an (a[(high+low)/2]). Es hat in unserem Beispiel den Wert 7. Das gesuchte Element 13 ist größer als 7, also muss es in der oberen Hälfte des Arrays liegen. Wir haben mit einer einzigen Abfrage den Suchraum halbiert!

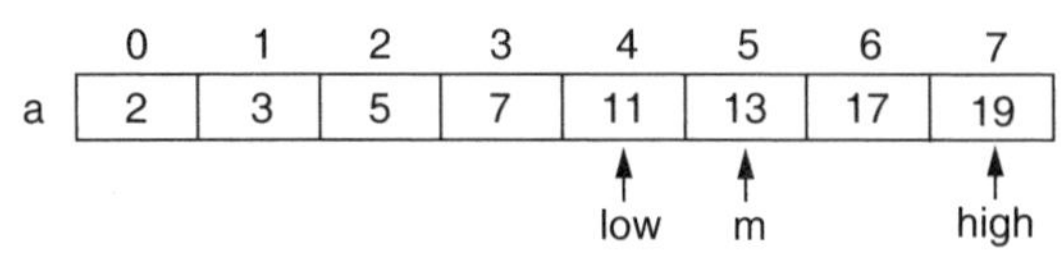

Wir können dieses Verfahren nun erneut auf die obere Hälfte des Arrays anwenden und erhalten a[(low+high)/2] == a[(4+7)/2] == a[5] == 13. In diesem Fall haben wir Glück und haben das gesuchte Element schon gefunden. Andernfalls hätten wir wieder in der unteren oder oberen Hälfte weitersuchen müssen.

Wir formulieren dieses Verfahren nun durch eine Funktion binSearch(a, x), die die Position des Elements x im Array a liefert oder -1, falls x nicht in a vorkommt.

```
static int binSearch (int[] a, int val) {
   int low = 0;
   int high = a.length-1;
   while (low <= high) {
      int m = (low + high) / 2;
      if (a[m] == val) return m;
      else if (val > a[m]) low = m + 1;
      else /*val < a[m]*/ high = m - 1;
   }
   return -1;
}
```

Durch ständige Halbierung des Suchraums nähert sich dieses Verfahren sehr rasch der Stelle, wo das gesuchte Element zu finden sein müsste. Die Anzahl der Schleifendurchläufe (und damit der Suchschritte) entspricht dem Zweierlogarithmus der Arraylänge. Ist das Array 16 Elemente lang, brauchen wir höchstens 4 Suchschritte; ist es 1024 Elemente lang, brauchen wir höchstens 10 Suchschritte (anstatt 1024 Suchschritte, wenn wir sequenziell gesucht hätten). Besonders für große Datenmengen ist das binäre Suchen daher ein sehr effizientes Verfahren.

Beispiel: Primzahlenberechnung mit dem Sieb des Erathostenes

Zur Berechnung aller Primzahlen bis zu einer Obergrenze n gibt es ein raffiniertes Verfahren, das vom griechischen Mathematiker *Erathostenes* (284–202 v. Chr.) stammt. Es wird das *Sieb des Erathostenes* genannt und basiert auf der Idee, dass die Vielfachen einer Primzahl mit Sicherheit keine Primzahlen sind. Wenn wir zum Beispiel wissen, dass 3 eine Primzahl ist, können wir alle Vielfachen von 3 aus der Menge der Primzahlenkandidaten eliminieren. Zu Beginn sind die Primzahlenkandidaten die Menge der natürlichen Zahlen größer als 1:

2, 3, 4, 5, 6, 7, 8, 9, 10, 11, 12, 13, 14, 15, 16, 17, 18, 19, ...

Die kleinste Zahl dieser Menge (hier 2) ist eine Primzahl. Wir eliminieren sie und alle ihre Vielfachen (d.h., wir »schütteln« die Zahlenmenge, so dass die Vielfachen von 2 wie durch ein Sieb herausfallen) und erhalten

3, 5, 7, 9, 11, 13, 15, 17, 19, ...

Die kleinste Zahl der verbleibenden Menge (hier 3) ist die nächste Primzahl. Wir eliminieren sie wieder samt ihren Vielfachen und erhalten

5, 7, 11, 13, 17, 19, ...

Die nächste Primzahl ist 5, und so geht das Verfahren weiter, bis wir die gewünschte Obergrenze n erreicht haben.

Wie können wir dieses Verfahren implementieren? Wir können die Zahlenmenge durch ein Array der Länge n bestehend aus boolean-Elementen darstellen. Das Element a[i] ist true, wenn i in der Zahlenmenge enthalten ist und false wenn i nicht enthalten ist. Anfangs sind alle Elemente true (die Elemente 0 und 1 werden ignoriert):

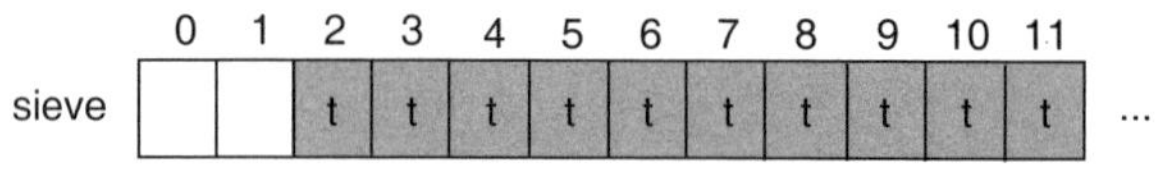

Das Element mit dem kleinsten i > 1, für das gilt sieve[i] == true, ist die nächste Primzahl. Wenn wir dieses Element und die Elemente aller Vielfachen von i auf false setzen, erhalten wir:

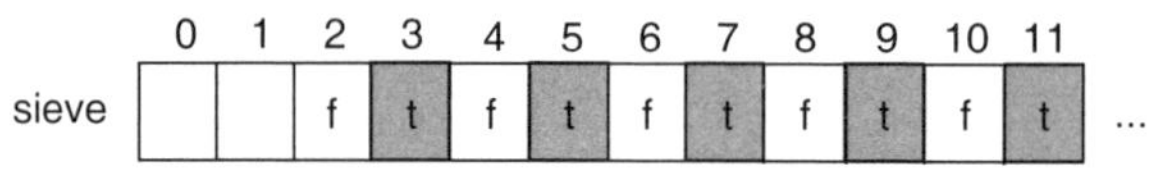

Das Element mit dem kleinsten i > 1, für das gilt sieve[i] == true, ist nun 3. Das ist die nächste Primzahl. Die folgende Prozedur printPrimes(max) gibt mit Hilfe dieses Verfahrens alle Primzahlen aus, die kleiner oder gleich max sind.

```
static void printPrimes (int max) {
    boolean[] sieve = new boolean[max+1];
    int i, j;
    for (i=2; i<=max; i++) sieve[i] = true;
    i = 2;
    while (i <= max) {
        Out.println(i + " "); // i is prime
        for (j = i; j <= max; j = j+i) sieve[j] = false;
        while (i <= max && !sieve[i]) i++;
        // i > max || sieve[i] == true
    }
}
```

Beachten Sie die Abfrage !sieve[i] in der inneren while-Schleife. Da die Elemente vom Typ boolean sind, können wir ihren Wert direkt in der Abfrage verwenden. Statt sieve[i] == false können wir also einfach schreiben !sieve[i], was effizienter ist.

Beispiel: Monatstage berechnen

In Kapitel 3 haben wir eine switch-Anweisung benutzt, um die Anzahl der Tage eines gegebenen Monats month zu berechnen:

```
switch (month) {
    case 1: case 3: ... days = 31; break;
    case 4: case 6: ... days = 30; break;
    case 2: days = 28
}
```

Mit Hilfe eines Arrays, das die Anzahl der Tage für alle 12 Monate enthält, können wir diese Berechnung viel effizienter durchführen:

```
int[] dayTab = {0, 31, 28, 31, 30, 31, 30, 31, 31, 30, 31, 30, 31};
int days = dayTab[month];
```

Statt durch eine Abfrage ermitteln wir die Anzahl der Tage durch einen Arrayzugriff, was schneller geht und weniger Code benötigt. Das Beispiel zeigt auch die Initialisierung des Arrays. Da der erste Monat Januar den Index 1 hat, muss dayTab[0] einen leeren Platzhalter enthalten.

7.2 Mehrdimensionale Arrays

Ein Array ist eine Tabelle von Werten. Wenn die Arrayelemente wiederum Arrays sind, erhalten wir eine zweidimensionale Tabelle, also eine *Matrix* (siehe Abb. 7.4). Die Matrix ist ein Array aus Zeilen, jede Zeile ist wiederum ein Array aus Spalten.

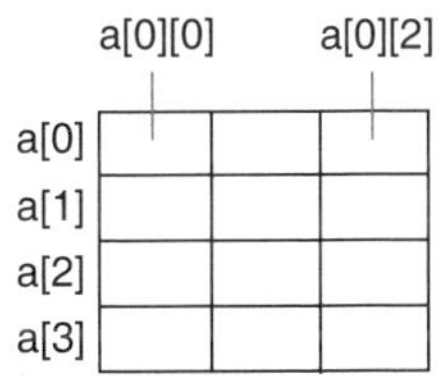

Abb. 7.4 *Mehrdimensionale Arrays*

Da Arrayvariablen Zeiger sind, wird diese Matrix im Speicher wie in Abb. 7.5 gezeigt dargestellt, aber das müssen wir bei der Programmierung nicht beachten. Wir können so tun, als ob die Elemente der Matrix dicht beisammen liegen.

Natürlich können wir auch drei- oder vierdimensionale Arrays anlegen, obwohl das selten benötigt wird. Abb. 7.5 lässt vielleicht auch die Frage aufkommen, ob die Zeilen einer Matrix unterschiedlich lang sein können. In Java ist das erlaubt. Es ist allerdings selten sinnvoll und wir raten davon ab.

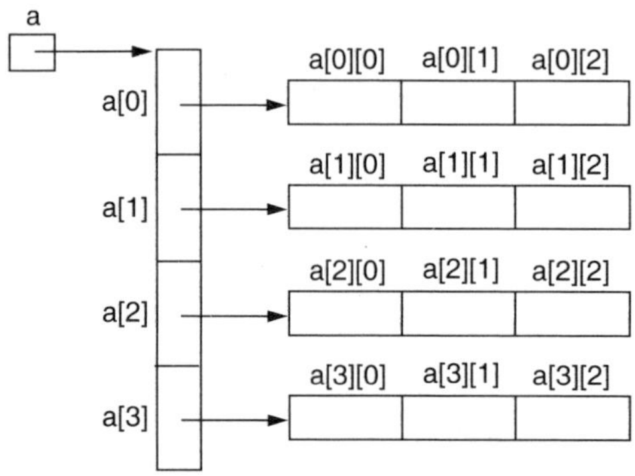

Abb. 7.5 *Eine Matrix als zweidimensionales Array*

Deklaration und Benutzung

Ein zweidimensionales int-Array a wird folgendermaßen deklariert:

```
int[][] a;
```

Die zwei Klammernpaare geben an, dass das Array zwei Dimensionen hat. Wie bei eindimensionalen Arrays wird die Länge der Dimensionen bei der Deklaration noch nicht angegeben. Bevor wir das Array benutzen können, müssen wir es erzeugen. Die folgende Zuweisung

```
a = new int[4][3];
```

erzeugt ein Array mit 4 Zeilen und 3 Spalten und weist seine Adresse der Arrayvariablen a zu. Wollen wir auf das Element in Zeile i und Spalte j zugreifen, schreiben wir

```
int x = a[i][j];
```

Der Teil a[i] wählt die i-te Zeile aus, und davon wird anschließend die j-te Spalte genommen. Abb. 7.6 zeigt das nochmals grafisch.

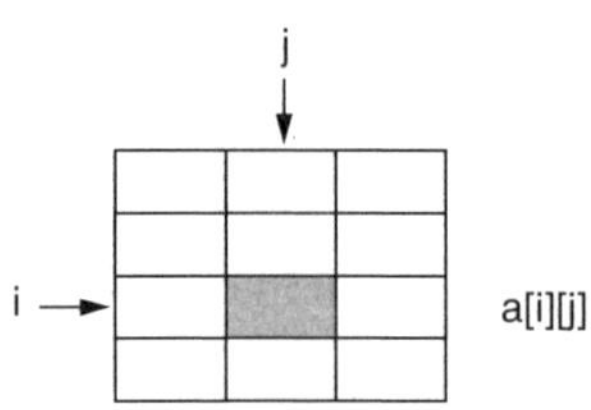

Abb. 7.6 *Zugriff auf das Element a[i][j]*

Die Länge des Arrays können wir wieder mittels length abfragen. Dabei müssen wir allerdings unterscheiden, ob wir die Anzahl der Zeilen oder die Anzahl der Spalten haben wollen. Da a ein Array von Zeilen ist, liefert

```
a.length
```

die Anzahl der Zeilen, im obigen Beispiel also 4. Wollen wir die Anzahl der Spalten wissen, müssen wir schreiben

```
a[0].length
```

Dies berechnet die Länge der Zeile a[0].

Auch mehrdimensionale Arrays können bei ihrer Deklaration initialisiert werden. Das Programmstück

```
int[][] a = { {1, 2, 3}, {4, 5, 6}, {7, 8, 9}, {10, 11, 12} };
```

legt ein Array aus vier Zeilen und drei Spalten an und initialisiert es mit den angegebenen Werten. Jede Zeile wird dabei durch eine Zahlenfolge in geschweiften Klammern beschrieben. Das gesamte Array besteht aus vier solchen Zahlenfolgen, also aus vier Zeilen (siehe Abb. 7.7).

1	2	3
4	5	6
7	8	9
10	11	12

Abb. 7.7 *Initialisiertes Array aus vier Zeilen und drei Spalten*

Natürlich kann man der Variablen a später ein neues Array zuweisen, zum Beispiel eines, das zwei Zeilen und sieben Spalten besitzt.

Beispiel: Matrixmultiplikation

Als Beispiel für die Verwendung mehrdimensionaler Arrays schreiben wir nun eine Funktion c = matMult(a, b), die zwei Matrizen a und b multipliziert und als Ergebnis wieder eine Matrix zurückliefert, die hier in c gespeichert wird. Dazu rufen wir uns in Erinnerung, wie die Matrixmultiplikation funktioniert. Das Element c[0, 0] der Ergebnismatrix ist das Skalarprodukt der Zeile 0 von a und der Spalte 0 von b, also

```
a[0][0] * b[0][0] + a[0][1] * b[1][0] + a[0][2] * b[2][0]
```

Die Anzahl der Spalten von a muss also gleich sein wie die Anzahl der Zeilen von b, was aus Abb. 7.8 hervorgeht.

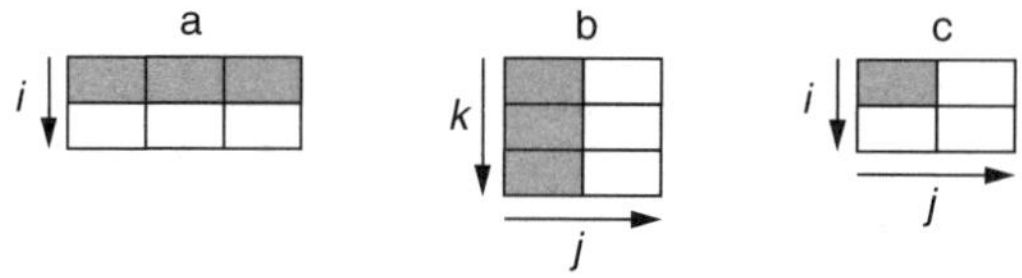

Abb. 7.8 *Matrixmultiplikation: c[0][0] ergibt sich aus Zeile 0 von a mal Spalte 0 von b*

Die Funktion matMult läuft mit einem Index i über alle Zeilen von a und mit einem Index j über alle Spalten von b. Die Elemente der ausgewählten Zeile und Spalte werden mit einem dritten Index k verarbeitet. Die Elemente der Matrizen sind hier vom Typ float, könnten aber natürlich auch vom Typ int oder long sein.

```
static float[][] matMult (float[][] a, float[][] b) {
    float[][] c = new float[a.length][b[0].length];
    int i, j, k;
    for (i = 0; i < a.length; i++)   // for all rows of a
        for (j = 0; j < b[0].length; j++) {   // for all columns of b
            float sum = 0;
            for (k = 0; k < b.length; k++) sum = sum + a[i][k] * b[k][j];
            c[i][j] = sum;
        }
    return c;
}
```

Die Funktion gibt wieder eine Matrix zurück; ihr Rückgabetyp ist also float[][]; Die Ergebnismatrix c wird gleich mit den richtigen Abmessungen angelegt. Sie hat genauso viele Zeilen wie a (a.length) und genauso viele Spalten wie b (b[0].length). Die beiden äußeren Schleifen laufen mit i über alle Zeilen von a und mit j über alle Spalten von b. Die innerste Schleife bildet das Skalarprodukt der ausgewählten Zeile und Spalte. Das Skalarprodukt wird in der Hilfsvariablen sum gebildet und anschließend dem entsprechenden Element von c zugewiesen. Der Leser möge die Funktion mit konkreten Eingabewerten durchsimulieren und sich so ihre Arbeitsweise veranschaulichen.

7.3 Iterator-Form der for-Anweisung

Um ein Array zu durchlaufen, kann man die in Kapitel 4.4 beschriebene for-Anweisung (Zählschleife) verwenden, z.B.:

```
int[] primes = {2, 3, 5, 7, 11, 13, 17, 19};
for (int i = 0; i < primes.length; i++) Out.println(primes[i]);
```

Seit Java 5 gibt es aber auch noch eine zweite Form der for-Anweisung (die Iterator-Form), mit der sich diese Aufgabe noch einfacher erledigen lässt. Die Iterator-Form der for-Anweisung wird wie folgt geschrieben:

```
for (int p: primes) Out.println(p);
```

Der Schleifenrumpf wird hier für jedes Element des Arrays primes ausgeführt, wobei p in jedem Durchlauf den Wert des jeweils nächsten Arrayelements annimmt. Der Typ von p muss natürlich dem Elementtyp des Arrays entsprechen. Man sollte die Schleife wie folgt lesen:

```
for (each integer p in primes) Out.println(p); // Pseudocode; kein gültiges Java
```

Die Schleife ist also äquivalent zu folgendem Pseudocodestück:

```
while (primes has still unprocessed elements) {
    int p = next element of primes;
    Out.println(p);
}
```

Die Java-Bibliothek definiert *Collection-Klassen* für diverse Sammlungen von Elementen (siehe Kapitel 21.1). So gibt es zum Beispiel die Klasse ArrayList zur Verwaltung von Listen oder die Klasse HashMap zur Verwaltung von Schlüssel-Wert-Paaren. Mit der Iterator-Form der for-Anweisung lassen sich solche Collections ebenfalls bequem durchlaufen (siehe Kapitel 21.1).

7.4 Methoden mit variabler Parameteranzahl

Methoden haben normalerweise eine feste Anzahl von Parametern. Manchmal benötigt man aber beliebig viele Parameter eines bestimmten Typs. Stellen Sie sich zum Beispiel eine Methode sum() vor, der man beliebig viele Zahlen als Parameter übergeben möchte und die die Summe dieser Zahlen liefern soll. Das lässt sich mit Hilfe eines Arrays wie folgt implementieren:

```
static int sum(int[] values) {
    int result = 0;
    for (int i = 0; i < values.length; i++) result = result + values[i];
    return result;
}
```

Beim Aufruf dieser Methode übergibt man ein Zahlenarray, das man direkt an der Aufrufstelle erzeugen kann:

```
int res = sum(new int[] {1, 2, 3, 4, 5});
```

Wie man sieht, kann man auf diese Weise Arrays mit beliebig vielen Zahlen übergeben. Seit Java 5 gibt es aber noch eine zweite Lösung dieses Problems, die man *varargs*-Parameter (*variable number of arguments*) nennt. Bei der Deklaration der Methode gibt man als Parametertyp statt eines Arrays den Typ der übergebenen Werte gefolgt von drei Punkten an, z.B. int..., was der Compiler als int[] betrachtet:

```
static int sum2(int... values) {
    int result = 0;
    for (int i = 0; i < values.length; i++) result = result + values[i];
    return result;
}
```

Beim Aufruf dieser Methode muss man nun kein Array mehr bilden, sondern kann einfach eine Folge von Werten angeben:

```
int res = sum2(1, 2, 3, 4, 5);
```

Der Compiler erzeugt aus der Folge der Werte automatisch ein Array und übergibt es an den formalen varargs-Parameter. Ein varargs-Parameter muss übrigens immer der letzte Parameter der Parameterliste sein.

Übungsaufgaben

1. *Array invertieren.* Schreiben Sie eine Methode invert(a), die die Reihenfolge der Elemente eines Arrays a umkehrt.

2. *Matrixmanipulation.* Schreiben Sie ein Programm, das eine Zahl n sowie eine n x n-Matrix aus ganzen Zahlen einliest, feststellt, ob die Matrix symmetrisch ist und sie in diesem Fall in eine obere Dreiecksmatrix transformiert, indem die Elemente unterhalb der Hauptdiagonale gelöscht werden.

3. *Diagonalsummen.* Gegeben ist eine quadratische untere Dreiecksmatrix aus Zahlen, die z.B. folgendermaßen aussehen kann:

   ```
   2 0 0 0
   7 8 0 0
   6 5 6 0
   3 1 7 5
   ```

   Schreiben Sie eine Methode

   ```
   int[] getDiagonals (int[][] m) {...}
   ```

   die aus der gegebenen Matrix m die Summen der Diagonalen im gefüllten Bereich der Dreiecksmatrix berechnet und als Funktionswert zurückliefert. Für obige Matrix soll das zurückgegebene Array z.B. folgende Werte enthalten:

   ```
   21 19 7 3
   ```

4. *Matrixtransponation.* Schreiben Sie eine Methode transpose(a), die eine quadratische Matrix a transponiert, d.h. an ihrer Hauptdiagonale spiegelt.

5. *Summe von Teilfolgen.* Schreiben Sie ein Programm, das eine Folge positiver und negativer ganzer Zahlen liest und darin die Teilfolge mit der größten Summe findet. Geben Sie die Anfangsposition und die Länge der Teilfolge aus.

6. *Magisches Quadrat.* Ein magisches Quadrat ist eine quadratische Matrix, für die die Summe jeder Zeile, jeder Spalte und der beiden Diagonalen denselben Wert ergibt. Lesen Sie eine Zahl n sowie eine n x n-Matrix ein und stellen Sie fest, ob es sich bei ihr um ein magisches Quadrat handelt.

7. *Fehlerstreuung.* Auf Musik-CDs wird folgendes Verfahren verwendet, um die Auswirkungen von Fehlern gering zu halten: Der Bytestrom wird zeilenweise in eine n x n-Matrix eingefüllt und spaltenweise wieder ausgelesen. Dadurch werden fehlerhafte Bytefolgen aufgebrochen. Schreiben Sie ein Programm, das eine Folge von Zahlen des Typs byte liest und sie nach dem oben beschriebenen Verfahren transformiert und wieder ausgibt. Am Ende des Bytestroms soll der Rest der Matrix mit Nullen gefüllt werden. Zerlegen Sie Ihr Programm in sinnvolle Methoden.

8. *Spiel des Lebens.* Das Spiel des Lebens (Game of Life) wurde vom Mathematiker *Conway* erfunden und basiert auf folgender Idee: Die Spielwelt besteht aus einer Matrix von Zellen, die entweder leben können oder tot sind. Jede Zelle hat 8 Nachbarn. Randzellen haben die Zellen des gegenüberliegenden Randes als Nachbarn. Aus der momentanen Zellenpopulation kann man die Population in der nächsten Generation durch folgende Regeln berechnen:

   - Hat eine tote Zelle genau 3 lebende Nachbarn, erwacht sie zum Leben.
   - Hat eine lebende Zelle 2 oder 3 lebende Nachbarn, bleibt sie am Leben.
   - Alle anderen lebenden Zellen sterben.

   Schreiben Sie ein Programm, das eine Zahl n sowie eine n x n-Matrix cell aus Nullen und Einsen liest. Die Matrix verkörpert die Initialpopulation: Eine Eins bedeutet eine lebende Zelle, eine Null eine tote Zelle. Implementieren Sie eine Methode

   ```
   boolean[][] nextGeneration(boolean[][] cell) {...}
   ```

   die aus einer gegebenen Population cell die nächste Generation berechnet. Ihr Programm soll nacheinander beliebig viele Generationen erzeugen und am Bildschirm ausgeben können.

9. *Lösung eines linearen Gleichungssystems.* Schreiben Sie ein Programm zum Lösen eines linearen Gleichungssystems mit n Unbekannten:

$$
\begin{array}{lllll}
a_{0,0}\,x_0 & + a_{0,1}\,x_1 & + \ldots & + a_{0,n-1}\,x_{n-1} & = a_{0,n} \\
a_{1,0}\,x_0 & + a_{1,1}\,x_1 & + \ldots & + a_{1,n-1}\,x_{n-1} & = a_{1,n} \\
\ldots & & & & \\
a_{n-1,0}\,x_0 & + a_{n-1,1}\,x_1 & + \ldots & + a_{n-1,n-1}\,x_{n-1} & = a_{n-1,n}
\end{array}
$$

Lesen Sie die Zahl n sowie die Koeffizienten $a_{0,0}$ .. $a_{n-1,n}$ von einer Datei ein und berechnen Sie den Lösungsvektor x_0 .. x_{n-1} nach dem *gaußschen Eliminationsverfahren*. Wählen Sie die Koeffizienten so, dass eine Lösung möglich ist. Versuchen Sie, Ihr Programm in sinnvolle Methoden zu zerlegen.

10. *Auswahlsortieren.* Um ein Array a der Länge n aufsteigend zu sortieren, kann man wie folgt vorgehen: Für alle Werte von i = 0 .. n - 2 sucht man das kleinste Element im Bereich a[i] bis a[n-1] und vertauscht es mit a[i]. Schreiben Sie eine Methode sort(a), die das Array a nach diesem Verfahren sortiert.

11. *Austauschsortieren (Bubble Sort).* Um ein Array a aufsteigend zu sortieren, kann man wie folgt vorgehen: Wenn zwei benachbarte Elemente in der falschen Sortierreihenfolge stehen, vertauscht man sie. Wenn im gesamten Array keine Vertauschungen mehr möglich sind, ist das Array sortiert. Schreiben Sie eine Methode sort(a), die das Array a nach diesem Verfahren sortiert.

12. *Assertionen.* Welche Assertionen gelten an den mit /* ? */ bezeichneten Stellen?

```
while (i < n && a[i] < val)
    i++;
/* ? */
```

```
// i == 0 || a[i] == val
if (i != 0) /* ? */ ...
```

```
while (i > 10 && i < 100 && i != 50)
    i = In.readInt();
/* ? */
```

```
// i == 0 && a[i] == val
if (i != 0) /* ? */ ...
```

13. *Iterator-Form der for-Anweisung.* Schreiben Sie eine Methode

```
int negativeValues(int[] a) {...}
```

die die Iterator-Form der for-Anweisung benutzt, um die Anzahl der negativen Elemente im Array a zu berechnen und als Funktionswert zurückzugeben.

14. *Iterator-Form der for-Anweisung.* Schreiben Sie eine Methode

```
int sum(int[][] a) {...}
```

die die Iterator-Form der for-Anweisung benutzt, um die Elemente des zweidimensionalen Arrays a aufzuaddieren und als Funktionswert zurückzugeben.

15. *Variable Anzahl von Parametern.* Schreiben Sie eine Methode, die das Maximum einer beliebig langen Folge von int-Parametern berechnet und als Funktionswert zurückgibt.

16. *Variable Anzahl von Parametern.* Schreiben Sie eine Methode poly, die ein Polynom beliebigen Grades berechnet (z.B. soll poly(x, c2, c1, c0) das Polynom $c2*x^2 + c1*x + c0 = 0$ berechnen). Die Anzahl der Koeffizienten ci soll variabel sein und den Grad des Polynoms bestimmen.

8 Zeichen

Ähnlich wie Zahlen sind Zeichen Daten von einem besonderen Typ. Sie kommen in der Textverarbeitung vor, zum Beispiel bei der Behandlung von Namen, Zeichenketten oder Texten in einem Editor. Wie bei Zahlen unterscheidet man auch bei Zeichen zwischen Konstanten und Variablen.

8.1 Zeichenkonstanten und Zeichencodes

Zeichenkonstanten werden in Java zwischen einfache Hochkommas gestellt, zum Beispiel:

```
'a', 'A', '?', ...
```

Im Rechner werden Zeichen durch Zahlen codiert, die nach verschiedenen Standards wie *ASCII* oder *Unicode* definiert sind.

ASCII

Einer der gebräuchlichsten Zeichencodes ist *ASCII* (American Standard Code of Information Interchange). ASCII definiert 128 Zeichen (siehe Tab. 8.1).

Jedes Zeichen wird durch ein Byte dargestellt. Das Zeichen `'A'` hat zum Beispiel den Hexadezimalwert `0x41` (dezimal 65). Nicht alle Zeichen sind *druckbar*, das heißt, nicht alle haben eine am Bildschirm sichtbare Darstellung. Die Zeichen 0 bis 31 und das Zeichen mit der Nummer 127 sind nicht druckbar. Sie sind Steuerzeichen, die dazu dienen, die Ausgabe anderer Zeichen auf den Bildschirm, den Drucker oder über Datenleitungen zu steuern. Einige der wichtigsten ASCII-Steuerzeichen sind:

CR	carriage return	beendet Textzeilen (»Wagenrücklauf« aus der Zeit der Schreibmaschinen)
LF	line feed	beginnt eine neue Textzeile (folgt unter Windows immer auf CR)
FF	form feed	bcginnt cinc ncuc Scitc
HT	horizontal tabulator	Tabulatorsprung

Tab. 8.1 *ASCII-Zeichen*

	00	10	20	30	40	50	60	70
0	NUL	DLE	space	0	@	P	`	p
1	SOH	DC1	!	1	A	Q	a	q
2	STX	DC2	"	2	B	R	b	r
3	ETX	DC3	#	3	C	S	c	s
4	EOT	DC4	$	4	D	T	d	t
5	ENQ	NAK	%	5	E	U	e	u
6	ACK	SYN	&	6	F	V	f	v
7	BEL	ETB	'	7	G	W	g	w
8	BS	CAN	(	8	H	X	h	x
9	HT	EM	)	9	I	Y	i	y
A	LF	SUB	*	:	J	Z	j	z
B	VT	ESC	+	;	K	[	k	{
C	FF	FS	,	<	L	\	l	|
D	CR	GS	-	=	M	]	m	}
E	SO	RS	.	>	N	^	n	~
F	SI	US	/	?	O	_	o	DEL

Die Zeichen sind nach ihren Nummern geordnet. Es gilt zum Beispiel `'A' < 'a'` weil `'A'` die Nummer `0x41` hat und `'a'` die Nummer `0x61`. Die Buchstaben und Ziffern liegen in einem geschlossenen Bereich. Um festzustellen, ob ein Zeichen eine Ziffer ist, kann man daher prüfen, ob es größer oder gleich `'0'` und kleiner oder gleich `'9'` ist.

Unicode

ASCII umfasst nur die wichtigsten Zeichen. Umlaute, griechische Symbole oder mathematische Zeichen können in ASCII nicht dargestellt werden. Daher verwendet Java einen erweiterten Zeichensatz, nämlich den *Unicode*.

Der Unicode benutzt für jedes Zeichen *mehrere* Bytes. In Java werden pro Zeichen zwei Bytes verwendet, womit 65536 verschiedene Zeichen darstellbar sind. Die ersten 128 Zeichennummern sind identisch zu denen in ASCII. Höhere Nummern werden verwendet, um Umlaute, griechische, arabische, chinesische oder andere Zeichen darzustellen.

Da die meisten Tastaturen die Eingabe dieser Zeichen nicht zulassen, bietet Java die Möglichkeit, Unicode-Zeichen auch durch ihre Nummer auszudrücken und zwar durch die Schreibweise `\unnnn`, wobei `nnnn` eine vierstellige Hexadezimalzahl bedeutet, z.B. `\u0041` für das Zeichen `A` oder `\u03c0` für das griechische Zeichen π. Unicode-Werte dieser Art kann man in Namen, Zeichen- oder Zeichenkettenkonstanten verwenden. Sie werden dort vom Compiler durch das entsprechende

Unicode-Zeichen ersetzt. Ein Variablenname αβ kann zum Beispiel als \u03b1\u03b2 geschrieben werden.

Für häufig vorkommende Steuerzeichen wie das Zeilenende- oder das Tabulatorzeichen gibt es in Java spezielle *Escape-Sequenzen*, die mit dem Escape-Zeichen \ beginnen und in Zeichen- und Zeichenkettenkonstanten (Kapitel 9.1) vorkommen dürfen:

'\n'	new line (LF)	\u000a
'\r'	return (CR)	\u000d
'\t'	Tabulatorsprung	\u0009
'\\'	backslash	\u005c
'\''	single quote	\u0027
'\ddd'	Zeichenwert als Oktalzahl, z.B. \012 = $0*8^2 + 1*8^1 + 2*8^0$ = 10 (LF)	

Die deutschen Umlaute haben folgende Unicode-Nummern:

ä	\u00e4	Ä	\u00c4	ß	\u00df
ö	\u00f6	Ö	\u00d6		
ü	\u00fc	Ü	\u00dc		

Einige weitere Beispiele für Unicode-Nummernbereiche sind:

\u0000 - \u007f	ASCII-Zeichen
\u0080 - \u024f	Umlaute, Akzente, Sonderzeichen
\u0370 - \u03ff	griechische Zeichen
\u0400 - \u04ff	kyrillische Zeichen
\u0600 - \u06ff	arabische Zeichen
...	

Die vollständige Definition des Unicodes sowie die Nummern für Zeichen aus fremden Alphabeten findet man unter *www.unicode.org*.

8.2 Zeichenvariablen

Zeichenvariablen werden mit dem Typ char deklariert:

```
char ch;
```

Diese Deklaration legt eine Speicherzelle an, in der Zeichenwerte abgelegt werden können. Die Zuweisung

```
ch = 'a';
```

weist der Variablen ch den Wert 'a' zu. Da Zeichen intern durch Nummern codiert werden, fasst Java den Typ char wie einen Zahlentyp auf und erlaubt, mit char-Werten zu rechnen. Der Ausdruck 'c' - 'a' liefert also 2. Der Typ char wird in der Hierarchie der Standardtypen auf der gleichen Stufe wie short eingeordnet (siehe Abb. 8.1). Die char-Werte sind so wie die short-Werte eine Teilmenge der int-Werte.

```
                                        ⊃ short ⊃ byte
double ⊃ float ⊃ long ⊃ int
                                        ⊃ char
```

***Abb. 8.1** Einordnung von char in die Typhierarchie von Java*

Auf Grund dieser Teilmengenbeziehung kann ein char-Wert auch einer Variablen vom Typ int, long, float oder double zugewiesen werden. Umgekehrt kann man einer char-Variablen aber nur char-Werte zweisen (nicht etwa auch int- oder short-Werte). Folgende Zuweisungen sind zum Beispiel erlaubt:

```
char ch1, ch2 = 'x';
ch1 = ch2;                  // ok, same type
int i = ch1;                // ok, char assignable to int
ch2 = (char) (i + 1);       // ok; int expression is casted to char
```

Auf char-Werte können sämtliche Vergleichsoperatoren angewendet werden (==, !=, >, >=, <, <=). Um zu prüfen, ob ch ein Buchstabe ist, kann man also schreiben:

```
if ('a' <= ch && ch <= 'z' || 'A' <= ch && ch <= 'Z') ...
```

Da char-Werte in Java als Zahlen aufgefasst werden, kann man auf sie auch alle arithmetischen Operatoren (+, -, *, /, %) anwenden. Das Codestück

```
char ch1 = 'a';
char ch2 = (char) (ch1 + 1);
```

weist der Variablen ch2 den Wert 'b' zu. Dabei ist allerdings zu beachten, dass der Ausdruck ch + 1 vom Typ int ist und daher vor der Zuweisung mit einer Typkonversion nach char umgewandelt werden muss.

Ein-/Ausgabe von Zeichen

Unsere Ein-/Ausgabebibliothek enthält auch Operationen zum Lesen und Schreiben von Zeichen. Das folgende Codestück liest ein Zeichen mit Hilfe der Funktion In.read und prüft, ob es eine Ziffer ist.

```
char ch = In.read();
if ('0' <= ch && ch <= '9')
    Out.println(ch + " is a digit");
```

Zeichenarrays

Ein Array kann nicht nur eine Folge von Zahlen, sondern auch eine Folge von Zeichen enthalten. Auf diese Weise können Texte implementiert werden (obwohl es für Texte und Zeichenketten geeignetere Java-Typen gibt; siehe Kapitel 9). char-Arrays werden auf die gleiche Art deklariert wie int-Arrays.

```
char[] s;
```

deklariert eine char-Arrayvariable s, ohne jedoch ein Array zu erzeugen. Die Anweisung

```
s = new char[20];
```

erzeugt ein char-Array mit 20 Elementen und weist seine Adresse s zu. Natürlich kann man ein char-Array auch gleich bei seiner Deklaration erzeugen und sogar initialisieren:

```
char[] s1 = new char[20];
char[] s2 = {'a', 'b', 'c'};
```

In Java werden in einem neu erzeugten char-Array alle Elemente mit dem Wert '\u0000' initialisiert.

Beispiel: Zeichenkettensuche

Wir wollen nun einige Beispiele für das Arbeiten mit Zeichen und Zeichenarrays (*Zeichenketten*) betrachten. Ein häufiges Problem in der Informatik ist das Suchen einer Zeichenkette in einer anderen. Das tritt zum Beispiel in einem Texteditor auf, wenn man ein Muster in einem Text suchen will.

Gegeben sei ein Text t und ein Muster pat (beides Zeichenarrays). Gesucht ist die Position des ersten Auftretens von pat in t. Abb. 8.2 verdeutlicht die Aufgabenstellung.

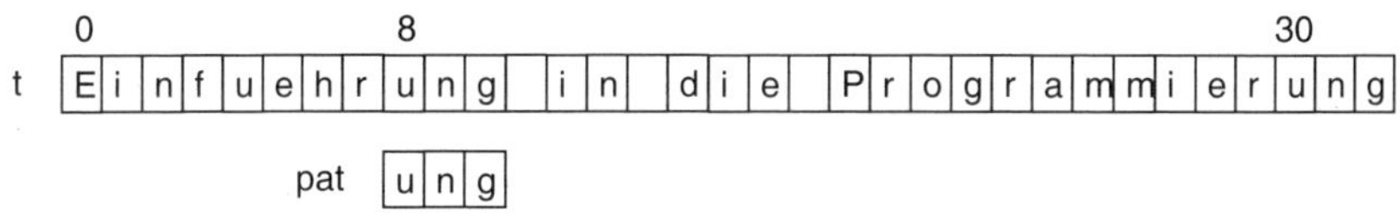

Abb. 8.2 *Das Muster pat kommt im Text an der Stelle 8 und 30 vor*

Wir wollen eine Funktion stringPos(t, pat) schreiben, die die Position des ersten Auftretens von pat in t liefert (für das Beispiel in Abb. 8.2 also den Wert 8 und nicht den Wert 30). Falls pat in t nicht vorkommt, soll -1 geliefert werden.

Die Lösungsidee für diese Aufgabe ist einfach. Wir nehmen das erste Zeichen von pat und sehen nach, an welcher Stelle es das erste Mal in t vorkommt. An dieser Stelle versuchen wir, auch den Rest von pat mit t zur Deckung zu bringen. Gelingt das, sind wir fertig, wenn nicht, suchen wir mit dem ersten Zeichen von pat in t weiter. Zum Durchlaufen aller Zeichen von t verwenden wir einen Index i, zum Durchlaufen aller Zeichen von pat einen Index j. Der Index last bezeichnet die letzte Stelle in t, an der pat vorkommen kann.

```
static int stringPos (char[] t, char[] pat) {
    int i, j;
    int last = t.length - pat.length; // last possible position of pat in t
    for (i = 0; i <= last; i++) {
        if (t[i] == pat[0]) { // first character of pat matches
            j = 1;
            while (j < pat.length && pat[j] == t[i+j]) j++;
            // j == pat.length || pat[j] != t[i+j]
            if (j == pat.length) return i; // found!
        }
    }
    return -1; // not found
}
```

Da das erste Zeichen von pat nur an wenigen Stellen vorkommt, muss die innere Schleife nur selten betreten werden. Die Funktion läuft daher in der Praxis mit vertretbarer Effizienz, obwohl es auch wesentlich effizientere Suchalgorithmen gibt.

Beachten Sie, wie uns die aus der Schleifenbedingung abgeleitete Assertion nach der inneren Schleife hilft, die weiteren Anweisungen zu planen. Die innere Schleife wird entweder verlassen, wenn j == pat.length (wenn das gesamte Muster im Text gefunden wurde) oder wenn pat[j] != t[i+j] (wenn ein Zeichen des Musters nicht zum entsprechenden Zeichen im Text passt). Falls das Muster gefunden wurde (j == pat.length), kann die Funktion mit Erfolg abgebrochen werden.

Beispiel: Implementierung von readInt()

Wir haben in Beispielen bereits oft die Operation In.readInt() zum Lesen einer Zahl verwendet. readInt() ist eine Funktion, die von jemandem anderen implementiert und in einer Bibliothek abgelegt wurde. Wir wollen uns nun ansehen, wie ihre Implementierung aussieht.

Eine Zahl wird im Eingabestrom als Folge von Ziffernzeichen dargestellt. readInt() muss also Zeichen für Zeichen dieser Ziffernfolge lesen und daraus eine Zahl aufbauen. Ein Ziffernzeichen (z.B. '3') wird in eine Ziffer konvertiert, indem man den Wert '0' subtrahiert ('3' - '0' == 3). Die gesamte Zahl wird aufgebaut, indem man den bisher gelesenen Teil mit 10 multipliziert und die neue Ziffer addiert. Dieses Verfahren ist unter dem Namen *Horner-Schema* bekannt.

```
static int readInt () {
    int val = 0;
    char ch = In.read();
    while ('0' <= ch && ch <= '9') {
        val = 10 * val + (ch - '0');
        ch = In.read();
    }
    return val;
}
```

8.3 Standardfunktionen

Für häufige Operationen mit Zeichen bietet die Java-Bibliothek Standardfunktionen an, mit denen man diese Operationen ausführen kann. Hier ist eine kleine Auswahl davon:

`if (Character.isLetter(ch)) ...`	Prüft, ob ch ein Unicode-Buchstabe ist.
`if (Character.isDigit(ch)) ...`	Prüft, ob ch eine Ziffer ist.
`if (Character.isLetterOrDigit(ch)) ...`	Prüft, ob ch ein Unicode-Buchstabe oder eine Ziffer ist.
`ch = Character.toUpperCase(ch);`	Wandelt ch in einen Großbuchstaben um, falls ch ein Kleinbuchstabe war, ansonsten passiert nichts.
`ch = Character.toLowerCase(ch);`	Wandelt ch in einen Kleinbuchstaben um, falls ch ein Großbuchstabe war, ansonsten passiert nichts.

Übungsaufgaben

1. *Hexadezimalausgabe.* Schreiben Sie eine Methode printHex(n), die eine int-Zahl n in Hexadezimaldarstellung auf den Bildschirm ausgibt. Die Zahl n == 3000 soll zum Beispiel als 0x0BB8 ausgegeben werden.

2. *Prüfsumme.* Zum Schutz vor Fehlern werden Texte oft mit einem Prüfbyte versehen, das aus den Zeichen des Textes berechnet wird. Eine einfache Technik zur Berechnung eines Prüfbytes besteht darin, alle Zeichen des Textes mit der Operation XOR (exklusives Oder, in Java der Operator ^) zu verknüpfen. Schreiben Sie eine Methode checkSum(text), der ein Text als char-Array übergeben wird und die daraus ein Prüfbyte nach der oben beschriebenen Technik berechnet.

3. *Entfernen von Kommentaren.* Schreiben Sie ein Programm, das eine Java-Quelldatei liest, daraus alle Kommentare entfernt und das Ergebnis auf eine neue Datei schreibt.

4. *Konsonantenzählung.* Je mehr aufeinander folgende Konsonanten ein Wort enthält, desto schwerer ist es auszusprechen (z.B. *Trpkovski*). Schreiben Sie ein Programm, das einen Text aus mehreren Worten liest und für jedes Wort die längste darin auftretende Folge von Konsonanten berechnet. Jedes Wort soll zusammen mit der Länge seiner längsten Konsonantenfolge am Bildschirm ausgegeben werden.

5. *Häufigkeit von Zeichen.* Schreiben Sie ein Programm, das einen Text liest und die Häufigkeit der darin vorkommenden Zeichen berechnet. Geben Sie die Zeichenhäufigkeiten als Histogramm aus, also zum Beispiel:

```
a *****
b **
e ***********
...
```

6. *Textverschlüsselung.* Schon im alten Rom verschlüsselte man Nachrichten. Ein einfaches Verschlüsselungsverfahren ist von *Julius Cäsar* überliefert. Es verschiebt jeden Buchstaben der Nachricht um einen fixen Wert n. Ist n == 2, so wird 'A' auf 'C', 'B' auf 'D' und 'Z' auf 'B' verschoben. Ziffern und Sonderzeichen werden nicht verschoben. Schreiben Sie ein Programm, das eine Zahl n und einen beliebigen Text liest und ihn nach obigem Verfahren verschlüsselt wieder ausgibt.

9 Strings

Zeichenketten (*Strings*) sind eine häufig verwendete Datenstruktur. Wir haben dafür in Kapitel 8 Arrays aus Zeichen verwendet. Da diese Datenstruktur aber so häufig vorkommt, stellt Java für sie einen eigenen Bibliothekstyp namens String zur Verfügung. Dieser Typ ist sogar teilweise in die Sprache Java integriert, so dass der Compiler in einigen Fällen speziellen Code für Stringoperationen erzeugt.

9.1 Stringkonstanten

Stringkonstanten sind Zeichenfolgen zwischen doppelten Hochkommas. Sie dürfen nicht über Zeilengrenzen gehen. Wenn sie Zeichen enthalten sollen, die am Bildschirm nicht darstellbar sind (Steuerzeichen wie *newline* und *tab*, griechische Zeichen, mathematische Symbole etc.), dann müssen diese durch *Escape-Sequenzen* (z.B. \n oder \u03c0) ausgedrückt werden. Beispiele für Stringkonstanten sind:

```
"a string of many words"
"Alice\t2000\nBob\t1500"
"containing a \" character"
"The greek symbol \u03c0 is also written as pi"
```

Beachten Sie bitte den Unterschied zwischen "x" und 'x'. Das erste ist eine Stringkonstante. Das zweite ist eine Zeichenkonstante vom Typ char.

9.2 Datentyp String

Zur Deklaration von Stringvariablen gibt es in Java den Datentyp String. Die Deklaration

```
String a, b;
```

definiert zum Beispiel zwei Variablen a und b vom Typ String. Einer Stringvariablen können Stringkonstanten oder andere Stringvariablen zugewiesen werden:

```
a = "Hello";
b = a;
```

Stringvariablen enthalten *Zeiger* auf Stringobjekte, nicht die Stringobjekte selbst. In dieser Beziehung ähneln sie Arrayvariablen. Nach den beiden obigen Zuweisungen ergibt sich folgendes Bild:

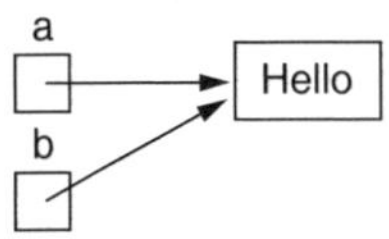

a und b zeigen beide auf dasselbe Stringobjekt. Obwohl ein String eine Zeichenfolge ist, kann man darauf nicht wie bei Arrays mittels Indizierung zugreifen, sondern der Zugriff muss über Methoden erfolgen (siehe Kapitel 9.4).

Stringobjekte sind außerdem nicht veränderbar. Will man an a den String "World" anhängen und schreibt

```
a = a + " World";
```

so wird ein neues Stringobjekt erzeugt, auf das anschließend a verweist. Die Variable b zeigt immer noch auf das alte Stringobjekt.

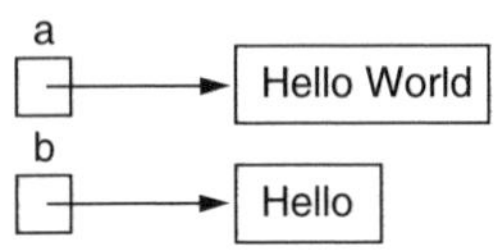

Aus der obigen Zuweisung sieht man, dass Strings mit dem »+« Operator verkettet werden können. Der Compiler kennt also den Typ String, obwohl dieser eigentlich nicht in der Sprache, sondern in der Bibliothek definiert wurde. Ist in einem Verkettungsausdruck einer der Operanden nicht vom Typ String, so wird dieser Operand vorher automatisch in eine Stringdarstellung umgewandelt. Das Programmstück

```
boolean b = true;
String s = "word" + 47 + " = " + b;
```

liefert also in s den Wert "word47 = true".

9.3 Stringvergleiche

Da Stringvariablen Zeiger enthalten, liefert das folgende Programm als Ausgabe false:

```
String s = In.readString();   // assume that this reads the string "Hello"
if (s == "Hello") Out.print(true); else Out.print(false);
```

Warum ist das so? Das Programm führt einen Zeigervergleich und keinen Wertvergleich durch. Die Variable s zeigt zwar auf ein Stringobjekt mit dem Wert "Hello", die Stringkonstante "Hello" ist jedoch durch ein anderes Objekt mit gleichem Inhalt repräsentiert. Die beiden Objekte haben verschiedene Adressen, daher liefert der Zeigervergleich false. Will man einen *Wertvergleich* durchführen, so muss man schreiben:

```
if (s.equals("Hello")) Out.print(true); else Out.print(false);
```

Die Operation s.equals(...) vergleicht den Wert von s mit dem Wert des angegebenen Parameters. Im obigen Beispiel sind die Werte gleich, weshalb true ausgegeben wird. Man beachte die besondere Schreibweise dieses Methodenaufrufs, bei dem die Methode equals auf das Objekt s angewendet wird. In Kapitel 11 wird näher auf diese Schreibweise eingegangen.

9.4 Stringoperationen

Die Java-Bibliothek definiert für den Typ String eine Reihe nützlicher Operationen. Wir sehen uns hier nur die wichtigsten an. Die vollständige Beschreibung aller Stringoperationen kann im Internet unter [JDK] nachgelesen werden. In den folgenden Beschreibungen nehmen wir an, dass die vorkommenden Variablen folgendermaßen deklariert sind:

```
String s = "a long string";
String s2;
char ch;
int i;
```

Die Operation

```
i = s.length();
```

liefert die Anzahl der Zeichen im String s. Achtung: Die Länge eines Arrays a wird mit a.length abgefragt (ohne Klammern), die Länge des Strings s aber mit s.length() (mit Klammern), da der Zugriff auf Strings nur über Methoden erfolgen kann.

```
ch = s.charAt(3);
```

liefert das Zeichen mit Index 3 aus dem String s, hier also 'o'. Die Indizierung in einem String beginnt wie bei Arrays mit 0.

```
i = s.indexOf("ng");
```

liefert die Position des ersten Vorkommens von "ng" in s oder -1, falls das Suchmuster nicht vorkommt. In unserem Beispiel wird 4 geliefert. An Stelle eines Stringparameters kann auch ein char-Parameter verwendet werden.

```
i = s.indexOf("ng", 5);
```

liefert die Position des ersten Vorkommens von "ng" in s, beginnt mit der Suche aber erst ab Position 5. In unserem Beispiel wird 11 geliefert.

```
i = s.lastIndexOf("ng");
```

liefert die Position des letzten Vorkommens von "ng" in s. Wie bei indexOf kann auch hier der Parameter vom Typ char sein, und es kann die Anfangsposition der Suche spezifiziert werden.

```
s2 = s.substring(2);
```

liefert den Teilstring von s ab der Position 2 (hier "long string").

```
s2 = s.substring(2, 6);
```

liefert den Teilstring von s ab der Position 2 und bis (ausschließlich) Position 6. Hier wird "long" geliefert.

```
if (s.startsWith("abc")) ...
```

liefert true, wenn s mit "abc" beginnt.

```
if (s.endsWith("abc")) ...
```

liefert true, wenn s mit "abc" endet.

9.5 Aufbauen von Strings

String-Objekte sind unveränderlich und eignen sich daher nicht zum schrittweisen Aufbau einer Zeichenkette. Daher wird ein String entweder in seiner endgültigen Form erzeugt oder in einem char-Array bzw. in einem StringBuffer-Objekt aufgebaut und anschließend in ein String-Objekt umgewandelt.

Erzeugen von Strings aus einer Stringkonstanten

Am einfachsten ist die Erzeugung eines Strings aus einer Stringkonstanten:

```
String s = "very simple";
```

Erzeugen von Strings aus einem char-Array

Will man einen String zum Beispiel aus einzelnen Zeichen aufbauen, so kann man diese in einem char-Array zusammensetzen und es anschließend in einen String umwandeln:

```
char[] a = new char[80];
for (int i = 0; i < 80; i++) a[i] = In.read();
String s = new String(a);
```

Das String-Objekt wird hier mit der Operation new String(a) erzeugt und enthält anschließend eine Kopie der Zeichen in a. Man kann übrigens auch bloß einen Teil von a für die Erzeugung des String-Objekts verwenden. Schreibt man zum Beispiel

```
String s = new String(a, 2, 7);
```

so enthält das erzeugte String-Objekt nur die Zeichen 2 bis 6 von a.

Erzeugen von Strings aus einem StringBuffer

Neben dem Typ String bietet die Java-Bibliothek auch noch einen Typ StringBuffer an, der sich in vieler Hinsicht wie ein String verhält, aber editiert werden kann. Ein StringBuffer kann daher dazu verwendet werden, eine Zeichenkette aufzubauen und sie anschließend in ein String-Objekt zu konvertieren. Das Programmstück

```
StringBuffer b = new StringBuffer();
```

erzeugt ein leeres StringBuffer-Objekt und weist seine Adresse der Variablen b zu.

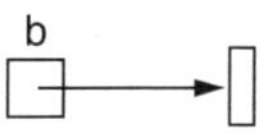

Im Folgenden sehen wir uns wieder eine Auswahl der wichtigsten StringBuffer-Operationen an.

```
i = b.length();
```

liefert die Anzahl der Zeichen in b.

```
b.append(x);
```

hängt x an b an. x kann vom Typ char, int, long, float, double, boolean, String und char[] sein.

```
b.insert(pos, x);
```

fügt x an der Stelle pos in b ein. x kann wieder vom Typ char, int, long, float, double, boolean, String und char[] sein.

```
b.delete(from, to);
```

löscht b[from..to[, also die Zeichen von Position from (inklusive) bis Position to (exklusive) aus b.

```
b.replace(from, to, "abc");
```

ersetzt b[from..to[durch "abc".

```
s = b.substring(from, to);
```

liefert den Teil b[from..to[von b als String.

```
ch = b.charAt(i);
```

liefert das Zeichen mit Index i aus b.

```
b.setChar(i, 'x');
```

ersetzt das Zeichen mit Index i in b durch 'x'.

```
s = b.toString();
```

liefert einen String mit demselben Inhalt wie der StringBuffer b.

Die Operationen append, insert, delete und replace sind eigentlich Funktionen, die den veränderten StringBuffer zurückgeben. Man kann also schreiben

```
b.append(x).append(y).delete(5, 10);
```

9.6 Stringkonversionen

Manchmal ist es nötig, Werte verschiedener Typen wie int, float oder char[] in einen String umzuwandeln und umgekehrt. Die Java-Bibliothek bietet dafür geeignete Operationen an.

```
int i = Integer.parseInt("123");
```

erzeugt aus einem String, der eine Ziffernfolge darstellt, eine int-Zahl mit dem Wert der Ziffernfolge (hier 123). Als Parameter von parseInt kann natürlich statt einer Stringkonstanten auch eine Stringvariable mitgegeben werden.

```
float f = Float.parseFloat("3.14");
```

erzeugt aus einem String, der eine float-Ziffernfolge darstellt, eine float-Zahl mit dem Wert der Ziffernfolge (hier 3.14).

```
String s = String.valueOf(x);
```

erzeugt aus einem Wert x einen String. x kann vom Typ char, int, long, float, double, boolean oder char[] sein. String.valueOf(345) liefert z.B. den String "345". Für die Ausgabe einer Folge von Werten als String ist es jedoch bequemer, den »+« Operator zu verwenden, der die Werte automatisch in Strings konvertiert und verkettet, z.B. Out.println("value " + 3 + " = " + 100);

```
char[] a = s.toCharArray();
```

liefert ein char-Array mit demselben Inhalt wie der String s.

Man sieht aus diesen wenigen Beispielen bereits, dass die Java-Bibliothek außerordentlich mächtig ist. Sie enthält Tausende solcher Operationen. Das ist ein Vorteil, aber gleichzeitig auch ein Problem, denn es erfordert enorm viel Zeit, um auch nur einen annähernd relevanten Teil davon zu erlernen. Meist muss man beim Programmieren die Dokumentation zur Hand haben, um nachzuschlagen, wie die Operationen heißen und welche Parameter sie haben. Die Dokumentation der String-Operationen findet man unter [JDK].

9.7 Beispiele

Beispiel: Manipulation von Dateipfaden

Ein Dateipfad besteht aus der Angabe von Verzeichnissen und dem eigentlichen Dateinamen, z.B.

```
Lecture\JavaProgs\Prog5.java
```

Eine der Aufgaben des Java-Compilers ist es, aus einem solchen Dateipfad den Dateinamen herauszulösen und die Endung ".java" auf ".class" zu ändern. Die Funktion className(path) löst diese Aufgabe mit Hilfe der StringBuffer-Operationen auf einfache Weise.

```
static String className (String path) {
    StringBuffer b = new StringBuffer(path);  // creates a StringBuffer containing path
    if (path.endsWith(".java")) {
        int len = path.length();
        b.replace(len-5, len, ".class");
    }
    int i = path.lastIndexOf('\');
    if (i >= 0) b.delete(0, i+1);
    return b.toString();
}
```

Der Aufruf

```
String s = className("Lecture\JavaProgs\Prog5.java");
```

liefert in s den String "Prog5.class".

Beispiel: Wörter aus einem Text herauslösen

Gegeben sei ein Text, der in einem String-Objekt gespeichert ist. Der Text enthält mehrere Wörter (Buchstabenfolgen), die durch Leer- oder Sonderzeichen voneinander getrennt sind. Gesucht ist ein Programm, das alle Wörter im Text in der Reihenfolge ihres Auftretens ausgibt. Jedes Wort soll in einer eigenen Zeile stehen. Die Eingabe »Eins, zwei und drei« soll zur Ausgabe

```
Eins
zwei
und
drei
```

führen. Unser Programm hat zwei Teilaufgaben: Es muss wiederholt den Anfang und das Ende des nächsten Wortes finden und dann eine Folge von Leer- und Sonderzeichen überlesen. Ein Index i zeigt auf das jeweils nächste Zeichen des Textes, ein Index last auf das letzte Zeichen des Textes. Die Methode printWords(text) sieht dann wie folgt aus:

```
static void printWords (String text) {
    int i = 0, last = text.length() - 1;
    while (i <= last) {
        //----- skip nonletters
        while (i <= last && !Character.isLetter(text.charAt(i)))
            i++;
        // i > last || text.charAt(i) is letter
        //----- read word
        int beg = i;
        while (i <= last && Character.isLetter(text.charAt(i)))
            i++;
        // i > last || text.charAt(i) is nonletter
        //----- print word
        if (i > beg) Out.println(text.substring(beg, i));
    }
}
```

Beispiel: Zahl in einen String konvertieren

Die Java-Bibliothek bietet eine Methode String.valueOf(n) an, mit der man eine ganze Zahl n >= 0 in einen String konvertieren kann (siehe Kapitel 9.6). Wir wollen diese Methode nun nachbauen. Die Grundidee besteht darin, die jeweils letzte Ziffer von n mittels n % 10 abzuspalten und diese Ziffern in einem char-Array zu speichern. Für n == 154 ergibt sich das Array

'4'	'5'	'1'

Die Ziffern stehen also in umgekehrter Reihenfolge im Array. Wir brauchen sie nur noch von hinten nach vorne herauszuholen und in einem StringBuffer abzulegen, den wir dann in einen String umwandeln und zurückgeben.

```
static String valueOf (int n) {
    char[] a = new char[10];
    int i = 0;
    do {
        a[i] = (char)(n%10 + '0');
        i++;
        n = n / 10;
    } while (n > 0);
    StringBuffer b = new StringBuffer();
    do {
        i--;
        b.append(a[i]);
    } while (i > 0);
    return b.toString();
}
```

Da die Zahl aus mindestens 1 Ziffer besteht, müssen wir sowohl die Schleife zum Abspalten der Ziffern als auch die Schleife zum Umdrehen der Ziffern mindestens einmal durchlaufen. Wir verwenden daher in beiden Fällen do-while-Schleifen anstatt while-Schleifen.

Man beachte auch die Umwandlung einer Ziffer in ein Ziffernzeichen. n % 10 ist eine Ziffer zwischen 0 und 9. Addiert man '0', entsteht ein Ziffernzeichen zwischen '0' und '9'. Da das Ergebnis der Addition aber vom Typ int ist, muss man es noch mit einer Typkonversion nach char umwandeln.

Übungsaufgaben

1. *Hashcode-Berechnung*. Manche Datenstrukturen erfordern es, Strings, die als Suchkriterium verwendet werden, in eine möglichst eindeutige Zahl (einen *Hashcode*) umzuwandeln. Eine häufige Technik zur Berechnung eines Hashcodes besteht darin, alle Zeichen des Strings mit *XOR* (exklusives Oder, in Java der Operator ^) zu verknüpfen, wobei der Wert vor jeder Verknüpfung mit 2 multipliziert wird, um eine größere Streuung zu erreichen. Der String "Anton" wird zum Beispiel folgendermaßen in einen Hashcode umgewandelt:

```
Zeichen   Dezimaldarstellung   Binärdarstellung
  A              65            01000001
  n             110             01101110
  t             116              01110100
  o             111               01101111
  n             110                01101110
                               ____________
                               101010011100 = 2716 = Hashcode
```

Schreiben Sie eine Methode hash(s), die einen String s nach der oben beschriebenen Technik in einen Hashcode umwandelt.

2. *Domainnamen spiegeln.* Schreiben Sie eine Methode domain(adr), die eine E-Mail-Adresse adr als Parameter bekommt und den darin vorkommenden Domainnamen in seine Bestandteile zerlegt, in umgekehrter Reihenfolge wieder zusammensetzt und als String zurückgibt. Die Adresse »hermann.maier@students.uni-linz.ac.at« soll zum Ergebnis »at.ac.uni-linz.students« führen.

3. *Namen umformatieren.* Schreiben Sie ein Programm, das eine Liste von Namen (erster Vorname, zweiter Vorname, Nachname) laut folgenden Beispielen umformatiert:

```
Martin Rolf Ammerbacher       => Ammerbacher, Martin R.
Roman Andreas Weizenhuber     => Weizenhuber, Roman A.
...
```

4. *Lauflängencodierung.* Die Lauflängencodierung (*run length encoding*) ist eine Komprimierungstechnik, bei der jede Zeichenfolge, die aus mehr als 2 gleichen Zeichen besteht, durch das Zeichen und die Länge der Folge codiert wird. Die Eingabe »ABBCCCKKKKKKK« wird zum Beispiel zu »ABBC3K7«.

   a. Schreiben Sie eine Methode, die einen Buchstaben-String nach diesem Verfahren codiert.
   b. Schreiben Sie eine Methode, die einen nach diesem Verfahren codierten String decodiert.
   c. Ist es sinnvoll, eine komprimierte Zeichenfolge nochmals zu komprimieren?

5. *Anagramme.* Zwei Wörter sind Anagramme, wenn sie aus denselben Buchstaben in beliebiger anderer Reihenfolge bestehen (z.B. »Maus« und »Saum«). Schreiben Sie eine Methode isAnagram(s1, s2), die prüft, ob die beiden Strings *s1* und *s2* Anagramme sind und das Ergebnis als *boolean*-Wert zurückgibt. Groß- und Kleinschreibung soll ignoriert werden.

6. *Mustersuche (Pattern Matching).* Suchmuster werden oft durch eine Zeichenfolge beschrieben, die den Platzhalter * enthält. Ein * bedeutet eine möglicherweise leere Folge beliebiger Zeichen. Das Suchmuster "T*.java" passt also zum Text "Test.java", aber auch zu "T.java". Schreiben Sie eine Methode

```
static boolean matches(String t, String pat) {...}
```

die prüft, ob das Muster pat zum Text t passt. Zur Vereinfachung dürfen Sie annehmen, dass * in pat höchstens einmal vorkommt.

7. *Konvertierung von float nach String.* Schreiben Sie eine Methode

```
static String convert(float x, int n) {...}
```

die eine float-Zahl x in einen String konvertiert, wobei n Nachkommastellen berücksichtigt werden sollen. convert(1.569E2, 2) soll also "156.90" liefern.

8. *Stringvergleich.* Implementieren Sie eine Methode diff(s1, s2), die folgende Werte liefert:

-1	wenn s1 < s2
0	wenn s1 == s2
1	wenn s1 > s2

9. *Ausgaberoutine mit variabler Anzahl von Parametern.* Schreiben Sie eine Methode

```
static void print (String s, int[] val) {...}
```

die den String s am Bildschirm ausgibt, vorher aber alle Vorkommen von "$i" in s durch val[i] ersetzt ("$0" soll z.B. durch val[0] ersetzt werden). Ist i größer als val.length-1, soll "$i" durch den leeren String ersetzt werden.

10 Klassen

Wie wir gesehen haben, dienen Arrays dazu, mehrere Datenelemente zu einer größeren Einheit zu gruppieren. Klassen erfüllen einen ähnlichen Zweck: Sie sind wie Arrays selbst definierte Datentypen, die es erlauben, mehrere Elemente zu einem neuen Objekt zusammenzufassen und unter einem gemeinsamen Namen anzusprechen. Im Gegensatz zu Arrays, die aus lauter gleichartigen Elementen bestehen, können Klassen aber aus verschiedenartigen Elementen aufgebaut sein.

10.1 Deklaration und Verwendung

Beginnen wir am besten mit einem Beispiel: Angenommen wir wollen ein Datum verarbeiten, das aus einem Tag, einem Monatsnamen und einer Jahreszahl besteht, z.B. 13. November 2006. Um es abzuspeichern, brauchen wir drei Variablen:

```
int day;
String month;
int year;
```

Wenn wir nun allerdings n Exemplare eines Datums benötigen, müssen wir n mal drei Variablen deklarieren, was nicht nur schreibaufwendig ist, sondern uns auch bei der Namensgebung in Verlegenheit bringt, weil ja jede Variable einen anderen Namen bekommen muss.

Hier kommen Klassen ins Spiel. Mit Klassen können wir mehrere Variablen wie day, month und year zu einem neuen Typ zusammenfassen, den wir z.B. Date nennen und von dem wir beliebig viele Exemplare deklarieren können.

Deklaration von Klassen

Eine Klasse Date wird in Java folgendermaßen deklariert:

```
class Date {
    int day;
    String month;
    Int year;
}
```

Die Deklaration beginnt mit dem Schlüsselwort class. Darauf folgt der Name der Klasse und eine Liste von Variablendeklarationen in geschwungenen Klammern. Die Variablen in einer Klasse nennt man *Felder* oder *Attribute*. Klassen werden auf der äußersten Ebene einer Datei deklariert, also

```
class Date {...}      // my classes
class Time {...}
...
class MyProg {...}    // my main program
```

Wie man sieht, ist auch MyProg eine Klasse, allerdings eine, die auch Methoden enthält. Klassen mit Methoden werden wir uns in Kapitel 11 näher ansehen. Einstweilen betrachten wir Klassen nur als Sammlung von Daten.

Verwendung von Klassen

Wir können nun die Klasse Date wie jeden anderen Datentyp verwenden, um Variablen zu deklarieren:

```
Date x, y;
```

Die beiden Variablen x und y sind vom Typ Date und bestehen jeweils aus den Feldern day, month und year. Man kann auf diese Felder zugreifen, indem man sie durch einen Punkt vom Namen der Variablen trennt, zu der sie gehören (man *qualifiziert* die Feldnamen mit dem Variablennamen):

```
x.day = 13;
x.month = "November";
x.year = 2006;
```

In gleicher Weise kann man auf die Felder von y mittels y.day, y.month und y.year zugreifen; y.day bedeutet das Feld day der Variablen y und x.day bedeutet das Feld day der Variablen x.

Variablen, deren Typ eine Klasse ist, enthalten Zeiger (Referenzen). Eine Date-Variable enthält also einen Zeiger auf ein Date-Objekt (siehe Abb. 10.1).

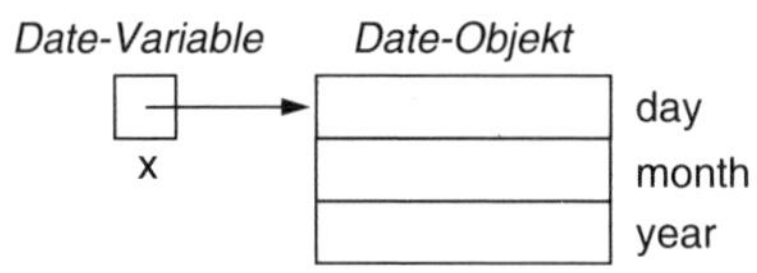

Abb. 10.1 *Date-Variable als Zeiger auf ein Date-Objekt*

Eine Klasse ist ein Typ, ihre Werte bezeichnet man als Objekte, wobei die Klasse die Struktur ihrer Objekte vorgibt.

Erzeugung von Objekten

Wie Arrayobjekte müssen auch Objekte einer Klasse mittels new erzeugt werden, bevor man auf sie zugreifen kann. Die folgenden Bilder zeigen schrittweise, was dabei geschieht. Durch die Deklaration

```
Date x, y;
```

werden lediglich zwei *Objektvariablen* angelegt, die aber noch nirgendwo hinzeigen (sie haben den Wert null):

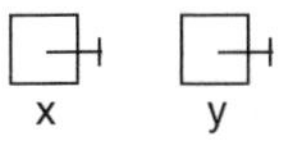

Nun erzeugen wir ein Date-Objekt und weisen seine Adresse der Variablen x zu:

```
x = new Date();
```

Die Variable x zeigt jetzt auf das neue Date-Objekt, dessen Felder bei der Erzeugung automatisch mit den Werten 0 bzw. null initialisiert wurden. Die Variable y zeigt nach wie vor auf kein Objekt:

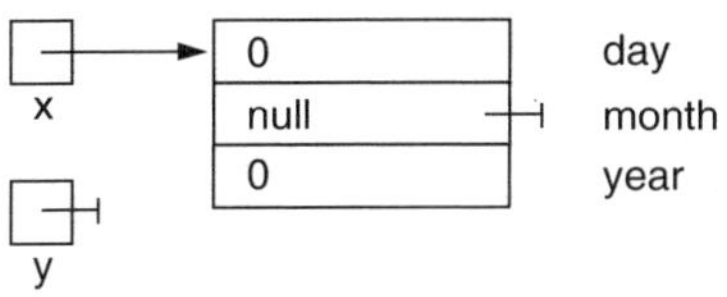

Als Nächstes weisen wir den Feldern von x Werte zu:

```
x.day = 13;
x.month = "November";
x.year = 2006;
```

Das Date-Objekt sieht nun so aus:

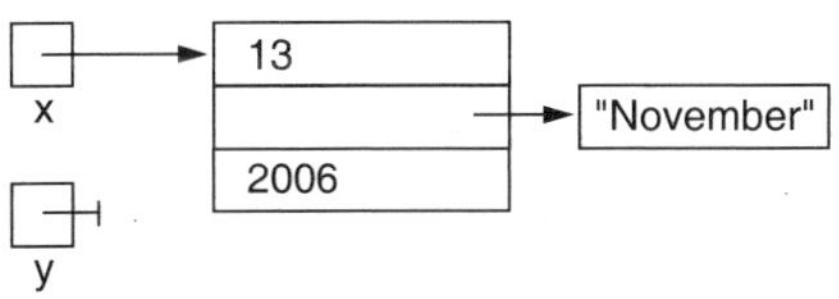

Freigabe von Objekten

Objekte einer Klasse werden wie Arrayobjekte automatisch durch den *Garbage Collector* freigegeben. Sobald ein Objekt nicht mehr durch einen Zeiger referenziert wird, sammelt es der Garbage Collector ein und stellt seinen Speicherplatz wieder zur Verfügung. Der Java-Programmierer muss sich also nicht um die

Freigabe von Objekten kümmern und kann so tun, als ob er einen unendlich großen Speicher zur Verfügung hätte, von dem er ständig neue Objekte mittels new anfordern kann. Das ist ein enormer Vorteil gegenüber Sprachen wie C++, in denen der Programmierer seine Objekte explizit freigeben muss und dabei Gefahr läuft, Fehler zu begehen, die äußerst schwierig zu finden sind.

Zuweisungen zwischen Objektvariablen

Objektvariablen können einander zugewiesen werden, falls sie den gleichen Typ haben. Was geschieht dabei? Die Zuweisung

```
y = x;
```

weist der Variablen y den Wert von x zu, also den Zeiger auf das Objekt, auf das x verweist.

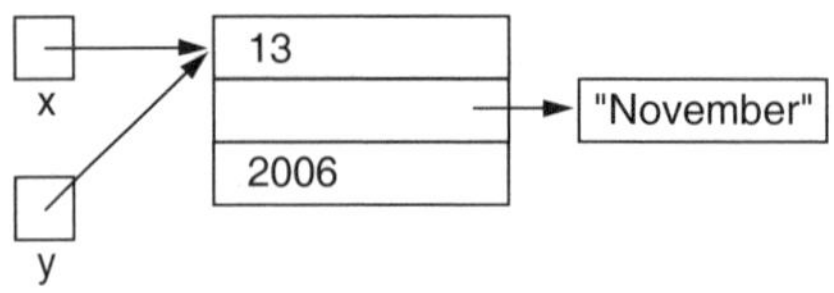

Die beiden Variablen x und y zeigen jetzt auf dasselbe Objekt. Wenn man nun ein Feld von y verändert, z.B. durch

```
y.day = 20;
```

so verändert man gleichzeitig auch das entsprechende Feld von x. Da x und y auf dasselbe Objekt zeigen, bezeichnen die Felder x.day und y.day dieselbe Speicherzelle, die nun nach der Zuweisung den Wert 20 enthält.

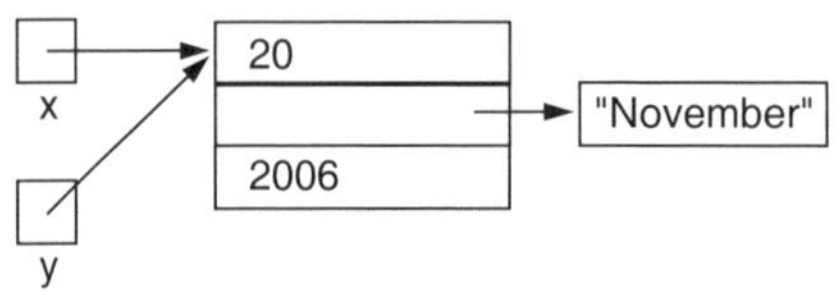

Zuweisungskompatibilität

Zuweisungen zwischen Objektvariablen sind in Java nur dann erlaubt, wenn die Variablen denselben Typ haben, d.h., wenn ihre Typen durch denselben Namen bezeichnet werden. Man nennt diese Art der Typkompatibilität *Namensäquivalenz*. Im Gegensatz dazu verwenden manche Sprachen (z.B. *Modula-3*) *Strukturäquivalenz*, was bedeutet, dass zwei Typen dann gleich sind, wenn sie dieselbe

Struktur haben, also aus Feldern desselben Typs aufgebaut sind. Namensäquivalenz ist einfacher zu definieren und auch für den Compiler einfacher zu prüfen als Strukturäquivalenz.

Unsere beiden Variablen x und y sind beide vom Typ Date. Aufgrund der Namensäquivalenz haben sie daher denselben Typ. Betrachten wir hingegen folgende Deklarationen

```
class Date1 {
    int d;
    String m;
    int y;
}
Date1 z;
```

so sind x und z nicht vom selben Typ, weil x den Typ Date und z den Typ Date1 hat. Man kann z also nicht an x zuweisen. In Sprachen mit Strukturäquivalenz wären die Typen von x und z kompatibel, weil sie trotz unterschiedlicher Namen dieselbe Struktur aufweisen. Eine Zuweisung von z an x wäre dort erlaubt.

Der Wert null, den wir schon bei Arrays kennen gelernt haben und der so viel bedeutet wie "zeigt auf kein Objekt", darf jeder Objektvariablen zugewiesen werden, zum Beispiel

```
x = null;
```

Das Objekt, auf das x zeigte, hat nach dieser Zuweisung eine Referenz weniger. Wenn kein Zeiger mehr auf das Objekt zeigt, wird es vom Garbage Collector eingesammelt.

Vergleiche

Objektvariablen können auf Gleichheit und Ungleichheit verglichen werden:

```
if (x == y) ...
if (x != y) ...
```

Dabei finden allerdings nur Zeigervergleiche und keine Wertvergleiche statt. Es wird also geprüft, ob x und y auf dasselbe Objekt zeigen. Wenn man feststellen will, ob zwei Objekte denselben *Wert* haben, muss man eine selbst geschriebene Vergleichsfunktion benutzen, z.B.

```
static boolean isEqual (Date x, Date y) {
    return x.day == y.day && x.month.equals(y.month) && x.year == y.year;
}
...
if (isEqual(x, y)) ...
```

Man beachte, dass die Funktion isEqual die beiden month-Felder mittels der String-Methode equals vergleicht (die wir in Kapitel 9 kennen gelernt haben)

```
x.month.equals(y.month)
```

weil

```
x.month == y.month
```

lediglich einen Zeigervergleich durchführen würde; wir wollen aber einen Wertvergleich.

Klassen versus Arrays

Sowohl Klassen als auch Arrays bestehen aus mehreren Elementen und werden durch Zeiger referenziert. Was ist der Unterschied zwischen beiden und wann soll man welches Konstrukt verwenden? Tab. 10.1 fasst die Unterschiede zusammen:

Tab. 10.1 *Unterschiede zwischen Arrays und Klassen*

Arrays	Klassen
Bestehen aus mehreren *gleichartigen* Elementen, z.B. aus lauter *int*-Werten.	Können aus mehreren *verschiedenartigen* Feldern bestehen, z.B. aus einem *int*-Wert und einem *String*-Wert.
Die Elemente eines Arrays haben keinen Namen, sondern werden über einen Index angesprochen, z.B. a[3].	Die Felder einer Klasse haben einen Namen und werden über diesen Namen angesprochen, z.B. x.day.
Die Anzahl der Elemente wird bei der Erzeugung des Arrayobjekts festgelegt.	Die Anzahl der Felder wird bei der Deklaration der Klasse festgelegt.

Man sollte daher Arrays verwenden, wenn man es mit lauter gleichartigen Elementen zu tun hat, die keinen eigenen Namen haben (z.B. eine Tabelle von Zahlen). Hingegen sollte man Klassen verwenden, wenn man verschiedenartige Elemente hat und diese über einen Namen ansprechen will.

Beispiel: Datenstruktur für Linien

Als Beispiel wollen wir nun eine Datenstruktur entwerfen, die Linien in einem Grafikeditor repräsentiert. Eine Linie besteht aus zwei Endpunkten:

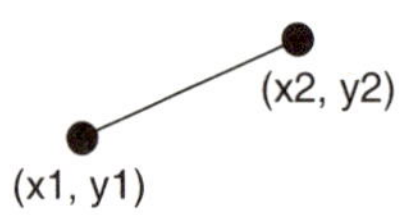

Jeder Punkt hat zwei Koordinaten x und y. Da ein Punkt ein Objekt darstellt, das wir auch im Programm als solches ansprechen wollen, fassen wir seine Daten (d.h. die beiden Koordinaten) zu einer Klasse Point zusammen:

```
class Point {
   int x, y;
}
```

Wir könnten zwar einen Punkt im Prinzip auch als Array mit zwei Elementen darstellen, allerdings ist eine Klasse besser geeignet, da man so die beiden Koordinaten durch Namen ansprechen kann.

Auch eine Linie ist ein Objekt, das wir im Programm als solches ansprechen wollen. Es besteht aus zwei Punkten, also fassen wir zwei Punkte zu einer neuen Klasse Line zusammen:

```
class Line {
   Point p1, p2;
}
```

Wir können nun ein Linienobjekt mit seinen beiden Endpunkten folgendermaßen erzeugen:

```
Line line = new Line();
line.p1 = new Point(); line.p1.x = 10; line.p1.y = 20;
line.p2 = new Point(); line.p2.x = 30; line.p2.y = 50;
```

Das ergibt folgende Datenstruktur (siehe Abb. 10.2):

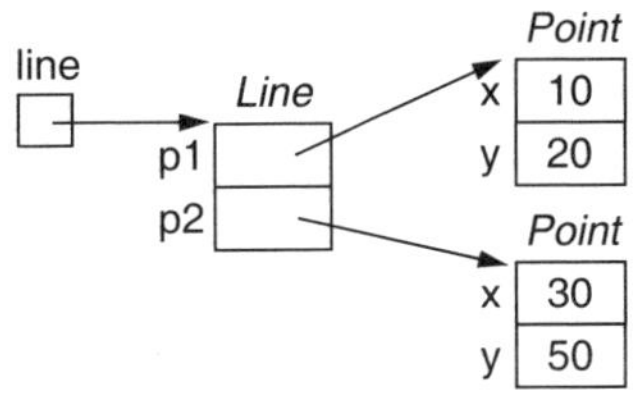

***Abb. 10.2** Ein Line-Objekt bestehend aus zwei Point-Objekten*

Wie man sieht, können Objekte über Zeiger zu einer Datenstruktur zusammengefügt werden. Solche *dynamischen Datenstrukturen* ermöglichen es, beliebig komplexe Dinge der realen Welt zu modellieren. In Kapitel 12 werden wir näher darauf eingehen. In Kapitel 11 werden wir auch sehen, dass die Erzeugung und Initialisierung von Objekten durch so genannte *Konstruktoren* wesentlich vereinfacht werden kann. Um eine Linie wie oben zu erzeugen und zu initialisieren, können wir dann einfach schreiben:

```
Line line = new Line(new Point(10, 20), new Point(30, 50));
```

10.2 Methoden mit mehreren Rückgabewerten

Methoden können in Java nur einen einzigen Wert an ihren Rufer zurückliefern. Wenn wir mehrere Werte zurückgeben wollen, müssen wir diese in eine Klasse verpacken und ein Objekt dieser Klasse zurückgeben. Dies wollen wir uns nun in einem Beispiel ansehen.

Beispiel: Umrechnung von Sekunden auf Stunden, Minuten und Sekunden

Nehmen wir an, wir wollen eine Funktion convert(seconds) schreiben, die Sekunden in Uhrzeiten umrechnen soll. Sie soll also berechnen, wie viele Stunden, Minuten und Sekunden dem Parameter seconds entsprechen. Da eine Funktion nicht drei Werte zurückgeben kann, müssen wir die Rückgabewerte zu einer Klasse Time zusammenfassen:

```
class Time {
    int h;      // hours
    int m;      // minutes
    int s;      // seconds
}
```

Die Funktion convert(seconds) kann nun ihren Parameter mittels Division und Modulorechnung in Stunden, Minuten und Sekunden zerlegen und diese Informationen in einem Time-Objekt verpackt an den Rufer zurückgeben. Auf diese Weise haben wir die Einschränkung umgangen, dass Funktionen nur einen einzigen Rückgabewert liefern dürfen.

```
static Time convert (int seconds) {
    Time t = new Time();
    t.h = seconds / 3600;
    t.m = (seconds % 3600) / 60;
    t.s = seconds % 60;
    return t;
}
```

Time-Objekte sind aber nicht nur deshalb nützlich, weil wir mit ihnen die Beschränkung von Funktionen auf einen einzigen Rückgabewert umgehen können. Die Klasse Time ist eine sinnvolle Abstraktion an sich. Wir können zum Beispiel Operationen für den Vergleich oder die Addition von Uhrzeiten definieren und dann mehrere Time-Objekte mit diesen Operationen verknüpfen. Darauf werden wir in Kapitel 11 näher eingehen.

Um zu zeigen, wie Klassen in den Kontext eines Programms eingebettet werden, geben wir nun ein vollständiges Programm an, in dem Time und convert deklariert und benutzt werden.

```
class Time {
    int h, m, s;
}

class MainProgram {

    static Time convert (int seconds) {
        Time t = new Time();
        t.h = seconds / 3600;
        t.m = (seconds % 3600) / 60;
        t.s = seconds % 60;
        return t;
    }

    public static void main (String[] arg) {
        Out.print("enter seconds>");
        int seconds = In.readInt();
        while (In.done()) {
            Time t = convert(seconds);
            Out.println(t.h + ":" + t.m + ":" t.s);
            Out.print("enter seconds>");
            seconds = In.readInt();
        }
    }

}
```

10.3 Kombination von Klassen und Arrays

In größeren Anwendungen kommen meist verschiedene Arten von Objekten vor. Daher werden in diesen Anwendungen auch unterschiedliche Klassen zu ihrer Modellierung deklariert. Oft werden Klassen dabei auch mit Arrays kombiniert, wie etwa im folgenden Beispiel.

Nehmen wir an, wir wollen ein Telefonbuch verwalten, in dem Personennamen und Telefonnummern gespeichert sind. Abstrakt gesehen, ist ein Telefonbuch eine Tabelle der folgenden Art:

	name	phone
0	...	...
	Maier	876 8878
	Mayr	543 2343
	Meier	656 2332
999	...	...

Leider können wir diese Tabelle nicht als zweidimensionales Array implementieren, weil die Elemente unterschiedliche Typen haben: Namen sind Strings, Telefonnummern sind vom Typ int. Wir können aber Arrays und Klassen kombinieren, um zu einer geeigneten Datenstruktur zu kommen. Dabei haben wir sogar zwei Möglichkeiten, zwischen denen wir wählen können:

- Ein Array aus Zeilenobjekten
- Ein Objekt bestehend aus zwei Spaltenarrays

Ein Array aus Zeilenobjekten

Jede Zeile des Telefonbuchs kann als Objekt einer Klasse Entry modelliert werden:

```
class Entry { // a single line in the phone book
    String name;
    int phone;
}
```

Das gesamte Telefonbuch ist dann ein Array solcher Zeilenobjekte:

```
Entry[] book = new Entry[1000];
```

Dies entspricht der Datenstruktur in Abb. 10.3:

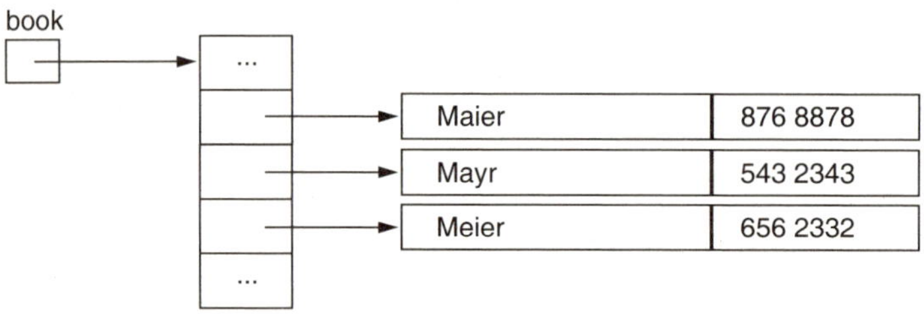

Abb. 10.3 *Telefonbuch als Array von Zeilenobjekten*

Um auf den Eintrag i zuzugereifen, schreiben wir book[i].name und book[i].phone. Beachten Sie, dass jedes Zeilenobjekt vor seiner Benutzung mit new erzeugt werden muss, also

```
book[i] = new Entry();
book[i].name = ...;
book[i].phone = ...;
```

Das Telefonbuch-Array selbst wurde bereits bei seiner Deklaration mittels new erzeugt.

Ein Objekt bestehend aus zwei Spaltenarrays

Anstatt ein Array aus Objekten zu verwenden, können wir auch ein Objekt bestehend aus zwei Arrays benutzen. Statt also die Tabelle in Zeilen zu zerlegen, zerlegen wir sie jetzt in Spalten. Die erste Spalte ist ein Array von Personennamen, die zweite Spalte ein Array von Telefonnummern. Die beiden Arrays fassen wir zu einer Klasse PhoneBook zusammen, die folgendermaßen aussieht:

```
class PhoneBook {
    String[] name;     // column of names
    int[] phone;       // column of phone numbers
}
```

Wir deklarieren eine Variable book für das Telefonbuch und müssen vor ihrer Benutzung wieder das PhoneBook-Objekt und die beiden darin enthaltenen Arrays erzeugen:

```
PhoneBook book = new PhoneBook();
book.name = new String[1000];
book.phone = new int[1000];
```

Dadurch bauen wir die in Abb. 10.4 gezeigte Datenstruktur auf.

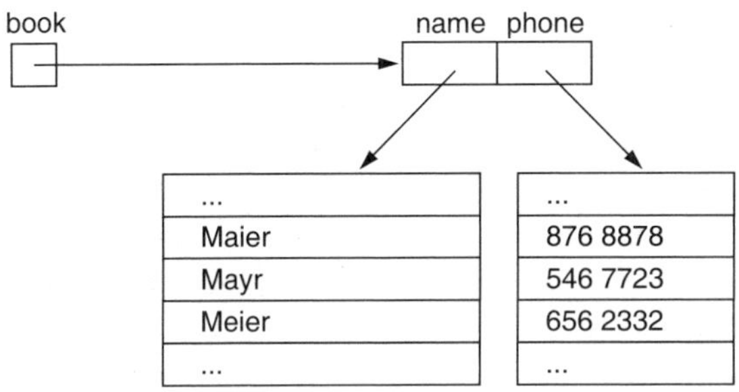

Abb. 10.4 *Telefonbuch als Objekt bestehend aus zwei Spaltenarrays*

Um auf die Person i zuzugreifen, schreiben wir book.name[i] und book.phone[i]. Beachten Sie bitte den Unterschied zur vorherigen Variante. Wir wählen hier zuerst die Spalte aus (name oder phone) und dann erst die Zeile. Bei der vorigen Variante haben wir zuerst die Zeile und dann die Spalte ausgewählt. Welche Datenstruktur verwendet wird, ist Geschmacksache. Beide sind gleich effizient. In beiden Fällen ist die Datenstruktur aber eine Kombination aus Arrays und Klassen.

Eintragen und Suchen von Personen im Telefonbuch

Um das Beispiel zu vervollständigen, entwerfen wir nun noch eine Methode enter(name, phone), mit der wir Namen und Telefonnummern in das Telefonbuch eintragen, und eine Methode lookup(name), mit der wir die Telefonnummer zu einem gegebenen Namen abfragen können. Wir wählen als Datenstruktur ein Array aus Zeilenobjekten, also die erste der beiden oben beschriebenen Varianten.

Das Programm hat folgende Struktur:

```
class Entry {
    String name;
    int phone;
}

class MainProgram {
    static Entry[] book;          // the phone book (global variable!)
    static int nEntries = 0;      // current number of entries in the book

    static void enter (String name, int phone) {...}
    static int lookup (String name) {...}
    public static void main (String[] arg) {...}
}
```

Das Telefonbuch book muss sowohl für die Methode enter als auch für die Methode lookup() zugreifbar sein. Daher deklarieren wir es auf Klassenebene; book ist also eine globale Variable. Aus Gründen, die in Kapitel 11 erklärt werden, müssen wir die Variable mit dem Zusatz static deklarieren.

Im Array book sind nicht unbedingt alle Zeilen gefüllt, daher benötigen wir eine zweite Variable nEntries, die angibt, wie viele Einträge das Telefonbuch bereits hat. Am Anfang ist das Telefonbuch leer. Wir initialisieren daher nEntries mit 0.

Die Methode enter bekommt als Parameter einen Namen und eine Telefonnummer und erzeugt daraus einen neuen Eintrag im Telefonbuch. Dabei muss man darauf achten, dass das Telefonbuch nicht überläuft, dass also nicht mehr Personen eingetragen werden, als Platz haben. Wenn man versucht, einen Namen in ein bereits volles Telefonbuch einzutragen, geben wir eine Fehlermeldung aus und ignorieren den Eintrag (in Kapitel 19 werden wir eine bessere Fehlerbehandlungstechnik kennen lernen). Die Implementierung von enter sieht folgendermaßen aus:

```
static void enter (String name, int phone) {
    if (nEntries >= book.length)
        Out.println("-- phone book full, entry " + name + " ignored");
    else {
        Entry e = new Entry();
        e.name = name; e.phone = phone;
        book[nEntries] = e;
        nEntries++;
    }
}
```

Um die Telefonnummer zu einem gegebenen Namen zu suchen, schreiben wir eine Funktion lookup, die alle Einträge des Telefonbuchs sequenziell durchsucht und den als Parameter mitgegebenen Namen mit dem Namen jeder Zeile vergleicht. Wird der Name gefunden, geben wir die entsprechende Telefonnummer zurück, wird er nicht gefunden, liefern wir -1, um anzuzeigen, dass der Name nicht im Telefonbuch steht:

```
static int lookup (String name) {
    int i = 0;
    while (i < nEntries && !name.equals(book[i].name))
        i++;
    // i == nEntries || name.equals(book[i].name)
    if (i == nEntries) return -1; // not found
    else return book[i].phone;
}
```

Beachten Sie bitte, dass die beiden Abfragen im Kopf der while-Schleife nicht vertauscht werden dürfen. Wir dürfen erst dann auf book[i] zugreifen, wenn wir sicher sind, dass i < nEntries ist, dass also der Index im erlaubten Bereich liegt.

Nun fehlt noch das Hauptprogramm, das wir in der Methode main implementieren. Wir lesen dazu das Telefonbuch von einer Datei ein und fragen anschließend den Benutzer wiederholt nach einem Namen, für den wir dann die entsprechende Telefonnummer suchen.

```
public static void main (String[] arg) {
    String name;
    int phone;
    book = new Entry[1000];
    //------- read the phone book from file "PhoneBookFile"
    In.open("PhoneBookFile");
    name = In.readWord();
    while (In.done()) { // while a name could be read
        phone = In.readInt();
        enter(name, phone);
        name = In.readWord();
    }
    In.close();
    //------- search names in the phone book
    for (;;) {
        Out.print("Name>"); // ask the user to enter a name
        name = In.readWord();
        if (!In.done()) break;
        phone = lookup(name);
        if (phone == -1)
            Out.println(name + " unknown");
        else
            Out.println("phone number is " + phone);
    }
}
```

Um von einer Datei zu lesen, öffnen wir sie mit In.open. Anschließend können wir von ihr mit In.readWord und In.readInt lesen. Am Ende schließen wir sie wieder mit In.close, wodurch In.readWord anschließend wieder von der Tastatur liest. Nach jeder Leseoperation zeigt In.done an, ob das Lesen erfolgreich war oder nicht.

Die Methoden enter und lookup gehören eigentlich zu den Daten des Telefonbuchs. Man sollte sie deshalb zu Bestandteilen der Klasse PhoneBook machen. Im nächsten Kapitel werden wir sehen, wie das geht.

Übungsaufgaben

1. *Artikelverwaltung.* Schreiben Sie ein Programm, das eine Verkaufszahlendatei mit folgender Syntax einliest:

```
Datei = { Artikel }.
Artikel = artikelNr einzelPreis { menge } "0".
```

   artikelNr, einzelPreis und menge sind positive ganze Zahlen größer 0. Ihr Programm soll die Umsätze aller Artikel berechnen und auf dem Bildschirm ausgeben. Für folgende Eingabe

```
102700     999   1 3 1 2 4     0
102701    3250   2 13 4 1 1    0
102702    1190   2 1           0
...
```

   soll diese Ausgabe erzeugt werden:

```
Artikel-Nummer   Umsatz
   102700         10989
   102701         68250
   102702          3570
            ...
```

   Schreiben Sie jeweils eine Methode zum Lesen und zum Ausgeben eines Artikels:

```
static Article readArticle() {...}
static void printArticle(Article a) {...}
```

   wobei Article eine Klasse ist, die die Daten eines Artikels enthält.

2. *Schneiden von Rechtecken.* Schreiben Sie eine Methode intersection(r1, r2), die das Schnittrechteck der beiden Rechtecke r1 und r2 berechnet und zurückgibt. Rechtecke sollen durch eine Klasse

```
class Rectangle {
    int x, y;        // left top corner
    int width;       // width of rectangle
    int height;      // height of rectangle
}
```

   beschrieben werden. Wenn sich r1 und r2 nicht schneiden, soll intersection als Ergebnis null liefern.

3. *Datumsberechnung.* Implementieren Sie eine Methode dayDiff(d1, d2), die zwei Datumsangaben d1 und d2 der Klasse Date als Parameter bekommt und ihre Differenz in Tagen zurückgibt. Berücksichtigen Sie auch Schaltjahre.

4. *Kundenkartei.* Die Kundenkartei einer Firma enthält pro Kunden einen Datensatz, der den Namen des Kunden, seine Kundennummer, seine Privat- und Geschäftsadresse sowie eine Liste der im laufenden Jahr erfolgten Bestellungen enthält. Jede Bestellung besteht aus einer Bestellmenge, einer Artikelnummer und einem Artikelpreis. Adressen bestehen aus Straße, Hausnummer, Postleitzahl und Ort.

   Modellieren Sie diese Kartei mittels Arrays und Records und stellen Sie einen Ausschnitt davon grafisch dar. Definieren Sie ein geeignetes Eingabeformat, mit dem diese Daten von einer Datei gelesen werden können. Schreiben Sie ein Programm, das Eingabedaten in diesem Format liest, die Kartei damit befüllt und schließlich in ansprechender Form wieder ausgibt.

11 Objektorientierung

Bis jetzt haben wir Klassen nur als Sammlung von Daten kennen gelernt. Ihr eigentlicher Zweck ist es aber, Daten *und Methoden* zu einer Einheit zusammenzufassen. Daten existieren selten alleine. Es gibt meist Methoden, die auf sie zugreifen und sie verändern. Die Daten und ihre Zugriffsmethoden gehören zusammen und sollten daher auch in einem gemeinsamen Sprachkonstrukt – einer Klasse – gespeichert werden. Dadurch schafft man Ordnung in Programmen und erreicht eine bessere Gliederung.

Eine Klasse kann zum Beispiel ein Bankkonto verwalten. Die Daten sind dabei der Name und die Adresse des Kunden, der Kontostand sowie eine Liste von Kontobewegungen. Als Methoden kommen Operationen in Frage, mit denen man den Kontostand abfragen, eine Einzahlung vornehmen oder einen Kontoauszug drucken kann. Mit diesen Daten und Operationen haben wir alles, was man für Konten braucht, in einem einzigen Baustein vereinigt. Programme, die die Konto-Klasse benutzen, bekommen mit ihr nicht nur alle Kontodaten, sondern auch die nötigen Operationen, um Konten sinnvoll zu benutzen.

Klassen aus Daten und Methoden sind die Grundbausteine der *objektorientierten Programmierung*, einer Standardtechnik des Software Engineering. Wir werden uns diese Technik in diesem und den beiden nächsten Kapiteln etwas genauer ansehen.

11.1 Methoden in Klassen

Beginnen wir mit einem Beispiel. Nehmen wir an, wir wollen ein Programm schreiben, das mit Bruchzahlen arbeitet. Bruchzahlen bestehen bekanntlich aus einem Zähler und einem Nenner:

3 ◄- - - Zähler (numerator)
—
5 ◄- - - Nenner (denominator)

Sinnvolle Operationen sind zum Beispiel die Addition, Subtraktion, Multiplikation und Division von Brüchen. Die Daten (numerator, denominator) und die Operationen (add, subtract, multiply, divide) bilden eine Einheit. Wir sollten sie daher zu einer Klasse Fraction zusammenfassen.

Wir wissen bereits, wie man in Java Daten zu einer Klasse zusammenfasst. Alles was noch fehlt, sind die Methoden, die wir nun einfach ebenfalls in der Klasse implementieren, zu der sie gehören. Somit ergibt sich folgende Klasse Fraction:

```
class Fraction {
    int n; // numerator
    int d; // denominator

    void add (Fraction f) {
        n = n * f.d + f.n * d;
        d = d * f.d;
    }

    void subtract (Fraction f) {
        n = n * f.d - f.n * d;
        d = d * f.d;
    }

    void multiply (Fraction f) {
        n = n * f.n;
        d = d * f.d;
    }

    void divide (Fraction f) {
        int n0 = n * f.d; // just in case f == this
        d = d * f.n;
        n = n0;
    }
}
```

Die vier Methoden sind lokal zu Fraction, können aber von außen für den Zugriff auf Fraction-Objekte benutzt werden. Sie greifen auf die Daten des Fraction-Objekts zu, auf das sie angewendet werden, also auf n und d dieses Objekts.

Das Objekt, auf das eine Methode angewendet wird, wird in Java durch die Standardvariable this bezeichnet. Wenn add auf n zugreift, so ist damit this.n gemeint. Die Qualifikation mit this kann man weglassen, wenn klar ist, dass n ein Feld des Objekts und nicht vielleicht eine lokale Variable ist. Will man aber ganz genau sein, so kann man schreiben:

```
void add (Fraction f) {
    this.n = this.n * f.d + f.n * this.d;
    this.d = this.d * f.d;
}
```

Beachten Sie bitte, dass die Methoden von Fraction ohne den Zusatz static deklariert wurden, den wir bis jetzt immer bei Methoden angegeben haben. Dadurch drückt man aus, dass die Methoden auf ein Objekt dieser Klasse angewendet werden.

Typischerweise sind Methoden nicht statisch (so wie hier). Den genauen Unterschied zwischen statischen und nicht statischen Methoden werden wir in Kapitel 11.3 behandeln.

Aufruf von Methoden

Um die Klasse Fraction zu benutzen, erzeugen wir zum Beispiel zwei Fraction-Objekte a und b und initialisieren sie so, dass a die Bruchzahl 1/2 darstellt und b die Bruchzahl 3/5.

```
Fraction a = new Fraction(); a.n = 1; a.d = 2;
Fraction b = new Fraction(); b.n = 3; b.d = 5;
```

Wenn wir a und b miteinander multiplizieren wollen, wenden wir die Methode multiply auf das Objekt a an und übergeben das Objekt b als Parameter.

```
a.multiply(b);
```

Das Ergebnis (1/2 * 3/5 = 3/10) steht anschließend in a. Die Schreibweise a.multiply(b) ist zunächst ungewohnt, aber logisch. Man wählt zuerst ein Objekt aus (a) und wendet anschließend eine Operation darauf an (multiply). In der objektorientierten Programmierung verwendet man dafür besondere Begriffe. Man sagt:

> Das Objekt a bekommt die *Nachricht* (den *Auftrag*) multiply, wodurch die multiply-Methode von a aufgerufen wird. Nachrichten führen also zum Aufruf von Methoden.
>
> Das Objekt a nennt man den *Empfänger* der Nachricht multiply. Der Empfänger ist immer dasjenige Objekt, dem die Nachricht geschickt wird und das in der Methode mit *this* bezeichnet wird.

Was geschieht nun eigentlich beim Senden der Nachricht a.multiply(b):

- Da der Empfänger a vom Typ Fraction ist, wird die multiply-Methode von Fraction ausgewählt.
- Die Methode multiply hat neben ihrem formalen Parameter f noch einen zweiten (versteckten) formalen Parameter this, den *formalen Empfänger*. Vor dem eigentlichen Aufruf der Methode wird der aktuelle Empfänger a dem formalen Empfänger this zugewiesen und der aktuelle Parameter b dem formalen Parameter f.
- Anschließend wird multiply aufgerufen und ausgeführt.

Abb. 11.1 verdeutlicht diesen Sachverhalt, wobei der versteckte Parameter this als Kommentar angegeben wurde.

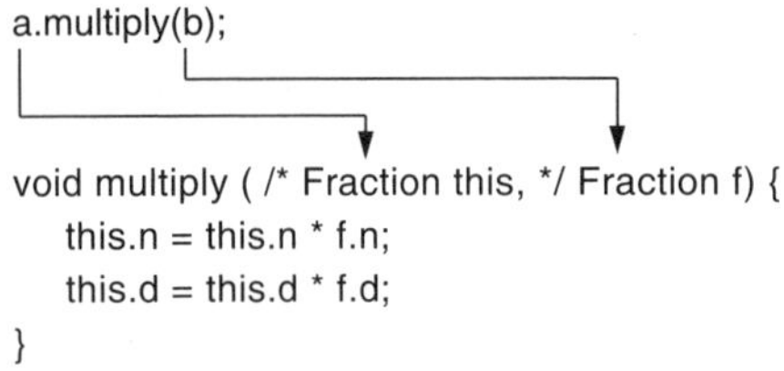

Abb. 11.1 *Parameterübergabe beim Aufruf einer Methode*

Auch wenn wir die Felder n und d nicht mit this qualifizieren, wird der aktuelle Empfänger a an this zugewiesen. Wenn man in der Methode das Feld n anspricht, so ist damit immer das Feld this.n gemeint, also das Feld des Objekts, dem die Nachricht gesendet wurde. Wenn die Objekte a und b vor dem Senden der Nachricht folgenden Inhalt hatten

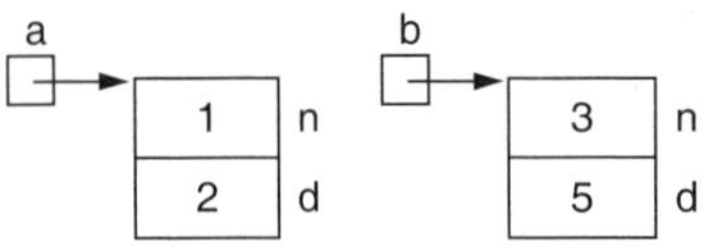

so sehen sie nach dem Aufruf a.multiply(b) folgendermaßen aus:

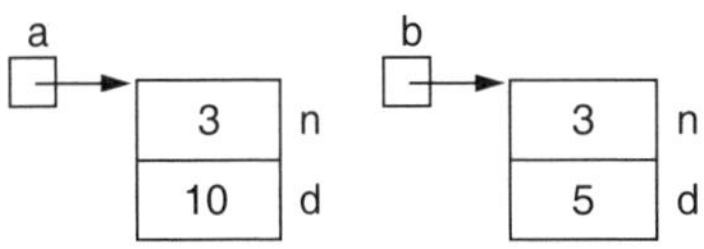

Die Methode multiply hat die Felder desjenigen Objekts verändert, auf das sie angewendet wurde, also die Felder von a. Das Objekt b blieb unverändert. Methoden manipulieren in der Regel nur die Felder ihres eigenen Empfängers.

Grafische Notation für Klassen

Wenn man Klassen beschreibt, benutzt man oft eine grafische Notation – ein so genanntes Klassendiagramm, da dieses kompakter und übersichtlicher ist als der entsprechende Java-Code. Ein Klassendiagramm dient lediglich als Dokumentation. Es zeigt die Schnittstelle einer Klasse, also alle Felder und Methoden, die man von außen verwenden kann. Die Klasse Fraction wird zum Beispiel durch das Klassendiagramm in Abb. 11.2 beschrieben.

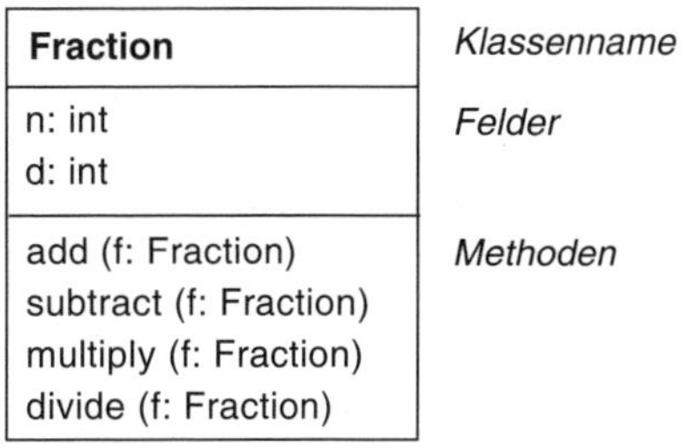

Abb. 11.2 *Klassendiagramm für Fraction*

Das Kästchen ist in drei Abschnitte unterteilt. Im ersten Abschnitt steht der Name der Klasse, der fett geschrieben wird. Im zweiten Abschnitt werden die Felder der Klasse angegeben, also ihre Daten n und d. Man kann die Felder mit oder ohne Typ schreiben, je nachdem, wie detailliert man die Dokumentation halten will. Im letzten Abschnitt stehen schließlich die Methodenköpfe. Auch hier kann man, wenn man will, die Parametertypen angeben oder weglassen. Wenn man weniger genau sein möchte, kann man die Parameter sogar ganz weglassen und nur die Methodennamen schreiben. Das Kästchen dient nur zur Dokumentation und die kann unterschiedlich detailliert sein.

Klassendiagramme sind besonders in Programmen, die aus mehreren Klassen bestehen, hilfreich. Sie sind kompakter als Java-Code und können mittels Linien und Pfeilen auch die Beziehungen zwischen den Klassen ausdrücken (Benutzt-Beziehung, Vererbungs-Beziehung, etc.). Wir werden davon später noch Gebrauch machen. Klassendiagramme sind ein Teil der *Unified Modeling Language* (*UML*), einer Menge grafischer Notationen zur Beschreibung objektorientierter Systeme, die in der Praxis weit verbreitet ist. Neben den hier gezeigten Kästchen besitzt UML noch viele andere grafische Elemente, auf die wir hier aber nicht eingehen. Der Leser findet z.B. in [HK05] oder [Fowler03] einen guten Überblick.

11.2 Konstruktoren

Wenn man ein Objekt einer Klasse erzeugt, so erhalten alle Felder automatisch einen Anfangswert. Zahlen werden auf 0 gesetzt, Zeiger auf null und boolesche Werte auf false. Diese Standardinitialisierung ist aber oft nicht das, was man haben möchte. Daher kann man in Java spezielle Initialisierungsmethoden schreiben, die bei der Erzeugung eines Objekts automatisch aufgerufen werden und in denen man sinnvollere Einstellungen vornehmen kann. Diese Methoden heißen *Konstruktoren.*

Ein Konstruktor ist eine Methode, die den gleichen Namen hat wie die Klasse, zu der sie gehört. Sie wird ohne Funktionstyp und ohne Schlüsselwort void deklariert, kann aber Parameter haben, in denen üblicherweise Initialwerte der Objektfelder übergeben werden. Ein Konstruktor für unsere Klasse Fraction könnte zum Beispiel so aussehen:

```
class Fraction {
   int n, d;

   Fraction (int n, int d) {
      this.n = n; this.d = d;
   }

   ...
}
```

Unser Konstruktor bekommt als Parameter die Initialwerte für die beiden Felder n und d und weist sie diesen zu. Wir sehen hier eine Situation, in der die Felder mit this qualifiziert werden müssen, weil man sonst ihre Namen nicht von den Parameternamen unterscheiden könnte. this bezeichnet in Konstruktoren das Objekt, das gerade erzeugt wurde.

Der Fraction-Konstruktor wird automatisch aufgerufen, wenn ein Fraction-Objekt erzeugt wird. Allerdings müssen wir bei der Erzeugung auch die gewünschten aktuellen Parameter des Konstruktors angeben. Das sieht dann so aus:

```
Fraction a = new Fraction(3, 5);
```

Diese Anweisung erzeugt ein neues Fraction-Objekt und weist seine Adresse der Variablen a zu. Anschließend ruft sie den Konstruktor auf und übergibt ihm die Parameter 3 und 5, die zur Initialisierung der Felder n und d verwendet werden. Der Konstruktor gibt uns also die Möglichkeit, ein neues Objekt bequem mit Initialwerten zu versehen. Da er automatisch aufgerufen wird, können wir nicht vergessen, das Objekt zu initialisieren. Konstruktoren werden jedoch nicht explizit wie normale Methoden aufgerufen, sondern implizit bei der Objekterzeugung.

Eine Klasse kann mehrere Konstruktoren haben. Sie haben alle denselben Namen, nämlich den der Klasse, und unterscheiden sich nur in ihren Parametern. Wir könnten unserer Fraction-Klasse also noch einen zweiten Konstruktor geben, der keine Parameter besitzt und den Zähler auf 0 und den Nenner auf 1 setzt:

```
class Fraction {
   ...
   Fraction (int n, int d) {
      this.n = n; this.d = d;
   }

   Fraction () {
      n = 0; d = 1;
   }
   ...
}
```

Welcher der beiden Konstruktoren aufgerufen wird, hängt von den Parametern ab, die wir bei der Objekterzeugung angeben.

```
Fraction a = new Fraction(1, 2);      // ruft Fraction(int n, int d) auf
Fraction b = new Fraction();          // ruft Fraction() auf
```

Wenn wir für eine Klasse keinen Konstruktor angeben, fügt Java automatisch einen parameterlosen Konstruktor hinzu, der den Feldern Standardwerte zuweist (0, null, false, ...).

Konstruktoren sparen Schreibarbeit und machen die Erzeugung und Initialisierung von Objekten lesbarer. Die Initialisierung eines Line-Objekts, die wir in Kapitel 10.1 folgendermaßen vorgenommen haben

```
Line line = new Line();
line.p1 = new Point(); line.p1.x = 10; line.p1.y = 20;
line.p2 = new Point(); line.p2.x = 30; line.p2.y = 50;
```

hätten wir mit Konstruktoren wesentlich kürzer und anschaulicher schreiben können:

```
Line line = new Line(new Point(10, 20), new Point(30, 50));
```

Wenn Objekte immer mit den gleichen Werten initialisiert werden sollen, kann man diese Werte auch bei der Deklaration der Felder angeben, also zum Beispiel:

```
class Fraction {
   int n = 1;
   int d = 1;
   ...
}
```

In jedem neu erzeugten Objekt werden hier Zähler und Nenner mit 1 initialisiert. Allerdings kann man bei der Deklaration eines Feldes nur solche Initialisierungen vornehmen, die sich durch eine einzige Zuweisung ausdrücken lassen, während man in einem Konstruktor beliebige Berechnungen durchführen kann. Außerdem erlauben Konstruktoren die Initialisierung mit variablen Werten. Konstruktoren sind also mächtiger als initialisierte Deklarationen. Enthält eine Klasse sowohl initialisierte Deklarationen als auch Konstruktoren, so werden zuerst die bei der Deklaration angegebenen Initialisierungen vorgenommen, anschließend wird der Konstruktor aufgerufen.

11.3 Statische und objektbezogene Felder und Methoden

In früheren Kapiteln haben wir Methoden immer mit dem Schlüsselwort static deklariert, in diesem Kapitel haben wir hingegen static weggelassen. Wo liegt der Unterschied?

Um den Unterschied zu verstehen, müssen wir uns zunächst vor Augen führen, dass auch eine Klasse ein Objekt ist. Ein Klassenobjekt ist gewissermaßen eine Schablone, die das Aussehen aller Objekte dieser Klasse festlegt. Sowohl das Klassenobjekt als auch die Objekte, die von dieser Klasse erzeugt werden, können Felder und Methoden haben. Die Felder und Methoden des Klassenobjekts deklariert man mit dem Zusatz static (man nennt sie *statische Komponenten*), die Felder und Methoden der Objekte, die von dieser Klasse erzeugt werden, deklariert man ohne den Zusatz static (wir nennen sie *objektbezogene Komponenten*).

Die Klasse Fraction könnte zum Beispiel einen Zähler fractionCounter enthalten, der darüber Buch führt, wie viele Fraction-Objekte man bereits erzeugt hat. Jedesmal, wenn ein Fraction-Objekt erzeugt wird, erhöht der entsprechende Konstruktor den Zähler fractionCounter. Vom Zähler soll es nur ein einziges Exemplar geben. Es gehört zur Fraction-Klasse und nicht zu den Fraction-Objekten. Wir müssen den Zähler also als statisches Feld deklarieren (als *Klassenfeld*). Ferner könnten wir eine Methode resetFractionCounter vorsehen, die den Zähler auf 0 zurücksetzt. Diese Methode arbeitet mit dem Klassenfeld fractionCounter und gehört daher ebenfalls zur Klasse Fraction und nicht zu den Fraction-Objekten. Wir müssen sie daher ebenfalls statisch deklarieren (als *Klassenmethode*). Unsere Fraction-Klasse sieht nun folgendermaßen aus:

```
class Fraction {
   // ----- class field
   static int fractionCounter = 0;

   // ----- object fields
   int n = 1;
   int d = 1;

   // ----- class method
   static void resetFractionCounter () {
      fractionCounter = 0;
   }

   // ----- constructor and object methods
   Fraction (int n, int d) {
      this.n = n; this.d = d;
      fractionCounter++;  // new object created => increase counter
   }

   void add (Fraction f) {
      n = n * f.d + f.n * d;
      d = d * f.d;
   }
   ...
}
```

Zur Initialisierung von statischen Feldern kann man ebenfalls einen Konstruktor deklarieren, der aber im Gegensatz zu den Objektkonstruktoren keinen Namen und keine Parameter hat, sondern nur aus dem Schlüsselwort static und einem Codeteil besteht:

```
class Fraction {
    ...
    Fraction (int n, int d) { // object constructor
        this.n = n; this.d = d;
        fractionCounter++; // new object created => increase counter
    }

    static { // class constructor
        fractionCounter = 0;
    }
    ...
}
```

Im Gegensatz zu Objektkonstruktoren, von denen es mehrere pro Klasse geben kann, hat jede Klasse höchstens *einen* Klassenkonstruktor. Er wird automatisch aufgerufen, wenn die Klasse geladen wird (üblicherweise zu Beginn der Programmausführung).

Wie man aus dem Beispiel sieht, können Objektmethoden auch auf Klassenfelder zugreifen (der Objektkonstruktor greift zum Beispiel auf fractionCounter zu). Klassenmethoden können hingegen nicht auf Objektfelder zugreifen, da nicht klar wäre, welches Objekt gemeint ist. Es kann beliebig viele Objekte dieser Klasse geben. Das Gleiche gilt für Methoden: Objektmethoden können Klassenmethoden aufrufen aber nicht umgekehrt.

Zugriff auf Klassenfelder und Klassenmethoden

Klassenfelder gehören zu einer Klasse. Daher qualifiziert man sie bei einem Zugriff mit dem Klassennamen, also

```
Fraction.fractionCounter = 0;
```

Innerhalb der Klasse Fraction kann die Qualifizierung jedoch weggelassen werden und ist nur dann nötig, wenn es ohne sie zu Mehrdeutigkeiten kommen würde.

Beim Aufruf von Klassenmethoden qualifiziert man den Methodennamen ebenfalls mit dem Klassennamen. Man schreibt also

```
Fraction.resetFractionCounter();
```

Auch hier kann man die Qualifizierung weglassen, wenn der Aufruf innerhalb der Klasse Fraction erfolgt und die Eindeutigkeit gegeben ist. Obwohl der Aufruf einer Klassenmethode als Nachricht an die Klasse interpretiert werden kann, gibt es in Klassenmethoden keinen Empfänger this. Da nur ein einziges Exemplar jeder Klasse existiert, ist der Empfänger einer solchen Nachricht klar: Es ist das Klassenobjekt. Daher wird der Empfänger bei Klassennachrichten nicht als Parameter mitgegeben.

Klassen als Hauptprogramme

In den vorangegangenen Kapiteln haben wir unser Hauptprogramm immer als Klasse implementiert. Wir haben also zum Beispiel geschrieben:

```
class MyProg {

    static void print (String s) {
        Out.println(s);
    }

    public static void main (String[] arg) {
        for (int i = 0; i < arg.length; i++)
            print(arg[i]);
    }

}
```

Wir verstehen jetzt besser, was dieses Programmstück bedeutet. Die Klasse MyProg enthält zwei Klassenmethoden main und print. Sie sind beide als static deklariert. Das Java-Laufzeitsystem benutzt die Konvention, dass jede Klasse, die eine (public) Klassenmethode namens main hat, von der Kommandozeile wie ein Programm aufgerufen werden kann. In der Java-Entwicklungsumgebung JDK kann man zum Beispiel schreiben

```
java MyProg Anton Berta Caesar
```

wodurch die Methode MyProg.main aufgerufen wird. Die nachfolgenden Wörter der Kommandozeile werden als Parameter im Stringarray arg übergeben. Auf diese Weise kann man ein Hauptprogramm mit Parametern versehen.

Der Aufruf von print in main ist der Aufruf einer Klassenmethode und könnte auch als MyProg.print geschrieben werden.

Zusammenfassung: statische und objektbezogene Komponenten

Statische und objektbezogene Komponenten bereiten oft Verständnisschwierigkeiten. Wir wollen daher nochmals die wichtigsten Unterschiede zwischen ihnen in Tab. 11.1 zusammenfassen.

Tab. 11.1 Statische und objektbezogene Komponenten einer Klasse

	Objektbezogene Komponenten	Statische Komponenten
Deklaration	ohne static	mit static
existieren	in jedem Objekt	nur einmal pro Klasse
Felder werden angelegt	wenn das Objekt erzeugt wird	wenn die Klasse geladen wird (am Anfang des Programms)
Felder werden freigegeben	vom Garbage Collector, wenn kein Zeiger mehr auf das Objekt zeigt	wenn die Klasse entladen wird (am Ende des Programms)
Konstruktor wird aufgerufen	wenn das Objekt erzeugt wird	wenn die Klasse geladen wird
Felder werden angesprochen	obj.field this.field	Class.field
Methoden werden aufgerufen	obj.m(); this.m();	Class.m();

Man kann sich das Verhältnis zwischen einer Klasse und ihren Objekten so vorstellen, wie wenn die Objekte in ihrer Klasse leben würden. Sie haben daher Zugriff auf alle statischen Felder und Methoden ihrer Klasse, wie wenn es sich um globale Komponenten handeln würde, die in allen Methoden der Klasse bekannt sind. Im Gegensatz zu objektbezogenen Komponenten, die in Objekten gespeichert sind und nur so lange leben, wie ihre Objekte referenziert werden, sind statische Komponenten in einer Klasse gespeichert und leben während der gesamten Programmausführung.

11.4 Beispiel: Klasse PhoneBook

In Kapitel 10 haben wir ein Telefonbuch implementiert, in das man Namen und Telefonnummern eintragen und in dem man Telefonnummern suchen konnte. Wir wollen uns dieses Beispiel nun nochmals vornehmen. Diesmal wollen wir es jedoch besser machen. Die Methoden enter und lookup gehören eigentlich zur Klasse PhoneBook und sollten deshalb auch in dieser Klasse implementiert werden. Außerdem wollen wir einen Konstruktor vorsehen, der das Telefonbuch in der passenden Größe erzeugt. Die Implementierung der Methoden bleibt im Wesentlichen gleich wie in Kapitel 10.

Zunächst überlegen wir uns anhand eines Klassendiagramms, welche Klassen, Felder und Methoden es geben soll und wie die Klassen zusammenhängen (siehe Abb. 11.3).

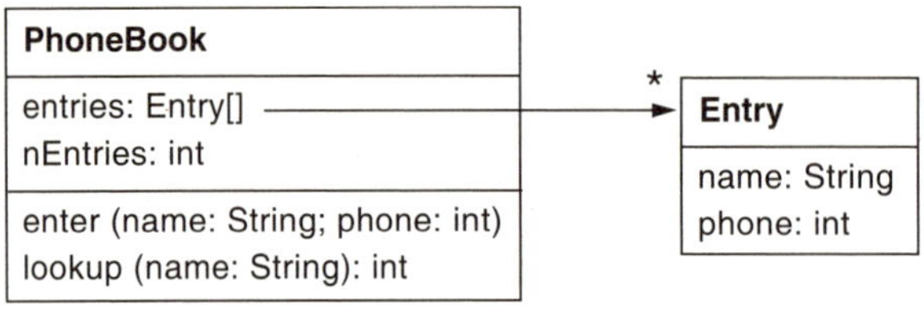

Abb. 11.3 *Klassendiagramm für PhoneBook und Entry*

PhoneBook enthält ein Array von Einträgen (entries) sowie seine aktuelle Länge nEntries. Die Methode enter legt einen Namen und eine Telefonnummer im Telefonbuch ab. lookup liefert eine Nummer zu einem gegebenen Namen. Die Klasse Entry ist eine reine Datenklasse und hat daher bis auf einen Konstruktor keine Methoden. Der Stern am Ende des Pfeils zu Entry deutet an, dass PhoneBook *mehrere* Entry-Objekte benutzt. Damit können wir bereits die Implementierung der beiden Klassen angeben.

```
class Entry {
    String name;
    int phone;

    Entry (String name, int phone) {
        this.name = name; this.phone = phone;
    }
}

class PhoneBook {
    Entry[] entries;
    int nEntries;

    PhoneBook (int size) {
        entries = new Entry[size];
        nEntries = 0;
    }

    void enter (String name, int phone) {
        if (nEntries < entries.length && lookup(name) == -1)
            entries[nEntries++] = new Entry(name, phone);
    }

    int lookup (String name) {
        int i;
        for (i = 0; i < nEntries && !name.equals(entries[i].name); i++) ;
        if (i == nEntries) return -1; else return entries[i].phone;
    }
}
```

Die Klasse PhoneBook kann nun in einem anderen Programm als Baustein verwendet werden, zum Beispiel:

```
class MyProg {

    public static void main (String arg[]) {
        PhoneBook book = new PhoneBook(1000);

        //----- read the phone book from a file
        In.open("PhoneBookFile.txt");
        String name = In.readWord();
        while (In.done()) {
            int phone = In.readInt();
            book.enter(name, phone);
            name = In.readWord();
        }
        In.close();

        //----- ask the user for names and look them up in the phone book
        for (;;) {
            Out.print("Name>"); name = In.readWord();
            if (!In.done()) break;
            int phone = book.lookup(name);
            if (phone >= 0) Out.println("phone number is " + phone);
            else Out.println(name + " unknown");
        }
    }
}
```

11.5 Beispiel: Klasse Stack

Als weiteres Beispiel für Klassen wollen wir nun eine in der Informatik häufig benötigte Datenstruktur einführen, und zwar einen *Keller* (engl. *Stack*). Ein Keller ist ein Stapel von Objekten, auf den man Objekte drauflegen und von dem man Objekte entfernen kann. Das zuletzt auf den Keller gelegte Element wird als erstes wieder entfernt. Daher nennt man einen Keller auch eine *LIFO-Datenstruktur* (last in first out). Die beiden Kelleroperationen heißen push und pop und haben folgende Bedeutung:

s.push(x);	legt das Objekt x auf den Keller s.
x = s.pop();	entfernt das oberste Kellerelement von s und liefert es zurück.

Abb. 11.4 zeigt einen Keller und ein Beispiel für seine Benutzung. Zunächst werden zwei Objekte x und y mittels push auf den Keller gelegt. Anschließend wird pop aufgerufen, wodurch das oberste Kellerelement y geliefert und vom Keller entfernt wird. Das nächste pop liefert das Objekt x.

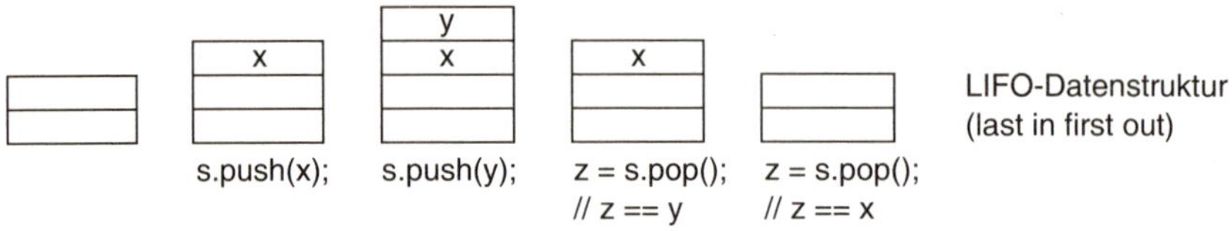

***Abb. 11.4** Beispiel für die Benutzung eines Kellers*

Die einfachste Datenstruktur für einen Keller ist ein Array, an dessen Ende man Elemente mit push anfügen und von dessen Ende man Elemente wieder mit pop entfernen kann. Wenn das einzufügende Element nicht mehr Platz hat, soll es ignoriert werden und ein Feld overflow soll den Fehler anzeigen. Wenn versucht wird, ein Element aus einem leeren Keller zu holen, soll dieser Fehler durch das Feld underflow angezeigt werden. Das Klassendiagramm für diese Stack-Implementierung ist sehr einfach und wird in Abb. 11.5 gezeigt.

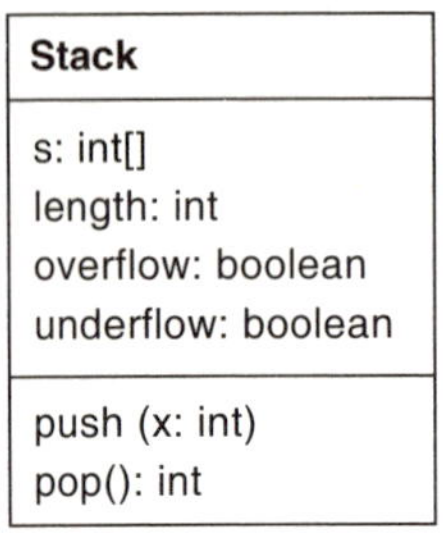

***Abb. 11.5** Klassendiagramm für Stack*

In unserem Beispiel implementieren wir einen Keller für ganze Zahlen. Natürlich kann man auf die gleiche Weise auch Keller für beliebige andere Daten implementieren, zum Beispiel für Strings, für float-Zahlen oder für PhoneBook-Objekte. Die Implementierung der Klasse Stack sieht wie folgt aus:

```
class Stack {
   int[] s;          // stack array
   int length;       // number of elements in s
   boolean overflow;
   boolean underflow;

   Stack (int size) {
      s = new int[size];
      length = 0;
      overflow = false;
      underflow = false;
   }
```

```
    void push (int x) {
        overflow = length >= s.length;
        if (!overflow) s[length++] = x;
    }

    int pop () {
        underflow = length == 0;
        if (!underflow) return s[--length]; else return -1;
    }
}
```

Beachten Sie, wie push den Wert x in s[length] ablegt und anschließend length mittels ++ erhöht. In pop wird umgekehrt length mittels -- erniedrigt und anschließend wird das entsprechende Element aus s[length] entnommen.

Wir können unsere Stack-Klasse nun in anderen Programmen verwenden, indem wir zum Beispiel schreiben:

```
Stack s = new Stack(50);          // creates empty stack with space for 50 elements
s.push(3); s.push(7);             // stack contains 3 and 7
Out.println(s.pop() * s.pop());   // prints 21; stack is empty again
```

Wo braucht man Kellerspeicher in der Praxis? Um diese Frage zu beantworten, müssen wir nicht weit suchen gehen. Die virtuelle Java-Maschine (die Software, die unsere Java-Programme ausführt) verwendet zum Beispiel einen Keller, um Ausdrücke zu berechnen. Ihre Architektur ist geradezu auf einen Keller zugeschnitten, weshalb man sie auch eine *Kellermaschine* nennt.

Java-Programme werden in Befehle einer *virtuellen Maschine* (VM) übersetzt, die zur Laufzeit interpretiert und ausgeführt werden. Man nennt diese Befehle *Bytecodes*, weil sie meist in einem einzigen Byte codiert sind. Folgendes Beispiel zeigt die Bytecodes zur Berechnung des Ausdrucks 3 + 7 * 5 und erklärt ihre Wirkung.

Befehl	*Bedeutung*	*Keller-Inhalt*
iconst 3	Kellert die Konstante 3: push(3);	3
iconst 7	Kellert die Konstante 7: push(7);	3, 7
iconst 5	Kellert die Konstante 5: push(5);	3, 7, 5
imul	Multipliziert die beiden obersten Kellerelemente und kellert das Ergebnis: push(pop() * pop());	3, 35
iadd	Addiert die beiden obersten Kellerelemente und kellert das Ergebnis: push(pop() + pop());	38

Wer einen Taschenrechner der Marke *Hewlett-Packard* besitzt, dem wird diese Art der Ausdrucksberechnung bekannt vorkommen. Auf diesen Rechnern werden ebenfalls zuerst die Operanden eingegeben (gekellert), bevor die gewünschte Aktion (z.B. Addition) ausgeführt wird. Man kann dadurch komplexe Ausdrücke ohne Klammern berechnen.

11.6 Beispiel: Klasse Queue

Eine fast ebenso häufige Datenstruktur wie ein Keller ist die *Schlange* oder auch *Puffer* (engl. *Queue*). Eine Schlange ist ebenfalls eine Sammlung von Objekten, zu der man neue Elemente hinzufügen und von der man Elemente entfernen kann. Im Gegensatz zu einem Keller, bei dem das Einfügen und Entfernen am gleichen Ende erfolgt, fügt man bei einer Schlange Elemente an einem Ende ein und entfernt sie am anderen Ende. Das zuerst eingefügte Element wird auch als erstes wieder entfernt. Daher nennt man eine Schlange eine *FIFO-Datenstruktur* (first in first out). Die beiden Schlangenoperationen heißen put und get und haben folgende Bedeutung:

q.put(x);	fügt x hinten an die Schlange q an.
x = q.get();	entnimmt das vorderste Element der Schlange q und liefert es zurück.

Bildlich kann man sich eine Schlange als Röhre mit zwei Enden vorstellen. An einem Ende steckt man Elemente hinein, am anderen Ende kommen sie in derselben Reihenfolge wieder heraus (siehe Abb. 11.6).

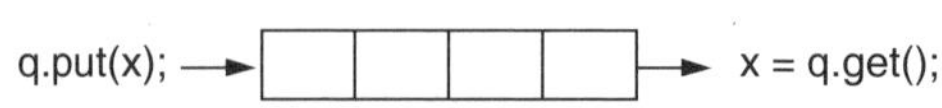

Abb. 11.6 *Arbeitsweise einer Schlange*

Die einfachste Datenstruktur für eine Schlange ist wieder ein Array. Die Elemente werden dabei von put ans Ende des Arrays angefügt. Ein Index head zeigt auf das erste und älteste Element in der Schlange, ein Index tail auf den nächsten freien Platz im Array (siehe Abb. 11.7).

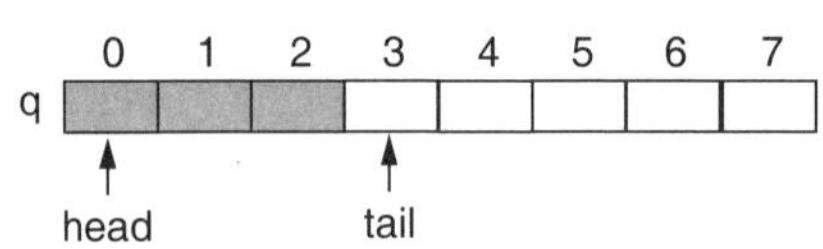

Abb. 11.7 *Schlange als Array*

Neue Elemente werden an der Stelle q[tail] eingefügt, alte Elemente werden an der Stelle q[head] entnommen.

Wenn man ein Element aus der Schlange entnimmt, müsste man eigentlich den verbleibenden Arrayinhalt um eine Position nach links schieben. Da dies aber zu aufwendig wäre, erhöht man lediglich head. Dadurch wandert der belegte Teil des Arrays allmählich nach rechts (siehe Abb. 11.8).

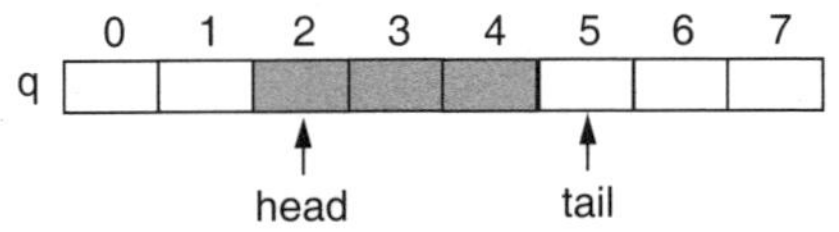

Abb. 11.8 Schlange nach einigen put()- und get()-Operationen

Irgendwann erreicht der belegte Teil das Arrayende. Um das Array nicht verlängern zu müssen, bedient man sich eines Tricks: Wenn der Index tail das rechte Ende des Arrays überschreitet, kommt er am linken Ende wieder herein. Das kann man erreichen, indem man tail im obigen Beispiel folgendermaßen erhöht:

```
tail = (tail + 1) % 8;
```

Auf den Wert 7 folgt also der Wert 0. Der gefüllte Teil des Arrays kann nun über das Arrayende hinausreichen und sich am Arrayanfang fortsetzen. In Abb. 11.9 besteht der Inhalt der Schlange aus den Elementen q[6], q[7], q[0] und q[1].

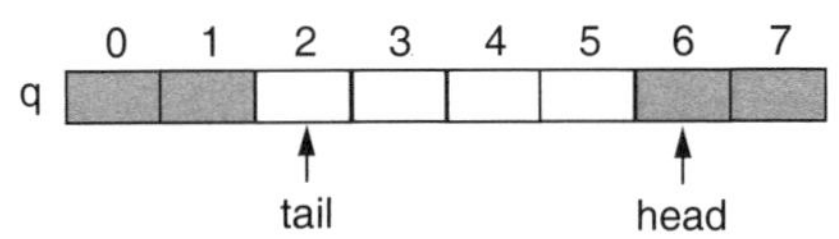

Abb. 11.9 Belegter Teil des Arrays überschreitet das Arrayende

Man nennt so eine Datenstruktur ein *zyklisches Array* und kann es sich bildlich wie einen Ring vorstellen, in dem die Indizes head und tail im Kreis laufen (siehe Abb. 11.10).

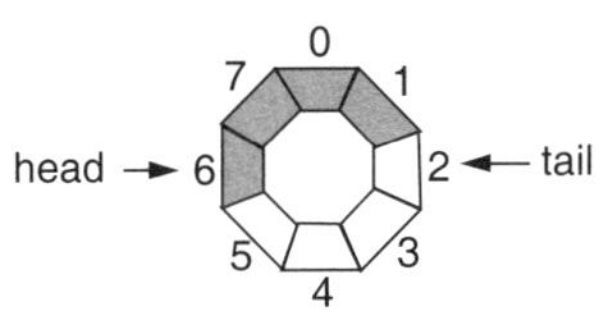

Abb. 11.10 Darstellung einer Schlange als zyklisches Array

Wenn wir versuchen, ein Element in eine volle Schlange einzufügen, führt das zu einem Fehler, den wir wieder durch ein Feld overflow anzeigen. Ebenso gibt es ein Feld underflow, das gesetzt wird, wenn wir versuchen, ein Element aus einer leeren Schlange zu entfernen.

Eine leere Schlange erkennen wir daran, dass head == tail ist. Wie erkennen wir aber, dass die Schlange voll ist? Man könnte sagen, eine Schlange ist voll, wenn tail rundherum gelaufen ist und wieder head erreicht. In diesem Fall ist aber ebenfalls head == tail und wir könnten diesen Fall nicht von dem einer leeren Schlange unterscheiden. Daher definieren wir, dass eine Schlange dann voll ist, wenn tail unmittelbar vor head steht, wenn also gilt (tail +1) % size == head.

Nun können wir unsere Queue-Klasse implementieren. Wir geben in Abb. 11.11 der Vollständigkeit halber auch ihr Klassendiagramm an.

Queue
q: int[] head, tail: int size: int overflow: boolean underflow: boolean
put (x: int) get(): int

Abb. 11.11 *Klassendiagramm für Queue*

```
class Queue {
    int q[];            // the queue
    int head = 0;       // index of first element in q
    int tail = 0;       // index of next free slot in q
    int size;           // queue size; set by constructor

    boolean underflow = false;
    boolean overflow = false;

    Queue (int size) {
        this.size = size;
        q = new int[size];
    }

    Queue () {
        this(128);  // call the first constructor with an int parameter
    }

    void put (int x) {
        overflow = (tail + 1) % size == head;
        if (!overflow) {
            q[tail] = x;
            tail = (tail + 1) % size;
        }
    }

    int get () {
        underflow = head == tail;
        if (underflow) return -1;
        else {
            int x = q[head];
            head = (head + 1) % size;
            return x;
        }
    }
}
```

Beachten Sie die beiden Konstruktoren dieser Klasse. Der erste Konstruktor hat einen Parameter, der die gewünschte Größe des Arrays angibt. Der zweite Konstruktor ist parameterlos. Er wählt als Standard-Arraygröße 128 und ruft damit den ersten Konstruktor auf. Ein Konstruktor kann aus einem anderen Konstruktor heraus aufgerufen werden und wird dabei einfach mit this bezeichnet. Der Aufruf eines Konstruktors aus einer normalen Methode heraus ist jedoch nicht erlaubt.

Wir können unsere Queue-Klasse nun folgendermaßen benutzen:

```
Queue q = new Queue();    // q is empty
q.put(3); q.put(7);       // q contains 3 and 7
Out.println(q.get());     // writes 3, q contains 7
Out.println(q.get());     // writes 7, q is empty
```

Schlangen werden in der Praxis immer dann verwendet, wenn man Elemente in einer bestimmten Reihenfolge verarbeiten will und die Elemente unter Umständen schneller anfallen, als man sie verarbeiten kann. Wenn man zum Beispiel Datenpakete über ein Netzwerk schickt, dann sollen sie auf der Empfängerseite in der gleichen Reihenfolge verarbeitet werden, in der sie ankommen. Noch unverarbeitete Pakete speichert man in einer Schlange. Eine ähnliche Situation findet man in Simulationssystemen. Wenn man ein Straßennetz mit Kreuzungen und Ampeln simuliert, müssen Autos vor einer roten Ampel in eine Warteschlange eingereiht werden. Wenn die Ampel grün wird, darf das zuerst angekommene Auto als Erstes in die Kreuzung einfahren.

Übungsaufgaben

1. *Zahlenmengen.* Implementieren Sie eine Klasse Set, die Mengen von Zahlen zwischen 0 und 31 verwaltet. Benutzen Sie als Datenstruktur eine int-Zahl, die als Bitfolge interpretiert wird. Die Zahl 44 hat zum Beispiel die Binärdarstellung 00000000000000000000000000101100 und kann als Menge {2, 3, 5} aufgefasst werden, weil darin die Bits 2, 3 und 5 gesetzt sind. Implementieren Sie Operationen zum Einfügen und Entfernen von Elementen sowie zum Vereinigen von Mengen und zur Berechnung der Schnittmenge zweier Mengen. Entwerfen Sie zuerst die Klassenschnittstelle, bevor Sie an die Implementierung gehen. Hinweis: Die Bitoperationen können mit den Operatoren &, | und ~ implementiert werden.
2. *Zahlenmengen beliebiger Größe.* Bauen Sie die vorhergehende Aufgabe so aus, dass beliebig große Zahlenmengen verwaltet werden können. Benutzen Sie als Datenstruktur ein Array von int-Zahlen und berechnen Sie mit i / 32, in welchem Arrayelement die Bitoperationen durchzuführen sind.
3. *Vektoren.* Ein Vektor im zweidimensionalen Raum kann durch zwei reelle Zahlen dargestellt werden. Implementieren Sie eine Klasse Vector, die Operationen für die Addition von Vektoren, die Multiplikation eines Vektors mit ei-

nem Skalar sowie für das Skalarprodukt zweier Vektoren (die Summe der Produkte der Komponenten) anbietet. Sehen Sie auch einen geeigneten Konstruktor vor. Zur Berechnung der Wurzel einer Zahl x kann Math.sqrt(x) verwendet werden.

4. *Komplexe Zahlen.* Eine komplexe Zahl (z.B. 3.2 + 1.75i) besteht aus einem reellen und einem imaginären Teil, beide vom Typ float. Implementieren Sie eine Klasse Complex, die komplexe Zahlen darstellt. Als Operationen sollen die vier Grundrechenarten sowie ein geeigneter Konstruktor angeboten werden:

```
(a + bi) + (c + di)   =  (a + c) + (b + d) i
(a + bi) - (c + di)   =  (a - c) + (b - d) i
(a + bi) * (c + di)   =  (a*c - b*d) + (a*d + b*c) i
(a + bi) / (c + di)   =  (a*c + b*d)/(c*c + d*d) + (b*c - a*d)/(c*c + d*d) i
```

5. *Prioritätenschlange.* Implementieren Sie eine Klasse PriorityQueue, die Elemente nach Prioritäten verwaltet. Jedes Element hat zusätzlich zu seinen Daten eine Priorität zwischen 0 und 9. Die Operation put(x) fügt das Element x gemäß seiner Priorität in die Schlange ein. Die Operation get() liefert aus der Schlange das Element mit der höchsten Priorität. Enthält die Schlange mehrere Elemente gleicher Priorität, so sollen sie in der Reihenfolge geliefert werden, in der sie in die Schlage gestellt wurden (first in first out).

6. *Wörterbuch.* Implementieren Sie ein Wörterbuch als Klasse Dictionary. Das Wörterbuch soll Paare von Worten enthalten (z.B. deutsches Wort und seine englische Übersetzung), wobei das erste Wort als Schlüssel dient und das zweite als Wert. Sehen Sie zumindest folgende beiden Operationen sowie einen geeigneten Konstruktor vor.

```
class Dictionary {
    void insert (String key, String value) {...}
    String lookup (String key) {...}
}
```

insert fügt key und value in das Wörterbuch ein. lookup sucht key im Wörterbuch und liefert das entsprechende value oder null, falls key nicht gefunden wird.

7. *Uhrzeiten.* Implementieren Sie eine Klasse Time zur Speicherung von Uhrzeiten. Jedes Time-Objekt soll eine Zeit in Form von Stunden und Minuten speichern. Es soll folgende Methoden geben:

- Sinnvoller Konstruktor.
- Addieren einer Zeit zu einer anderen (z.B. 5 Std. 42 Min. plus 3 Std. 27 Min. gibt 9 Std. 9 Min.; 20 Std. 13 Min. plus 14 Std. 25 Min. gibt 34 Std. 38 Min.).
- Berechnung der Differenz zwischen zwei Zeiten in Minuten (z.B. 5 Std. 20 Min. minus 3 Std. 10 Min. gibt 130 Min.).
- Umrechnung einer Zeit in Minuten (z.B. 3 Std. 20 Min. = 200 Min.).

12 Dynamische Datenstrukturen

Wir haben bereits in Kapitel 10 gesehen, dass Objekte mit Hilfe von Zeigern zu beliebigen Datenstrukturen verkettet werden können. Datenstrukturen, die aus verketteten Objekten (*Knoten*) bestehen, nennen wir *dynamisch*, und zwar aus folgenden Gründen:

- Die Knoten werden zur Laufzeit (also dynamisch) mittels `new` erzeugt und dann verkettet.
- Die so erzeugten Datenstrukturen können dynamisch wachsen und schrumpfen. Anders als bei Arrays ist die Anzahl der Knoten in einer dynamischen Datenstruktur nicht von vorneherein festgelegt. Solange Speicher vorhanden ist, können neue Knoten erzeugt und an die Datenstruktur angehängt werden.

Typische dynamische Datenstrukturen sind Listen, Bäume und Graphen wie in Abb. 12.1 dargestellt.

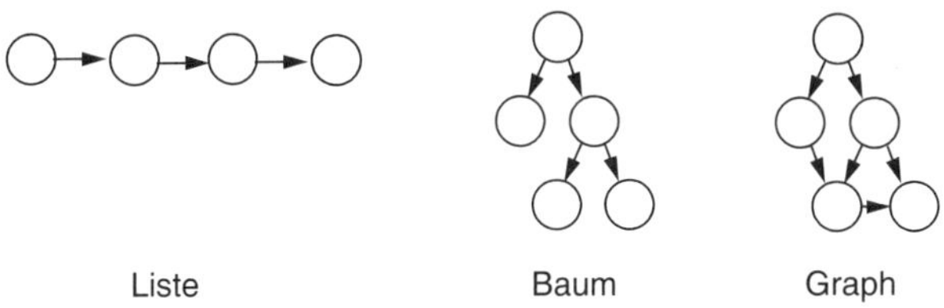

Abb. 12.1 *Typische dynamische Datenstrukturen*

In einer *Liste* hat jeder Knoten außer dem letzten genau einen Zeiger auf seinen Nachfolger. In einem *Baum* kann jeder Knoten mehrere Zeiger auf Nachfolger haben. Jeder Knoten wird aber nur durch höchstens einen Vorgängerknoten referenziert. Das unterscheidet Bäume von *Graphen*, bei denen Knoten auch durch mehrere Vorgängerknoten referenziert werden können.

Wenn wir uns Abb. 12.1 ansehen, können wir uns leicht vorstellen, dass Listen, Bäume und Graphen besonders gut geeignet sind, Dinge der realen Welt zu modellieren. Eine Liste ist eine Sammlung von Objekten, die im Gegensatz zu einem Array wachsen und schrumpfen kann. Mit einem Baum kann man Hierarchien darstellen, zum Beispiel eine Menge von Aufgaben, wobei jede Aufgabe hierarchisch in Teilaufgaben zerfällt. Ein Graph schließlich ist die allgemeinste der drei Datenstrukturen. Man kann mit ihm zum Beispiel ein Netzwerk von Orten und Straßen modellieren.

Wir werden in diesem Kapitel lediglich auf Listen eingehen. Bäume und Graphen findet man in der Literatur über Algorithmen (z.B. in [Sed02]).

12.1 Verketten von Knoten

Bevor wir uns Listen genauer ansehen, ist es wichtig, zu verstehen, wie man zwei Knoten über Zeiger miteinander verkettet. Betrachten wir dazu folgende Klasse Node:

```
class Node {
    int val;
    Node next;
    Node (int val) { this.val = val; }
}
```

Diese Klasse besitzt zwei Felder val und next sowie einen Konstruktor, um die Felder zu initialisieren. Das Feld val stellt irgendwelche Daten dar. Der Einfachheit halber nehmen wir an, dass die Daten bloß aus einer int-Zahl bestehen. Es könnten aber natürlich auch wesentlich komplexere Daten in Node gespeichert werden (zum Beispiel Strings oder andere Objekte). Das zweite Feld next ist ein Zeiger, über den Node-Objekte miteinander verkettet werden können. next zeigt entweder auf ein anderes Node-Objekt oder hat den Wert null.

Nehmen wir an, wir hätten zwei Node-Objekte, deren Adressen in den Variablen a und b gespeichert sind:

```
Node a = new Node(1);
Node b = new Node(2);
```

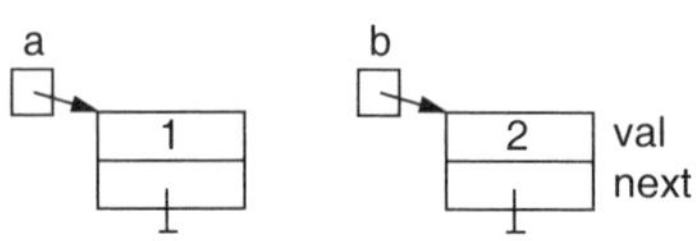

Wir können die beiden Objekte nun verketten, indem wir a.next auf das Objekt zeigen lassen, das an b hängt:

```
a.next = b;
```

Der next-Zeiger des b-Objekts soll auf kein Objekt mehr verweisen. Deshalb weisen wir ihm den Wert null zu:

```
b.next = null;
```

Diese Zuweisung könnten wir uns auch sparen, denn in einem neu erzeugten Objekt wird jedes Zeigerfeld automatisch mit null initialisiert. Die Datenstruktur sieht jetzt so aus:

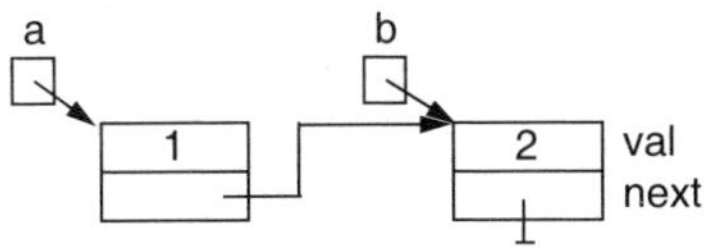

Wir haben somit eine Mini-Liste mit zwei Knoten erzeugt. Der erste Knoten kann über a erreicht werden, der zweite Knoten über das next-Feld des ersten Knotens.

Im Folgenden betrachten wir verschiedene Arten von dynamisch verketteten Listen und sehen uns an, wie man darin Daten einfügt, löscht und sucht.

12.2 Unsortierte Listen

Weil Listen eine so häufige Datenstruktur sind, kommen sie in verschiedenen Formen vor. Die einfachste Form ist die *unsortierte Liste*, in der die Knoten in unsortierter Reihenfolge verkettet sind (die Reihenfolge der Knoten entspricht also nicht der Sortierreihenfolge ihrer Datenfelder). Folgendes Bild zeigt ein Beispiel einer unsortierten Liste.

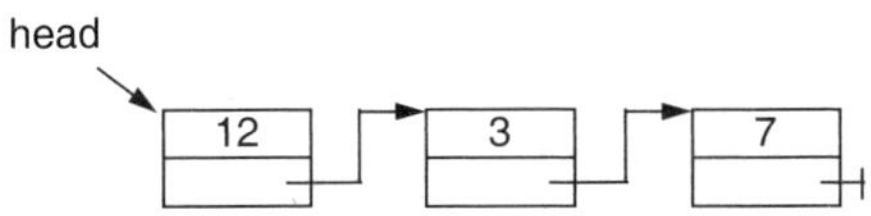

Wir zeichnen ab jetzt Variablen, die auf Knoten zeigen, nicht mehr als Kästchen, sondern nur als Pfeil, der mit dem Namen der Variablen beschriftet ist. head ist also eine Variable, die auf den ersten Knoten der Liste zeigt und somit auf die Liste als Ganzes.

Eigentlich ist die Liste eine eigenständige Abstraktion, die man von den Listenknoten trennen sollte. Wir sehen daher zusätzlich zur Klasse Node für Listenknoten auch eine Klasse List für die eigentliche Liste vor. Während Node eine reine Datenklasse ist, hat List einige interessante Operationen wie das Einfügen, Löschen und Suchen von Werten. Abb. 12.2 zeigt in einem Klassendiagramm die Schnittstellen der Klassen List und Node sowie ihren Zusammenhang.

Die hier gezeigte Implementierung von Listen speichert in ihren Knoten Zahlenwerte. Wir können aber natürlich auch beliebige andere Daten in Listen speichern und müssen dazu nur den Typ des Feldes val in Node sowie die Parametertypen der Listenoperationen ändern.

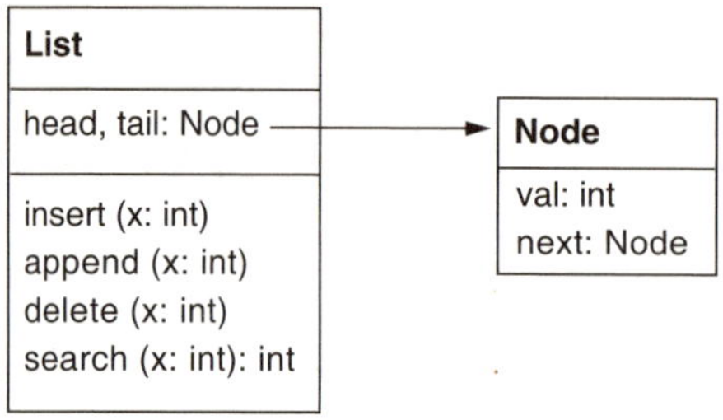

Abb. 12.2 *Klassendiagramm für List und Node*

Einfügen von Elementen

Wenn wir eine Zahl in die Liste einfügen wollen, müssen wir zunächst einen neuen Knoten erzeugen, in dem wir die Zahl speichern. Diesen Knoten müssen wir dann irgendwo in die Liste einhängen. Im Prinzip ist das an jeder beliebigen Stelle möglich. Meist fügt man ihn aber entweder am Anfang oder am Ende der Liste ein.

Sehen wir uns zuerst das Einfügen am Listenende an. Wir müssen dazu den letzten Knoten der Liste kennen, um den neuen Knoten daran anzuhängen. Um den letzten Knoten der Liste zu finden, könnten wir alle Knoten vom Listenanfang an durchlaufen, bis wir auf einen Knoten stoßen, dessen next-Zeiger null ist. Bei langen Listen wäre das aber zu aufwendig. Daher merken wir uns einfach das Ende der Liste in einer Zeigervariablen tail, die immer auf den letzten Knoten der Liste verweist:

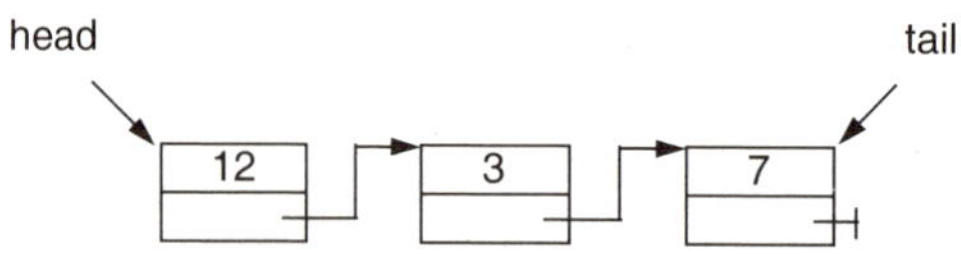

Das Einfügen eines neuen Knotens am Listenende ist nun einfach. Wir hängen ihn einfach an tail an. Dazu implementieren wir eine Methode append(val).

```
class List {
    Node head = null;
    Node tail = null;

    void append (int val) {
        Node p = new Node(val);
        if (head == null) /* empty list */ head = p; else tail.next = p;
        tail = p;
    }
    ...
}
```

Die beiden Variablen head und tail deklarieren wir als Felder von List, also nicht lokal zu append(), weil ihre Werte ja über Aufrufe von append() hinweg erhalten bleiben sollen. Wir nehmen ferner an, dass die Liste am Anfang leer ist, weshalb wir sowohl head als auch tail mit null initialisieren.

append() erzeugt einen neuen Knoten p (genauer gesagt erzeugt es ein neues Node-Objekt und speichert seine Adresse in p). Wenn die Liste leer ist (head == null), wird p nun ihr erster und einziger Knoten, weshalb wir head auf p setzen. Wenn die Liste nicht leer ist, zeigt tail auf ihr Ende. Wir hängen den neuen Knoten dann an tail.next. In jedem Fall setzen wir tail auf den neuen Knoten, der nun das neue Listenende darstellt. Man kann sich durch einige Skizzen vor Augen führen, was bei wiederholten Aufrufen von append() geschieht (siehe Abb. 12.3):

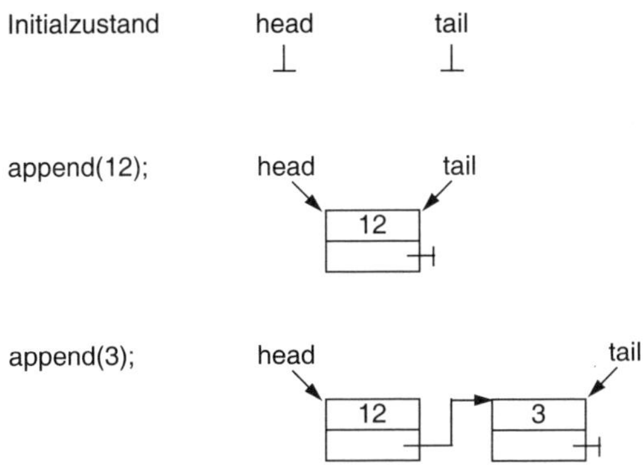

Abb. 12.3 *Arbeitsweise von append*

Anstatt so wie hier neue Knoten ans *Ende* der Liste anzuhängen, können wir sie auch am Listen*anfang* einfügen. Das hört sich auf den ersten Blick komplizierter an, ist aber im Gegenteil einfacher. Wir brauchen uns dazu nämlich nicht das Listenende zu merken und können daher auf den tail-Zeiger verzichten. Wir benötigen nur den head-Zeiger, der auf den Listenanfang verweist. Dort können wir den neuen Knoten durch lediglich zwei Zeigeroperationen einfügen. Die folgende Methode *insert(val)* erledigt das:

```
class List {
   Node head = null;
   ...
   void insert (int val) {
      Node p = new Node(val);
      p.next = head;
      head = p;
   }
   ...
}
```

Wir erzeugen zunächst wieder einen neuen Knoten p mit dem Wert val. Der next-Zeiger von p soll nun auf den bisherigen Listenanfang zeigen (p.next = head;) und p wird zum neuen Listenanfang (head = p;). Die folgenden Schnappschüsse zeigen, was bei wiederholten Aufrufen von insert() geschieht (siehe Abb. 12.4):

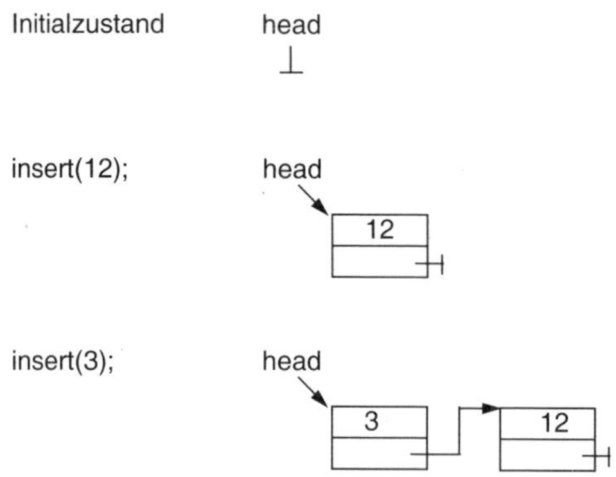

Abb. 12.4 *Arbeitsweise von insert*

Das Einfügen eines neuen Knotens am Listenanfang kann also unabhängig von der Listenlänge mit lediglich zwei Zeigerzuweisungen implementiert werden. Ein tail-Zeiger ist dazu nicht nötig. Wir brauchen auch keine Fallunterscheidung, um zu prüfen, ob die Liste leer ist oder nicht. Beachten Sie ferner, dass das Einfügen eines Elements in eine Liste nicht erfordert, dass andere Elemente verschoben werden, wie das bei einem Array der Fall ist. Das Einfügen von Elementen in eine Liste ist also effizienter als das Einfügen von Elementen in ein Array.

In vielen Fällen ist eine Liste bloß eine ungeordnete Sammlung von Objekten, bei der es keine Rolle spielt, ob neue Objekte am Anfang oder am Ende hinzugefügt werden. Wenn wir es uns aussuchen können, ob wir einen Knoten am Anfang oder am Ende einer Liste einfügen wollen, dann sollten wir ihn immer am Anfang einfügen. Diese Lösung ist einfacher und effizienter.

Suchen von Elementen

Eine typische Listenoperation ist das Suchen eines Elements in der Liste. Wenn das gesuchte Element in der Liste enthalten ist, wollen wir einen Zeiger auf den Knoten zurückbekommen, der das Element enthält. Wenn es nicht in der Liste ist, soll null geliefert werden.

Um ein Element val in einer Liste zu suchen, setzen wir einen Hilfszeiger p auf den ersten Knoten der Liste und prüfen, ob p.val == val ist. Wenn ja, haben wir das Element gefunden, wenn nicht, gehen wir zum nächsten Knoten, setzen also p auf p.next und so weiter. Wir schreiben eine Schleife, in der p durch alle Knoten der

Liste läuft. Nach dem letzten Element bekommt p den Wert null, was signalisiert, dass die Liste zu Ende ist.

```
class List {
    ...
    Node search (int val) {
        Node p = head;  // set p to first Node
        while (p != null && p.val != val) p = p.next;  // traverse list
        // p == null || p.val == val
        return p;
    }
    ...
}
```

Beachten Sie bitte die Assertion nach der while-Schleife. Durch Negieren der Schleifenbedingung kommen wir zu einer Aussage über den Zustand am Ende der Schleife. Es gilt, dass p entweder null ist (falls wir über alle Knoten gelaufen sind und das gesuchte Element nicht gefunden haben) oder p.val gleich val ist (d.h., p zeigt auf den Knoten, der das gesuchte Element enthält). Das ist genau, was wir haben wollen: p zeigt entweder auf das gesuchte Element oder ist null. Wir können also einfach p als Funktionswert zurückgeben.

Löschen von Elementen

Es muss natürlich auch möglich sein, Elemente aus einer Liste zu entfernen. Das Löschen eines Knotens besteht aus zwei Schritten: Zuerst muss der zu löschende Knoten gesucht werden, anschließend muss der next-Zeiger des Vorgängerknotens auf den Nachfolger des zu löschenden Knotens gesetzt werden.

Angenommen, wir wollen aus folgender Liste das Element mit dem Wert 3 löschen. Wir suchen das Element und setzen einen Zeiger p auf den Knoten, der es enthält:

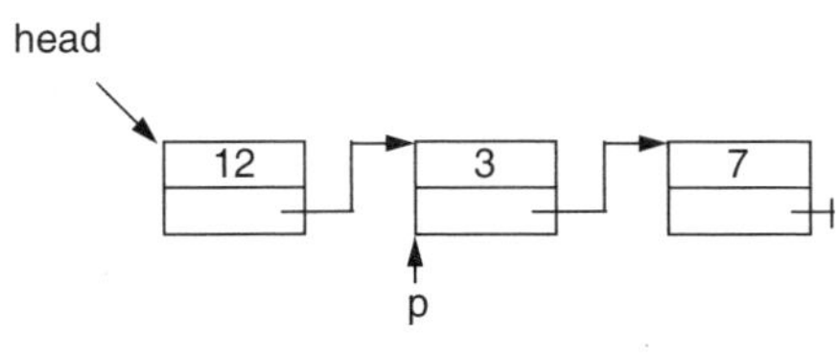

Nun »biegen« wir den Zeiger des Vorgängers von p auf den Nachfolger um:

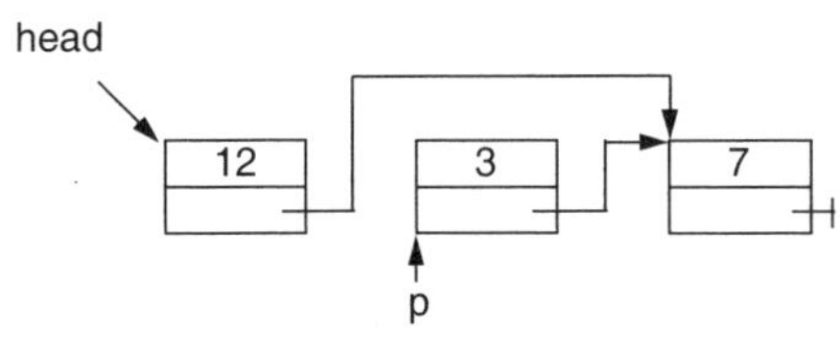

Wenn man jetzt die Liste von head beginnend der next-Zeigerkette entlang durchläuft, enthält sie nur noch zwei Knoten. Der Knoten mit dem Wert 3 wird nur noch durch p referenziert. Ist p eine lokale Variable, die am Ende der Löschmethode verschwindet, dann gibt es keinen Zeiger auf den Knoten mit dem Wert 3 mehr und er wird vom Garbage Collector eingesammelt. Wir brauchen uns in Java also nicht um die Freigabe des Speicherplatzes des gelöschten Knotens zu kümmern.

Ein Problem haben wir allerdings außer Acht gelassen: Wir kennen den Vorgänger von p nicht, das heißt, wir haben keinen Zeiger auf diesen Vorgängerknoten. Wie sollen wir daher dessen next-Feld umbiegen? Die Lösung dieses Problems besteht darin, dass wir beim Suchen des zu löschenden Elements einen zweiten Zeiger prev (für previous) benutzen, der dem Zeiger p folgt und immer auf den Knoten unmittelbar vor p zeigt. Wenn p dann auf das zu löschende Element zeigt, verweist prev auf dessen Vorgänger:

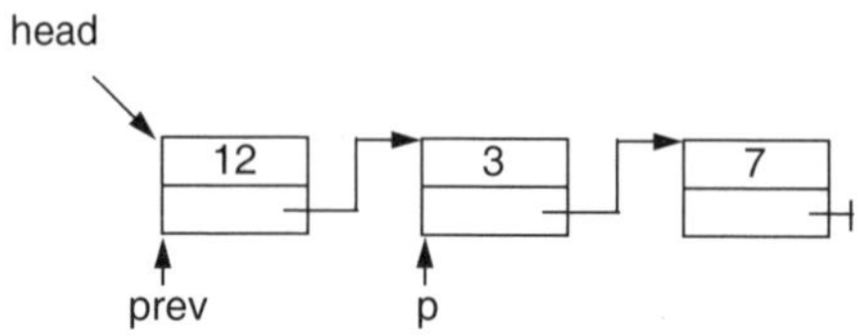

Wir müssen lediglich beachten, dass p unter Umständen keinen Vorgänger hat, nämlich dann, wenn das zu löschende Element sich im ersten Knoten der Liste befindet. Diesen Fall müssen wir speziell behandeln. Die Methode delete(val) zum Löschen eines Elements val sieht folgendermaßen aus:

```
class List {
    ...
    void delete (int val) {
        Node p = head;
        Node prev = null;
        while (p != null && p.val != val) {
            prev = p;
            p = p.next;
        }
        // p == null || p.val == val
        if (p != null) // p.val == val
            if (p == head) head = p.next; else prev.next = p.next;
    }
    ...
}
```

In der while-Schleife wird das zu löschende Element gesucht und die beiden Zeiger p und prev werden entsprechend gesetzt. Ob das Element gefunden wurde, können wir nach der Schleife allerdings nicht durch die Abfrage p.val == val prüfen, da p am

Schleifenende den Wert null haben könnte und ein Zugriff auf p.val dann zu einem Fehler führen würde. Wir müssen diese Abfrage daher als p != null formulieren, was laut vorausgehender Assertion äquivalent ist (wenn p != null ist, muss p.val == val sein, damit die Assertion stimmt).

Wenn wir das zu löschende Element gefunden haben, müssen wir noch unterscheiden, ob es im ersten Knoten der Liste liegt (p == head) oder in einem Knoten weiter hinten. Im ersten Fall gibt es keinen Vorgängerknoten und wir setzen einfach head auf p.next: Die Liste beginnt jetzt beim Nachfolger von p. Im zweiten Fall wurde der Vorgänger von p (prev) in der Schleife richtig gesetzt, und wir können seinen next-Zeiger auf den Nachfolger von p umbiegen (prev.next = p.next;).

12.3 Sortierte Listen

In manchen Fällen möchte man die Elemente der Liste in sortierter Reihenfolge halten, zum Beispiel weil man sie später sortiert ausgeben möchte. Die Sortierung hat aber auch den Vorteil, dass man Elemente schneller suchen kann, weil man beim Suchen nicht immer bis zum Ende der Liste laufen muss. In einer aufsteigend sortierten Liste kann man den Suchvorgang abbrechen, sobald man bei einem Element angelangt ist, das größer als das gesuchte Element ist. Alle folgenden Elemente sind dann ebenfalls größer und können nicht gleich dem gesuchten Element sein.

Wir sehen uns hier lediglich das *Einfügen* und *Suchen* von Elementen in einer sortierten Liste an. Das *Löschen* in sortierten Listen ist identisch zum Löschen in unsortierten Listen.

Einfügen von Elementen

Im Gegensatz zu einer unsortierten Liste muss ein Element in einer sortierten Liste an der richtigen Position eingefügt werden, so dass die Sortierreihenfolge erhalten bleibt. Wir müssen also vor dem eigentlichen Einfügen die Einfügeposition suchen. Dazu setzen wir einen Zeiger p auf den ersten Knoten, dessen Wert größer als das einzufügende Element ist. Ein zweiter Zeiger prev zeigt wieder auf den Vorgänger von p. Wenn wir zum Beispiel das Element 5 in folgende Liste einfügen wollen, ergibt sich dieses Bild:

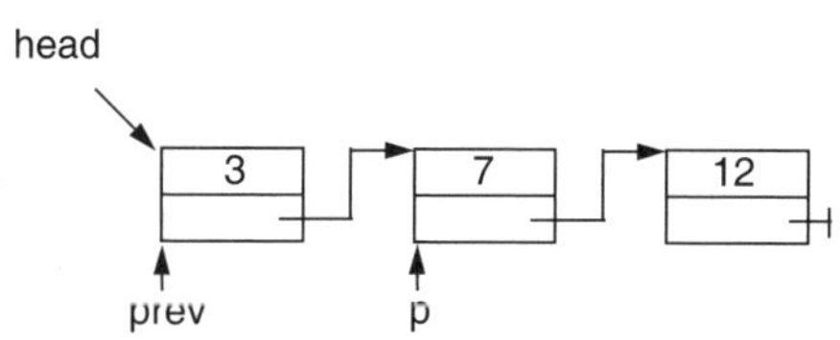

Der Knoten mit dem Wert 5 muss also zwischen prev und p eingefügt werden. Wir erzeugen einen entsprechenden Knoten q und hängen ihn an der richtigen Stelle ein, indem wir prev.next auf q und q.next auf p setzen. Das Einfügen erfordert wieder nur zwei Zeigeroperationen, unabhängig von der Länge der Liste. Es müssen keine Listenelemente verschoben werden. Nach dem Einfügen sieht die Liste folgendermaßen aus:

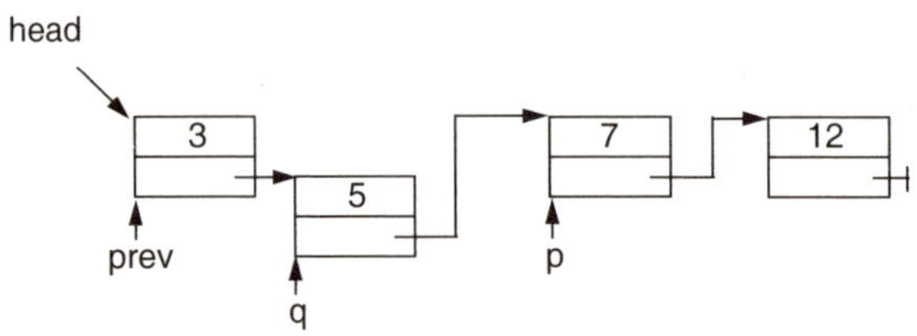

Wir können nun die Einfügeoperation als Methode insert(val) schreiben:

```
class List {
    Node head = null;  // list is initially empty

    void insert (int val) {
        Node p = head;
        Node prev = null;
        while (p != null && val > p.val) {
            prev = p; p = p.next;
        }
        // p == null  (i.e. insert at the end of the list)
        // || val <= p.val  (i.e. insert before p)
        Node q = new Node(val);
        q.next = p;
        if (p == head) head = q; else prev.next = q;
    }
    ...
}
```

Die while-Schleife bricht ab, wenn p == null ist, wenn also alle Elemente der Liste kleiner als val sind. In diesem Fall muss val an das Ende der Liste angehängt werden. Die Schleife bricht aber auch ab, wenn val <= p.val ist, wenn also ein Knoten p gefunden wurde, ab dem alle Listenelemente größer oder gleich val sind. In diesem Fall muss val vor p eingehängt werden.

Beim Einfügen des Knotens müssen wir wieder beachten, dass p der erste Knoten der Liste sein könnte (p == head). In diesem Fall gibt es keinen Vorgänger prev und der Knoten q wird zum neuen Listenkopf. Andernfalls wird der Vorgänger prev mit q verknüpft.

Beachten Sie bitte, dass der Einfügecode auch bei leerer Liste funktioniert (head == null). In diesem Fall ist p == null. q.next wird auf null gesetzt und head wird q. Er funktioniert auch beim Anhängen von q an das Listenende. In diesem Fall ist ebenfalls p == null und prev zeigt auf den letzten Knoten der Liste. q.next wird auf null gesetzt und prev.next auf q.

Suchen von Elementen

Das Suchen von Elementen in einer sortierten Liste ist nahezu identisch zum Suchen in einer unsortierten Liste. Der einzige Unterschied besteht darin, dass wir die Suche vorzeitig abbrechen können, falls wir auf ein Element stoßen, das bereits größer als das gesuchte Element ist. Da auch alle nachfolgenden Elemente dann größer sind, kann das gesuchte Element nicht in der Liste sein.

Als Suchschleife verwenden wir diesmal statt einer while-Schleife eine for-Schleife, was kürzer zu schreiben, allerdings oft auch schwerer zu verstehen ist. Von der Laufzeit her sind for- und while-Schleife gleich schnell.

```
class List {
    ...
    Node search (int val) {
        Node p;
        for (p = head; p != null && val > p.val; p = p.next) ; // empty loop body!
        // p == null || val <= p.val
        if (p != null && p.val == val) return p; else return null;
    }
    ...
}
```

In einer unsortierten Liste mussten wir im schlimmsten Fall die gesamte Liste durchlaufen (nämlich dann, wenn das gesuchte Element nicht in der Liste ist). In einer sortierten Liste müssen wir im Mittel nur die halbe Liste durchlaufen, bis wir das Element entweder finden oder feststellen, dass es nicht in der Liste ist. Das Suchen in sortierten Listen ist also etwas schneller als in unsortierten Listen. Allerdings ist dafür das Einfügen aufwendiger. Aus Geschwindigkeitsgründen lohnt sich also eine sortierte Liste nicht. Sie lohnt sich nur dann, wenn wir aus anderen Gründen die Elemente sortiert halten wollen. Wenn wir wirklich schnell suchen wollen, gibt es geeignetere Datenstrukturen als Listen, zum Beispiel binäre Suchbäume oder Hashtabellen (siehe [Sed02]).

12.4 Stack als verkettete Liste

In Kapitel 11 haben wir den Kellerspeicher (*Stack*) kennen gelernt. Wir haben ihn dort als Array implementiert, was den Nachteil hatte, dass der Keller voll werden konnte und dann keine Elemente mehr darin Platz hatten. Wenn wir den Keller statt als Array als verkettete Liste implementieren, tritt dieses Problem nicht auf. Wir können dann beliebig viele Elemente an den Keller anhängen, bis der Hauptspeicher des Rechners erschöpft ist.

Wenn wir einen Keller als verkettete Liste von Knoten implementieren, verweist ein Zeiger top auf den obersten Knoten. Von dort geht es über next-Zeiger zu den darunter liegenden Knoten. push fügt einen neuen Knoten am Anfang der Liste (top) ein, pop entfernt einen Knoten vom Listenanfang. Wir haben hier also eine unsortierte Liste mit Einfügen und Entfernen am Listenanfang (siehe Abb. 12.5).

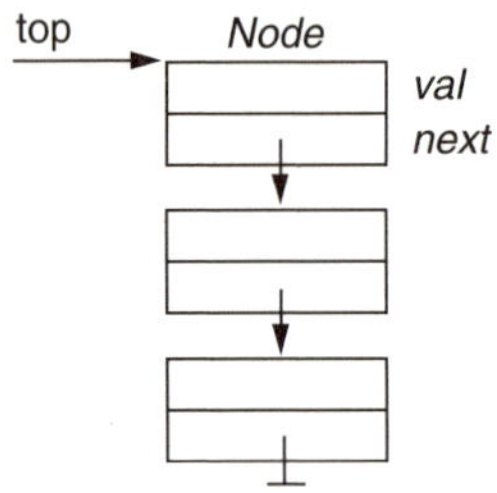

Abb. 12.5 *Keller als verkettete Liste*

Wir nehmen wieder an, dass die zu kellernden Werte Zahlen sind (es könnten natürlich auch beliebige andere Daten sein). Nun implementieren wir die Klasse Stack als unsortierte Liste von Node-Objekten (siehe Abb. 12.6).

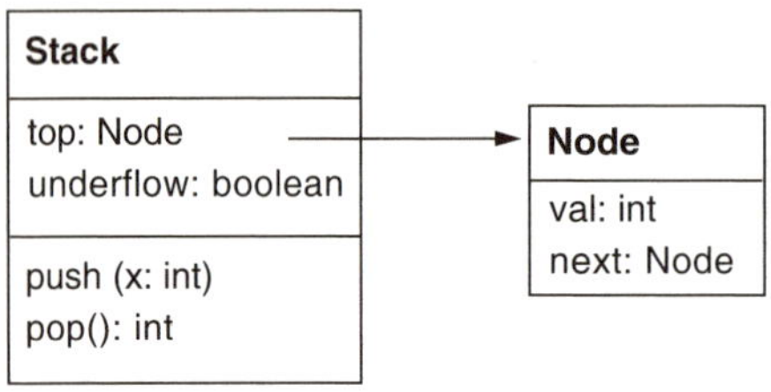

Abb. 12.6 *Klassendiagramm für Stack und Node*

```
class Stack {
    Node top = null;  // top of stack; initially, the stack is empty
    boolean underflow = false;  // error flag for stack underflow

    void push (int x) {
        Node p = new Node(x);
        p.next = top; top = p;
    }

    int pop () {
        underflow = top == null;
        if (underflow) return -1;
        else {
            Node p = top; top = top.next;
            return p.val;  // leave p to the garbage collector
        }
    }
}
```

Wir können unsere Stack-Klasse nun in anderen Programmen genauso verwenden, wie die Stack-Klasse, die als Array implementiert wurde. Die Klassenschnittstelle ist dieselbe. Wir sehen, dass eine Klasse mit einer bestimmten Schnittstelle auf viele verschiedene Arten implementiert werden kann, ja es kommt sogar häufig vor, dass die Implementierung einer Klasse geändert wird, weil man später einmal eine effizientere Datenstruktur oder effizientere Algorithmen verwenden will oder weil sich einfach die Anforderungen an die Klasse geändert haben. Wenn sich die *Daten* innerhalb einer Klasse ändern, möchte man jedoch die *Klienten*, d.h. die Programme, die mit dieser Klasse arbeiten, nicht ebenfalls ändern müssen. Sie sollen von der Änderung gar nichts merken. Das kann man dadurch erreichen, dass die Klienten ausschließlich über Methoden auf die Daten der Klasse zugreifen. Alles, was man dann über die Klasse wissen muss, ist ihre *Schnittstelle* (d.h. die Namen und Parameter der Methoden). Solange die Schnittstelle der Klasse gleich bleibt, ändert sich für die Klienten nichts. Die internen Datenstrukturen einer Klasse möchte man am liebsten verstecken und sie so dem Zugriff der Klienten entziehen. Dadurch kann man sie jederzeit ändern, ohne die Klienten zu invalidieren. In Kapitel 18 werden wir Techniken behandeln, mit denen man einzelne Elemente einer Klasse vor Klienten verstecken kann (*Information Hiding*).

12.5 Queue als verkettete Liste

Nun wollen wir auch die in Kapitel 11.6 behandelte Datenstruktur der Schlange (*Queue*) als verkettete Liste statt als Array implementieren. Eine so implementierte Schlange hat wieder den Vorteil, dass sie nicht überlaufen kann.

Eine Schlange hat zwei Enden, die durch zwei Zeiger head und tail markiert sind. Die Listenknoten sehen gleich aus wie bei einem Keller und sind vom vorderen Ende der Schlange nach hinten hin verkettet (siehe Abb. 12.7).

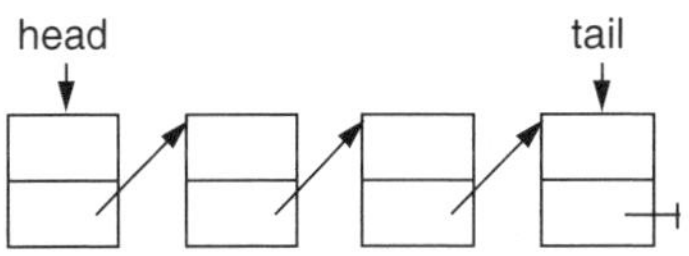

Abb. 12.7 *Schlange als verkettete Liste von Knoten*

Wir implementieren die Schlange als Klasse Queue mit den beiden Methoden put und get und den beiden Feldern head und tail. Wenn die Schlange leer ist, sind head und tail beide null. Beim Versuch, ein Element aus einer leeren Schlange zu entnehmen, gibt es einen Fehler, der durch das Feld underflow angezeigt wird (siehe Abb. 12.8). Ein Überlauf kann nicht auftreten.

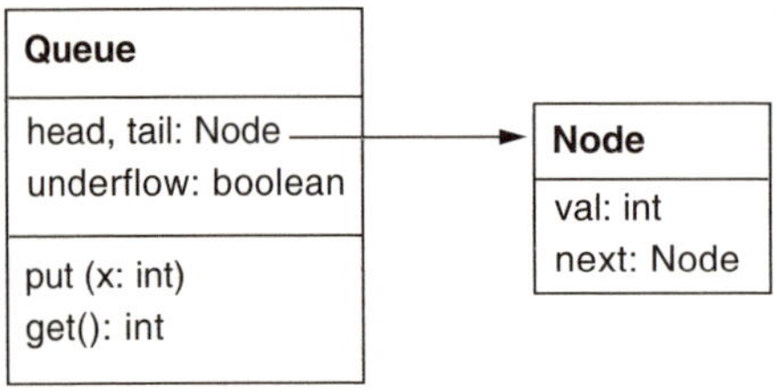

Abb. 12.8 *Klassendiagramm für Queue und Node*

```
class Queue {
    Node head = null;
    Node tail = null;
    boolean underflow = false;

    void put (int x) {
        Node p = new Node(x);
        if (head == null) head = p; else tail.next = p;
        tail = p;
    }

    int get() {
        underflow = head == null;
        if (underflow) return -1;
        else {
            Node p = head; head = head.next;
            if (head == null) tail = null;
            return p.val; // leave p to the garbage collector
        }
    }
}
```

Übungsaufgaben

1. *Maximumsuche.* Schreiben Sie eine Methode max(list), die in einer dynamisch verketteten Liste aus Knoten, die Zahlen enthalten, die größte Zahl sucht und zurückgibt.

2. *Umordnung einer Liste.* Nehmen Sie an, eine verkettete Liste enthält Knoten mit positiven und negativen Zahlen in zufälliger Reihenfolge. Schreiben Sie eine Methode reorder(list), die die Liste so umordnet, dass alle Knoten mit negativem Wert vor den Knoten mit positivem Wert stehen. Die Reihenfolge innerhalb der positiven und negativen Knoten ist beliebig.

3. *Invertieren einer Liste.* Schreiben Sie eine Methode invert(list), die die Reihenfolge der Knoten in einer dynamisch verketteten Liste umkehrt.

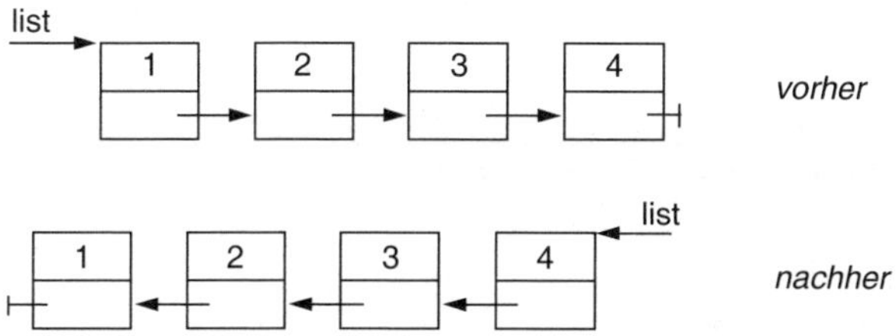

4. *Doppelt verkettete Liste.* Implementieren Sie eine Liste, in der jeder Knoten nicht nur einen Zeiger auf seinen Nachfolger, sondern auch einen Zeiger auf seinen Vorgänger hat. Der Vorgängerzeiger des ersten Knotens ist so wie der Nachfolgerzeiger des letzten Knotens null. Implementieren Sie Methoden zum Einfügen und Löschen von Werten in diese Liste.

5. *Bibliotheksverwaltung.* Implementieren Sie eine Bibliotheksverwaltung mit folgender Funktionalität:

   - Eingeben von Büchern: Ein Buch hat einen Autor, einen Titel, eine ISBN-Nummer und einen Verlag, wobei die ISBN-Nummer eindeutig ist und als Schlüssel verwendet werden soll.
   - Suchen eines Buches mit einer bestimmten ISBN-Nummer.
   - Löschen eines Buches mit einer bestimmten ISBN-Nummer.
   - Iterieren über alle Bücher, d.h. eine Zugriffsfunktion, die bei jedem Aufruf das nächste Buch der Bibliothek liefert.

   Die Bibliothek soll durch eine Klasse Library realisiert werden. Sie soll Objekte der Klasse Book in einer dynamisch verketteten Liste verwalten, die nach ISBN-Nummern sortiert ist.

6. *Notenstatistik.* Schreiben Sie ein Programm, das eine Datei mit Klausurdaten in folgendem Format liest:

```
Eingabe = { Klausur }.
Klausur = Klausurname { Student } "END".
Student = Studentenname Note.
```

   Klausurname und Studentenname sind Strings (z.B. "Programmieren 2", "Muster Max"), Note ist eine Zahl zwischen 1 und 5. Erzeugen Sie aus der Eingabe eine dynamische Datenstruktur der folgenden Art:

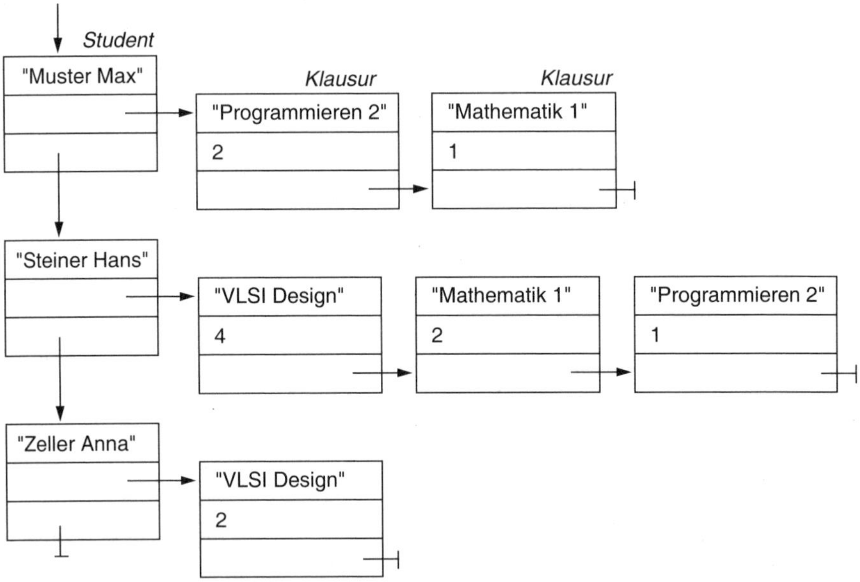

Die Knoten sind Objekte der Klassen Student und Klausur. Die Studentenliste soll nach Namen aufsteigend sortiert sein. Geben Sie diese Datenstruktur in geeigneter Form aus, z.B.

```
Muster Max
    Programmieren 2,    2
    Mathematik 1,       1
Steiner Hans
    VLSI Design,        4
    Mathematik 1,       2
    Programmieren 2,    1
...
```

7. *Codeverbesserung*. Gegeben seien folgende Deklarationen:

```
class Node { int val; Node next; }
Node p, current, previous, root;
boolean exit;
```

Versuchen Sie, folgende Codestücke zu vereinfachen bzw. durch sinnvolle Codestücke zu ersetzen, die das Gleiche leisten:

- ❏ `p = root; while (p != null) p = p.next;`
- ❏ `p = new Node(0); p = current;`
- ❏ `if (current.val == val) exit = true; else exit = false;`
- ❏ `while (p != null && p.val != val) { …; p = p.next; }`
  `if (p != null && p.val == val) …`

- [ ]
```
if (current.next == null) {
    previous.next = null; current.next = root; root = current;
} else {
    previous.next = current.next; current.next = root; root = current;
}
```

- [ ]
```
exit = false;
while (p != null && ! exit) {
    if (p.val == val) exit = true;
    else p = p.next;
}
```

- [ ]
```
p = root; root = current; root.next = p;
```

13 Vererbung

Klassen modellieren Dinge der realen Welt wie Personen, Konten oder Autos. Diese Dinge kommen oft in verschiedenen Varianten vor, die man durch Klassifikation hierarchisch gliedern kann. Tiere lassen sich zum Beispiel einteilen in Fische, Reptilien und Säugetiere, die Säugetiere wieder in Raubtiere, Nagetiere und Huftiere. Schließlich kommt man zu den konkreten Tierarten wie Hund, Katze oder Pferd (siehe Abb. 13.1).

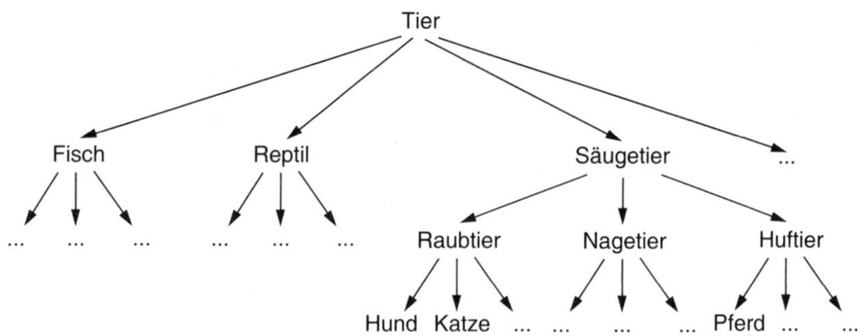

Abb. 13.1 *Klassifikation am Beispiel der Tierarten*

Will man die Objekte der realen Welt in Software modellieren, müssen Programme in der Lage sein, mit den verschiedenen Varianten eines Objekts zu arbeiten. Dabei möchte man die Varianten oft nicht unterscheiden, sondern sie gleich behandeln, sie also abstrakt als Objekte der gleichen Klasse sehen. Wenn man zum Beispiel den Tierbestand in einem Zoo zählen möchte, muss man nicht zwischen den einzelnen Tierarten unterscheiden, sondern kann sie abstrakt als Objekte der Klasse `Tier` sehen. Wenn man das Verhalten der Raubtiere beschreiben möchte, kann man Hunde und Katzen abstrakt als Raubtiere behandeln und muss sie nicht unterschieden.

Java bietet als objektorientierte Sprache die Möglichkeit, hierarchische Klassenstrukturen zu bilden und Varianten von Objekten bei Bedarf gleich zu behandeln.

13.1 Klassifikation

Nehmen wir an, eine Buchhandlung bietet Bücher und CDs im Web an. Über Bücher sind folgende Informationen gespeichert:

Artikelnummer
Verfasser
Titel
Verlag
Erscheinungsjahr
Preis

Über CDs sind hingegen folgende Informationen vorhanden:

Artikelnummer
Interpret
Liste von Musikstücken
Preis

Wenn ein Kunde Bücher und CDs über das Internet bestellt, möchte er gerne seinen Warenkorb sehen, in dem alle von ihm ausgewählten Artikel mit Namen und Preis verzeichnet sind. Er möchte vielleicht auch Informationen über einzelne Artikel im Warenkorb abrufen können. Dabei möchte er aber nicht zwischen Büchern und CDs unterscheiden, sondern sie abstrakt als *Artikel* behandeln.

Die Software sollte also eine Artikelklasse anbieten, die alle Felder und Methoden enthält, die für Bücher und CDs *gemeinsam* gelten, also etwa folgendermaßen:

```
class Article {
    int code;           // article number
    String label;       // short description
    int price;
    void showInfo() {...}
    String getArticleLine() {...}
    Article (int code, String label, int price) {...}
}
```

Die Methode showInfo zeigt Informationen über diesen Artikel in einem Fenster an. Die Methode getArticleLine stellt eine Artikelzeile aus code, label und price für die Anzeige im Warenkorb zusammen.

Bücher und CDs sind nun *Spezialfälle* von Artikeln, die dieselben Felder und Methoden wie Artikel haben, aber zusätzlich noch weitere Felder und Methoden aufweisen können. Ein Buch wird daher zum Beispiel in Java durch folgende Klasse modelliert:

```
class Book extends Article {
    String author, title, publisher;
    int year;
    void showInfo() {...}
}
```

Der Zusatz extends Article bedeutet, dass Book eine *Erweiterung* von Article ist, also alle Felder und Methoden von Article *erbt*, wie wenn sie an dieser Stelle deklariert worden wären. Man bezeichnet Article als die *Oberklasse* und Book als ihre *Unterklasse*.

Ähnlich zu Book deklarieren wir nun auch eine Klasse CD, die ebenfalls von Article erbt. CD-Objekte haben neben den geerbten Feldern code, label und price auch die zusätzlichen Felder artist und song.

```
class CD extends Article {
    String artist;
    String[] song;
    void showInfo() {...}
}
```

Wir können nun zum Beispiel aus Book weitere Unterklassen ableiten, wie etwa Taschenbücher und gebundene Bücher. Diese Unterklassen erben alle Felder und Methoden von Book und der Oberklasse Article und könnten neue Felder und Methoden hinzufügen. Durch Vererbung lässt sich also eine *Klassenhierarchie* bilden, wie sie für unser Beispiel in Abb. 13.2 dargestellt ist.

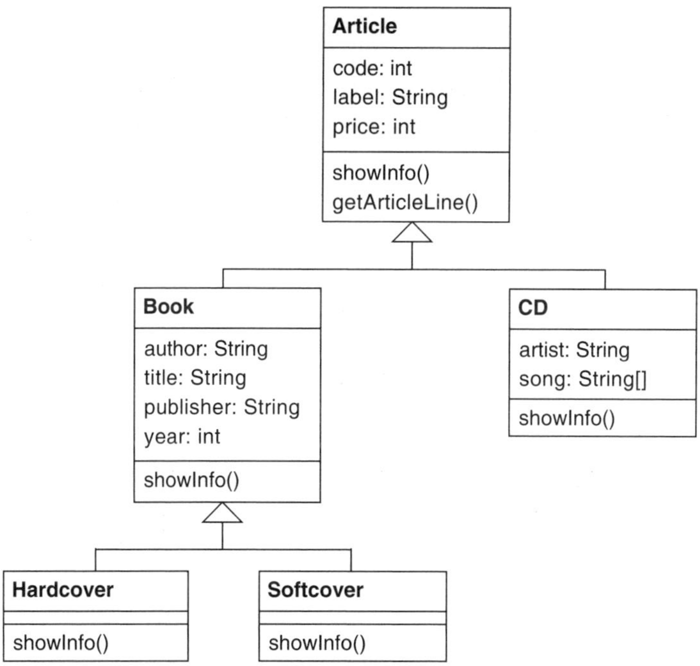

Abb. 13.2 *Klassenhierarchie für Artikel einer Buchhandlung (in UML-Notation)*

Das Klassendiagramm in Abb. 13.2 stellt Oberklassen und Unterklassen in einem Hierarchiebaum dar, wobei eine hohle Pfeilspitze verwendet wird, um die Beziehung von der Unterklasse zur Oberklasse anzudeuten.

Wenn eine Klasse nicht explizit von einer anderen Klasse abgeleitet ist, wird sie als Unterklasse einer vordeklarierten Klasse Object betrachtet. Alle Klassen sind also direkt oder indirekt von Object abgeleitet.

Überschreiben von Methoden

Book und CD erben die Methode getArticleLine unverändert von Article. Diese Methode stellt aus den Artikeldaten code, label und price eine Zeile für den Warenkorb zusammen. showInfo wird zwar ebenfalls von Book und CD geerbt, aber dort *überschrieben*, das heißt mit gleicher Schnittstelle (Signatur) neu deklariert. Diese Methode soll eine Bildschirmmaske mit allen Informationen über den Artikel anzeigen. Da es über Bücher und CDs unterschiedliche Informationen gibt, müssen die beiden Masken unterschiedlich aussehen. Book und CD müssen daher ihre eigene Version von showInfo implementieren, die die geerbte Fassung von showInfo ersetzt.

super-Aufrufe

Manchmal kommt es vor, dass eine überschreibende Methode auf die von ihr überschriebene Methode zugreifen möchte, dass zum Beispiel showInfo aus Book das geerbte showInfo aus Article aufrufen will. showInfo aus Article könnte z.B. bereits jene Maskenteile aufbauen, die code, label und price betreffen, während showInfo aus Book die restlichen Maskenteile hinzufügt. Der Aufruf einer Methode der Oberklasse wird durch eine Nachricht an das Pseudoobjekt super ausgedrückt. Man schreibt also:

```
class Book extends Article {
    ...
    void showInfo() {
        super.showInfo();  // call showInfo() of Article
        // ... show author, title, publisher and year ...
    }
}
```

In ähnlicher Weise kann man aus einem Konstruktor der Unterklasse den Konstruktor der Oberklasse aufrufen, indem man schreibt:

```
class Book extends Article {
    ...
    Book(int code, String author, String title, int price) {        // constructor of Book
        super(code, author+title, price);        // call constructor of Article
        ...                                      // do other initializations ...
    }
    ...
}
```

Der Aufruf des Oberklassenkonstruktors muss die erste Anweisung des Unterklassenkonstruktors sein. Fehlt dieser Aufruf, wird automatisch der parameterlose Konstruktor der Oberklasse aufgerufen. Dies kann der implizit erzeugte parameterlose Konstruktor sein, den der Compiler anlegt, falls für die Klasse kein Konstruktor deklariert wurde.

13.2 Kompatibilität zwischen Ober- und Unterklasse

Was nützt uns die Vererbung? Man könnte meinen, der wesentliche Nutzen liege im geringeren Schreibaufwand. Immerhin kann man in einer Unterklasse Felder und Methoden *erben*, anstatt sie dort zu deklarieren. Die Schreibersparnis ist aber nicht das Wichtigste. Der Hauptnutzen liegt vielmehr darin, dass eine Unterklasse mit der Oberklasse *kompatibel* ist. In anderen Worten:

> *Jedes Programm, das in der Lage ist, mit Objekten der Oberklasse zu arbeiten, kann automatisch auch mit Objekten der Unterklasse arbeiten.*

Man muss sich einmal die Konsequenzen dieser Regel klar machen. Wir können zum Beispiel ein Programm schreiben, das in der Lage ist, mit allgemeinen Artikeln der Buchhandlung zu arbeiten. Es kann sie in den Warenkorb legen, den Warenkorb ausdrucken und Informationen über einzelne Artikel im Warenkorb anzeigen, ohne sie zu unterscheiden. Später können wir dann konkrete Artikel wie Bücher oder CDs implementieren. Weil sie von `Article` abgeleitet sind, also eine spezielle Art von Artikeln sind, kann unser Programm sofort mit ihnen arbeiten, sie also in den Warenkorb legen und Informationen über sie anzeigen, wie wenn es Bücher und CDs schon immer im Programm gegeben hätte. Das bestehende Programm braucht dazu nicht geändert, ja nicht einmal neu übersetzt zu werden. Sollten später weitere Artikel hinzukommen (z.B. Videos oder Computerspiele), muss man diese lediglich ebenfalls als Unterklassen von `Article` implementieren und kann sie dann sofort vom bestehenden Programm bearbeiten lassen.

Zwischen Unterklasse und Oberklasse besteht eine *ist-Beziehung*. Jedes Objekt der Unterklasse *ist* auch ein spezielles Objekt der Oberklasse. Diese Beziehung lässt sich gut durch ein *Mengendiagramm* ausdrücken (siehe Abb. 13.3).

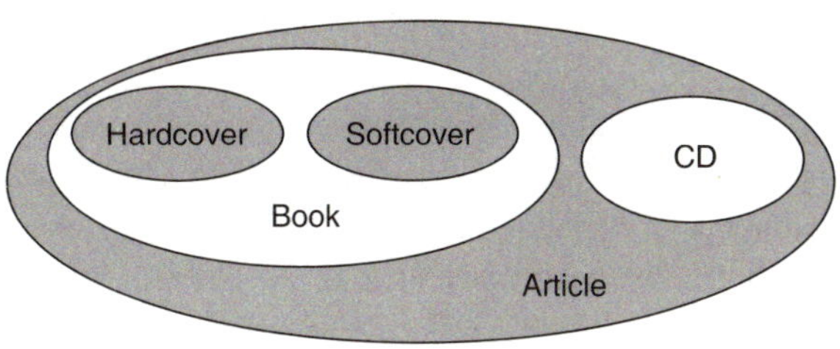

Abb. 13.3 *Mengendiagramm zur Darstellung der ist-Beziehung zw. Unter- und Oberklasse*

Das Oval mit der Beschriftung Book drückt zum Beispiel die Menge der Book-Objekte aus, das Oval mit der Beschriftung Article die Menge der Article-Objekte. Man sieht, dass jedes Book-Objekt auch ein Article ist. Die Umkehrung gilt hingegen nicht. Nicht jedes Article-Objekt ist ein Book; es könnte auch ein CD-Objekt oder ein Objekt einer anderen Unterklasse von Article sein.

Zuweisungen zwischen Objekten

Aufgrund der Kompatibilität zwischen Ober- und Unterklasse ist es erlaubt, ein Objekt der Unterklasse einer Oberklassen-Variablen zuzuweisen. Da ein Book-Objekt ein Article ist, kann man es einer Article-Variablen zuweisen:

```
Article a = new Book();
```

Die Variable a zeigt nun auf ein Book-Objekt. Man kann über a zwar nur jene Felder ansprechen, die in Article deklariert wurden (also a.code, a.label und a.price), die Book-Felder sind aber auch noch vorhanden, selbst wenn man sie über a nicht direkt referenzieren kann. Wir können mit

```
if (a instanceof Book) ...
```

prüfen, ob a auf ein Book-Objekt zeigt. In diesem Fall können wir den Typ von a nach Book umwandeln und a einer Book-Variablen zuweisen, also

```
Book b = (Book) a;
```

Wenn a nicht auf ein Book-Objekt zeigt, führt die Typkonversion zu einem Laufzeitfehler. Um diesen zu vermeiden, sollten wir also vorher eine Laufzeittypprüfung mittels instanceof vornehmen.

Was für Zuweisungen gilt, das gilt auch für Parameterübergaben. Unser Programm kann Methoden enthalten, die Article-Parameter erwarten. Diese Methoden kann man dann auch mit Parametern vom Typ Book oder CD aufrufen. Auf diese Weise kann die bestehende Software auch mit den neuen Objekten arbeiten.

Eine Variable wie a hat zwei Arten von Typen. Ihr *statischer Typ* ist der Typ, mit dem sie deklariert wurde. Er bestimmt, welche Felder und Methoden über diese Variable ansprechbar sind. Im Beispiel

```
Article a = new Book();
```

hat a den statischen Typ Article. Die Variable a hat aber auch einen *dynamischen Typ*. Das ist der Typ des Objekts, auf das sie zur Laufzeit zeigt. Nach der obigen Zuweisung hat a den dynamischen Typ Book. Der dynamische Typ kann sich natürlich nach jeder Zuweisung ändern. Er bestimmt, welche Methoden aufgerufen werden (siehe Kapitel 13.3). Man sagt, dass Variablen in objektorientierten Sprachen *polymorph* sind, also auf Objekte von verschiedenem Typ zeigen können.

13.3 Dynamische Bindung

Was geschieht, wenn wir einer Variablen eine Nachricht schicken, wenn wir also zum Beispiel schreiben:

```
a.showInfo();
```

Aus Kapitel 11 wissen wir, dass durch diese Nachricht die Methode showInfo der Klasse von a aufgerufen wird. Was ist aber die Klasse von a? Wir haben im letzten Abschnitt gesehen, dass a polymorph sein kann, d.h. auf Objekte der Klassen Book, CD und anderer Unterklassen von Article zeigen kann. Welche Methode wird also aufgerufen? Es gilt die Regel:

> *Eine Nachricht* obj.m() *führt immer zum Aufruf der* m()*-Methode, die zum dynamischen Typ von* obj *gehört.*

Man nennt das *dynamische Bindung*. Die Nachricht showInfo wird dynamisch (also zur Laufzeit) an diejenige Methode gebunden, die zum momentanen dynamischen Typ von a gehört.

Da sowohl Book als auch CD eine showInfo-Implementierung haben, kann unsere Buchhandlungssoftware einem Artikel einfach eine showInfo-Nachricht schicken, wenn sie Informationen über diesen Artikel anzeigen will. Ist der Artikel ein Buch, wird die showInfo-Methode von Book aufgerufen, ist der Artikel eine CD, wird die showInfo-Methode von CD aufgerufen. Der Rufer muss sich nicht um diese Unterscheidung kümmern. Die dynamische Bindung erledigt das für ihn. Wenn später neue Artikelarten hinzukommen (z.B. Videos), kann die bestehende Software sie einfach mitverarbeiten, indem sie auch ihnen eine showInfo-Nachricht schickt und damit die showInfo-Methode dieser neuen Artikelart aufruft.

Beispiel: Tierfarm

Sehen wir uns noch ein weiteres Beispiel für die dynamische Bindung von Methodenaufrufen an und betrachten wir dazu die in Abb. 13.4 dargestellte Klassenhierarchie von Tieren.

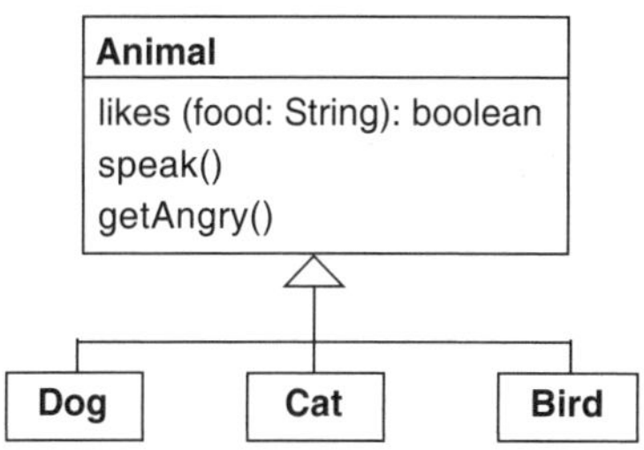

Abb. 13.4 *Hierarchie von Tierklassen*

Jedes Tier kann bekunden, ob es ein bestimmtes Futter mag (likes(food)), kann einen Laut von sich geben (speak()) und kann zornig werden (getAngry()). Diese Methoden müssen natürlich von jeder Tierart auf ihre eigene Weise implementiert werden, wie zum Beispiel in folgenden Klassen:

```
class Animal {
    boolean  likes (String food) { return false; }
    void     speak() { Out.print("??? "); }
    void     getAngry() { speak(); }
}
class Dog extends Animal {
    boolean  likes (String food) { return food.equals("bones"); }
    void     speak() { Out.print("woof "); }
    void     getAngry() { Out.print("bite "); }
}
class Cat extends Animal {
    boolean  likes (String food) { return food.equals("milk"); }
    void     speak() { Out.print("meow "); }
    void     getAngry() { Out.print("scrape "); }
}
class Bird extends Animal {
    boolean  likes (String food) { return food.equals("corn"); }
    void     speak() { Out.print("beep "); }
}
```

Stellen wir uns nun vor, wir hätten eine Farm, auf der mehrere dieser Tiere leben, die wie in Abb. 13.5 zu einer Liste zusammengefasst sind.

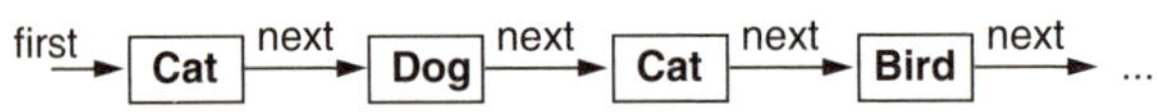

Abb. 13.5 *Liste von Tieren auf einer Farm*

Die Farm selbst wird ebenfalls als Klasse mit mehreren Methoden implementiert, von denen eine (feed) aufgerufen werden kann, um die Tiere zu füttern. Je nachdem, ob das Tier das Futter mag oder nicht, gibt es einen zufriedenen Laut von sich oder wird ungehalten.

```
class Farm {
    Animal first; // head of the animal list
    ...
    void feed (String food) {
        for (Animal animal = first; animal != null; animal = animal.next)
            if (animal.likes(food)) animal.speak(); else animal.getAngry();
    }
}
```

Beachten Sie bitte, dass die Methode feed nicht zwischen den einzelnen Tierarten unterscheidet, sondern allen Tieren die gleichen Nachrichten schickt (likes, speak, getAngry). Jedes Tier weiß selbst, wie es auf eine Nachricht zu reagieren hat, d.h., welche Methode aufzurufen ist. Dies wird mittels dynamischer Bindung entschieden: Ist das Tier eine Katze, bewirkt die Nachricht speak den Aufruf der speak-Methode von Cat, ist das Tier ein Hund, wird die speak-Methode von Dog aufgerufen. Füttern wir die Tiere in Abb. 13.5 mit Milch

```
farm.feed("milk");
```

so führt das zu folgendem Ergebnis:

```
meow bite meow beep ...
```

Interessant ist die Reaktion des Vogels. Da er keine Milch mag, bekommt er die Nachricht getAngry. Da aber Bird keine getAngry-Methode implementiert, wird die geerbte getAngry-Methode von Animal aufgerufen. Diese schickt dem Tier die Nachricht speak. Wegen der dynamischen Bindung wird jedoch nicht die speak-Methode von Animal aufgerufen, sondern die speak-Methode von Bird, weil das Tier ja ein Vogel ist. Die Ausgabe ist also "beep".

Die Tierfarm kann übrigens jederzeit um neue Tierarten erweitert werden. Würden wir zum Beispiel eine neue Klasse Cow hinzufügen, die die Methoden likes, speak und getAngry auf ihre Art implementiert, dann könnte die Methode feed unverändert bleiben. Sie würde Kühe gleich behandeln wie Hunde, Katzen und Vögel und ihnen die gleichen Nachrichten schicken wie den anderen Tieren.

13.4 Abstrakte Klassen

Vielleicht ist Ihnen aufgefallen, dass die Implementierung der Klasse Animal in Kapitel 13.3 etwas künstlich war. Eigentlich können wir für Tiere im Allgemeinen noch nicht angeben, welchen Laut sie von sich geben. Die speak-Methode kann erst in den Unterklassen (Cat, Dog, Bird) sinnvoll implementiert werden. In Animal würde man sie am liebsten unimplementiert lassen.

Eine Methode, für die man noch keine Implementierung angeben kann oder will, nennt man eine *abstrakte Methode*. Man kennzeichnet sie mit dem Schlüsselwort abstract und gibt nur ihre Schnittstelle, aber keinen Code an. Eine Klasse, die zumindest *eine* abstrakte Methode enthält, nennt man eine *abstrakte Klasse*. Sie wird ebenfalls mit dem Schlüsselwort abstract gekennzeichnet, zum Beispiel:

```
abstract class Animal {
    boolean       likes (String food) { return false; }
    abstract void speak();
    void          getAngry() { speak(); }
}
```

Unterklassen einer abstrakten Klasse müssen entweder alle abstrakten Methoden implementieren oder selbst als abstrakt gekennzeichnet werden.

```
class Bird extends Animal {
    boolean  likes (String food) { return food.equals("corn"); }
    void     speak() { Out.println("beep "); }
}
```

Da abstrakte Klassen keine vollständige Implementierung besitzen, darf man keine Objekte davon erzeugen. Sehr wohl aber darf man Objekte von Unterklassen erzeugen und diese in einer Variablen vom Typ der abstrakten Klasse speichern.

```
Animal a1 = new Animal();  // not allowed! compiler reports an error
Animal a2 = new Bird();    // o.k.
a2.speak();                // => "beep" (=> dynamic binding)
```

Wenn man eine Methode wie speak in Animal noch nicht implementieren kann, warum lässt man sie dort nicht ganz weg und implementiert sie erst in den Unterklassen? Weil man dann Variablen vom Typ Animal keine speak-Nachricht schicken könnte. Beim Aufruf

```
animal.speak();
```

würde der Compiler einen Fehler melden, weil die Klasse Animal keine speak-Methode besitzt. Die dynamische Bindung würde nicht funktionieren.

Eine abstrakte Klasse dient dazu, die Schnittstelle zukünftiger Unterklassen festzulegen. Sie ist sozusagen ein Muster, das vorgibt, welche Methoden in Unterklassen implementiert werden müssen. Damit definiert sie eine Familie von Klassen, die alle eine bestimmte Menge von Nachrichten verstehen. Jede Klasse, die mit Animal arbeiten kann, kann auch mit Unterklassen von Animal arbeiten, weil sie sich darauf verlassen kann, dass diese die speak-Nachricht verstehen.

Eine Variable der abstrakten Klasse Animal wirkt somit wie ein *Steckplatz*, in den Objekte der Klassen Dog, Cat und Bird eingesteckt werden können (Abb. 13.6). Klassen wie Farm können über diesen Steckplatz Animal-Methoden aufrufen, ohne sich darum kümmern zu müssen, von welchen Objekten diese Methoden ausgeführt werden. Man nennt ein Stück Software mit solchen Steckplätzen ein *Framework*. Frameworks sind die Grundlage objektorientierter Softwarearchitekturen. Sie sind Halbfabrikate, die durch Einstecken von Objekten zu verschiedenen Endfabrikaten ausgebaut werden können.

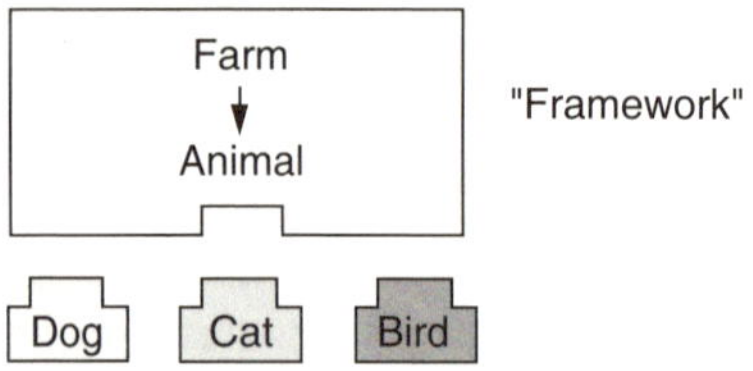

Abb. 13.6 *Einfaches Framework mit Animal als Steckplatz*

13.5 Interfaces

Interfaces (Klassenschnittstellen) sind Typen, die man sich als vollständig abstrakte Klassen vorstellen kann. Alle ihre Methoden sind abstrakt. Sie geben also nur eine Signatur vor, haben aber keine Implementierung. Neben abstrakten Methoden kann ein Interface auch Konstanten enthalten, aber keine Datenfelder und keinen Konstruktor. Hier ist ein Beispiel eines Interface-Typs Writer, der drei abstrakte Methoden open, close und write sowie eine Konstante EOL definiert.

```
interface Writer {
    int EOL = '\n';
    void open();
    void close();
    void write(char ch);
}
```

Alle Methoden eines Interface sind automatisch öffentlich und abstrakt (public abstract), alle Konstanten-Felder sind automatisch öffentlich und konstant (public static final), ohne dass man das explizit angeben muss.

Eine Klasse kann von einem Interface erben (man sagt: Die Klasse *implementiert* das Interface). Da aber alle geerbten Interface-Methoden abstrakt sind, muss die erbende Klasse diese Methoden überschreiben und mit Code füllen. Wenn eine Klasse von einem Interface erbt, nennt man das *Subtyping*: Es wird nur der Typ geerbt; die Implementierung der Methoden muss selbst bereitgestellt werden. Wenn eine Klasse von einer anderen Klasse erbt, nennt man das *Subclassing*: Dabei wird die Implementierung der Methoden aus der Oberklasse geerbt.

Das folgende Beispiel zeigt eine Klasse TextBox, die von einer anderen Klasse GUIObject erbt (ausgedrückt durch das Schlüsselwort extends) und das Interface Writer implementiert (ausgedrückt durch das Schlüsselwort implements).

```
class GUIObject {
    int x, y, width, height;
    public void resize(int w, h) {...}
    ...
}
class TextBox extends GUIObject implements Writer {
    public String text;
    private StringBuffer buffer;
    ...
    public void open() { buffer = new StringBuffer(); }
    public void close() { text = buffer.toString(); }
    public void write(char ch) { buffer.append(ch); }
}
```

Alle Methoden von Writer müssen in TextBox implementiert (oder von einer anderen Klasse geerbt) werden. Zusätzlich erbt TextBox die Felder und Methoden von GUIObject (x, y, width, height, resize, ...).

Interfaces sind Typen, d.h., man kann Variablen dieser Typen deklarieren. Da die Klasse TextBox das Interface Writer implementiert, verhält sie sich wie ein Writer. Man kann daher TextBox-Objekte in Writer-Variablen speichern und über diese Variablen alle Writer-Methoden aufrufen. Dabei wird dynamische Bindung angewendet: Es wird die Methode des in der Writer-Variablen gespeicherten Objekts aufgerufen.

```
Writer w;                   // declaration of a variable w of type Writer
w = new TextBox();          // a TextBox object is stored in w
w.open();                   // calls open from TextBox (dynamic binding)
w.write('o'); w.write('k');
w.close();
if (w instanceof TextBox) TextBox t = (TextBox) w; // same meaning as for classes
w.resize(10, 20);           // compiler reports an error: Writer has no resize method
```

Interfaces dienen dazu, Klassen gleich zu behandeln, die in keiner Vererbungsbeziehung zueinander stehen. Jede Klasse, die das Interface Writer implementiert, kann wie ein Writer behandelt werden. Abb. 13.7 zeigt drei Klassen TextBox, File und Buffer, die nichts miteinander zu tun haben, die aber alle das Interface Writer implementieren. Sie können daher wie ein Writer benutzt werden, ohne dass man sie unterscheiden muss.

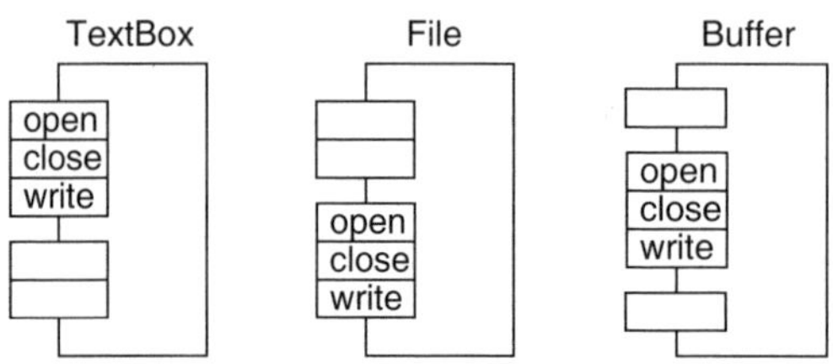

Abb. 13.7 *TextBox, File und Window implementieren alle das Interface Writer*

```
Writer w = new File(...);
w.open();    // calls open from File
...
w = new Buffer();
w.open();    // calls open from Buffer
...
```

Während eine Klasse nur von einer einzigen anderen Klasse erben kann, kann sie beliebig viele Interfaces implementieren. Die Klasse Buffer könnte zum Beispiel folgendermaßen deklariert sein:

```
class Buffer extends StorageObject implements Writer, Comparable, Serializable {
    ...
}
```

Diese Klasse ist dann nicht nur mit StorageObject kompatibel, sondern auch mit den Interfaces Writer, Comparable und Serializable.

Während die Implementierung mehrerer Interfaces unproblematisch ist, würde das Erben von mehreren Basisklassen Schwierigkeiten bereiten. Zwei Basisklassen könnten zum Beispiel Methoden mit gleichem Namen und gleicher Schnittstelle aufweisen. Welche dieser beiden Methoden (d.h. welcher Code) soll dann von der Unterklasse geerbt werden? Bei der Implementierung mehrerer Interfaces stellt es hingegen kein Problem dar, wenn zwei Interfaces eine Methode mit gleicher Schnittstelle definieren: Die Methode muss in der Unterklasse ohnehin neu implementiert werden. Daher ist es klar, welcher Code bei ihrem Aufruf verwendet werden soll.

Interfaces können übrigens auch erweitert werden. Aus dem Interface Writer könnten wir zum Beispiel ein neues Interface ReaderWriter ableiten, das eine read-Methode hinzufügt. ReaderWriter besitzt dann die Methodenschnittstellen open, close, write und read. Bei der Erweiterung von Interfaces wird wieder das Schlüsselwort extends verwendet.

```
interface ReaderWriter extends Writer {
   char read();
}
```

13.6 Wrapper-Klassen und Boxing

Da alle Klassen direkt oder indirekt von der Klasse Object abgleitet sind, sind sie mit Object kompatibel, d.h., man kann Objekte beliebiger Klassen in Object-Variablen speichern oder als Object-Parameter an eine Methode übergeben.

Leider gilt das nicht für einfache Typen wie int oder char, da sie ja keine Klassen sind. Die Java-Bibliothek enthält allerdings für jeden einfachen Typ eine so genannte *Wrapper-Klasse*, in die man Werte dieses Typs »einwickeln« kann, so dass sie kompatibel zu Object werden. Für den Typ int gibt es zum Beispiel die Wrapper-Klasse Integer, die man folgendermaßen einsetzen kann:

```
Integer intObj = new Integer(3);   // wraps the value 3 into an Integer object
Object obj = intObj;               // Integer is compatible with Object
int x = intObj.intValue();         // unwraps the value 3 from the Integer object
```

Die Wrapper-Klassen für die anderen einfachen Typen sind wie folgt zu benutzen:

```
Boolean boolObj = new Boolean(true);        boolean b = boolObj.booleanValue();
Character charObj = new Character('a');     char c = charObj.charValue();
Byte byteObj = new Byte((byte)1);           byte b = byteObj.byteValue();
Short shortObj = new Short((short)100);     short s = shortObj.shortValue();
Long longObj = new Long(100000);            long l = longObj.longValue();
Float floatObj = new Float(3.14f);          float f = floatObj.floatValue();
Double doubleObj = new Double(3.14);        double d = doubleObj.doubleValue();
```

Seit Java 5 übernimmt der Compiler sogar das Ein- und Auswickeln eines Werts automatisch, was man *(Auto-)Boxing* und *Unboxing* nennt. Ein int-Wert kann nun direkt an eine Integer-Variable zugewiesen werden (und somit auch an eine Object-Variable, da Integer zu Object kompatibel ist):

```
Integer intObj = 3;     // Boxing: the value 3 is automatically wrapped into an Integer object
Object obj = 3;         // Boxing: 3 is wrapped into an Integer object and assigned to obj
int x = intObj;         // Unboxing: the value in intObj is unwrapped and assigned to x
```

Durch Boxing und Unboxing sind jetzt auch einfache Typen wie int, char oder boolean mit Object kompatibel. Das ist vor allem deshalb nützlich, weil viele Methoden der Java-Bibliothek Object-Parameter erwarten, an die man nun auch Werte einfacher Typen übergeben kann.

13.7 Weitere Themen der objektorientierten Programmierung

Die objektorientierte Programmierung ist ein umfangreiches Gebiet. Wir haben hier nur ihre Grundlagen gestreift, nämlich *Klassen*, *Vererbung*, *dynamische Bindung* und *Interfaces*. Die eigentliche Schwierigkeit liegt aber darin, diesen mächtigen Apparat sinnvoll einzusetzen (siehe z.B. [Budd01, Brügge04]). Es gibt ganze Bücher darüber, wie man zum Beispiel Vererbung und dynamische Bindung zum Bau von *Frameworks* einsetzt [FS99, Pree96], die wir in Kapitel 13.4 kennen gelernt haben. Frameworks sind Subsysteme aus mehreren kooperierenden Klassen, die so gebaut sind, dass sie Steckplätze haben, in die man seine eigenen Erweiterungen einstecken kann.

Ein weiteres Feld, über das umfangreiche Literatur existiert, sind *Entwurfsmuster* [GHJ04]. Hier handelt es sich um häufig auftretende Probleme in Softwarearchitekturen und ihre schematische Lösung mittels objektorientierter Techniken. Entwurfsmuster sind sozusagen die Algorithmen und Datenstrukturen der objektorientierten Programmierung.

In Kapitel 13.5 haben wir *Interfaces* kennen gelernt, mit denen man Klassen zu anderen Komponenten kompatibel machen kann, ohne von ihnen Code zu erben. Interfaces sind vor allem in der *komponentenbasierten Programmierung* wichtig. Diese Technik wird von Java durch den *JavaBeans*-Standard [ONS98] bzw. durch *Enterprise JavaBeans* unter *J2EE* [Bod02] unterstützt.

Weitere Sprachmittel von Java, auf die hier nicht eingegangen werden kann, sind *innere Klassen*, *anonyme Klassen* oder verschiedene Standards wie zum Beispiel die *Applet*-Technik [CWH00] oder die *Servlet-Programmierung* [Hall00]. Eine Beschreibung dieser Inhalte würde den Rahmen dieses Buches sprengen, in dem es vor allem um die Grundlagen der Programmierung geht.

Übungsaufgaben

1. *Erweiterung von* Fraction. Bilden Sie von der Klasse Fraction aus Kapitel 11 eine Unterklasse Fraction1, die die gleichen Operationen wie Fraction aufweist, aber nach jeder Operation die entstehende Bruchzahl kürzt. Überschreiben Sie die Methoden in Fraction1 und rufen Sie zu ihrer Implementierung die geerbten Methoden aus Fraction auf.

2. *Erweiterung von* Stack. Erweitern Sie die Klasse Stack aus Kapitel 11.5 zu einer Klasse GrowableStack, die den Keller automatisch vergrößert, wenn er überläuft. Zur Vergrößerung des Kellers muss ein neues (z.B. doppelt so langes) Array angelegt werden und es müssen die Elemente des alten Arrays in das neue umkopiert werden. Sehen Sie außerdem eine neue Methode size vor, die die Anzahl der Elemente im Keller zurückgibt.

3. *Klassifikation.* Bilden Sie eine Klassifizierung verschiedener Fahrzeuge (Fahrrad, Moped, Motorrad, PKW, LKW etc.) in ähnlicher Weise wie das am Beginn dieses Kapitels mit Tieren durchgeführt wurde. Überlegen Sie sich zu jeder Fahrzeugklasse sinnvolle Datenfelder und eventuell auch Methoden.

4. *Allgemeine sortierte Liste.* Mittels Vererbung und dynamischer Bindung können Datenstrukturen implementiert werden, in denen Objekte beliebigen Typs gespeichert werden können. Eine sortierte Liste kann zum Beispiel aus Knoten bestehen, die aus folgender Klasse ListNode abgeleitet wurden:

```
class ListNode {
    ListNode next;
    boolean isLessThan (Listnode x) { return false; }
    boolean isEqualTo (ListNode x) { return false; }
}
```

Unterklassen von ListNode (z.B. StringNode, PersonNode) können neue Datenfelder hinzufügen und müssen die beiden Methoden isLessThan und isEqualTo implementieren. Damit können Sie dann in sortierten Listen verwendet werden.

Implementieren Sie eine Klasse SortedList, die Objekte beliebiger Unterklassen von ListNode verarbeiten und sie mittels Aufrufen von isLessThan und isEqualTo in die Liste einsortieren kann. Implementieren Sie dazu auch die Klasse ListNode und zumindest zwei verschiedene Unterklassen sowie ein geeignetes Testprogramm.

14 Enumerationstypen

Oft möchte man, dass eine Variable einen von mehreren vordefinierten Werten annehmen kann. Zum Beispiel soll eine Farbvariable die Werte rot, blau und grün haben dürfen oder eine Richtungsvariable die Werte Nord, Süd, West und Ost. Dies kann man zum Beispiel implementieren, indem man die erlaubten Werte als int-Konstanten deklariert:

```
static final int RED = 0, BLUE = 1, GREEN = 2; // colors
static final int NORTH = 0, SOUTH = 1, WEST = 2, EAST = 3; // directions
```

Bei dieser Lösung kann der Compiler allerdings nicht garantieren, dass einer Farbvariablen wirklich nur Farbwerte zugewiesen werden. Er würde zum Beispiel auch folgende Zuweisung durchgehen lassen:

```
int color = NORTH;
```

Aus Gründen der Typsicherheit wurden in Java 5 daher *Enumerationstypen* (d.h. Aufzählungstypen) eingeführt. Ein Enumerationstyp definiert die Menge seiner Werte durch namentliche Aufzählung. Farben und Himmelsrichtungen können damit wie folgt als Typen deklariert und somit unterschieden werden:

```
enum Color {RED, BLUE, GREEN}
enum Direction {NORTH, SOUTH, WEST, EAST}
```

Ein Enumerationstyp wird mit dem Schlüsselwort enum und einem Typnamen deklariert, auf den in geschweiften Klammern eine Liste von Namen folgt, welche die erlaubten Werte angibt. Die Werte eines Enumerationstyps müssen bei der Benutzung mit ihrem Typnamen qualifiziert werden (z.B. Color.RED, Direction.EAST).

Der Compiler kann nun sicherstellen, dass einer Variablen eines Enumerationstyps nur erlaubte Werte zugewiesen werden, z.B.:

```
Color c = Color.RED;               // erlaubt: Color.RED ist vom Typ Color
Direction d = Direction.NORTH;     // erlaubt: Direction.NORTH ist vom Typ Direction
c = Direction.NORTH;               // verboten: Direction ist nicht kompatibel mit Color
c = 0;                             // verboten: int ist nicht kompatibel mit Color
```

Enumerationswerte dürfen mit den Operatoren == und != verglichen werden. Sie sind außerdem in der Reihenfolge ihrer Deklaration geordnet. Wenn x und y Enumerationswerte sind, liefert der Aufruf x.compareTo(y) einen negativen Wert, wenn x kleiner als y ist, einen positiven Wert, wenn x größer als y ist, und den Wert 0, wenn x gleich y ist. Hier sind einige Beispiele für Vergleiche:

```
Color c = Color.BLUE;
if (c == Color.BLUE) ...                  // liefert true
if (c != Color.RED) ...                   // liefert true
if (c.compareTo(Color.GREEN) > 0) ...     // liefert false: c ist nicht größer als Color.GREEN
if (c.compareTo(Color.BLUE) <= 0) ...     // liefert true: c ist kleiner oder gleich Color.BLUE
```

Enumerationswerte können auch als case-Marken einer switch-Anweisung verwendet werden. Allerdings muss man sie hier ohne qualifizierenden Typnamen schreiben. Ihr Typ wird aus dem Typ des switch-Ausdrucks abgeleitet:

```
switch (c) {
    case RED: ...; break;
    case BLUE: ...; break;
    case GREEN: ...; break;
}
```

Der Compiler ordnet jedem Enumerationswert eine Ordinalzahl zu: Gemäß der Deklarationsreihenfolge bekommt Color.RED den Wert 0, Color.BLUE den Wert 1 und Color.GREEN den Wert 2. Enumerationswerte sind aber keine Zahlen. Man kann also nicht mit ihnen rechnen. Die Ordinalzahl eines in c gespeicherten Werts erhält man mit c.ordinal(), den Namen des Enumerationswerts mit c.toString(). Will man diesen Namen wieder in einen Enumerationswert zurückverwandeln, kann man dazu die Funktion valueOf() verwenden. Color.valueOf("BLUE") ergibt zum Beispiel den Wert Color.BLUE.

Die Methode values() liefert zu jedem Enumerationstyp ein Array der in ihm deklarierten Werte. Um zum Beispiel die in Color deklarierten Enumerationswerte mit ihren Ordinalzahlen auszugeben, kann man schreiben:

```
for (Color c: Color.values()) {
    Out.println(c.toString() + " = " + c.ordinal());
}
```

und erhält:

```
RED = 0
BLUE = 1
GREEN = 2
```

Enumerationstypen als Klassen

Bisher haben wir Enumerationstypen nur in ihrer einfachsten Form verwendet (was in den meisten Fällen völlig ausreicht). Aber eigentlich sind Enumerationstypen in Java eine Spezialform von Klassen und können neben den Enumerationswerten auch Felder, Methoden oder Konstruktoren aufweisen.

Hier ist ein Beispiel für einen Enumerationstyp Roman, der die römischen Ziffern von 1 bis 1000 definiert. Man beachte, dass zu jedem Enumerationswert (I, V, X, L, C, D, M) in Klammern auch sein dezimaler Wert angegeben wird.

```
enum Roman {
    I(1), V(5), X(10), L(50), C(100), D(500), M(1000);
    private int value;
    Roman(int val) { value = val; }
    int getValue() { return value; }
}
```

Wie ist dieser Typ zu verstehen? Durch die Deklaration eines Enumerationswerts (z.B. V(5)) wird ein neues Objekt vom Typ Roman erzeugt und in einer Konstanten (Roman.V) gespeichert. Dabei wird der Konstruktor Roman(int val) aufgerufen, der den angegebenen Dezimalwert im Feld value des neuen Objekts ablegt. Wenn nun eine Variable r ein Roman-Objekt enthält, so können wir dessen Dezimalwert mittels r.getValue() abrufen:

```
Roman r = Roman.V;
Out.println(r.getValue());  // liefert 5
Out.println(r.ordinal());   // liefert 1
```

Der Enumerationstyp Roman wird vom Java-Compiler wie eine Klasse der folgenden Form behandelt:

```
class Roman {
    static final Roman I = new Roman(1);
    static final Roman V = new Roman(5);
    static final Roman X = new Roman(10);
    ...
    private int value;
    Roman(int val) { value = val; }
    int getValue() { return value; }
}
```

Der Enumerationstyp unterscheidet sich von dieser Klasse nur durch die bequemere Schreibweise bei der Deklaration der Enumerationswerte und durch die Tatsache, dass von einem Enumerationstyp – anders als von einer Klasse – keine neuen Exemplare mittels new erzeugt werden dürfen. Außerdem stellt das Laufzeitsystem von Java sicher, dass Enumerationswerte nicht kopiert werden. Von jedem Enumerationswert gibt es also immer nur ein einziges Exemplar.

Übungsaufgaben

1. *Vor- und Nachteile*. Diskutieren Sie die Vor- und Nachteile von Enumerationswerten im Vergleich zu int-Konstanten.

2. *Unfallstatistik*. Implementieren Sie einen Enumerationstyp für Wochentage sowie eine Klasse zur Verwaltung einer Unfallstatistik der laufenden Woche. Es soll eine Methode geben, um die Anzahl der Unfälle für einen bestimmten Wochentag zu inkrementieren, sowie eine Methode, um die Anzahl der Unfälle an einem bestimmten Wochentag abzufragen. Schreiben Sie auch ein Testprogramm.

3. *Arithmetische Operationen*. Implementieren Sie eine Methode

   ```
   int compute(int x, Operator op, int y) {...}
   ```

   die zwei Zahlen x und y gemäß der Operation op verknüpft und das Ergebnis liefert. Operator soll ein Enumerationstyp sein und die vier arithmetischen Operatoren (+, -, * und /) darstellen.

4. *Black Jack*. Implementieren Sie das Kartenspiel *Black Jack*. Dazu benötigen Sie einen Kartenstapel, in dem jeweils vier Karten der Werte As, König, Dame, Bube, Zehn, Neun, Acht, Sieben, Sechs, Fünf, Vier, Drei und Zwei liegen. Implementieren Sie die Kartenarten als Enumerationstyp, wobei ein As 11 Punkte wert ist, König, Dame und Bube jeweils 10 Punkte und die anderen Karten so viele Punkte, wie ihr Name aussagt.

   Ein Spieler darf beliebig oft eine zufällige Karte aus dem restlichen Stapel ziehen, wobei die Punkte der gezogenen Karten addiert werden. Gewonnen hat, wessen Punkte am nähesten bei 21 liegen, diesen Wert aber nicht überschreiten.

   Um eine zufällige Karte zu ziehen, verwenden Sie einen Zufallszahlengenerator in Form der Klasse java.util.Random (siehe [JDK]). Damit können Sie eine Zufallszahl im Bereich 0 bis n-1 erzeugen, wobei n die Anzahl der noch im Stapel befindlichen Karten ist, zum Beispiel:

   ```
   java.util.Random random = new java.util.Random();
   ...
   int i = random.nextInt(n); // liefert eine Zufallszahl im Bereich 0 bis n-1
   ```

15 Generizität

Generizität ist eine der wesentlichen Neuerungen von Java 5. Sie erlaubt es, einen Baustein (z.B. eine Klasse, ein Interface oder eine Methode) mit Typen zu parametrisieren. Anstatt etwa eine Liste *beliebiger* Objekte zu implementieren, kann man auf diese Weise ganz gezielt eine Liste von *Personen*, eine Liste von *Artikeln* oder eine Liste von *Namen* bauen.

Mit den bisherigen Sprachmitteln von Java könnte man eine Liste beliebiger Objekte zum Beispiel als Array mit dem Elementtyp Object realisieren:

```
class List {
    Object[] data = ...;
    void add(Object x) {...}
    Object remove() {...}
}
```

Da alle Typen mit Object kompatibel sind (u.U. über Boxing), könnte man in dieser Liste Objekte beliebiger Typen speichern:

```
List list = new List();
list.add("a string");         // speichert einen String in list
list.add(new Person());       // speichert eine Person in list
```

Diese Implementierung führt allerdings zu folgenden Problemen:

1. Die Methode remove() liefert Daten vom Typ Object. Um diese unter ihrem ursprünglichen Typ benutzen zu können, braucht man eine Typkonversion:

   ```
   String s = (String)list.remove();
   ```

2. Obwohl man vielleicht ausschließlich Strings in der Liste speichern will, kann man nicht verhindern, dass jemand auch Personen darin ablegt. Entnimmt man später ein solches Person-Objekt und versucht es in einen String zu konvertieren, kommt es zu einem Laufzeitfehler. Mit anderen Worten: Der Compiler kann die Homogenität der Liste nicht garantieren.

Natürlich könnte man unterschiedliche Listen-Klassen für Strings und Personen implementieren, aber das würde zu unnötiger Redundanz führen. Generische Typen ermöglichen es hingegen, mit einer einzigen List-Klasse auszukommen und sie mit dem gewünschten Elementtyp (z.B. String oder Person) zu parametrisieren.

15.1 Generische Typen

Generische Typen sind Klassen oder Interfaces, die mit anderen Klassen oder Interfaces parametrisiert werden. Um zum Beispiel eine generische Liste zu erhalten, parametrisiert man sie mit dem Typ ihrer Elemente, indem man einen *Typparameter* in spitzen Klammern hinter den Klassennamen schreibt:

```
class List<T> {
    T[] data = ...;
    void add(T x) {...}
    T remove() {...}
}
```

Der Name T ist hier ein *Platzhalter*, der in List wie ein normaler Typ benutzt werden kann und später bei der Verwendung von List durch einen konkreten Typ ersetzt wird:

```
List<String> list = new List<String>();
```

Die Variable list ist hier vom Typ List<String> (sprich: *List of String*), d.h., der Platzhalter T wurde durch den konkreten Typ String ersetzt. Daher arbeiten die add()- und remove()-Methoden von List<String> nun mit String-Werten.

```
list.add("a string");        // es sind nur String-Parameter erlaubt
String s = list.remove();    // remove() liefert einen String-Wert; keine Typkonversion nötig!
```

Man kann List auch mit jedem anderen Referenztyp parametrisieren, z.B.:

```
List<Integer> intList = new List<Integer>();
intList.add(3);              // es sind nur Integer-Parameter erlaubt
int x = intList.remove();    // remove() liefert einen Integer-Wert
```

Leider sind in Java als aktuelle Typparameter nur Referenztypen (also Klassen und Interfaces) wie z.B. Integer erlaubt und keine einfachen Typen wie int. Wie man aber aus dem letzten Beispiel sieht, werden int-Werte mittels Boxing automatisch in Integer-Werte umgewandelt und Integer-Werte mittels Unboxing in int-Werte.

Die Vorteile des generischen Typs List<T> gegenüber dem mit Object implementierten List-Typ liegen auf der Hand:

1. Der Compiler kann gezieltere Typprüfungen durchführen. Für List<String> stellt er zum Beispiel sicher, dass die an add() übergebenen und die von remove() gelieferten Werte wirklich vom Typ String sind.
2. Programme werden lesbarer, weil man keine Typkonversionen mehr schreiben muss und man klarer sieht, welche Werte tatsächlich in List gespeichert werden.

Generische Typen können beliebig viele Typparameter aufweisen. Das folgende Beispiel zeigt einen Typ Table<K, V>, der Schlüssel-Wert-Paare verwaltet, wobei die Typen des Schlüssels und des Werts als Typparameter K und V angegeben werden:

```
class Table<K, V> {
    K[] keys = ...;
    V[] values = ...;
    void add(K key, V value) {...}
    V remove(K key) {...}
}
```

Dieser Typ kann wie folgt benutzt werden:

```
Table<String, Person> persons = new Table<String, Person>();
persons.add("Meier", aPerson);
aPerson = persons.remove("Meier");
```

Rohtypen und Zuweisungskompatibilität

Der Java-Compiler übersetzt jeden generischen Typ in einen so genannten *Rohtyp*, in dem Typparameter durch den Typ Object repräsentiert werden. Der Rohtyp für List<T> sieht zum Beispiel folgendermaßen aus:

```
class List {
    Object[] data = ...;
    void add(Object x) {...}
    Object remove() {...}
}
```

Rohtypen wurden aus Gründen der Kompatibilität zu älteren Java-Systemen eingeführt. Die Bibliothek von Java 1.4 enthielt zum Beispiel die Klasse ArrayList zur Verwaltung von Listen. In Java 5 wurde diese Klasse zu ArrayList<T>, allerdings kann man sie auch weiterhin ohne Typparameter verwenden. Es wird dann eben auf den Rohtyp ArrayList zurückgegriffen.

Generische Typen sind mit ihrem Rohtyp zuweisungskompatibel. Hingegen können unterschiedliche Konkretisierungen eines generischen Typs nicht einander zugewiesen werden:

```
List rawList = new List<String>();             // Zuweisung erlaubt
List<Integer> intList = new List<String>();  // Zuweisung verboten; Compiler meldet einen Fehler
```

Der Aufruf rawList.remove() liefert einen Object-Wert, den der Benutzer mit einer Typkonversion in einen String-Wert konvertieren muss. Hingegen liefert intList.remove() einen Integer-Wert. Der Compiler fügt hier von selbst eine Typkonversion von Object nach Integer ein.

Streng genommen existieren generische Typen in Java nur zur Compilezeit. Zur Laufzeit gibt es hingegen nur noch Rohtypen, also weder List<String> noch List<Integer>, sondern nur List. Das führt zu einigen unangenehmen Einschränkungen, wie wir in den nächsten Abschnitten sehen werden.

Generische Typen und Arrays

Unser Beispiel der Klasse List<T> enthielt die Deklaration eines Arrays T[] data;. Daran ist zunächst nichts auszusetzen. Versucht man aber, ein Array von T-Elementen zu *erzeugen*, so meldet der Compiler einen Fehler:

```
T[] data = new T[100]; // compile-time error: generic array creation
```

Der Grund für die Fehlermeldung liegt darin, dass T im Rohtyp List durch Object ersetzt wird. Daher ist zur Laufzeit nicht bekannt, welchen tatsächlichen Typ die Arrayelemente haben. Angenommen, eine Methode von List<T> enthielte den Code

```
Object[] objList = data; // Zuweisung des generischen Arrays an ein Object-Array
objList[0] = "a string";
```

so würde der Compiler das durchgehen lassen, weil die Zuweisung eines Strings an ein Element vom Typ Object erlaubt ist. Wenn die Liste aber mit new List<Integer>() angelegt wurde, sollten alle Arrayelemente vom Typ Integer sein und die Zuweisung eines Strings an eines der Elemente würde diese Invariante zerstören.

Normalerweise prüft das Java-Laufzeitsystem bei einer Zuweisung an ein Arrayelement, ob der Typ des zugewiesenen Werts zum dynamischen Typ des Elements passt. Im obigen Beispiel kann allerdings auch hier kein Fehler entdeckt werden, denn der dynamische Typ von objList[0] ist nicht bekannt (im Rohtyp List ist er Object). Der Fehler würde also nicht entdeckt.

Java verlangt, dass das T-Array wie folgt erzeugt wird:

```
T[] data = (T[]) new Object[100];
```

Der Compiler meldet nun zwar keinen Fehler mehr, gibt allerdings die Warnung »unchecked cast« aus. Der oben beschriebene Fehler kann nämlich immer noch auftreten. Der Programmierer ist nun aber gewarnt und ist selbst dafür verantwortlich, den Fehler zu vermeiden. Leider ist das keine sehr befriedigende Lösung.

Aus einem ähnlichen Grund ist auch die Erzeugung von Arrays generischer Typen verboten. Auch hier muss man mit Typkonversionen arbeiten:

```
List<String>[] stringListArray = new List<String>[10];                // verboten
List<String>[] stringListArray = (List<String>[]) new List[10];       // erlaubt
```

15.2 Eingeschränkte Typparameter

In der bisherigen Fassung von List<T> werden die Listenelemente einfach nur abgespeichert und wieder ausgelesen. Will man aber auch Operationen darauf anwenden (zum Beispiel Vergleiche), muss man wissen, welche Methoden ein Typparameter unterstützt. Zu diesem Zweck kann man angeben, dass er von einem bestimmten Basistyp abgeleitet sein muss. Man kann sich dann darauf verlassen, dass der Typparameter die Methoden dieses Basistyps aufweist.

Nehmen wir zum Beispiel an, dass unsere Liste die Elemente in sortierter Reihenfolge abspeichern soll. Dazu müssen die Elemente miteinander verglichen werden. Der Typ T darf also nicht irgendein Typ sein, sondern muss zumindest eine Vergleichsmethode enthalten. Dies können wir erzwingen, indem wir verlangen, dass T das Interface Comparable<T> der Java-Bibliothek implementieren muss, das wie folgt aussieht:

```
interface Comparable<T> {        // result of x.compareTo(y):
    int compareTo(T other);      // result < 0 if x < y; result > 0 if x > y; result == 0 if x == y
}
```

Die Forderung, dass der Typparameter T das Interface Comparable<T> implementieren muss, drückt man durch T extends Comparable<T> aus (Achtung: Hier wird extends anstatt des sonst bei Interfaces üblichen implements verwendet!).

```
class SortedList<T extends Comparable<T>> {
    T[] data = (T[]) new Comparable[100];
    int nElements = 0;

    void add(T elem) {
        int i = nElements - 1;
        while (i >= 0 && elem.compareTo(data[i]) > 0) { data[i+1] = data[i]; i--; }
        data[i+1] = elem; nElements++;
    }

    T remove() {
        return data[--nElements];
    }
}
```

Die Methode add() kann nun T-Werte mit Hilfe der Methode compareTo() vergleichen. Bei der Erzeugung eines SortedList-Objekts mittels

```
SortedList<String> list = new SortedList<String>();
```

stellt der Compiler sicher, dass der aktuelle Typparameter das Interface Comparable<T> implementiert (String implementiert Comparable<String>). Es können in diese Liste also nur Werte eingefügt werden, die miteinander vergleichbar sind.

Dem aufmerksamen Leser ist vielleicht aufgefallen, dass das Array data mittels new Comparable[100] erzeugt wurde und nicht mittels new Object[100]. Wenn man ein Array eines Typparameters T erzeugen möchte, der durch <T extends X> eingeschränkt wurde, muss man als Elementtyp des Arrays den Typ X angeben und nicht Object. Im Rohtyp wird T nämlich durch X ersetzt und nicht durch Object.

Ein Typparameter kann auch durch mehrere Typen eingeschränkt werden, die sowohl Klassen als auch Interfaces sein können. Im folgenden Beispiel

```
class SpecialList<T extends SpecialClass & Comparable<T>> {...}
```

muss der aktuelle Typparameter von der Klasse SpecialClass abgeleitet sein und das Interface Comparable<T> implementieren.

15.3 Generizität und Vererbung

Generische Klassen werden bei der Vererbung wie gewöhnliche Klassen behandelt. Sie können von anderen Klassen erben und selbst Basisklasse anderer Klassen sein. Ähnliches gilt für generische Interfaces. Eine generische Klasse darf von folgenden Klassen erben:

- Von einer nicht generischen Klasse:
  ```
  class A1<T> extends B1 {...}
  ```
- Von einer konkretisierten generischen Klasse:
  ```
  class A2<T> extends B2<String> {...}
  ```
- Von einer generischen Klasse mit gleichem Platzhalter:
  ```
  class A3<T> extends B3<T> {...}
  ```

Eine nicht generische Klasse darf nur dann von einer generischen Klasse erben, wenn diese konkretisiert wurde (d.h., wenn die Typparameter durch konkrete Typen ersetzt wurden):

```
class A4 extends B2<String> {...}  // erlaubt: B2<String> ist ein konkretisierter Typ
class A5 extends B3<T> {...}       // verboten: B3<T> ist ein generischer Typ
```

Zuweisungskompatibilität

Anhand der obigen Beispiele ergeben sich folgende Regeln für die Zuweisungskompatibilität. Da A1<T> eine Unterklasse von B1 ist, dürfen Objekte aller aus A1<T> erzeugten Klassen an B1-Variablen zugewiesen werden:

```
B1 b1 = new A1<Integer>();
B1 b2 = new A1<Person>();
```

Ebenso sind alle aus A2<T> erzeugten Klassen mit B2<String> kompatibel:

```
B2<String> b3 = new A2<Integer>();
B2<String> b4 = new A2<Person>();
```

Hingegen sind die aus A3<T> erzeugten Klassen nur dann mit B3<T> kompatibel, wenn die aktuellen Typparameter übereinstimmen:

```
B3<Integer> b5 = new A3<Integer>(); // erlaubt; aktuelle Typparameter stimmen überein
B3<Integer> b6 = new A3<Short>();   // verboten; aktuelle Typparameter stimmen nicht überein
```

Überschreiben von Methoden

Wenn man eine Methode überschreiben will, die von einem konkretisierten generischen Typ geerbt wurde, so werden entsprechende Typparameter durch die konkreten Typen ersetzt, z.B.:

```
class MyList extends List<Integer> {
    ...
    void add(Integer x) {...} // T wurde durch Integer ersetzt
}
```

Will man jedoch eine Methode aus einem nicht konkretisierten generischen Typ überschreiben, so bleiben die Typparameter erhalten, z.B.:

```
class MyList<T> extends List<T> {
    ...
    void add(T x) {...}
}
```

Laufzeittypprüfungen und Typkonversionen

Generische Typen wie List<String> oder List<Integer> existieren in Java nur zur Compilezeit. Zur Laufzeit werden sie wie der Rohtyp List behandelt. Daher sind Laufzeittypprüfungen nur eingeschränkt möglich, wie das folgende Beispiel zeigt:

```
Object obj = new List<String>();    // obj enthält nun ein List-Objekt (Rohtyp!)
if (obj instanceof List<String>) ... // verboten! Compiler liefert einen Fehler
if (obj instanceof List) ...         // Typprüfung mit Rohtyp ist hingegen erlaubt
```

Typkonversionen können zwar vorgenommen werden, z.B.

```
List<String> list = (List<String>)obj;
```

aber der Compiler liefert eine Warnung, weil nicht geprüft werden kann, ob obj zur Laufzeit wirklich vom Typ List<String> ist (zur Laufzeit gibt es nur Rohtypen).

15.4 Wildcard-Typen

Aus den oben beschriebenen Regeln für die Zuweisungskompatibilität geht hervor, dass List<String> mit keinem anderen aus List<T> erzeugten Typ kompatibel ist, wohl aber mit dem Rohtyp List:

```
List list = new List<String>();
```

Statt des Rohtyps List kann man allerdings auch einen so genannten *Wildcard-Typ* List<?> (sprich: *List of unknown*) benutzen, bei dem der Typparameter durch das Zeichen ? ersetzt wird. Jeder aus List<T> erzeugte Typ ist mit List<?> kompatibel:

```
List<?> list1 = new List<Integer>();
List<?> list2 = new List<Person>();
```

Der eigentliche Nutzen von Wildcard-Typen wird erst im nächsten Abschnitt klar. Einstweilen weiß man über die Variablen list1 und list2 lediglich, dass sie Objekte irgendwelcher aus List<T> erzeugten Typen enthalten. Der Aufruf

```
Object obj = list1.remove();
```

ist erlaubt; der Typ des gelieferten Werts ist aber nur Object, da weder der Compiler noch das Laufzeitsystem wissen, von welchem Typ die Elemente in list1 sind. Der Aufruf

```
list1.add(3);
```

ist hingegen verboten, da list1 nicht unbedingt vom Typ List<Integer> sein muss, sondern zum Beispiel auch vom Typ List<Person> sein könnte.

Eingeschränkte Wildcard-Typen

Der Nutzen von Wildcard-Typen wird erst deutlich, wenn man ihren Typparameter auf einen bestimmten Basistyp einschränkt, z.B.:

```
List<? extends Person> personList;
```

Wenn zum Beispiel die Klassen Student und Teacher von Person abgeleitet sind, so lassen sich folgende Zuweisungen schreiben:

```
personList = new List<Student>();
personList = new List<Teacher>();
```

Über die Variable personList weiß man, dass sie eine Liste enthält, deren Elemente zumindest vom Typ Person sind. Auch hier ist der Aufruf

```
personList.add(new Student());
```

nicht erlaubt, da personList zum Beispiel ein Objekt vom Typ List<Teacher> enthalten könnte, in das keine Student-Objekte eingefügt werden dürfen. Wenn man jedoch ein Element aus personList entnimmt, kann man sich sicher sein, dass es zumindest vom Typ Person ist. Daher ist folgender Aufruf erlaubt:

```
Person person = personList.remove();
```

15.5 Generische Methoden

Nicht nur Klassen, sondern auch Methoden können mit Typen parametrisiert werden. Das kann man dazu verwenden, um ein und dieselbe Methode auf Daten unterschiedlicher Typen anzuwenden.

Betrachten wir als Beispiel eine Methode, die das Maximum zweier Werte liefern soll. Der Typparameter muss in der Methodendeklaration vor dem Rückgabetyp bzw. vor void stehen:

```
static <T extends Comparable<T>> T max(T x, T y) {
    if (x.compareTo(y) > 0) return x; else return y;
}
```

Diese Methode kann nun auf Werte unterschiedlicher Typen angewendet werden:

```
String s = max("John", "Liza");  // liefert "Liza"
int m = max(5, 3);               // liefert 5; die int-Werte werden nach Integer konvertiert (Boxing)
```

Beim Aufruf der Methode leitet der Compiler den aktuellen Typparameter aus den Typen der Argumente ab. Für dieses Beispiel bräuchte man allerdings keine generische Methode, sondern man könnte max auch wie folgt deklarieren:

```
static Comparable max(Comparable x, Comparable y) {
    if (x.compareTo(y) > 0) return x; else return y;
}
```

Generische Methoden braucht man nur dann, wenn der Typ der Argumente nicht durch einen gemeinsamen Basistyp angegeben werden kann, wie im folgenden Beispiel, in dem ein Array von Werten eines bestimmten Typs in eine generische Liste mit Elementen desselben Typs kopiert werden soll:

```
static <T> void copy(T[] src, List<T> dst) {
    for (int i = 0; i < src.length; i++) dst.add(src[i]);
}
```

Der Aufruf von copy() könnte hier folgendermaßen aussehen:

```
List<Integer> intList = new List<Integer>();
copy(new Integer[] {1, 2, 3}, intList);
```

Auch hier ermittelt der Compiler den aktuellen Typparameter (hier Integer) aus den Typen der Argumente.

Übungsaufgaben

1. *Zuweisungskompatibilität.* Gegeben seien folgende generische Klassen:

```
class Group<T> {...}
class Family<T> extends Group<T> {...}
```

sowie folgende nicht generische Klassen:

```
class Animal {...}
class Dog extends Animal {...}
class Cat extends Animal {...}
```

Welche der folgenden Zuweisungen sind erlaubt?

```
Group<Animal> g1 = new Group<Animal>();
Group<Animal> g2 = new Group<Dog>();
Group<Dog> g3    = new Group<Cat>();
Group<Animal> g4 = new Family<Animal>();
Group<Animal> g5 = new Family<Cat>();
Family<Cat> g6   = new Family<Cat>();
```

2. *Generischer Puffer als Array.* Schreiben Sie eine generische Klasse `Buffer<T>`, die einen FIFO-Puffer (*first in first out*) mit zwei Methoden `buf.put(x);` und `x = buf.get();` realisiert. Das erste mit `put()` eingefügte Element soll auch das erste sein, das mit `get()` entnommen wird. Der Typ der Elemente ist offen zu halten.

3. *Generischer Puffer als Liste.* Implementieren Sie den gleichen Puffer wie in Aufgabe 2, aber diesmal als dynamisch verkettete Liste statt als Array.

4. *Sortierte generische Liste.* Implementieren Sie eine Klasse `SortedList<T>`, die eine verkettete sortierte Liste beliebiger Elemente verwaltet. Die Methode `list.add(x)` fügt ein neues Element hinzu und sortiert es ein. Die Methode `list.size()` liefert die Anzahl der Elemente in der Liste und die Methode `list.get(i)` liefert das *i*. Element der Liste. Um die Elemente sortieren zu können, müssen Sie das Interface `Comparable<T>` implementieren.

5. *Wildcards.* Implementieren Sie eine abstrakte Klasse `Vehicle` sowie zwei konkrete Unterklassen `Car` und `Truck`. Dem Konstruktor eines `Car`- oder `Truck`-Objekts soll die Geschwindigkeit des Fahrzeugs übergeben werden. Alle Klassen haben eine Methode `drive()`, welche die Art des Fahrzeugs sowie seine Geschwindigkeit auf dem Bildschirm ausgibt. Verwenden Sie nun die generische Klasse `Buffer<T>` aus Aufgabe 2 oder 3, um ein `Buffer<Car>`- und ein `Buffer<Truck>`-Objekt zu erzeugen und zu befüllen. Schreiben Sie schließlich eine Methode

   ```
   void process(Buffer<? extends Vehicle> buffer) {...}
   ```

   der Sie Ihre `Buffer`-Objekte übergeben. `process` soll für alle Fahrzeuge im Puffer die Methode `drive()` aufrufen.

6. *Generische Methoden.* Schreiben Sie eine generische Methode `max(a)`, die das größte Element des Arrays `a` zurückgibt. Die Arrayelemente können von beliebigem Typ sein, müssen aber das Interface `Comparable<T>` unterstützen.

16 Rekursion

Methoden können in Java nicht nur andere Methoden, sondern auch sich selbst aufrufen. Eine Methode, die sich selbst aufruft, nennt man *rekursiv*. Viele knifflige Probleme der Informatik lassen sich mit Rekursion besonders einfach und elegant lösen. Die Rekursion gehört daher zu den Standardtechniken jedes erfahrenen Programmierers.

Schon die Definition vieler Aufgaben kann iterativ oder rekursiv erfolgen. Betrachten wir zum Beispiel das Problem, die *Fakultät* (*Faktorielle*) einer natürlichen Zahl n zu berechnen (also n!). Wir wissen, dass n! das Produkt aller natürlichen Zahlen von 1 bis n ist, also:

```
n! = 1 * 2 * 3 * ... * (n-1) * n
```

Das ist eine *iterative* Definition. Die Lösung wird durch n-1 hintereinander ausgeführte Multiplikationen gewonnen. Man kann das Problem aber auch *rekursiv* beschreiben, indem man es auf sich selbst zurückführt. Aus der obigen Formel ist leicht abzuleiten, dass die ersten n-1 Faktoren des Produkts die Zahl (n-1)! ergeben. Die Lösung lässt sich daher folgendermaßen rekursiv formulieren:

```
n! = (n-1)! * n        für n > 1
n! = 1                 für n = 1
```

Das Problem, n! zu berechnen, wurde auf das gleichartige, aber kleinere Problem, (n-1)! zu berechnen, zurückgeführt. Die zweite Zeile der Formeln ist nötig, damit man bei wiederholter Anwendung der ersten Zeile irgendwann zu einem Ende kommt.

Wir können nun diese Definition direkt in eine Methode fact(n) umsetzen, die n! berechnet. Da sich jede Java-Methode selbst aufrufen kann, kann fact(n) zu ihrer Lösung den Aufruf fact(n-1) benutzen. Die Implementierung lautet also:

```
static long fact (int n) {
    if (n == 1) return 1;
    else return fact(n-1) * n;
}
```

Sehen wir uns an, was beim Aufruf von fact(4) geschieht: Die Methode fact(4) ruft fact(3) auf und bewahrt den Wert 4 einstweilen in ihrer lokalen Variablen n auf.

fact(3) ruft fact(2) auf und bewahrt ihrerseits den Wert 3 in ihrer eigenen lokalen Variablen n auf, die vom n des Rufers verschieden ist. Die Rekursion setzt sich fort, bis irgendwann fact(1) aufgerufen wird. Nun wird der nichtrekursive Zweig der Methode betreten. Die Rekursion endet und die Methode gibt den Wert 1 zurück. Jetzt wickelt sich die Rekursion wieder aus: Auf dem Weg nach oben wird der vom rekursiven Aufruf gelieferte Wert mit der jeweiligen lokalen Variablen n des Rufers multipliziert und das Ergebnis weiter nach oben gegeben. Als Ergebnis von fact(4) wird schließlich 24 geliefert. Abb. 16.1 visualisiert diesen Ablauf.

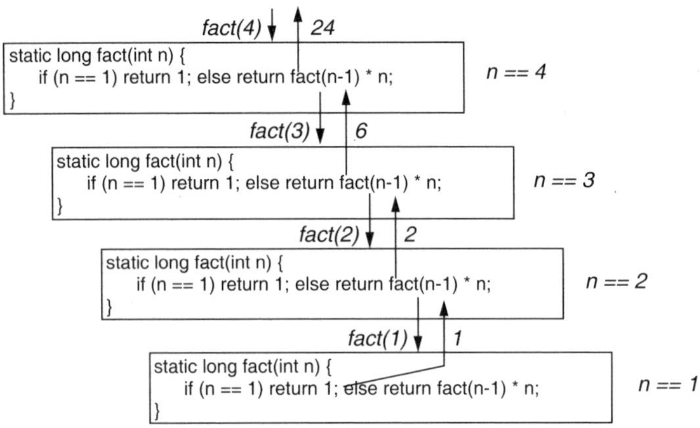

Abb. 16.1 *Visualisierung der rekursiven Berechnung von fact(4)*

Man sieht, dass jeder Aufruf von fact seine eigenen lokalen Variablen besitzt, deren Werte in der Regel voneinander verschieden sind. Die lokalen Variablen aller gerade laufenden Methoden werden in einem Methodenkeller verwaltet. Jedesmal, wenn eine Methode aufgerufen wird, werden ihre lokalen Variablen im Keller angelegt. Wenn die Methode endet, werden sie aus dem Keller entfernt (in Abb. 16.1 wächst der Keller von oben nach unten).

Rekursive Methoden weisen immer dasselbe Muster auf. Sie besitzen einen rekursiven und einen nichtrekursiven Zweig und können abstrakt durch das folgende Schema beschrieben werden:

```
if (Problem klein genug)
    führe nichtrekursiven Zweig aus;
else
    führe rekursiven Zweig mit kleinerem Problem aus;
```

Rekursive versus iterative Lösung

Jedes rekursive Problem lässt sich auch iterativ lösen. Wir könnten die Methode fact zum Beispiel auch folgendermaßen implementieren:

```
static long fact (int n) {
    long f = 1;
    for (long i = 2; i <= n; i++) f = f * i;
    return f;
}
```

Die iterative Lösung ist oft schneller, weil sie mit weniger Methodenaufrufen auskommt (Methodenaufrufe kosten Laufzeit). Dafür ist sie meist länger und oft auch schwerer zu verstehen als die rekursive Lösung. Die Berechnung der Faktoriellen ist so einfach, dass sich dieser Unterschied kaum auswirkt. Bei komplexeren Aufgaben, insbesondere im Zusammenhang mit dynamischen Datenstrukturen wie Bäumen oder Graphen, sind jedoch rekursive Lösungen oft deutlich kürzer und einfacher.

Direkte versus indirekte Rekursion

Rekursion liegt auch dann vor, wenn eine Methode p eine andere Methode q aufruft und diese (eventuell über weitere Methodenaufrufe) wiederum p aufruft. In diesem Fall spricht man von *indirekter Rekursion*, während man den Aufruf einer Methode durch sich selbst als *direkte Rekursion* bezeichnet.

Beispiel: Rekursive Lösung des binären Suchens

Das binäre Suchen haben wir bereits in Kapitel 7 kennen gelernt. Wenn wir zum Beispiel die Zahl 21 in folgendem sortierten Array suchen wollen,

0						6
3	5	9	12	13	21	25

vergleichen wir sie zunächst mit dem mittleren Element 12 und stellen fest, ob sie gleich, kleiner oder größer ist. Da 21 größer als 12 ist, suchen wir nur noch in der rechten Hälfte des Arrays weiter:

4		6
13	21	25

Auch hier können wir das Array wieder in zwei Hälften teilen und gegebenenfalls in der linken oder in der rechten Hälfte weitersuchen. Mit jedem Suchschritt verkleinert sich der Suchraum um die Hälfte und wir gelangen in höchstens $\log_2 n$ Schritten zu der Stelle, an der das gesuchte Element zu finden sein muss, falls es vorhanden ist.

Das Weitersuchen im verkleinerten Array lässt sich sehr gut rekursiv lösen. Wir wenden einfach die gleiche Suchmethode auf ein kleineres Array an, indem wir die Grenzen des Suchintervalls mitgeben. Die Rekursion endet, wenn das gesuchte Element entweder in der Mitte des Arrays gefunden wurde oder wenn das Suchintervall auf die Länge 0 geschrumpft ist.

Wir können die rekursive Lösung direkt nach diesem Schema implementieren. Die Methode search sucht das Element elem im sortierten Array a und liefert seine Position oder -1, falls es nicht gefunden wurde. Das Suchintervall geben wir durch zwei Indizes first und last an.

```
static int search (int elem, int[] a, int first, int last) {
    if (first > last) return -1; // search interval empty; elem not found
    int m = (first + last) / 2;
    if (elem == a[m]) return m; // found
    if (elem < a[m]) return search(elem, a, first, m-1);
    /* elem > a[m] */ return search(elem, a, m+1, last);
}
```

Wir können die Methode search nun für das Array im obigen Bild folgendermaßen aufrufen:

```
int pos = search(21, a, 0, 6);
```

Bei der Ausführung der Methode ist m == 3 und a[m] == 12. Da 21 größer als 12 ist, wird search(21, a, 4, 6) aufgerufen. Nun wird m == 5 und a[m] == 21. In diesem Fall haben wir das Element bereits gefunden und die Rekursion endet. Die Methode gibt das Ergebnis 5 an den Rufer zurück, der es wiederum mit return weiter nach oben reicht.

Beispiel: Größter gemeinsamer Teiler nach Euklid

Auch diese Aufgabe ist uns bereits bekannt. Gesucht ist der größte gemeinsame Teiler zweier positiver Zahlen x und y. Wir haben diese Aufgabe in Kapitel 1 iterativ nach der Methode von *Euklid* gelöst. Nun geben wir eine rekursive Lösung an, die kürzer ist:

```
static int ggt (int x, int y) {
    int rest = x % y;
    if (rest == 0) return y; else return ggt(y, rest);
}
```

Beispiel: Suche eines Wegs durch ein Labyrinth

Zum Schluss wollen wir noch ein etwas anspruchsvolleres Problem lösen, bei dem die Vorzüge der Rekursion besonders klar zutage treten. Gegeben sei ein Labyrinth in Form einer Matrix maze aus n mal n Feldern, wie zum Beispiel in Abb. 16.2 gezeigt.

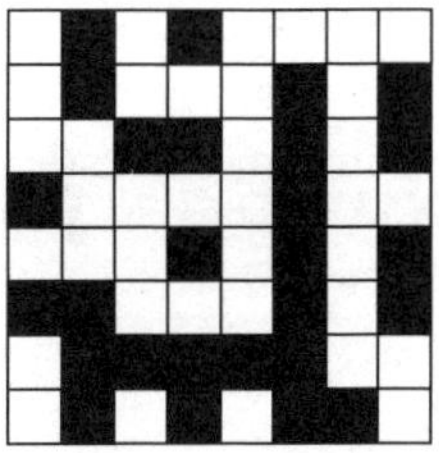

***Abb. 16.2** Labyrinth aus freien (weißen) und blockierten (schwarzen) Feldern*

Einige der Felder bestehen aus Mauern (im Bild schwarz), andere Felder sind frei und betretbar. Gesucht ist ein beliebiger Weg vom linken oberen Eck (maze[0][0]) zum rechten unteren Eck (maze[n-1][n-1]). Dabei darf man sich nur horizontal oder vertikal bewegen, nicht aber diagonal. Natürlich darf man auch nicht durch Mauern hindurch oder über den Rand hinaus laufen.

Für dieses Problem einen iterativen Algorithmus zu finden, ist alles andere als trivial. Man kann zwar von einem Punkt aus in eine bestimmte Richtung laufen. Wenn man aber in eine Sackgasse gerät, muss man umkehren und einen anderen Weg suchen. Das ist mit Schleifen schwierig zu beschreiben.

Ein rekursiver Algorithmus lässt sich hingegen relativ leicht entwerfen. Nehmen wir an, wir befinden uns auf einem beliebigen Feld maze[i][j] und wollen nach maze[n-1][n-1]. Falls i == n-1 und j == n-1 ist, dann sind wir bereits am Ziel. Wenn nicht, können wir eines von vier Nachbarfeldern betreten, vorausgesetzt es befinden sich dort keine Mauern und wir laufen nicht über den Rand des Labyrinths hinaus (siehe Abb. 16.3).

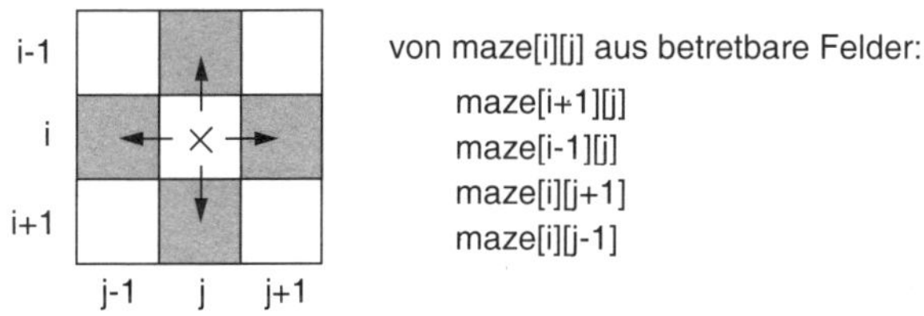

***Abb. 16.3** Betretbare Nachbarfelder von maze[i][j]*

Auf jedem der Nachbarfelder stehen wir wieder vor dem gleichen Problem, nämlich zum Feld maze[n-1][n-1] zu finden. Wir können also jedesmal einen Schritt machen und dann dasselbe Problem rekursiv lösen. Dabei müssen wir aber darauf achten, dass wir nicht im Kreis laufen. Zu diesem Zweck markieren wir die Felder, auf denen wir bereits waren, und betreten markierte Felder kein zweites Mal. Das Labyrinth können wir zum Beispiel als Matrix von char-Elementen implementieren:

```
char[][] maze = new char[n][n];
```

Wir initialisieren es so, dass maze[i][j] den Wert 'X' hat, falls sich an dieser Stelle eine Mauer befindet, und den Wert ' ', falls das Feld betretbar ist. Bereits betretene Felder markieren wir mit dem Wert '.'. Der Algorithmus lässt sich nun folgendermaßen formulieren:

```
static boolean canExit (char[][] maze, int i, int j, int n) {
    if (i < 0 || j < 0 || i == n || j == n) return false; // outside the maze
    if (maze[i][j] != ' ') return false;  // bumped against a wall or already visited
    maze[i][j] = '.'; // mark field as visited
    if (i == n-1 && j == n-1              // already at the goal?
    || canExit(maze, i+1, j, n)           // can we find the exit if we go down?
    || canExit(maze, i, j+1, n)           // can we find the exit if we go to the right?
    || canExit(maze, i-1, j, n)           // can we find the exit if we go up?
    || canExit(maze, i, j-1, n)) {        // can we find the exit if we go to the left?
        Out.print("(" + i + ", " + j + ") "); // print the field as part of the right way
        return true;
    }
    return false;
}
```

Die Methode canExit(maze, i, j, n) prüft zuerst, ob das Feld i, j außerhalb des Labyrinths liegt, ob es durch eine Mauer belegt ist oder ob es schon betreten wurde (maze[i][j] != ' '). In diesen Fällen kehrt sie mit Misserfolg zurück, und der Rufer muss einen anderen Weg suchen.

Falls das Feld legal und noch nicht besucht ist, prüft sie, ob sie bereits am Ziel ist. Wenn nicht, versucht sie, jedes der vier Nachbarfelder zu betreten und von dort aus eine Lösung zu suchen. Dies geschieht durch rekursiven Aufruf von canExit, der mit Erfolg oder mit Misserfolg zurückkommen kann. Wenn einer der vier Aufrufe mit Erfolg zurückkommt, wurde ein Weg gefunden und die Methode kann ihren Erfolg an den Rufer melden. Vorher gibt sie aber noch das gerade besuchte Feld als Teil des gefundenen Weges aus.

Abb. 16.4 zeigt, welche Felder die Methode canExit ausgehend von maze[0][0] besucht. Gestrichelte Pfeile zeigen erfolglose Versuche an.

Durch Ausprobieren aller Möglichkeiten findet die Methode irgendwann zum Feld maze[n-1][n-1] und ist am Ziel. Die Methode kehrt nun aus den rekursiven Aufrufen zurück und geht dabei den Weg, den sie gekommen ist, wobei Sackgassen ausgelassen werden. Auf dem Rückweg gibt sie alle Felder aus, die auf dem richtigen Weg liegen. Das Ende der Ausgabe lautet im obigen Beispiel

```
... (4, 2) (4, 1) (3, 1) (2, 1) (2, 0) (1, 0) (0, 0)
```

Der gefundene Weg ist vielleicht nicht der kürzeste, aber er führt zum Ziel. Man kann den Algorithmus mit geringem Aufwand so ändern, dass er nicht nur irgendeinen Weg sucht, sondern den kürzesten Weg vom Ausgangspunkt zum Zielpunkt. Wir überlassen diese Lösung dem Leser als Übungsaufgabe.

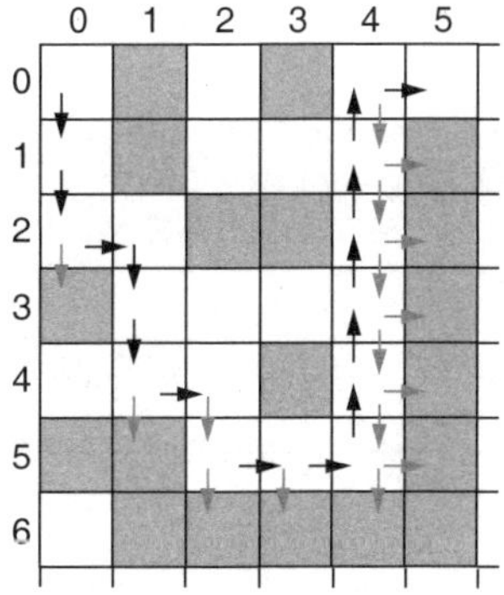

Besuchsreihenfolge:
maze[0][0]
maze[1][0]
maze[2][0]
maze[3][0] -- Mauer ==> zurück zu maze[2][0]
maze[2][1]
maze[3][1]
maze[4][1]
maze[5][1] -- Mauer ==> zurück zu maze[4][1]
maze[4][2]
maze[5][2]
maze[6][2] -- Mauer ==> zurück zu maze[5][2]
maze[5][3]
...

Abb. 16.4 *Besuchsreihenfolge von canExit ausgehend von maze[0][0] (Ausschnitt)*

Rekursive Algorithmen, die die Lösung durch erschöpfendes Ausprobieren aller Möglichkeiten finden, heißen *Exhaustionsalgorithmen*. Sie sind meist bestechend kurz und elegant, allerdings auch ziemlich ineffizient. Mit zunehmender Problemgröße (d.h. hier mit zunehmender Größe des Labyrinths) steigt ihre Laufzeit exponentiell.

Übungsaufgaben

1. *Fibonacci-Zahlen.* Die Fibonacci-Zahlen spielen bei Wachstumsvorgängen in der Natur eine wichtige Rolle. Sie sind durch folgende Rekursionsformel definiert:

   ```
   fib(0) = 1
   fib(1) = 1
   fib(n) = fib(n-2) + fib(n-1)   für n > 1
   ```

   Schreiben Sie ein Java-Programm, das die Fibonacci-Zahl `fib(n)` für ein gegebenes `n` rekursiv sowie iterativ berechnet. Versuchen Sie, die Laufzeit der beiden Lösungen in Abhängigkeit von `n` zu schätzen.

2. *Rekursive Verwaltung von Listen.* Implementieren Sie rekursive Methoden zum Einfügen, Löschen und Suchen von Werten in einer dynamisch verketteten Liste.

3. *Spiegeln einer Zeichenfolge.* Schreiben Sie ein Programm, das eine Zeichenfolge liest und in umgekehrter Reihenfolge wieder ausgibt. Verwenden Sie kein Array zur Zwischenspeicherung der Zeichenfolge, sondern implementieren Sie die Lösung rekursiv.

4. *Binomialkoeffizient.* Implementieren Sie je eine Methode zur rekursiven und zur iterativen Berechnung des Binomialkoeffizenten.

Rekursive Definition

$$\binom{n}{k} = \binom{n-1}{k-1} + \binom{n-1}{k}$$

$$\binom{n}{0} = 1$$

$$\binom{n}{k} = 0, \text{ für } k > n$$

Iterative Definition

$$\binom{n}{k} = \frac{n!}{k!\,(n-k)!}$$

5. Welche Ausgabe erzeugt folgende Methode, wenn man sie mit p(4) aufruft?

```
static void p (int x) {
    if (x > 0) p(x - 1);
    Out.println(x);
}
```

6. Welche Ausgabe erzeugt folgende Methode, wenn man sie mit p(5) aufruft?

```
static int p (int x) {
    if (x == 0) return 1;
    else {
        int y = p(x-1);
        Out.println(x + y);
        return y + 1;
    }
}
```

7. *Türme von Hanoi.* Die Türme von Hanoi sind ein Denkspiel aus dem fernen Osten. Das Spiel besteht aus drei Stäben und einem Turm aus n ungleich großen Scheiben, die zu Beginn so auf dem ersten Stab aufgefädelt sind, dass die Scheibengröße von unten nach oben abnimmt.

Ziel des Spiels ist es, den Turm vom ersten auf den zweiten Stab zu bewegen, wobei immer nur eine Scheibe auf einmal bewegt und nie eine größere Scheibe auf eine kleinere gelegt werden darf.

Die Aufgabe kann auf einfache Weise rekursiv gelöst werden: Um einen Turm der Höhe n von Stab 1 auf Stab 2 umzustapeln, bewegt man zuerst rekursiv einen Teilturm der Höhe n-1 von Stab 1 auf Stab 3, dann die letzte Scheibe von Stab 1 auf Stab 2 und schließlich den Turm der Höhe n-1 von Stab 3 zurück auf Stab 2.

Implementieren Sie diese Lösung durch eine rekursive Methode move(height, from, to), die einen Turm der Höhe height von Stab from auf Stab to bewegt. Wenn die Stäbe durch die Zahlen 0, 1 und 2 bezeichnet werden, kann man den dritten Stab neben from und to durch den Ausdruck 3 – from – to berechnen. Geben Sie jedesmal, wenn eine Scheibe bewegt wurde, aus, zwischen welchen Stäben sie gewandert ist.

8. Welche der folgenden Aussagen sind richtig? Eine direkt rekursive Prozedur

   - ❑ darf nicht auf globale Variablen zugreifen,
   - ❑ legt bei jedem Aufruf einen neuen Satz ihrer lokalen Variablen an,
   - ❑ muss mit return beendet werden,
   - ❑ ruft sich selbst auf.

9. *Rekursive Ausgabe einer Zahl.* Schreiben Sie eine rekursive Methode print(n) zur Ausgabe aller Ziffern der positiven ganzen Zahl n. Die letzte Ziffer kann mit n % 10 abgespalten werden, der vordere Teil der Zahl entspricht n / 10. Die Methode soll außer n keine zusätzlichen Variablen verwenden. print(123) soll nacheinander die Zeichen 1, 2 und 3 ausgeben.

17 Schrittweise Verfeinerung

In diesem Kapitel wollen wir der Frage nachgehen, wie man von einer gegebenen Aufgabenstellung systematisch zu einem Programm gelangt. Diese Frage ist besonders für Programmieranfänger wichtig und alles andere als trivial. Wie geht man zielgerichtet vor? Wo fängt man an? Wie findet man die passenden Methoden, Datenstrukturen und Anweisungsarten?

Es ist selten eine gute Idee, gleich mit den Details zu beginnen, die erste Anweisung hinzuschreiben, dann die nächste und so das Programm Anweisung für Anweisung entstehen zu lassen. Besser ist es, die Gesamtaufgabe zuerst in Teilaufgaben zu zerlegen und anschließend jede Teilaufgabe wiederum in kleinere Teilaufgaben, bis diese so einfach sind, dass eine weitere Zerlegung nicht mehr sinnvoll ist und man die Aufgabe direkt in Java implementieren kann. Jede Teilaufgabe wird zu einer Methode. Man braucht anschließend nur noch die Methodenaufrufe in der richtigen Reihenfolge zusammenzusetzen, um die Gesamtaufgabe zu lösen.

Man nennt diese Vorgehensweise *schrittweise Verfeinerung*. Sie ist eine bewährte Programmentwurfstechnik, die top-down vom Groben zu den Details vordringt, das Programm systematisch in Methoden zerlegt und auf diese Weise zu einer sauberen Programmstruktur führt. Die Vorgehensweise bei der schrittweisen Verfeinerung ist wie folgt:

1. *Zerlege die Gesamtaufgabe in Teilaufgaben*
   Dabei sollte man noch nicht zu sehr ins Detail gehen, sondern eher grobe Teilaufgaben suchen. Ein bewährter Trick besteht darin, sich zu fragen, wie die ideale Programmiersprache aussehen müsste, die genau jene Befehle anbietet, die man zur Lösung des gegebenen Problems braucht. Um Software für einen Bankomaten zu entwickeln, wären zum Beispiel Befehle wie »führe Benutzerdialog«, »lies Kontostand« oder »gib Geld aus« nötig. Hätte man diese Befehle, ließe sich die Aufgabe in wenigen Zeilen implementieren. Es hindert uns eigentlich niemand anzunehmen, dass es diese Befehle wirklich gibt. Falls es sie noch nicht gibt, können wir sie später immer noch implementieren. Jeden dieser Befehle (Teilaufgaben) spezifizieren wir durch seine Methodenschnittstelle. Wir beschreiben also, welche Parameter er benötigt und welche Werte er liefert.

2. *Implementiere die Gesamtaufgabe mittels der Teilaufgaben*
   Wir nehmen an, dass die Methoden zur Lösung der Teilaufgaben bereits existieren und zur Implementierung der Gesamtaufgabe verwendet werden können. Wir müssen sie nur noch in der richtigen Reihenfolge aufrufen und eventuell in Abfragen oder Schleifen einbetten. Damit sind wir bereits ein gutes Stück weitergekommen. Jetzt müssen nur noch die Teilaufgaben gelöst werden, was aber einfacher ist, weil sie kleiner sind als die Gesamtaufgabe.

3. *Implementiere die Teilaufgaben*
   Wir nehmen uns nun die einzelnen Teilaufgaben der Reihe nach vor. Falls eine Teilaufgabe einfach genug ist, implementieren wir sie direkt in Java. Falls sie noch zu komplex ist, gehen wir nach Schritt 1 und zerlegen sie wieder in kleinere Teilaufgaben, die wir später lösen. Irgendwann sind alle Teilaufgaben in Java implementiert und wir haben ein sauber strukturiertes Programm, das die Gesamtaufgabe löst.

Was bringt uns diese Vorgehensweise? Warum sollte es einfacher sein, ein Problem zuerst in Teilaufgaben zu zerlegen und diese später für sich zu lösen, anstatt es gleich als Ganzes zu lösen? Die Antwort lässt sich aus Abb. 17.1 ablesen.

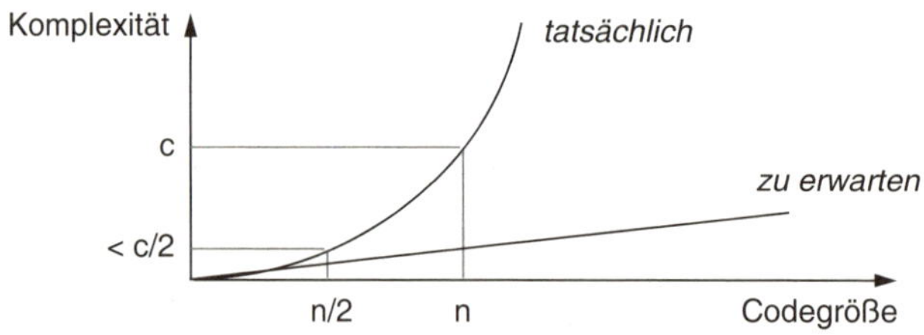

Abb. 17.1 *Abhängigkeit der Komplexität eines Programms von seiner Größe*

Die Komplexität einer Aufgabe nimmt mit zunehmender Problemgröße nicht etwa linear zu, sondern überproportional. Ein doppelt so großes Problem ist nicht doppelt so schwer zu lösen, sondern um ein Vielfaches schwieriger. Anders gesagt: Wenn wir die Größe eines Problems (n) auf die Hälfte (n/2) reduzieren, reduzieren wir damit seine Komplexität auf wesentlich weniger als die Hälfte! Die Zerlegung einer Aufgabe in i kleinere Teilaufgaben reduziert die Komplexität jeder Teilaufgabe auf weniger als 1/i. Damit reduziert sich auch der Aufwand für die Lösung der Gesamtaufgabe.

Beispiel: Häufigkeitszählung von Wörtern in einem Text

Wir wollen nun als Beispiel eine nicht ganz triviale Aufgabe mittels schrittweiser Verfeinerung lösen. Die Aufgabe besteht darin, einen Text aus Wörtern von einer Datei zu lesen und die Häufigkeit der darin vorkommenden Wörter zu zählen. Der (zugegebenerweise nicht besonders intelligente) Eingabetext

```
was wahr ist, ist wahr, und was falsch ist, ist falsch.
```

soll zum Beispiel zu folgender Ausgabe führen:

```
und     1
falsch  2
ist     4
wahr    2
was     2
```

Der Einfachheit halber verlangen wir nicht, dass die Wörter sortiert ausgegeben werden müssen, sondern sind mit einer beliebigen Reihenfolge zufrieden. Ein Wort ist eine Folge von Buchstaben und wird durch ein Zeichen, das kein Buchstabe ist, oder durch das Ende der Datei abgeschlossen. Zwischen den Wörtern können auch mehrere Zeichen stehen, die keine Buchstaben sind, zum Beispiel Leerzeichen und Interpunktionszeichen.

Zerlegung der Gesamtaufgabe

Gemäß der oben beschriebenen Vorgehensweise versuchen wir, die Gesamtaufgabe in Teilaufgaben zu zerlegen. Welche Befehle würden wir uns von einer idealen Programmiersprache wünschen, um dieses Problem zu lösen? Wir brauchen offensichtlich Befehle wie

- Lies ein Wort.
- Zähle das Wort.
- Drucke alle Worthäufigkeiten.

Wir spezifizieren diese Teilaufgaben nun als Methoden und geben ihre Wirkungsweise an:

- `word = readWord();`
  Liest das nächste Wort von einer Eingabedatei. Wenn kein Wort mehr gelesen werden kann, liefert `readWord` den Wert `null`.
- Die Wörter und ihre Häufigkeiten speichern wir in einer Klasse `WordTable` und sehen darin folgende beiden Methoden vor:
  - `tab.count(word);`
    Trägt `word` in die Tabelle `tab` ein und setzt seine Häufigkeit auf 1. Falls `word` bereits in `tab` steht, erhöht `count` seine Häufigkeit um 1.

- tab.print();
  Gibt die in tab gespeicherten Wörter und ihre Häufigkeiten aus.

Implementierung der Gesamtaufgabe mittels der Teilaufgaben

Wenn wir annehmen, dass die oben spezifizierten Methoden bereits existieren, können wir unser Hauptprogramm auf einfache Weise implementieren. readWord machen wir zu einer statischen Methode des Hauptprogramms. Die Implementierung von WordTable schieben wir noch vor uns her.

```
class WordCount {

    public static void main (String[] arg) {
        WordTable tab = new WordTable();
        In.open("input.txt");
        String w = readWord();
        while (w != null) {
            tab.count(w);
            w = readWord();
        }
        In.close();
        tab.print();
    }

    static String readWord () {...}
}
```

Was haben wir bis jetzt geleistet? Sehr viel! Wir haben die nicht ganz einfache Aufgabe, einen Text aus Wörtern zu verarbeiten, auf die wesentlich einfacheren Teilaufgaben reduziert, ein einzelnes Wort zu lesen, ein Wort in eine Tabelle einzutragen und die Tabelle zu drucken. Die Komplexität dieser Teilaufgaben ist viel geringer als die Komplexität der Gesamtaufgabe.

Bei der Implementierung der Gesamtaufgabe müssen wir sorgfältig prüfen, ob alle Daten, die eine Teilaufgabe benötigt, als Parameter mitgegeben und von einer anderen Teilaufgabe bereitgestellt werden. Nur so ist sichergestellt, dass alle Teilaufgaben nach ihrer Implementierung zusammenpassen.

Verfeinerung von readWord()

Nachdem wir die oberste Schicht der Aufgabe gelöst haben, gehen wir nun daran, die unteren Schichten zu lösen. Wir beginnen mit readWord. Diese Methode soll eine Folge von Buchstaben lesen und daraus ein Wort aufbauen. Das ist keine besonders schwierige Aufgabe und wir könnten sie direkt in Java implementieren. Um aber die schrittweise Verfeinerung zu üben, zerlegen wird readWord in weitere Teilaufgaben. Wir überlegen uns, welche Befehle wir uns von einer idealen Programmiersprache zur Implementierung von readWord wünschen würden:

- Lies ein Zeichen.
- Prüfe, ob das Zeichen ein Buchstabe ist.
- Füge ein Zeichen an ein Wort an.

Für diese Teilaufgaben gibt es bereits Methoden der Java-Bibliothek:

- Lies ein Zeichen: ch = In.read();
- Prüfe, ob das Zeichen ein Buchstabe ist: if (Character.isLetter(ch)) ...
- Füge ein Zeichen an ein Wort an: word.append(ch);

Wir brauchen diese Methoden daher nicht mehr selbst zu schreiben, sondern nur noch in der richtigen Reihenfolge aufzurufen:

```
static String readWord() {
    StringBuffer word = new StringBuffer();
    char ch;
    //----- skip non-letters
    do ch = In.read(); while (In.done() && !Character.isLetter(ch));
    //----- build the word
    while (In.done() && Character.isLetter(ch)) {
        word.append(ch);
        ch = In.read();
    }
    // ! In.done || ch is not a letter
    if (word.length() > 0) return word.toString(); else return null;
}
```

Entwurf der Worttabelle

Die Worttabelle muss eine Menge von Wörtern samt ihrer Häufigkeiten speichern. Da wir uns nicht auf eine maximale Anzahl der Wörter festlegen wollen, verwenden wir kein Array, sondern eine verkettete Liste von Elementen. Jedes Element enthält ein Wort, seine Häufigkeit und einen Zeiger auf sein Nachfolgerelement.

```
class Element {
    String word;      // the word
    int freq;         // its frequency in the text
    Element next;     // pointer to the next list element
    Element (String w) {word = w; freq = 1;}
}
```

Die Worttabelle selbst enthält die Elementliste sowie die zwei Zugriffsmethoden count und print:

```
class WordTable {
    Element head = null;

    void count(String word) {...}
    void print() {...}
}
```

Die beiden Methoden sind nicht besonders schwierig zu implementieren. Trotzdem versuchen wir, sie weiter zu verfeinern. count hat die Aufgabe, ein Wort in der Tabelle zu speichern und seinen Zähler zu initialisieren bzw. zu erhöhen. In welche Teile kann man diese Aufgabe zerlegen?

- Stelle fest, ob das Wort schon in der Tabelle steht.
- Füge das Wort in die Tabelle ein.
- Erhöhe die Häufigkeit eines Worts in der Tabelle.

Die ersten beiden Operationen spezifizieren wir folgendermaßen:

- elem = tab.find(word);
  Suche word in der Tabelle tab und liefere das entsprechende Element. Wenn das Wort nicht gefunden wurde, liefere null.
- tab.enter(word);
  Trage word in die Tabelle tab ein. Es wurde bereits sichergestellt, dass word noch nicht in tab vorkommt.

Die dritte Operation können wir einfach durch elem.freq++; realisieren. Damit sind wir bereit, die Methode count zu implementieren:

```
void count (String word) {
    Element elem = find(word);
    if (elem == null) enter(word); else elem.freq++;
}
```

Die Methoden find und enter sind nun so einfach, dass wir sie gleich niederschreiben können. Sie sind ebenfalls Methoden der Klasse WordTable.

```
class WordTable {
    ...
    Element find (String word) {
        Element elem = head;
        while (elem != null && !word.equals(elem.word)) elem = elem.next;
        // elem == null || word.equals(elem.word)
        return elem;
    }

    void enter (String word) {
        Element elem = new Element(word);
        elem.next = head; head = elem;
    }
}
```

Da diese beiden Methoden so kurz sind und sonst nirgendwo verwendet werden, könnten wir sie auch an der Aufrufstelle in count einsetzen. Dadurch hätten wir drei Methoden zu einer einzigen zusammengefasst. Das Programm würde kürzer, allerdings vielleicht auch schwerer verständlich. Wir lassen daher jede Teilaufgabe als eigenständige Methode bestehen.

Verfeinerung von print

Als letzten Schritt müssen wir noch die Methode print verfeinern. Sie ist allerdings so einfach, dass wir sie sofort implementieren können:

```
class WordTable {
    ...
    void print () {
        for (Element e = head; e != null; e = e.next)
            Out.println(e.word + "  " + e.freq);
    }
}
```

Damit ist unsere Gesamtaufgabe gelöst. Wir können die einzelnen Teile zusammensetzen und erhalten das folgende Programm:

```
//================= class Element ===================
class Element {
    String word;        // the word
    int freq;           // its frequency in the text
    Element next;       // pointer to the next list element
    Element (String w) {word = w; freq = 1;}
}

//=============== class WordTable =================
class WordTable {
    Element head = null;

    void count (String word) {
        Element elem = find(word);
        if (elem == null) enter(word); else elem.freq++;
    }

    Element find (String word) {
        Element elem = head;
        while (elem != null && !word.equals(elem.word)) elem = elem.next;
        // elem == null || word.equals(elem.word)
        return elem;
    }
```

```
    void enter (String word) {
        Element elem = new Element(word);
        elem.next = head; head = elem;
    }

    void print () {
        for (Element e = head; e != null; e = e.next)
            Out.println(e.word + "  " + e.freq);
    }
}

//=============== class WordCount =================
class WordCount {

    public static void main (String[] arg) {
        WordTable tab = new WordTable();
        In.open("input.txt");
        String w = readWord();
        while (w != null) {
            tab.count(w);
            w = readWord();
        }
        In.close();
        tab.print();
    }

    static String readWord () {
        StringBuffer word = new StringBuffer();
        char ch;
        //----- skip non-letters
        do ch = In.read(); while (In.done() && !Character.isLetter(ch));
        //----- build the word
        while (In.done() && Character.isLetter(ch)) {
            word.append(ch);
            ch = In.read();
        }
        // ! In.done || ch not a letter
        if (word.length > 0) return word.toString(); else return null;
    }
}
```

Obwohl die Aufgabe nicht besonders schwierig war, ist das entstandene Programm doch auch nicht trivial. Es besteht aus drei Klassen und sechs Methoden. Ohne systematische Vorgehensweise im Sinne der schrittweisen Verfeinerung wären wir wahrscheinlich kaum auf eine sauber strukturierte Lösung gekommen. Wenn wir gleich mit dem Codieren begonnen hätten, wären wir vermutlich in eine Sackgasse geraten oder hätten das Problem gar nicht lösen können. Durch die Zerlegung in kleine Methoden war jede Teilaufgabe jedoch einfach zu implementieren. Jeder Schritt war klein und überschaubar.

Durch die schrittweise Verfeinerung entsteht ein hierarchischer Graph von Teilaufgaben mit der Gesamtaufgabe an der Spitze, wie es in Abb. 17.2 für unser Problem dargestellt ist.

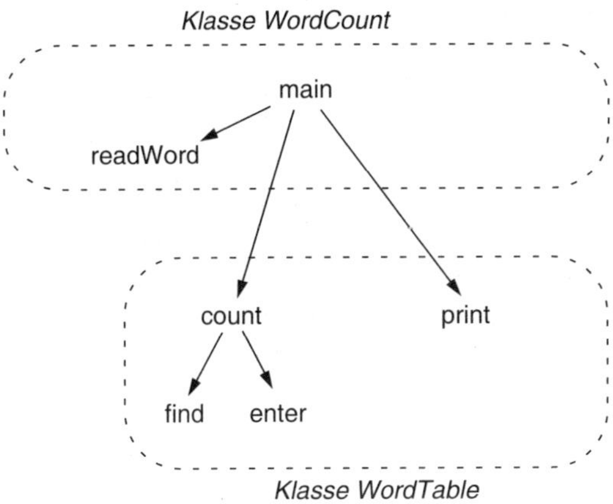

Abb. 17.2 *Hierarchische Zerlegung der Wortzählung*

Die schrittweise Verfeinerung gehört zum Handwerkszeug jedes guten Programmierers. Sie ist eine einfache und systematische Programmentwurfstechnik, die ein gegebenes Problem top-down in Teilprobleme zerlegt und dadurch die Komplexität des Programmierens reduziert.

Übungsaufgaben

1. *Würfelspiel.* Ein Würfel wird n mal geworfen. Tritt dabei ein Einser auf, ist die Gewinnsumme 0, sonst ist die Gewinnsumme die Summe der gewürfelten Punkte. Implementieren Sie ein Programm, das 1000 mal n Würfe simuliert und daraus die durchschnittliche Gewinnsumme berechnet. Der Ausdruck `1 + (int)(Math.random()*6)` liefert einen Zufallswert zwischen 1 und 6. Zerlegen Sie Ihr Programm mit Hilfe der schrittweisen Verfeinerung in sinnvolle Methoden und geben Sie die Entwurfsschritte an. Versuchen Sie durch Experimentieren herauszufinden, bei welchem n die durchschnittliche Gewinnsumme am größten ist.

2. *Textzentrierung.* Entwerfen Sie ein Programm, das einen Text von einer Datei liest und auf einem Bildschirm mit fester Zeilenbreite zentriert ausgibt. Eine Zeile ist maximal n Zeichen lang und soll so viele Wörter wie möglich enthalten. Der Text kann aber nur an Stellen umgebrochen werden, an denen Leerzeichen stehen. Die Zentrierung soll durch Einfügen von Leerzeichen am Anfang einer Zeile erfolgen. Zerlegen Sie Ihr Programm mit Hilfe der schritt-

weisen Verfeinerung in sinnvolle Methoden und geben Sie die Entwurfsschritte an.

3. *Tic-Tac-Toe*. Tic-Tac-Toe ist ein Spiel, das auf einem Brett mit 3 x 3 Feldern gespielt wird:

	A	B	C
0	x		0
1	0	0	
2	x	x	x

Zwei Spieler (x und 0) setzen dabei abwechseln einen Stein auf ein noch freies Feld. Gewinner ist jener Spieler, der als erster drei seiner Steine nebeneinander (horizontal, vertikal oder diagonal) setzen kann. Schreiben Sie ein Programm, das abwechselnd Züge der beiden Spieler einliest (z.B. `A2`, `C0`, `A0`, ...) und für jeden Zug prüft, ob er gültig ist und ob der Spieler damit gewonnen hat. Das Spielfeld soll nach jedem Zug ausgegeben werden. Entwerfen Sie Ihr Programm nach der Methode der schrittweisen Verfeinerung und geben Sie die Entwurfsschritte an.

4. *Galton-Brett*. Das Galton-Brett wurde von *Sir Francis Galton* (1822–1911) erfunden und dient zur Simulation von Binomialverteilungen. Eine Kugel fällt gemäß folgendem Bild durch ein Gitter von Stäben.

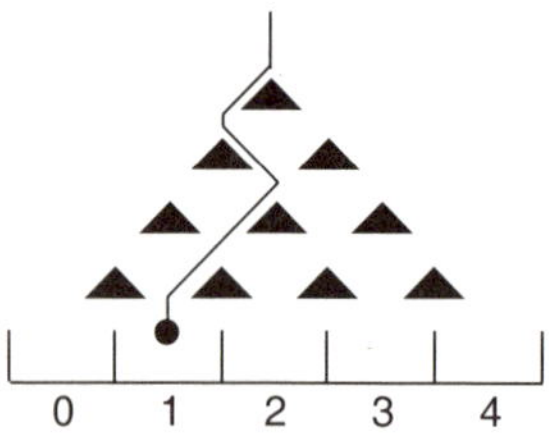

An jedem Stab wird die Kugel mit gleicher Wahrscheinlichkeit nach links oder nach rechts abgelenkt und fällt schließlich nach `n` Ablenkungen in einen von `n+1` Töpfen. Die Anzahl der Kugeln in den Töpfen folgt einer Binomialverteilung.

Schreiben Sie ein Programm, das ein Galton-Brett simuliert. Sie brauchen das Brett nicht zu zeichnen, sondern nur die `n` Ablenkvorgänge zu simulieren und die Kugeln anschließend in einem Array zu sammeln. Ein Ablenkvorgang kann durch den Ausdruck `(int)(Math.random()*2)` simuliert werden, der mit gleicher Wahrscheinlichkeit die Werte 0 und 1 liefert. Werfen Sie 100 Kugeln und geben Sie die entstehende Verteilung durch ein Histogramm aus Sternchen aus. Entwerfen Sie Ihr Programm nach der Methode der schrittweisen Verfeinerung und geben Sie alle Entwurfsschritte an.

5. *Stichwortverzeichnis.* Entwerfen und implementieren Sie ein Programm nach der Methode der schrittweisen Verfeinerung, das aus einer Folge von Seitennummern und Stichwörtern ein Stichwortverzeichnis erzeugt. Die Eingabe gehorcht folgender Syntax:

   ```
   Input = {PageNumber Keyword {Keyword}} "0".
   ```

   Ein Beispiel für eine gültige Eingabe ist:

   ```
   24 Deklaration Variable Konstante
   25 Variable Typ
   26 Variable Integer Sichtbarkeit
   0
   ```

   Ihr Programm soll die Paare (Seitennummer, Stichwort) sammeln, nach Stichworten sortieren und so ausgeben, dass alle Seitennummern eines Stichworts hintereinander aufgelistet sind. Zum Beispiel:

   ```
   Deklaration 24
   Integer 26
   Konstante 24
   Sichtbarkeit 26
   Typ 25
   Variable 24, 25, 26
   ```

   Sie können davon ausgehen, dass die Eingabe syntaktisch korrekt ist und dass es nicht mehr als 1000 Stichwörter gibt. Sie können Stichwörter mit `In.readIdentifier()` lesen bis `In.done() == false` ist (siehe Anhang A). Anschließend können Sie die nächste Seitennummer mit `In.readInt()` lesen.

6. *Wortliste.* Gegeben sei ein Text bestehend aus Wörtern (Folgen von Buchstaben) und Trennzeichen (Folgen von Nichtbuchstaben). Gesucht ist ein Programm, das diesen Text zeichenweise liest und die darin enthaltenen Wörter jedes auf einer eigenen Zeile ausgibt, wobei mehrfach vorkommende Wörter nur einmal auszugeben sind. Beispiel:

   Eingabe:
   ```
   der Herr der Ringe
   ```

   Ausgabe:
   ```
   der
   Herr
   Ringe
   ```

   Zerlegen Sie dieses Problem nach der Methode der schrittweisen Verfeinerung und geben Sie alle Entwurfsschritte an.

7. *Auswertung von Lottoscheinen.* Implementieren Sie mittels schrittweiser Verfeinerung eine Methode `check`, die Lottoscheine auswertet. Die Eingabe besteht aus Sechsergruppen von Zahlen, wobei die erste Gruppe die gezogenen Lotto-

zahlen und die weiteren Gruppen jeweils einen Lotto-Tipp darstellen. Alle Zahlen in einer Gruppe sind voneinander verschieden und aufsteigend sortiert. Sie können davon ausgehen, dass die Eingabe korrekt ist. Für jeden Tipp soll die Anzahl der Treffer ausgegeben werden, zum Beispiel:

Eingabe:

```
3   5   7  12  17  23
3   7  12  17  26  35
9  12  19  23  25  31
```

Ausgabe:

```
4 Treffer
2 Treffer
```

18 Pakete

Große Programme bestehen aus Hunderten von Klassen und Tausenden von Methoden. Obwohl man mit Klassen Ordnung in Programme bringen kann, sind sie doch für so große Programme zu feinkörnig. Man braucht zusätzlich noch einen gröberen Strukturierungsmechanismus, der einem die Möglichkeit gibt, mehrere zusammengehörige Klassen zu einer noch größeren Einheit zusammenzufassen. Genau das ist der Zweck von *Paketen* (*packages*) in Java.

Pakete sind Sammlungen zusammengehöriger Klassen. Sie dienen nicht nur der Strukturierung von Programmen, sondern schaffen auch einen eigenen Sichtbarkeitsbereich für Namen. Namen können in einem Paket so deklariert werden, dass sie in anderen Paketen unsichtbar sind. Auf diese Weise kann man Namenskonflikte vermeiden und die Zugriffsrechte auf Namen besser kontrollieren.

Die Java-Bibliothek besteht selbst aus zahlreichen Paketen. Alleine der Kern der Bibliothek umfasst derzeit etwa 130 Pakete, die man unter [JDK] studieren kann. Einige der häufig benötigten Pakete sind:

java.lang
: Ein Paket aus Standardklassen, die sogar der Java-Compiler kennt und die eigentlich Teil der Sprache Java sind. Es enthält z.B. die Klassen String und StringBuffer, die der Compiler besonders behandelt (z.B. Stringkonstanten, Verkettungsoperator "+" usw.). Ferner enthält es Klassen wie Thread für parallele Prozesse, Exception für die Ausnahmebehandlung oder Math für mathematische Funktionen.

java.io
: Ein Paket zum Lesen und Schreiben von Datenströmen (Dateien, Bildschirmausgabe, Tastatureingabe). Es enthält Klassen wie InputStream, OutputStream, Reader, Writer usw.

java.util
: Ein Paket mit allerlei nützlichen Hilfsklassen. Dazu gehören Random, Date, Calendar sowie die Collection-Klassen wie LinkedList, ArrayList, HashSet oder HashMap.

javax.swing
: Ein Paket für grafische Benutzeroberflächenelemente wie Knöpfe, Textfelder, Fenster usw. Typische Klassen in diesem Paket sind JButton, JTextField, JPanel oder JFrame.

18.1 Anlegen von Paketen

Jeder Programmierer kann eigene Pakete anlegen und darin seine Klassen unterbringen. Ein Paket ist nicht wie eine Klasse ein klammerartiges Sprachkonstrukt, in dem alle Teile des Pakets deklariert werden müssen. Es ist vielmehr so, dass man einzelne Klassen bei ihrer Deklaration einem Paket zuordnen kann, indem man an den Anfang ihrer Quelldatei die Zeile

```
package packageName;
```

schreibt, wobei *packageName* ein frei wählbarer Name für das Paket ist. Alle in dieser Datei deklarierten Klassen gehören dann zum angegebenen Paket. Wenn man zum Beispiel zwei Klassen Circle und Rectangle hat, die man in ein Paket graphics geben möchte, schreibt man dies wie in Abb. 18.1 dargestellt.

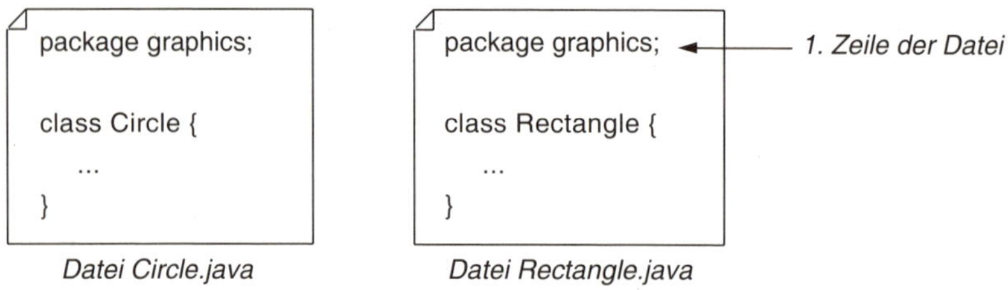

Abb. 18.1 *Aufnahme der Klassen Circle und Rectangle in das Paket graphics*

Man kann später weitere Klassen zu graphics hinzufügen, indem man in den Quelldateien dieser Klassen einfach die Anfangszeile package graphics; angibt. Die Dateien der bisherigen Paket-Mitglieder brauchen dazu nicht angerührt zu werden.

Ein Paket bildet eine Einheit, obwohl seine Klassen über viele Dateien verstreut sein können. Es ist wie ein Baustein, der mehrere Klassen enthält. Abb. 18.2 zeigt, wie das in UML-Notation dargestellt wird.

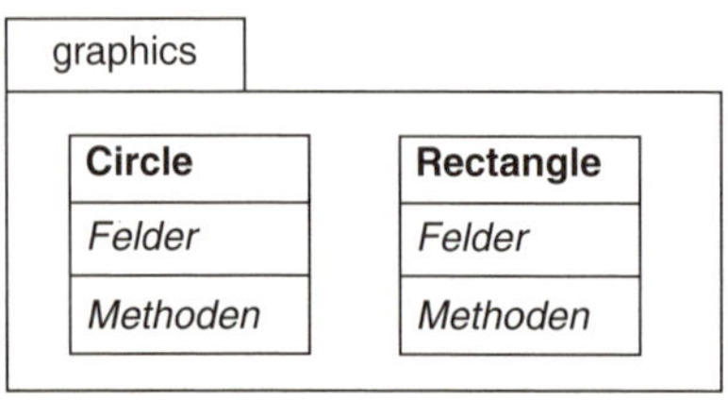

Abb. 18.2 *Ein Paket als Behälter für Klassen (UML-Notation)*

Ein Paket bildet auch eine *Sichtbarkeitsgrenze*. Alles, was zu einem Paket gehört, ist zunächst einmal lokal zu diesem Paket und in anderen Paketen unsichtbar. Man kann jedoch einzelne Klassen *exportieren* und sie damit für andere Pakete sichtbar machen. Dadurch kann man gezielt die Schnittstellen zwischen Subsystemen festlegen.

Wenn die package-Zeile in einer Klassendatei fehlt, werden die Klassen in dieser Datei einem *namenlosen Standardpaket* zugeordnet. Alle unseren bisherigen Beispielklassen gehörten also zu diesem Standardpaket. Für Testprogramme ist es bequem, dass man keine Pakete deklarieren muss. Für größere Programme sollte man jedoch unbedingt Pakete anlegen, um diese Programme sauber in Subsysteme zu zerlegen.

18.2 Export und Import von Namen

Pakete kontrollieren die Sichtbarkeit von Klassen und damit auch ihrer Felder und Methoden. In großen Programmen ist es ungemein wichtig, dass Klassen nicht Zugriff auf alle anderen Klassen haben. Das würde nicht nur zu einem unüberschaubar großen Namensraum führen, sondern auch die Korrektheit der Programme gefährden. Fremde Klassen könnten dann auf die eigenen Klassen zugreifen und ihre Daten zerstören. Bei der Einführung einer neuen Klasse müsste man immer darauf achten, dass ihr Name nicht bereits von einer anderen Klasse belegt ist, und durch einen Schreibfehler in einem Namen könnte versehentlich eine falsche Klasse angesprochen werden. Es gelten daher folgende fundamentalen Regeln:

Regel 1: Was zu einem Paket gehört, ist außerhalb des Pakets unsichtbar

Enthält eine Datei folgende Deklarationen

```
package myPack;

class C1 {
    int x;
    void m() {...}
}

class C2 {
    ...
}
```

so sind die Klassen C1 und C2 lokal zum Paket myPack. Andere Pakete können darauf nicht zugreifen und damit auch das Feld x und die Methode m nicht ansprechen. Die Klassen des Pakets myPack kennen sich jedoch gegenseitig und können gegenseitig auf ihre Felder und Methoden zugreifen (außer die Felder oder Methoden sind mit dem Zusatz private deklariert, den wir in Kapitel 18.4 kennen lernen werden).

Regel 1 hat den Zweck, dass in verschiedenen Paketen gleiche Namen verwendet werden können. Wenn man ein eigenes Paket schreibt, muss man nur darauf achten, dass die Klassennamen im eigenen Paket nicht kollidieren. Auf fremde Pakete braucht man keine Rücksicht zu nehmen. Wichtiger noch ist jedoch die Gewissheit, dass andere Pakete die eigenen Klassen nicht sehen und somit auch ihre Daten nicht (unabsichtlich) zerstören können. Auf diese Weise kann man viel eher garantieren, dass die eigenen Daten korrekt sind und nur von berechtigten Klassen und Methoden manipuliert werden.

Regel 2: Namen können von einem Paket exportiert werden

Wenn Pakete zusammenarbeiten sollen, dann müssen sie Zugriff auf gewisse Klassen, Methoden und Felder aus anderen Paketen haben. Man kann ihnen den Zugriff gewähren, indem man diese Namen gezielt *exportiert*.

Ein Name wird exportiert, indem man ihn mit dem Zusatz public deklariert. Man kann Klassen, Methoden, Felder und Konstruktoren exportieren, nicht jedoch Parameter oder lokale Variablen.

```
package myPack;

public class C1 {                          // C1 is exported
    public int x;                          // x is exported
    public void m(int a) {int b; ...}      // m() is exported
    public C1() {...}                      // constructor C1() is exported
    int y;
    void n() {...}
    C1(int i) {...}
}

class C2 {...}
```

In diesem Beispiel exportiert das Paket myPack die Klasse C1, ihr Feld x, ihre Methode m sowie ihren Konstruktor C1(). Andere Pakete können auf diese Elemente zugreifen. Die Klasse C2, das Feld y, die Methode n und der Konstruktor C1(int i) werden nicht exportiert und bleiben daher für andere Pakete verborgen.

Eine exportierte Methode oder ein exportiertes Feld ist in anderen Paketen jedoch nur dann sichtbar, wenn auch die zugehörige Klasse exportiert wurde. Java erlaubt zum Beispiel, eine Methode zwar als public zu deklarieren, ihre Klasse jedoch nicht. Da aber in diesem Fall die Klasse von außen nicht angesprochen werden kann, ist es auch nicht möglich, Methoden dieser Klasse aufzurufen.

Wenn man einen Konstruktor exportiert, hat das zur Folge, dass man in anderen Paketen Objekte so erzeugen kann, dass dieser Konstruktor aufgerufen wird. Da im obigen Beispiel C1() exportiert wurde, C1(int i) jedoch nicht, können andere Pakete C1-Objekte mittels

```
C1 obj = new C1();
```

erzeugen, nicht jedoch mittels

```
C1 obj = new C1(3);
```

Innerhalb des Pakets myPack sind alle zu diesem Paket gehörenden Klassen, ihre Methoden, Felder und Konstruktoren bekannt, egal ob sie mit dem Zusatz public deklariert wurden oder nicht. Wenn man das nicht will, so kann man die Sichtbarkeit eines Namens auf eine einzelne Klasse einschränken (siehe Kapitel 18.4).

Regel 3: Exportierte Klassen können in anderen Paketen importiert werden

Exportierte Klassen können in anderen Paketen nur dann verwendet werden, wenn sie dort *importiert* werden. Das kann indirekt durch Qualifikation des Klassennamens mit dem Paketnamen geschehen oder direkt durch eine Import-Zeile. Der Grund, warum man exportierte Klassennamen nochmals ausdrücklich importieren muss, liegt darin, dass man dadurch klar ausdrückt, welche Klassen aus anderen Paketen man benutzen will. Das fördert die Lesbarkeit eines Programms und legt die Schnittstellen zwischen Paketen explizit fest.

Impliziter Import durch Qualifikation mit dem Paketnamen. Im Paket myPack kann die Klasse Circle aus dem Paket graphics als

```
graphics.Circle
```

angesprochen werden (vorausgesetzt, Circle wurde von graphics exportiert). Indem man den Paketnamen vor den Klassennamen setzt, drückt man aus, woher die Klasse kommt. Auf diese Weise können mehrere gleichnamige Klassen aus verschiedenen Paketen verwendet werden. Falls zum Beispiel das Paket diagrams ebenfalls eine Klasse Circle exportiert, können beide Circle-Klassen im gleichen Programm folgendermaßen verwendet werden:

```
package myPack;

class C1 {
    graphics.Circle c1;
    diagrams.Circle c2;
    ...
}
```

Importierte Klassennamen können wie oben zur Deklaration von Variablen verwendet werden. Über die so deklarierten Variablen kann man dann alle exportierten Felder und Methoden der Klasse ansprechen, z.B.

```
c1.radius = ...;
c1.draw();
```

Felder und Methoden, die nicht exportiert wurden, können auf diese Weise auch nicht angesprochen werden.

Expliziter Import einer Klasse. Eine Klasse kann in einem Paket (genau genommen in einer einzelnen Datei dieses Pakets) importiert werden, indem man sie in einer import-Zeile anführt.

```
package myPack;
import graphics.Circle;
import graphics.Rectangle;

class MyClass {
    Circle c;
    Rectangle r;
    ...
}
```

Die import-Zeile muss direkt auf die package-Zeile folgen. Will man mehrere Klassen importieren, muss man für jede eine eigene import-Zeile schreiben. Die Klassen in den import-Zeilen müssen mit ihrem Paketnamen qualifiziert werden, damit der Compiler weiß, woher sie kommen.

Enthält eine Datei eine import-Zeile für eine Klasse, so darf diese Klasse in der Datei ohne Qualifikation verwendet werden (z.B. Circle statt graphics.Circle). Die import-Zeile gilt aber nur für diese eine Datei, nicht für das gesamte Paket. In anderen Dateien desselben Pakets muss man die Klasse ebenfalls qualifizieren oder in einer import-Zeile anführen, wenn man sie dort benutzen will.

Alle in import-Zeilen angeführten Klassen müssen verschiedene Namen haben. Würde man zum Beispiel schreiben

```
import graphics.Circle;
import diagrams.Circle;
```

so wäre der Name Circle in dieser Datei nicht eindeutig.

Import aller Klassen eines Pakets. Um Schreibarbeit zu sparen, kann man auch *alle* Klassen eines Pakets in einer einzigen Zeile importieren. Dazu gibt man den Paketnamen, einen Punkt und einen Stern an. Das Codestück

```
package myPack;
import graphics.*;

class MyClass {
    Circle c;
    Rectangle r;
    ...
}
```

importiert alle public Klassen des Pakets graphics. Man kann anschließend in dieser Datei die Namen Circle und Rectangle ohne Qualifikation verwenden. Natürlich muss man auch hier aufpassen, dass die so importierten Klassennamen von den Namen anderer Klassen in dieser Datei verschieden sind.

Import statischer Felder und Methoden

Seit Java 5 gibt es die Möglichkeit, statische Felder und Methoden einer Klasse so zu importieren, dass sie ohne Qualifizierung benutzt werden können. Die Klasse java.lang.Math der Java-Bibliothek enthält zum Beispiel folgende Konstanten und statischen Methoden:

```
public class Math {
    public static final double PI;              // Konstante π = 3.14159...
    public static final double E;               // Konstante e = 2.71828...
    public static double sqrt(double x) {...}   // Quadratwurzel-Funktion
    public static double sin(double x) {...}    // Sinus-Funktion
    ...
}
```

Alle statischen Elemente von Math können nun in einem Programm wie folgt importiert werden:

```
import static java.lang.Math.*;// importiert alle statischen Elemente der Klasse Math
class Sample {
    void foo() {
        double x = sin(PI);     // sin und PI können ohne Qualifizierung benutzt werden
        double y = sqrt(E);     // sqrt und E können ohne Qualifizierung benutzt werden
    }
}
```

Wie man sieht, können die importierten Namen nun ohne Qualifizierung benutzt werden (also sin statt Math.sin). Anstatt *alle* statischen Elemente einer Klasse zu importieren, kann man auch nur *gewisse* statische Elemente importieren, z.B.:

```
import static java.lang.Math.PI;   // importiert nur die Konstante PI
import static java.lang.Math.sin;  // importiert nur die Methode sin
```

Achtung: Während man mit import Klassen importiert, importiert man mit import static statische Felder und Methoden.

18.3 Pakete und Verzeichnisse

Im Dateisystem des Rechners werden Klassen auf Dateien abgebildet und Pakete auf Verzeichnisse. Es gelten die Regeln:

- Eine public Klasse C muss in einer Datei namens *C.java* implementiert werden.
- Alle Klassendateien eines Pakets P müssen in einem Verzeichnis namens *P* liegen.

Enthält ein Paket P drei public Klassen A, B und C, so muss es ein Verzeichnis *P* geben, das die drei Dateien *A.java*, *B.java* und *C.java* enthält (siehe Abb. 18.3).

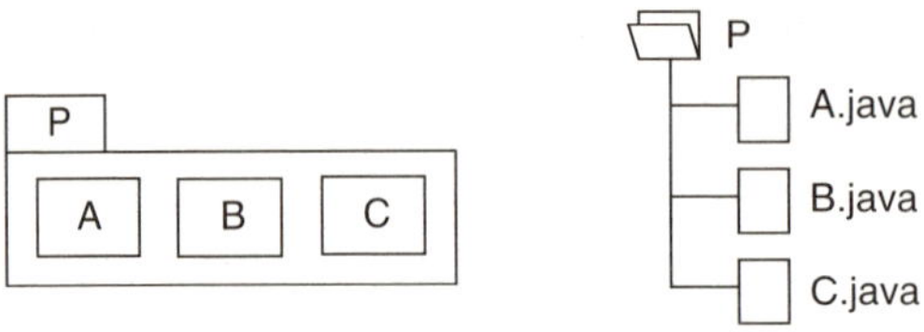

Abb. 18.3 *Klassen und Pakete sowie ihre Abbildung auf Dateien und Verzeichnisse*

Eine Datei darf beliebig viele Klassen enthalten, aber nur eine davon darf public sein. Der Name dieser Klasse bestimmt den Namen der Datei.

Hierarchie von Paketen

Pakete können auch zu größeren Paketen zusammengefasst werden. Man kann also eine Hierarchie von Paketen und damit eine Hierarchie von Subsystemen bauen. Angenommen es gibt ein Paket fileIO mit den beiden Klassen Input und Output, dann könnten fileIO und graphics zu einem neuen Paket utilities zusammengefasst werden (siehe Abb. 18.4).

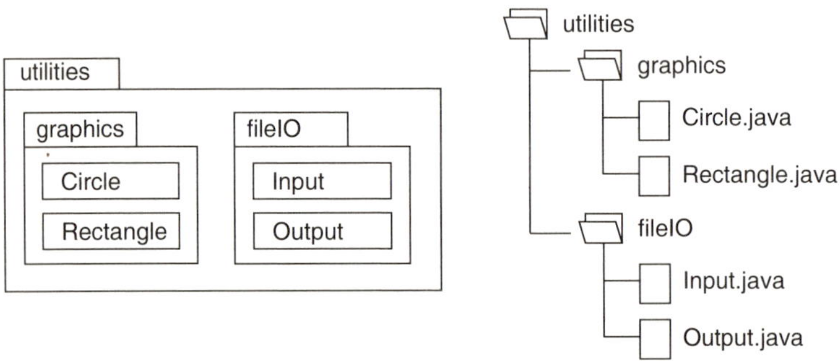

Abb. 18.4 *Eine Pakethierarchie und ihre Abbildung auf Verzeichnisse*

Wie man aus Abb. 18.4 sieht, wird die Pakethierarchie auch auf die Verzeichnisstruktur übertragen. Da das Paket utilities die beiden Pakete graphics und fileIO enthält, gibt es auch ein Verzeichnis *utilities* mit den beiden Unterverzeichnissen *graphics* und *fileIO*.

Wenn man Klassen aus diesen Paketen benutzt, dann muss man den gesamten *Paketpfad* bis zur Klasse angeben, also:

```
import utilities.graphics.Circle;

class C {
    utilities.fileIO.Input f;
    ...
}
```

Ebenso muss man in der package-Zeile geschachtelter Pakete den vollständigen Paketpfad angeben, also zum Beispiel in der Datei *Circle.java*:

```
package utilities.graphics;
public class Circle {...}
```

Der Paketpfad entspricht genau dem Dateipfad. Natürlich kann man auch bei geschachtelten Paketen alle Klassen eines Pakets importieren, also

```
import utilities.graphics.*;
```

Schreibt man hingegen

```
import utilities.*;
```

so werden nur die Klassen, die in utilities enthalten sind, importiert, nicht jedoch die Klassen von utilities.graphics und utilities.fileIO.

Pakete und das Java Development Kit JDK

Damit der Compiler und das Laufzeitsystem alle Klassen finden, muss das Arbeitsverzeichnis so gesetzt sein, dass es die verwendeten Pakete enthält (ausgenommen die Standardpakete wie java.io oder java.util, die in einer eigenen Bibliothek stehen).

Wenn wir mit dem Java Development Kit JDK unter Windows arbeiten und das Verzeichnis *utilities* den Pfad *C:\java\utilities* hat, so müssen wir zunächst das Arbeitsverzeichnis mittels

```
cd C:\java
```

auf *C:\java* setzen und können anschließend die Datei *Circle.java* mittels

```
javac utilities\graphics\Circle.java
```

übersetzen. Das Arbeitsverzeichnis muss so gesetzt sein, dass es das oberste Paketverzeichnis *utilities* enthält. Ein Hauptprogramm MyApp, das im Paket utilities.graphics liegt, wird folgendermaßen aufgerufen:

```
java utilities.graphics.MyApp
```

Weltweit eindeutige Paketnamen

Da es weltweit Hunderttausende von Programmierern gibt, die Java-Software entwickeln, ist die Wahrscheinlichkeit groß, dass zwei Entwickler gleiche Paketnamen verwenden. Da Java-Software über das Internet verbreitet werden kann und zum Beispiel bei der Ausführung von Applets automatisch über das Netz geladen wird, könnte es leicht zu Namenskonflikten zwischen den vom Netz geladenen Paketen und den Paketen auf dem eigenen Rechner kommen. Deshalb wird für Software, die über das Netz verbreitet werden soll, empfohlen, Paketpfade zu verwenden, die dem umgekehrten Internet-Domainnamen des Entwicklers entsprechen.

Lautet der Domainname zum Beispiel *ssw.uni-linz.ac.at*, so sollten alle Paketpfade mit at.ac.uni_linz.ssw beginnen. Da Domainnamen weltweit eindeutig sind, ist so auch sichergestellt, dass alle Paketnamen es sind. Natürlich muss man dazu eine relativ tiefe Verzeichnisstruktur bauen, um alle Teile des Domainnamens auf Unterverzeichnisse abzubilden. Für Software, die nur lokal auf einem Rechner laufen soll, sind weltweit eindeutige Paketnamen nicht nötig.

18.4 Information Hiding

Wir kommen nun zu einem wichtigen Prinzip der Softwaretechnik, das uns hilft, die Komplexität großer Programme in den Griff zu bekommen, nämlich zum Prinzip des *Information Hiding* (zu deutsch *Geheimnisprinzip*). Es lautet:

> *Verstecke die Implementierung komplexer Daten in einer Klasse und erlaube den Zugriff ausschließlich über Methoden dieser Klasse.*

Direkter Zugriff auf Daten kann aus folgenden Gründen problematisch sein:

- Wenn man auf eine komplexe Datenstruktur zugreift (z.B. auf einen Graphen oder ein Array aus Objekten), muss man die Struktur der Daten genau kennen und beachten. Man muss zum Beispiel Zeigerketten durchlaufen oder Indexberechnungen durchführen, um zu den gewünschten Daten zu kommen. Das ist kompliziert und fehleranfällig. Es besteht eine ungewünschte enge Kopplung zwischen der Klasse und ihren Klienten.
- Datenstrukturen, auf die direkt zugegriffen wird, kann man nur schwer ändern, weil man dann auch alle zugreifenden Programme ändern muss. Wenn die Zugriffe über ein ganzes Programm verstreut sind, ist es schwierig, sie zu finden. Man kann leicht einen übersehen und dadurch Fehler einführen.

Aus diesem Grund ist es wünschenswert, die tatsächliche Struktur komplexer Daten gar nicht offenzulegen, sondern sie in einer Klasse zu verstecken und den Zugriff ausschließlich über Methoden mit einfacher Schnittstelle abzuwickeln. Diese Methoden können dem Benutzer die komplizierten Details des Zugriffs abnehmen und die Benutzung der Daten dadurch vereinfachen. Wenn die Daten in einer Klasse versteckt sind, kann man sie außerdem leichter ändern, weil die Klienten sich nicht mehr auf die Implementierung der Daten verlassen, sondern nur noch auf die Schnittstellen der Methoden. Solange die Methodenschnittstellen gleich bleiben, kann man die darunter liegende Implementierung der Daten beliebig ändern, ohne dass Klienten davon betroffen sind.

Information Hiding nennt man auch *Datenabstraktion*, weil man von der Implementierung der Daten abstrahiert und lediglich festlegt, *was* man mit den Daten machen kann, aber nicht *wie* sie implementiert sind.

Datenabstraktion wird übrigens auch bei Standardtypen angewendet, ohne dass wir das bisher erwähnt haben. Wenn wir zum Beispiel Variablen vom Typ int benutzen, arbeiten wir mit einer *Abstraktion* von ganzen Zahlen und nicht mit ihrer *Implementierung*. Wir müssen nicht wissen, wie int im Rechner implementiert ist. Wir müssen auch nicht wissen, wie viele Bits eine Zahl hat und ob die Bits von links nach rechts oder von rechts nach links angeordnet sind. Alles, was wir brauchen, um mit Zahlen zu arbeiten, sind Operationen wie +, -, * und /.

Dasselbe bewährte Prinzip kann man auch auf komplexere Daten anwenden, indem man sie in einer Klasse verpackt und über Zugriffsmethoden zugänglich macht, wie das in Abb. 18.5 gezeigt wird.

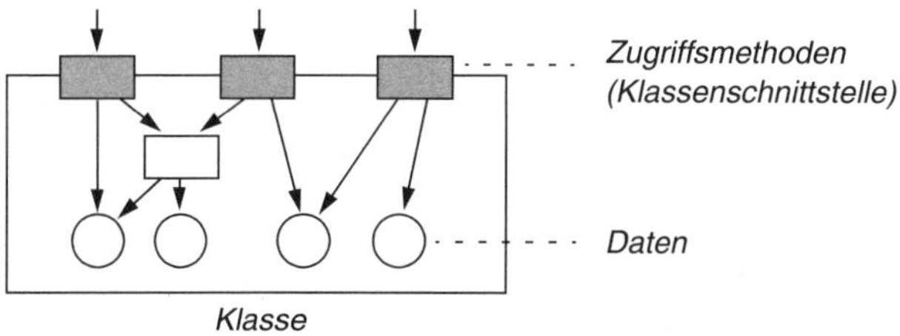

Abb. 18.5 *Datenabstraktion durch eine Klasse*

Die Klasse ist ein abgeschlossener Baustein aus Daten und Operationen. Die grauen Kästchen sind die außerhalb der Klasse sichtbaren Methoden. Sie greifen auf die Daten zu und rufen eventuell noch andere lokale Methoden auf (weißes Kästchen). Die Daten sind innerhalb der Klasse verborgen. Klienten greifen nicht direkt auf sie zu, sondern ausschließlich über Zugriffsmethoden. Diese Technik hat folgende Vorteile:

- Das Arbeiten mit den Daten wird für Klienten einfacher, weil sie von den Implementierungsdetails der Daten abstrahieren können und nur mit den (meist einfachen) Zugriffsmethoden arbeiten.
- Die Implementierung der Daten kann jederzeit geändert werden, ohne die Klienten ändern zu müssen. Dies gilt natürlich nur, solange man die Klassenschnittstelle (also die Schnittstellen der Zugriffsmethoden) beibehält.
- Indem man die Daten versteckt, schützt man sie vor mutwilliger oder versehentlicher Zerstörung durch andere Klassen. Man kann auf diese Weise viel eher die Korrektheit von Klassen und ihrer Daten garantieren.

Wie kann man in Java die Daten einer Klasse vor anderen Klassen verbergen? Wie wir in Kapitel 18.2 gesehen haben, könnten wir die Daten einfach ohne den Zusatz public deklarieren und nur die Zugriffsmethoden exportieren. Auf diese Weise sind in anderen Paketen lediglich die Zugriffsmethoden sichtbar, nicht aber die Daten. Allerdings garantiert das kein striktes Information Hiding, denn Klassen im gleichen Paket können nach wie vor auf die nicht exportierten Daten zugreifen.

Wenn man will, dass die Daten wirklich nur innerhalb ihrer Klasse sichtbar sind, muss man sie mit dem Zusatz private deklarieren. Alle Felder und Methoden, die private deklariert sind, sind nur in ihrer eigenen Klasse sichtbar, nicht aber in anderen Klassen, egal ob diese zum selben Paket gehören oder nicht. Mit public und private kann man also die Sichtbarkeit von Daten und Operationen genau steuern.

Neben public und private gibt es noch das Sichtbarkeitsattribut protected, das in Zusammenhang mit Vererbung eine Rolle spielt. Felder und Methoden, die in einer Klasse C als protected deklariert wurden, sind in allen Unterklassen von C sowie in Klassen des deklarierenden Pakets bekannt, nicht jedoch in anderen Klassen. Tab. 16.1 fasst die verschiedenen Sichtbarkeitsattribute nochmals zusammen.

Tab. 16.1 *Sichtbarkeitsattribute in Paketen*

public int x; public void m() {...}	**Sichtbarkeitsattribut public** Die Namen sind in allen Paketen sichtbar, die die deklarierende Klasse importieren. Zusätzlich sind sie auch im deklarierenden Paket sichtbar.
protected int x; protected void m() {...}	**Sichtbarkeitsattribut protected** Die Namen sind in allen Unterklassen sowie in allen Klassen des deklarierenden Pakets sichtbar.
int x; void m() {...}	**Sichtbarkeitsattribut package** (kein Schlüsselwort) Die Namen sind in allen Klassen des deklarierenden Pakets sichtbar, nicht jedoch in anderen Paketen.
private int x; private void m() {...}	**Sichtbarkeitsattribut private** Die Namen sind nur in der deklarierenden Klasse sichtbar und nicht in anderen Klassen, egal ob diese zum deklarierenden Paket gehören oder nicht.

Beispiel: Information Hiding in einer Klasse Stack

Die Datenstruktur eines Kellers oder Stacks kennen wir bereits aus Kapitel 11.5. Ein Keller besitzt zwei Operationen push und pop. Mit push(x) kann man ein Element x auf den Keller legen, mit pop() kann man das oberste Kellerelement wieder entfernen. Wir wollen nun die Klasse Stack so implementieren, dass die Daten des Kellers vor anderen Klassen verborgen sind und Benutzer nur mit den Zugriffsmethoden push und pop arbeiten können. Wir erreichen das, indem wir die Zugriffsmethoden public und die Daten private deklarieren.

```
public class Stack {
    private int[] s;              // stack array
    private int length;           // number of elements in s
    private boolean overfl, underfl;

    public Stack (int size) {
        s = new int[size];
        length = 0;
        overfl = false; underfl = false;
    }

    public void push (int x) {
        overfl = length >= s.length;
        if (!overfl) s[length++] = x;
    }

    public int pop () {
        underfl = length == 0;
        if (!underfl) return s[--length]; else return -1;
    }

    public boolean overflow () { return overfl; }

    public boolean underflow () { return underfl; }
}
```

Wenn wir wollen, dass Unterklassen von Stack auf die Felder s und length zugreifen dürfen, müssen wir sie protected statt private deklarieren.

Wir können uns diese Klasse Stack wie in Abb. 18.6 vorstellen.

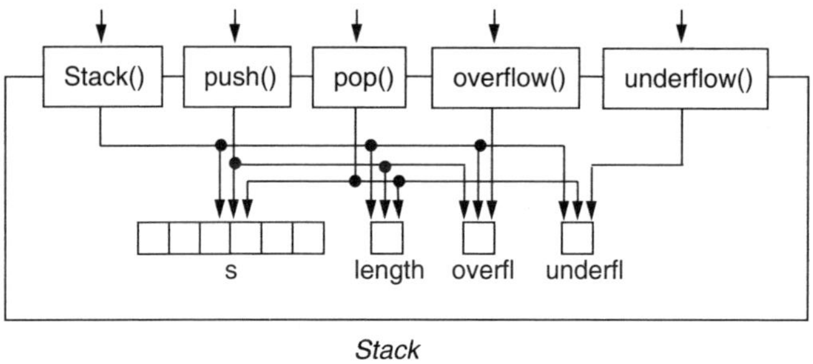

Abb. 18.6 *Stack als Klasse mit Datenabstraktion*

Sie ist ein Baustein mit fünf Einstiegspunkten: dem Konstruktor Stack, den beiden Methoden push und pop und den beiden Methoden overflow und underflow. Nur diese Operationen sind von außen sichtbar. Die Daten bleiben vor den Klienten verborgen und können jederzeit ausgetauscht werden. Wir könnten uns zum Beispiel später entschließen, den Keller nicht als Array, sondern als verkettete Liste zu implementieren (wie in Kapitel 12), was den Vorteil hätte, dass er beliebig lang werden kann. Der Baustein würde dann folgendermaßen aussehen (siehe Abb. 18.7):

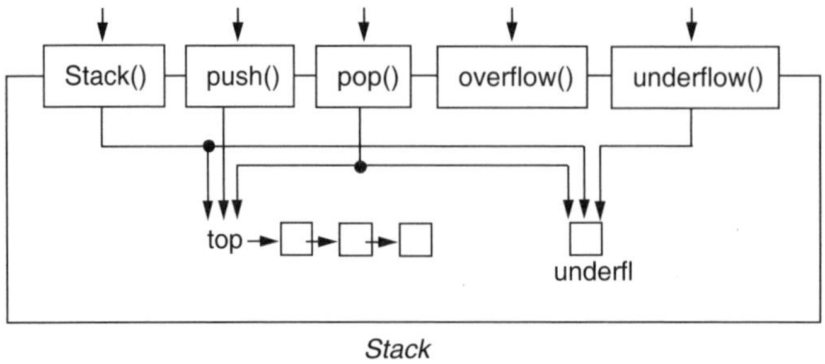

Abb. 18.7 *Auswechseln der Implementierung im Baustein Stack*

Nur das Innere der Klasse hat sich geändert. Die Schnittstelle ist gleich geblieben (obwohl overflow jetzt immer false liefert). Da Klienten aber nur die Schnittstelle sehen, können sie mit dem neuen Baustein genau so arbeiten wie mit dem alten. Sie müssen weder geändert noch neu übersetzt werden.

Klassenschnittstelle

Wenn man mit fremden Klassen arbeitet, ist es wichtig, ihre Schnittstelle zu kennen, also ihre exportierten Daten und Operationen, auf die man von außen zugreifen kann. Es gibt verschiedene Techniken, die Klassenschnittstelle zu dokumentieren.

Man kann zum Beispiel die Klasse so beschreiben, dass man nur die exportierten Deklarationen anführt. Bei den Methoden lässt man den Anweisungsteil weg oder ersetzt ihn durch {...}. Da man nur die exportierten Deklarationen angibt, kann man auch den Zusatz public weglassen. Für unsere Stack-Klasse ergibt das folgende Beschreibung:

```
class Stack {
    Stack(int size);
    void push(int x);
    int pop();
    boolean overflow();
    boolean underflow();
}
```

Ein Programmierer sieht sofort, welche Felder und Methoden er aus einer Klasse benutzen kann. Allerdings fehlt noch eine *Spezifikation*, die die Bedeutung der Felder und Methoden beschreibt. Man kann sie zum Beispiel in einem separaten Text angeben:

Stack(s)	Erzeugt einen neuen leeren Keller mit Platz für s Elemente.
push(x)	Fügt das Element x an den Keller an. Wird push bei vollem Keller aufgerufen, wird x ignoriert und overflow liefert true.

x = pop() Entfernt und liefert das zuletzt angefügte Element. Wird pop bei leerem Keller aufgerufen, wird -1 zurückgegeben und underflow liefert true.

overflow() Zeigt an, ob ein Überlauf aufgetreten ist, d.h., ob versucht wurde, in einen vollen Keller ein Element einzufügen.

underflow() Zeigt an, ob ein Unterlauf aufgetreten ist, d.h., ob versucht wurde, aus einem leeren Keller ein Element zu entfernen.

In der Spezifikation der Methoden sollte jeder Parameter sowie alle Rückgabewerte erklärt werden. Außerdem sollte das Fehlerverhalten beschrieben werden oder die Bedingungen, unter denen eine Methode überhaupt aufgerufen werden darf. Da die Parameter*typen* bereits in der Klassenschnittstelle erscheinen, kann man sie in der Spezifikation weglassen.

Anstatt die Klassenschnittstelle textuell anzugeben, kann man sie auch durch ein Klassendiagramm beschreiben, wie wir es aus Kapitel 11 kennen (siehe Abb. 18.8). Auch in diesem Fall muss man natürlich noch die Spezifikation der Methoden und Felder ergänzen.

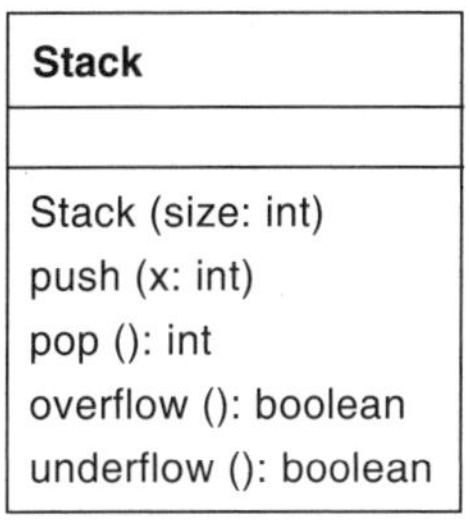

Abb. 18.8 *Klassendiagramm als Dokumentation von Stack*

Java-Entwicklungssysteme bieten oft ein spezielles Werkzeug an, mit dem man die Klassenschnittstelle samt ihrer Spezifikation aus dem Quelltext der Klasse generieren kann. Das erfordert jedoch, dass man die Spezifikation als Kommentare in den Quelltext der Klasse schreibt. Im Java Development Kit (JDK) heißt dieses Werkzeug *javadoc* und wird folgendermaßen aufgerufen:

```
javadoc [options] {fileName | packageName}
```

Man gibt eine Liste von Java-Quelldateien an, für die die Dokumentation generiert werden soll. Statt einer Quelldatei kann man auch einen Paketnamen angeben, wobei dann die Dokumentation aller Klassen dieses Pakets erzeugt wird. Durch Optionen kann man steuern, ob nur die exportierten Deklarationen dokumentiert werden sollen oder auch die privaten. Außerdem kann man den Detaillierungsgrad der Dokumentation festlegen. Als Ergebnis erzeugt *javadoc* eine Menge von HTML-Dateien, die man mit einem Web-Browser betrachten kann. Für unsere Klasse Stack würde zum Beispiel eine Datei *Stack.html* generiert.

javadoc extrahiert aus dem Quelltext nicht nur die Klassenschnittstelle, sondern auch Spezialkommentare, die man als

```
/** ...*/
```

unmittelbar vor die Klasse, die Methode oder das Feld schreiben muss, auf das sie sich beziehen. Für unsere Klasse Stack müssten wir zum Beispiel schreiben:

```
/** A stack of integers. This class implements a LIFO stack of integers. */
public class Stack {
    ...
    /** Push an integer on the stack. Adds the parameter x to the end of the stack.
    If the stack is full, x is ignored and a call to overflow() yields true. */
    public void push (int x) {
        ...
    }
}
```

Der erste Satz jedes Spezialkommentars (bis zum Punkt) wird in eine Kurzbeschreibung der Klassenschnittstelle übernommen. Der vollständige Kommentar wird in einer Langbeschreibung verwendet. Die Dokumentation der Java-Bibliothek (siehe [JDK]) wurde selbst mit *javadoc* erzeugt und dient als Beispiel für das Aussehen solcher Dokumentationen.

Hier sind einige der Optionen, die man bei *javadoc* angeben kann:

-public	Es sollen nur public Deklarationen dokumentiert werden.
-private	Es sollen auch private Deklarationen dokumentiert werden.
-d path	Hier kann ein Klassenpfad genannt werden, der zu den angegebenen Dateien führt. Auf diese Weise erspart man sich die Angabe des vollständigen Pfades vor jeder Datei.

Eine ausführliche Beschreibung von *javadoc* findet man unter [Javadoc].

18.5 Abstrakte Datentypen und abstrakte Datenstrukturen

In der Literatur tauchen oft die Begriffe *abstrakter Datentyp* und *abstrakte Datenstruktur* auf. Beides sind Bausteine, die auf Klassen mit Information Hiding basieren. Der Unterschied zwischen den beiden Begriffen liegt darin, dass es von einer abstrakten Datenstruktur lediglich ein einziges Exemplar gibt, während ein abstrakter Datentyp dazu verwendet werden kann, beliebig viele Variablen dieses Typs zu deklarieren.

18.5.1 Abstrakter Datentyp (ADT)

Ein *abstrakter Datentyp* ist nichts anderes als eine Klasse unter Ausnutzung von Information Hiding, wie wir das im letzten Abschnitt beschrieben haben.

```
public class Stack {
    private int[] s;
    private int length;
    private boolean overfl, underfl;

    public Stack (int size) {...}
    public void push (int x) {...}
    public int pop () {...}
    public boolean overflow () { ...}
    public boolean underflow () { ...}
}
```

Die Klasse kann als Typ verwendet werden, um mehrere Stack-Variablen zu deklarieren:

```
Stack s1, s2;
s1 = new Stack(100);
s2 = new Stack(30);
```

Man kann nun die einzelnen Stack-Exemplare getrennt voneinander benutzen:

```
s1.push(i); s1.push(j); ...
s2.push(s1.pop() + s1.pop());
```

18.5.2 Abstrakte Datenstruktur (ADS)

Eine *abstrakte Datenstruktur* ist ein Baustein, der nicht als Typ verwendet wird, sondern als Softwaremodul an sich. In Java kann man abstrakte Datenstrukturen durch Klassen implementieren, in denen alle Felder und Methoden static sind:

```
public class Stack {
    private static int[] s;
    private static int length;
    private static boolean overfl, underfl;

    static () {...}
    public static void push (int x) {...}
    public static int pop () {...}
    public static boolean overflow () { ...}
    public static boolean underflow () { ...}
}
```

Die Klasse selbst ist das einzige Exemplar dieses Bausteins. Man erzeugt keine Objekte davon, sondern verwendet die Klasse selbst, zum Beispiel:

```
Stack.push(i); Stack.push(j);
Stack.push(Stack.pop() + Stack.pop());
```

Bei abstrakten Datenstrukturen kann man nicht mehrere Exemplare der Datenstruktur erzeugen, sie also zum Beispiel auch nicht zu Listen verketten. Außerdem gelten für sie gewisse Einschränkungen im Zusammenhang mit Vererbung und dynamischer Bindung, worauf wir hier aber nicht eingehen. Im Allgemeinen ist also ein abstrakter Datentyp das flexiblere Konstrukt.

Übungsaufgaben

1. Studieren Sie unter [JDK] das Paket java.util und versuchen Sie einige der dort enthaltenen Klassen zu verwenden.

2. Dokumentieren Sie die Klasse Queue aus Kapitel 11.6 mittels Spezialkommentaren der Art /** ... */, die vom Werkzeug *javadoc* erkannt werden. Studieren Sie die Verwendung von *javadoc* unter *java.sun.com/j2se/javadoc/* und erstellen Sie mit seiner Hilfe eine HTML-Dokumentation der Klasse Queue.

3. Erstellen Sie ein Paket namens util bestehend aus den Klassen Stack und Queue aus Kapitel 11. Verstecken Sie private Daten in den Klassen, berücksichtigen Sie aber dabei, dass Unterklassen auf diese Daten zugreifen können sollen. Schreiben Sie ein Testprogramm, das util.Stack und util.Queue verwendet.

19 Ausnahmebehandlung

Korrekte Programme berechnen gewisse Ergebnisse aus gewissen Eingabedaten. Das ist aber erst die halbe Geschichte. Ein Programm muss auch in der Lage sein, mit *Fehlern* fertig zu werden. Wenn die Eingabedaten falsch oder der Programmzustand inkonsistent ist, muss sich das Programm trotzdem vernünftig verhalten. Es kann den Fehler melden oder sogar versuchen, ihn zu beheben. Auf keinen Fall darf es unkontrolliert »abstürzen« oder gar Daten zerstören.

Java bietet zur Fehlerbehandlung das Konzept der *Ausnahmen* (*exceptions*) an. Bevor wir aber näher darauf eingehen, sehen wir uns an, wie man Fehlerbehandlung ohne dieses Konzept betreiben kann.

19.1 Fehlercodes

In Kapitel 11 haben wir einen Kellerspeicher implementiert, bei dem zwei Fehler auftreten konnten: Der Keller konnte überlaufen und unterlaufen. Wie können wir solche Fehler behandeln? Die einfachste Lösung besteht darin, eine Fehlermeldung auszugeben: Wenn ein Klient versucht, ein Element in einen vollen Keller einzufügen, wird eine Fehlermeldung auf den Bildschirm ausgegeben und das Element wird ignoriert. Diese Art der Fehlerbehandlung ist aber unbefriedigend, denn sie gibt dem Klienten keine Chance, selbst auf den Fehler zu reagieren. Wenn der Keller voll wird, möchte ihn der Klient vielleicht vergrößern oder das überflüssige Element woanders ablegen. Das kann er aber nicht, weil er vom Fehler nichts erfährt. Daher sollten Fehler an den Rufer gemeldet werden, damit dieser reagieren kann. Nach einer gebräuchlichen Technik liefert jede Methode einen *Fehlercode* in Form eines Funktionswerts, also zum Beispiel:

```
result = f();
```

Der Fehlercode `result` gibt die Art des Fehlers an oder ist 0 (`ok`), wenn kein Fehler aufgetreten ist. Auf diese Weise kann der Rufer entscheiden, wie er den Fehler behandeln will. Nach jedem Methodenaufruf muss er allerdings den Fehlercode prüfen. Das Programm wird dadurch zu einer Mischung aus fehlerfreiem Ablauf und Fehlerbehandlung, wobei die Fehlerbehandlung leicht überhand nehmen und die Lesbarkeit des Programms zerstören kann. Aus dem einfachen Programm

```
f();
g();
h();
```

das keine Fehlerbehandlung enthält, wird dann

```
result = f();
if (result == ok) {
    result = g();
    if (result == ok) {
        result = h();
        if (result == ok) {
            ...
        } else ... // error handling for h()
    } else ... // error handling for g()
} else ... // error handling for f()
```

Vor lauter Fehlerbehandlung erkennt man kaum noch, was das Programm eigentlich macht. Es kann aber noch schlimmer kommen. Die rufende Methode möchte vielleicht gar nicht selbst auf den Fehler reagieren, sondern ihn wiederum an ihren Rufer weitergeben. Spätestens hier ist es dann mit der Lesbarkeit vorbei.

19.2 Konzepte der Ausnahmebehandlung

Halten wir einmal inne und überlegen uns, was wir von einer guten Fehlerbehandlung erwarten:

- Wenn ein Fehler auftritt, soll eine beliebige Methode in der Ruferkette darauf reagieren können.
- Die Meldung des Fehlers soll nicht über Rückgabewerte erfolgen. Die Rufer sollen nicht gezwungen sein, nach jedem Aufruf einer Methode einen Fehlercode zu prüfen. Die Fehlerbehandlung soll vom fehlerfreien Programmablauf möglichst getrennt sein.
- Es soll sichergestellt sein, dass jeder mögliche Fehler von irgendeiner Methode in der Ruferkette behandelt wird. Ein gemeldeter Fehler darf nicht ignoriert werden.

Java erfüllt diese Anforderungen durch den *Ausnahme*-Mechanismus (*exception handling*), der auf drei Konzepten beruht:

1. *Geschützter Block*: Eine Anweisungsfolge kann gegen das Auftreten von Fehlern geschützt werden. Wenn in der Anweisungsfolge oder in einer von ihr aufgerufenen Methode ein Fehler auftritt, wird sichergestellt, dass er behandelt wird.

2. *Ausnahmebehandler* (*exception handler*): Ein geschützter Block hat einen oder mehrere Ausnahmebehandler, in denen mögliche Fehler abgefangen und behandelt werden. Ein Ausnahmebehandler ist eine Anweisungsfolge, in der auf den Fehler reagiert wird.
3. *Ausnahme* (*exception*): Ein Fehler wird durch Auslösen einer Ausnahme signalisiert. Beim Auftreten einer Ausnahme wird automatisch ein passender Ausnahmebehandler gesucht und angesprungen. Anschließend wird das Programm hinter dem geschützten Block, zu dem der Ausnahmebehandler gehört, fortgesetzt.

Abb. 19.1 veranschaulicht diesen Vorgang:

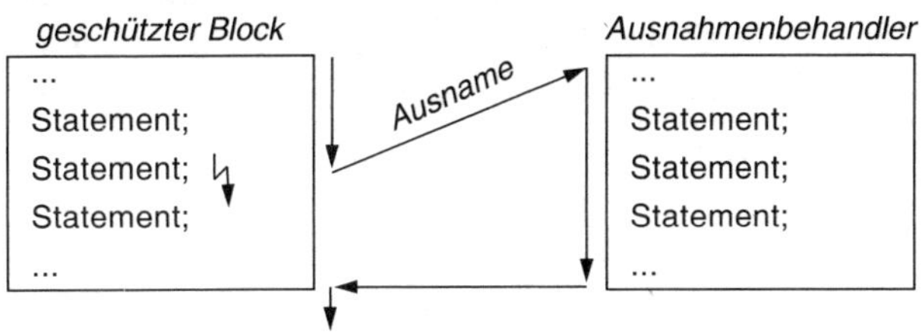

Abb. 19.1 *Grundsätzlicher Ablauf einer Ausnahmebehandlung*

Tritt im geschützten Block eine Ausnahme auf, wird die Ausführung des Blocks abgebrochen, der passende Ausnahmebehandler wird angesprungen und die Ausnahme wird ihm als Parameter übergeben. Nach Abarbeitung des Ausnahmebehandlers setzt das Programm mit der ersten Anweisung hinter dem geschützten Block fort.

Ausnahmebehandlung wird in Java durch die *try-Anweisung* implementiert, deren einfachste Form folgendermaßen aussieht:

```
try {
   ...                        // geschützter Block
} catch (Exception e) {       // Ausnahmebehandler (aufgetretene Ausnahme als Parameter)
   ...
}
```

Wir sehen uns nun die Bestandteile der try-Anweisung im Detail an.

19.3 Arten von Ausnahmen in Java

In Java gibt es grundsätzlich zwei Arten von Ausnahmen: *Systemausnahmen* und *Benutzerausnahmen*. Systemausnahmen werden automatisch ausgelöst, wenn das Programm eine illegale Instruktion ausführt, zum Beispiel:

- ArithmeticException. Ausgelöst bei Division durch 0.
- NullPointerException. Ausgelöst, wenn auf ein Objekt über einen Zeiger zugegriffen wird, der den Wert null hat.
- ArrayIndexOutOfBoundsException. Ausgelöst, wenn bei einem Zugriff auf ein Arrayelement der Index außerhalb des erlaubten Bereichs liegt.

Benutzerausnahmen werden explizit durch eine *throw-Anweisung* ausgelöst (siehe Kapitel 19.5), um einen Fehler zu signalisieren. Die Java-Bibliothek enthält für häufige Fehlerarten bereits vordeklarierte Ausnahmen (z.B. java.io.IOException). Zusätzlich kann der Programmierer eigene Ausnahmen definieren, auslösen und behandeln (z.B. MyException).

Java erzwingt, dass alle Benutzerausnahmen in einem Ausnahmebehandler abgefangen werden. Geschieht das nicht, lässt sich das Programm nicht übersetzen. Auf diese Weise wird sichergestellt, dass kein auftretender Fehler übersehen wird. Systemausnahmen können ebenfalls in einem Ausnahmebehandler abgefangen werden, müssen es aber nicht. Es wäre zu aufwendig, jede Arrayindizierung in eine try-Anweisung einzuschließen. Wenn eine derartige Ausnahme auftritt und nicht abgefangen wird, bricht das Programm mit einer Fehlermeldung ab.

Klasse Exception

Ausnahmen sind in Java Objekte, die Informationen über den aufgetretenen Fehler enthalten und einige Methoden anbieten, um auf diese Informationen zuzugreifen. Alle Ausnahmen sind in einer Klassenhierarchie gruppiert mit einer allgemeinen Klasse Exception an der Spitze und diversen Unterklassen für spezifische Ausnahmen. Abb. 19.2 zeigt einen Ausschnitt dieser Hierarchie:

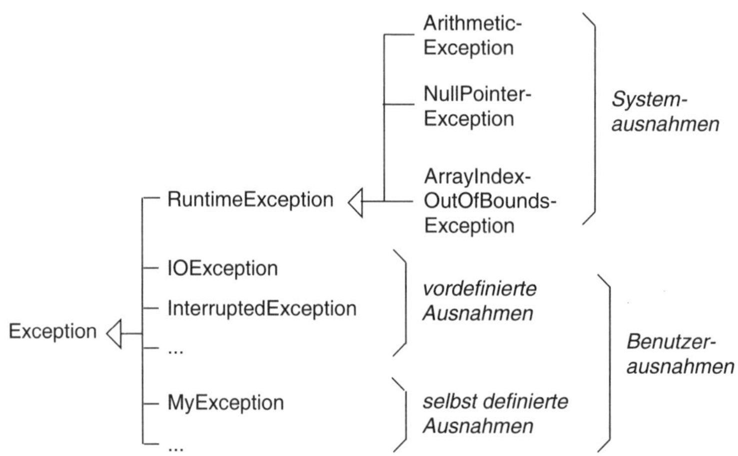

***Abb. 19.2** Klassenhierarchie der Ausnahmen in Java*

Eine Ausnahme auf unterer Ebene ist eine Spezialisierung der Ausnahme auf höherer Ebene. Sie enthält alle Informationen der höheren Ebene und eventuell noch weitere. Die Hierarchie wird mittels Vererbung aufgebaut (siehe Kapitel 13). Jede Ausnahme auf höherer Ebene ist eine Verallgemeinerung ihrer Unter-Ausnahmen. Ein Ausnahmebehandler, der eine Ausnahme der höheren Ebene behandeln kann, kann auch alle ihre Unter-Ausnahmen behandeln. Die Schnittstelle der Basisklasse Exception sieht in vereinfachter Form folgendermaßen aus:

```
class Exception {
    Exception(String message);
    String toString();
    void printStackTrace();
    ...
}
```

Wenn e ein Objekt der Klasse Exception oder einer ihrer Unterklassen ist, gibt e.toString() den Namen der Ausnahmeklasse zurück. Der Name beschreibt die Art des Fehlers und kann in Fehlermeldungen verwendet werden. Der Aufruf e.printStackTrace() gibt die Methodenaufrufkette zum Zeitpunkt des Fehlers am Bildschirm aus. Man kann anhand dieser Kette verfolgen, in welcher Methode der Fehler aufgetreten ist, von welcher anderen Methode sie aufgerufen wurde und so weiter bis hinauf zur Methode des Java-Laufzeitsystems, die das Programm gestartet hat. Weitere Methoden der Klasse Exception kann man aus [JDK] entnehmen.

Eigene Ausnahmeklassen

Wollen wir einen Fehler behandeln, für den es noch keine vordefinierte Ausnahmeklasse gibt, können wir eine eigene Ausnahmeklasse definieren, die Informationen über diesen Fehler enthält. Wenn wir zum Beispiel den Überlauf unseres Kellerspeichers als Ausnahme melden wollen, müssen wir folgende Klasse deklarieren:

```
class OverflowException extends Exception {
    int overflowElement;
    OverflowException (int x) { overflowElement = x; } // constructor
}
```

OverflowException ist eine Unterklasse von Exception, erweitert diese also und erbt alle ihre Felder und Methoden. Zusätzlich enthält sie noch ein Feld overflowElement, das das Element aufnehmen soll, das zum Kellerüberlauf geführt hat.

Wenn wir nun eine Ausnahme auslösen wollen, erzeugen wir ein neues OverflowException-Objekt und übergeben es einem Ausnahmebehandler. Dieser kann den Fehler melden, die Information im Objekt auswerten und zum Beispiel overflowElement woanders abspeichern. Wie das genau funktioniert, wird in Kapitel 19.5 beschrieben.

19.4 Ausnahmebehandler

Ein *Ausnahmebehandler* ist eine Anweisungsfolge zur Fehlerbehandlung. Er ähnelt einer Methode und hat einen Parameter, der die aufgetretene Ausnahme beschreibt. In Java werden Ausnahmebehandler durch *catch-Klauseln* der try-Anweisung beschrieben. Eine try-Anweisung kann mehrere catch-Klauseln enthalten, eine für jede Ausnahme, die im try-Block auftreten kann.

```
try {
    stack.push(i); stack.push(j);
    ...
    stack.push(stack.pop() + stack.pop());
} catch (OverflowException e) {          // reacts to OverflowException
    Out.println(e.toString());
    ... // store e.overflowElement elsewhere
} catch (UnderflowException e) {         // reacts to UnderflowException
    ...
} catch (NullPointerException e) {       // reacts to NullPointerException
    ...
} catch (Exception e) {                  // reacts to any other Exception
    ...
}
```

Die Wahl des Ausnahmebehandlers erfolgt anhand des Parametertyps der catch-Klausel. Ist die Ausnahme vom Typ OverflowException, wird die catch-Klausel mit dem OverflowException-Parameter angesprungen, ist sie vom Typ NullPointerException, wird die catch-Klausel mit dem NullPointerException-Parameter angesprungen. Das Ausnahmeobjekt wird dabei als Parameter übergeben. Tritt im try-Block keine Ausnahme auf, wird auch keine der catch-Klauseln ausgeführt.

Die Reihenfolge der catch-Klauseln ist wichtig. Tritt im try-Block eine Ausnahme auf, so werden sämtliche catch-Klauseln in der Reihenfolge ihrer Aufschreibung untersucht. Die erste passende Klausel wird gewählt und ausgeführt. Anschließend setzt das Programm nach der try-Anweisung fort. Es ist daher wichtig, zuerst die catch-Klauseln für die spezifischeren Ausnahmen anzugeben (z.B. OverflowException) und dann erst die catch-Klauseln für die allgemeineren Ausnahmen (z.B. Exception). Würde man es umgekehrt machen, würden immer bereits die allgemeineren catch-Klauseln ansprechen und die spezifischeren Klauseln würden nie erreicht werden. Der Java-Compiler entdeckt und meldet solche Fehler.

19.5 Auslösen einer Ausnahme

Eine Benutzerausnahme wird durch eine *throw-Anweisung* ausgelöst. Dabei wird ein Objekt einer Ausnahmeklasse einem passenden Ausnahmebehandler »zugeworfen«. Die Anweisung lautet allgemein

```
throw exceptionObject;
```

oder in unserem Fall

```
throw new OverflowException(x);
```

Die throw-Anweisung hat folgende Wirkung:

- Es wird in allen umgebenden try-Anweisungen der gerade laufenden Methoden nach einer catch-Klausel gesucht, die zum Typ der ausgelösten Ausnahme passt.
- Die laufende Anweisungsfolge wird abgebrochen, die passende catch-Klausel wird angesprungen und das Ausnahmeobjekt wird als Parameter übergeben.
- Nach Abarbeiten der catch-Klausel setzt das Programm hinter der try-Anweisung fort, zu der die Klausel gehört.

Wenn in der unmittelbar umgebenden try-Anweisung keine passende catch-Klausel vorhanden ist, wird die Suche in der nächstäußeren try-Anweisung fortgesetzt usw., bis schließlich eine catch-Klausel gefunden wird, die passt. Bei Benutzerausnahmen stellt der Java-Compiler sicher, dass es immer eine passende catch-Klausel gibt. Wenn nicht, lässt sich das Programm gar nicht übersetzen.

Abb. 19.3 zeigt die Suche von catch-Klauseln in zwei dynamisch geschachtelten try-Anweisungen.

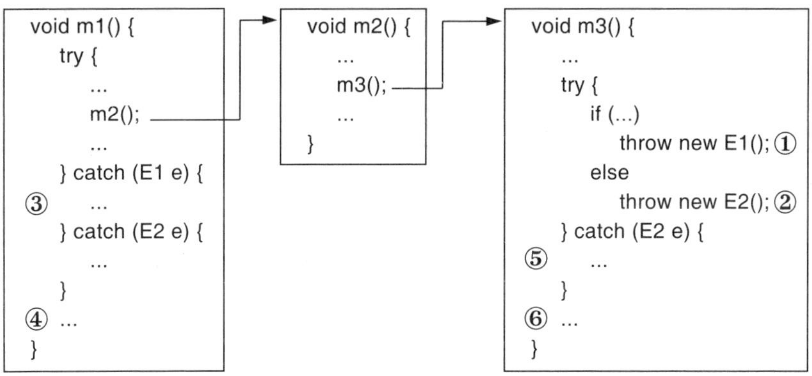

Abb. 19.3 *Suche eines Ausnahmebehandlers beim Auslösen einer Ausnahme in m3*

Wir nehmen an, dass es zwei Ausnahmeklassen `E1` und `E2` gibt. Die Methode `m1` enthält eine try-Anweisung mit zwei catch-Klauseln für `E1` und `E2`. In ihrem try-Block wird die Methode `m2` aufgerufen, die wiederum die Methode `m3` aufruft. Dort befindet sich eine weitere try-Anweisung mit einer catch-Klausel für `E2`. In dieser try-Anweisung wird nun in Abhängigkeit von einer bestimmten Bedingung entweder eine `E1`-Ausnahme oder eine `E2`-Ausnahme ausgelöst. Die Suche nach dem passenden Ausnahmebehandler läuft folgendermaßen ab:

- Wird E1 ausgelöst (①), so wird zunächst nach einer E1-Klausel in der try-Anweisung von m3 gesucht. Da keine gefunden wird, wird in der rufenden Methode m2 weitergesucht. Der Aufruf von m3 ist dort in keiner try-Anweisung eingeschlossen, daher wird die Suche im Rufer m1 fortgesetzt. Der Aufruf von m2 befindet sich dort in einer try-Anweisung, die eine E1-Klausel enthält (③). Diese wird also angesprungen und ausgeführt. Anschließend wird das Programm bei ④ fortgesetzt.

- Wird E2 ausgelöst(②), so wird bereits in der unmittelbar umgebenden try-Anweisung eine passende E2-Klausel gefunden (⑤), angesprungen und ausgeführt. Das Programm läuft anschließend bei ⑥ weiter. In diesem Fall wird die Suche nach einem Ausnahmebehandler also nicht nach außen fortgesetzt und die E2-Klausel in m1 kommt nicht zum Zug.

19.6 finally-Klausel

Eine try-Anweisung kann nach den catch-Klauseln eine *finally-Klausel* enthalten. Die Anweisungen der finally-Klausel werden immer als Abschluss der try-Anweisung ausgeführt, egal ob eine Ausnahme auftrat oder nicht (siehe Abb. 19.4).

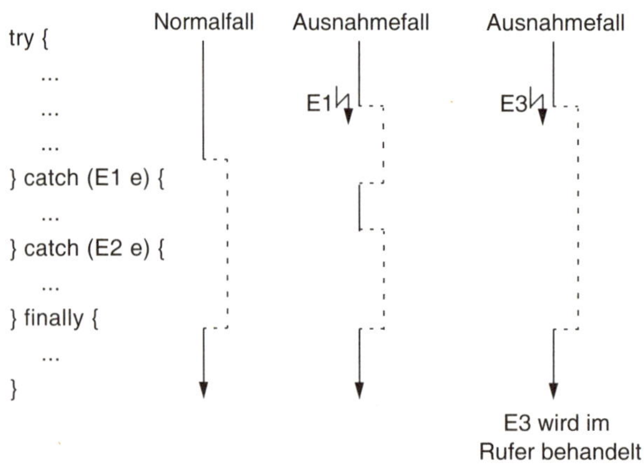

Abb. 19.4 *Wirkungsweise einer finally-Klausel*

Die finally-Klausel hat den Zweck, Arbeiten, die im try-Block begonnen wurden, sauber abzuschließen, egal ob ein Fehler auftrat oder nicht. Wenn zum Beispiel im try-Block eine Datei geöffnet wurde, muss sichergestellt sein, dass sie in jedem Fall wieder geschlossen wird. Daher kann man das Schließen der Datei in die finally-Klausel geben und sich dann darauf verlassen, dass die Datei auch im Fehlerfall geschlossen wird.

Wird in einer try-Anweisung keine passende catch-Klausel gefunden, wird trotzdem eine eventuell vorhandene finally-Klausel ausgeführt, bevor mit der Suche im nächstäußeren try-Block fortgesetzt wird.

19.7 Spezifikation von Ausnahmen im Methodenkopf

Manche Fehler kann man an der Stelle ihres Auftretens nicht richtig behandeln. Sie müssen daher an den Rufer weitergeleitet werden. Denken wir zum Beispiel an eine Methode zum Öffnen einer Datei.

```
File openFile (String name) {
    if (fileSystem.exists(name)) {
        ...
    } else
        throw new FileNotFoundException();
}
```

Wenn die Datei nicht existiert, bedeutet das normalerweise einen Fehler. Es wäre allerdings unangebracht, den Fehler bereits in openFile zu behandeln, weil man nicht weiß, wie der Rufer darauf reagieren möchte. Vielleicht wollte er nur prüfen, ob es die Datei gibt und sie andernfalls erzeugen. Die Methode openFile enthält also keine try-Anweisung, sondern überlässt die Ausnahmebehandlung dem Rufer. Woher weiß der Rufer aber, dass openFile eine Ausnahme auslösen kann? Die Methode kann aus einer Bibliothek stammen, deren Quellcode dem Programmierer nicht zugänglich ist. Und wie kann man sicherstellen, dass der Rufer nicht vergisst, die Ausnahme abzufangen?

Die Lösung besteht darin, dass man im Kopf jeder Methode alle Ausnahmen spezifiziert, die von dieser Methode ausgelöst werden können, aber nicht abgefangen werden. Das sieht für openFile folgendermaßen aus:

```
File openFile (String name) throws FileNotFoundException, DiskErrorException {
    if (fileSystem.exists(name)) {
        ...
    } else
        throw new FileNotFoundException();
}
```

Die *throws-Klausel* im Methodenkopf nennt zwei Ausnahmen, die von openFile an den Rufer gemeldet werden können. FileNotFoundException wird direkt in openFile ausgelöst, DiskErrorException stammt aus dem Aufruf fileSystem.exists und wurde bereits von dort nach oben weitergegeben.

Die throws-Klausel gehört wie die Parameter zur Schnittstelle der Methode und erscheint in jeder Dokumentation (zum Beispiel auch in der Dokumentation, die von *javadoc* erzeugt wird). Aufgrund dieser Klausel weiß der Rufer, dass er beim Aufruf von openFile mit diesen beiden Ausnahmen zu rechnen hat und sie entweder in einer try-Anweisung abfangen muss, wie im folgenden Beispiel:

```
void m() {
    ...
    try {
        file = fileSystem.openFile(name);
    } catch (FileNotFoundException e) {
        ...
    } catch (DiskErrorException e) {
        ...
    }
}
```

oder sie seinerseits an seinen Rufer weiterleiten muss. In diesem Fall muss die Methode m() ebenfalls eine throws-Klausel im Methodenkopf enthalten:

```
void m() throws FileNotFoundException, DiskErrorException {
    ...
    file = fileSystem.openFile(name);
    ...
}
```

Durch die throws-Klausel kann der Compiler prüfen und garantieren, dass alle Ausnahmen entweder abgefangen oder weitergeleitet werden. Er kann somit sicherstellen, dass der Programmierer nicht vergisst, eine Ausnahme zu behandeln.

Systemausnahmen wie zum Beispiel NullPointerException muss man allerdings nicht im Methodenkopf spezifizieren. Falls sie auftreten und in keiner Methode der Ruferkette behandelt werden, wird eine Standardfehlermeldung ausgegeben und das Programm wird abgebrochen.

Wir können nun die Klasse Stack aus Kapitel 11.5 mit einer sauberen Fehlerbehandlung implementieren. Die beiden möglichen Fehlerarten sind Kellerüberlauf und Kellerunterlauf. Wir deklarieren diese beiden Fehlerarten als Ausnahmeklassen:

```
public class OverflowException extends Exception {
    public int overflowElement;
    OverflowException (int x) { overflowElement = x; }
}

public class UnderflowException extends Exception {
}
```

Die Methoden push und pop bekommen entsprechende throws-Klauseln:

```
class Stack {
    int[] s;        // stack array
    int length;     // number of elements in s

    Stack (int size) {
        s = new int[size];
        length = 0;
    }
```

```
    void push (int x) throws OverflowException {
        if (length >= s.length) throw new OverflowException(x); else s[length++] = x;
    }

    int pop () throws UnderflowException {
        if (length == 0) throw new UnderflowException(); else return s[--length];
    }
}
```

Bei der Benutzung des Kellers kann man dann auf die Ausnahmen reagieren:

```
try {
    push(i); ... j = pop();
} catch (OverflowException e) {
    ...
} catch (UnderflowException e) {
    ...
}
```

Übungsaufgaben

1. Welche Art von Ausnahmen braucht man in Java nicht abzufangen?
2. Welche Ausnahmen muss man im Kopf einer Methode spezifizieren und warum?
3. *Telefonbuch*. In Kapitel 11.4 wurde eine Klasse PhoneBook zur Verwaltung eines Telefonbuchs vorgestellt. Ändern Sie diese Klasse so ab, dass folgende Fehler durch Ausnahmen gemeldet werden:
   - Wenn man versucht, einen Namen in ein volles Telefonbuch einzutragen.
   - Wenn ein gesuchter Name nicht im Telefonbuch gefunden wird.

   Überlegen Sie sich geeignete Ausnahmeklassen und schreiben Sie auch ein Testprogramm, in dem die gemeldeten Ausnahmen abgefangen werden.
4. *Lesen einer Zahl*. In Kapitel 8.2 wurde eine Methode readInt vorgestellt, die Ziffernzeichen vom Eingabestrom liest und sie in eine Zahl umwandelt. Die Methode lieferte den Wert 0, wenn bereits das erste Zeichen keine Ziffer war. Ändern Sie die Methode so, dass eine Ausnahme gemeldet wird, wenn keine Ziffern gefunden werden. Schreiben Sie auch ein Testprogramm, in dem diese Ausnahme abgefangen wird.
5. *Datumsklasse*. In Kapitel 10.1 wurde eine Klasse Date zur Speicherung eines Datums vorgestellt. Implementieren Sie dazu einen Konstruktor zur Erzeugung eines Date-Objekts aus einem gegebenen Tag, Monat und Jahr. Falls die Parameter des Konstruktors kein korrektes Datum darstellen, soll eine entsprechende Ausnahme gemeldet werden. Schreiben Sie auch ein Testprogramm, in dem diese Ausnahme abgefangen wird.

20 Threads

Nun wollen wir noch einen Blick auf ein mächtiges Java-Konstrukt werfen, dessen vollständige Behandlung jedoch den Rahmen dieses einführenden Buches sprengen würde, und zwar auf *Threads* (siehe z.B. [Holu00]).

Ein Thread (oder *paralleler Prozess*) ist ein Programmstück, das parallel zu anderen Programmstücken läuft. Man kann sich leicht vorstellen, dass es oft vorteilhaft ist, mehrere Aktivitäten parallel durchzuführen. Bei Programmen mit grafischen Benutzeroberflächen gibt es zum Beispiel meist einen Thread, der nichts anderes tut, als zu warten, bis der Benutzer eine Taste drückt oder mit der Maus klickt. Ein anderer Thread kann inzwischen Berechnungen durchführen, und ein dritter Thread visualisiert laufend die berechneten Zwischenergebnisse in einem Bildschirmfenster. Da diese Threads parallel laufen, ist keine der drei Aktivitäten durch die andere blockiert. Eine Benutzereingabe wird zum Beispiel sofort verarbeitet und nicht erst, nachdem die laufende Berechnung zu Ende ist.

Wie können aber mehrere Aktivitäten auf einem einzigen Rechner gleichzeitig laufen? Der Trick besteht darin, dass die Thread nicht wirklich parallel laufen, sondern nur *quasiparallel*. Das heißt, dass jeder Thread nur eine kurze Zeit lang läuft und dann die Kontrolle an einen anderen Thread abgibt. Wenn der Wechsel zwischen den Threads genügend oft erfolgt (z.B. 20 mal pro Sekunde), entsteht für den Beobachter der Eindruck, als ob alle Threads gleichzeitig liefen, nur eben etwas langsamer, als wenn sie alleine wären (siehe Abb. 20.1).

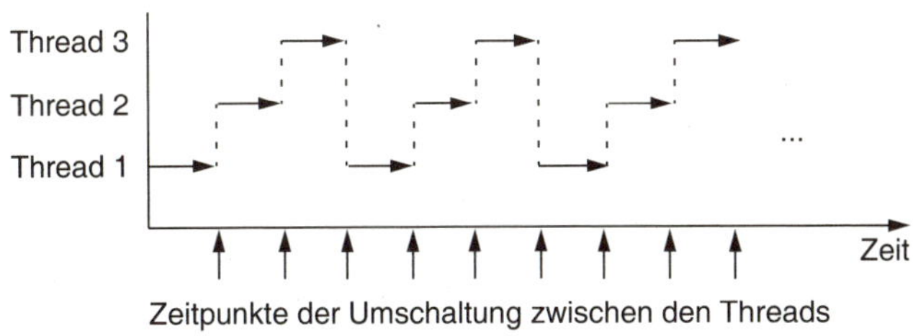

Abb. 20.1 *Drei Threads, die verzahnt ablaufen*

Jeder der drei Threads in Abb. 20.1 läuft ein Stück, wird dann auf Eis gelegt und setzt schließlich seine Arbeit dort fort, wo er unterbrochen wurde. Die Unterbrechungen und Umschaltungen erfolgen automatisch durch eine rechnerinterne Uhr.

20.1 Erzeugung von Threads

Ein Thread ist in Java ein Objekt der Klasse Thread. Diese Klasse enthält Methoden zum Starten eines Threads, zum Verzögern eines Threads für eine gewisse Zeitspanne usw. In vereinfachter Form sieht diese Klasse folgendermaßen aus:

```
public class Thread {
    public void start() {...}
    public static void sleep(int milliSeconds) {...}
    public void run() {}
    ...
}
```

Die wichtigste Methode darin ist run. Sie enthält den Code, den ein Thread im Laufe seines Lebens ausführen soll. Wenn die Methode run endet, endet auch der Thread, das heißt, er wird dann aus dem System entfernt, und es laufen nur noch andere eventuell vorhandene Threads.

Da Threads in der Regel unterschiedliche Aktionen ausführen sollen, kann die Methode run in der Klasse Thread noch nicht sinnvoll implementiert werden. Man überlässt ihre Implementierung daher Unterklassen, die run überschreiben müssen. Wenn man also eigene Threads implementieren will, muss man eine Unterklasse von Thread bilden und die Methode run so überschreiben, dass sie die gewünschten Aktionen des Threads enthält.

Nehmen wir an, wir wollen einen Thread schreiben, der als Beweis seiner Aktivität immer wieder ein bestimmtes Zeichen ausgibt. Wir leiten dazu von Thread eine Klasse CharPrinter ab und überschreiben ihre run-Methode wie folgt:

```
public class CharPrinter extends Thread {
    char signal;

    public CharPrinter (char ch) { signal = ch; }

    public void run() {
        for (int i = 0; i < 20; i++) {
            Out.print(signal);
            int delay = (int) (Math.random() * 1000);
            try { sleep(delay); } catch (Exception e) { return; }
        }
    }
}
```

Die Methode run gibt ein Zeichen aus, berechnet eine Zufallszahl delay im Bereich 0 bis 999 und legt sich dann mittels sleep für delay Millisekunden schlafen. Anschließend gibt sie das nächste Zeichen aus. Das auszugebende Zeichen kann im Konstruktor von CharPrinter angegeben werden. sleep kann mit der Taste *Strg-C* abgebrochen werden, was zu einer Ausnahme führt, die in run abgefangen wird. Wir können nun ein Programm schreiben, das CharPrinter-Threads benutzt:

```
class Program {

    public static void main (String[] arg) {
        CharPrinter thread1 = new CharPrinter('.');
        CharPrinter thread2 = new CharPrinter('*');
        thread1.start();
        thread2.start();
        Out.print('+');
    }
}
```

Das Programm erzeugt zwei CharPrinter-Threads und initialisiert sie mit den Zeichen '.' und '*'. Anschließend startet es beide, indem es ihnen die start-Nachricht schickt. Die beiden Threads laufen nun parallel und geben in zufälligen Zeitintervallen ihr Lebenszeichen von sich. Die Ausgabe sieht dann zum Beispiel so aus:

```
+.**.*.*.*.**.*.*.*.***.*.**.*.*.*.*....
```

Wir sehen also, dass die beiden Threads wirklich gleichzeitig laufen und ihre Ausgabe verzahnt ist. Wir können außerdem erkennen, dass das Hauptprogramm selbst als Thread weiterläuft und die Ausgabe '+' erzeugt. Thread 2 ist hier zufällig als erster mit seinen 20 Zeichen fertig. Seine Methode run wird beendet. Dadurch hört auch dieser Thread zu existieren auf. Thread 1 läuft noch weiter, bis er seinerseits 20 Zeichen ausgegeben hat. Dann wird auch er beendet. Das Hauptprogramm ist in der Zwischenzeit längst fertig und wurde daher ebenfalls beendet.

Wer hat eigentlich den Thread für das Hauptprogramm erzeugt? Das erfolgte automatisch beim Starten des Programms. Das Java-Laufzeitsystem erzeugt für jedes Programm einen neuen Thread und ruft dessen run-Methode auf, die die main-Methode des Programms startet. Wir haben also auch bisher immer schon mit Threads gearbeitet, ohne dass uns das bewusst war. Über Threads sollte man noch Folgendes wissen:

- Die run-Methode jedes Threads hat ihre eigenen lokalen Variablen, die von den lokalen Variablen der run-Methoden anderer Threads verschieden sind. Selbst wenn zwei Threads wie in unserem Beispiel Objekte derselben Klasse sind und dieselbe run-Methode ausführen, sind das doch verschiedene Inkarnationen von run. Sie haben daher unterschiedliche lokale Variablen. Wenn die Threads in ihrer run-Methode weitere Methoden p und q aufrufen, so sind auch das unterschiedliche Inkarnationen von p und q und haben daher unterschiedliche lokale Variablen.

- Wenn mehrere Threads auf Felder *anderer* Objekte zugreifen, so greifen sie auf dieselben Daten zu. Ein Thread könnte Daten in einem Feld obj.x ablegen und ein anderer Thread könnte sie von dort abholen. Die Daten anderer Objekte werden also für Threads nicht dupliziert. Das ist einerseits nützlich, weil Threads auf diese Weise miteinander kommunizieren können, andererseits ist es aber auch gefährlich, denn beim Zugriff auf gemeinsame Daten können sich die Threads in die Quere kommen. Wir werden uns diesem Problem im nächsten Abschnitt widmen.

- Threads sind in Java gewöhnliche Objekte mit beliebigen Feldern und Methoden. Wir könnten in unserer CharPrinter-Klasse weitere Felder und Methoden deklarieren, auf die die CharPrinter-Threads und andere Programmteile zugreifen können, vorausgesetzt sie besitzen eine Referenz auf das entsprechende Thread-Objekt.

20.2 Synchronisation von Threads

Wenn Threads auf gemeinsame Daten zugreifen, können sie sich dabei in die Quere kommen. Nehmen wir zum Beispiel an, wir hätten eine Klasse Account zur Verwaltung von Bankkonten. Ein Feld balance enthält den aktuellen Kontostand, eine Methode deposit(x) erhöht den Kontostand um x Euro und eine Methode withdraw(y) bucht y Euro vom Konto ab. Nehmen wir weiter an, dass deposit und withdraw gleichzeitig von verschiedenen Threads aufgerufen werden, wie das in Abb. 20.2 dargestellt ist.

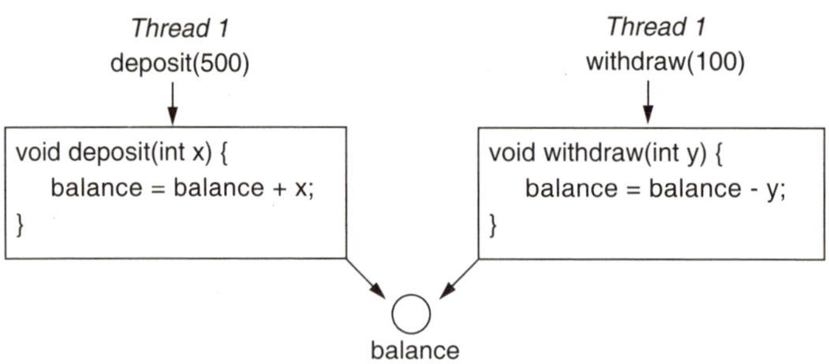

Abb. 20.2 *Zwei Threads rufen gleichzeitig deposit und withdraw auf*

Der *kritische Bereich* bei diesem gemeinsamen Zugriff liegt in dem kurzen Codestück, in dem deposit und withdraw auf balance zugreifen. Das Problem dabei ist erstens, dass dieser Zugriff nicht atomar ist, d.h. vom Compiler in mehrere Einzelschritte aufgelöst wird. Zweitens können Threads zu beliebigen unvorhergesehenen Zeitpunkten unterbrochen werden und die Kontrolle an einen anderen Thread verlieren. Abb. 20.3 zeigt einen unwahrscheinlichen, aber durchaus möglichen Fall, in dem Thread 1 gerade bei der Aktualisierung von balance unterbrochen wird.

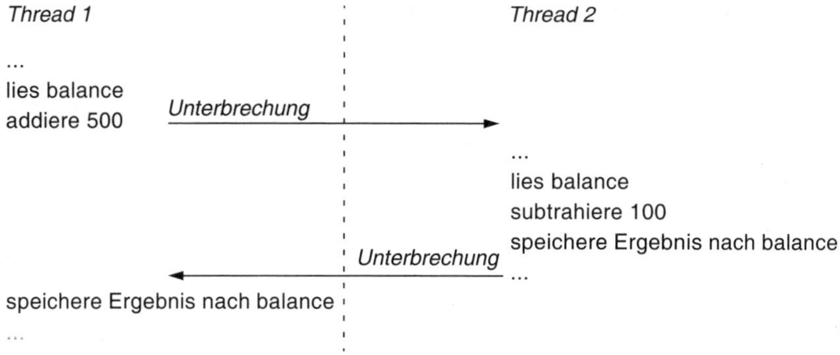

Abb. 20.3 *Ein GAU im kritischen Bereich zweier Threads*

Was geschieht in diesem Fall? Thread 1 liest den aktuellen Wert von balance (z.B. 1000) und addiert 500. Bevor er aber den Wert 1500 zurückschreiben kann, wird er unterbrochen und der Ablauf wechselt zu Thread 2. Dieser liest nun ebenfalls den Wert von balance, der noch immer 1000 ist, subtrahiert 100 und speichert das Ergebnis 900 zurück. Irgendwann wechselt der Ablauf wieder zurück zu Thread 1, der nun seinerseits sein Ergebnis 1500 nach balance zurückspeichert. Der Wert von balance ist nun fälschlicherweise 1500 und nicht 1400. Fehler dieser Art sind sehr schwer zu finden, da sie sich kaum reproduzieren lassen. Sie treten nur auf, wenn die Umschaltung zwischen den Threads zu einem besonders ungünstigen Zeitpunkt erfolgt, was nur sehr selten der Fall ist.

Der Grund des Übels liegt darin, dass Thread 1 in seinem *kritischen Bereich* unterbrochen wurde, in dem er schreibend auf gemeinsame Daten zugreift. Man muss solche Unterbrechungen verhindern bzw. verzögern, bis der Thread seinen Bereich verlassen hat. In Java kann man das erreichen, indem man kritische Bereiche mit einer *Sperre* (*lock*) versieht, die nur einen der Threads durchlässt und alle anderen Threads, die zur gleichen Zeit versuchen, ihre kritischen Bereiche zu betreten, so lange blockiert, bis der erste Thread fertig ist. Dann darf der nächste der wartenden Threads in seinen kritischen Bereich und so weiter, bis kein Thread mehr wartet. Die Sperre sorgt also dafür, dass sich immer nur ein einziger Thread in seinem kritischen Bereich befindet.

In Java kann man kritische Bereiche mit der *synchronized-Anweisung* schützen, in der man eine *Sperrvariable* angibt. Die Sperrvariable kann ein beliebiges Objekt sein, vorzugsweise das Objekt, auf das nicht gemeinsam zugegriffen werden darf, also balance. Da balance aber kein Objekt, sondern eine int-Zahl ist, verwenden wir folgendeVariable lock als Sperre:

```
Object lock = new Object();
```

Die synchronized-Anweisung sieht dann in deposit folgendermaßen aus:

```
synchronized (lock) {
    balance = balance + x;
}
```

In withdraw lautet sie:

```
synchronized (lock) {
    balance = balance - y;
}
```

Kommt nun Thread 1 als erster zu dieser Anweisung, betritt er sie, da sich noch kein anderer Thread in einer synchronized-Anweisung für lock befindet. Angenommen Thread 1 wird nun beim Aktualisieren von balance unterbrochen, Thread 2 bekommt die Kontrolle und kommt ebenfalls zu einer synchronized-Anweisung für lock. Da Thread 1 sein synchronized noch nicht verlassen hat, muss Thread 2 hier warten. Er gibt die Kontrolle wieder ab, Thread 1 läuft weiter und schließt seine synchronized-Anweisung ab. Wenn Thread 2 das nächste Mal die Kontrolle bekommt, darf er nun seine synchronized-Anweisung betreten, da kein anderer Thread mehr die Sperre lock beansprucht. Die synchronized-Anweisungen sorgen dafür, dass die Schreibzugriffe auf balance atomar stattfinden, also vollständig abgeschlossen werden, bevor ein anderer Thread auf balance zugreift.

Anstatt eine Anweisungsfolge mit der synchronized-Anweisung zu schützen, kann man auch ganze Methoden mit dem Schlüsselwort synchronized versehen und so vor konkurrierendem Zugriff bewahren. Man könnte also die Klasse Account folgendermaßen implementieren:

```
class Account {
    int balance = 0;
    ...
    synchronized void deposit (int x) { balance = balance + x; }
    synchronized void withdraw (int y) { balance = balance - y; }
}
```

Wenn Methoden einer Klasse als synchronized deklariert wurden, sorgt Java dafür, dass sich zu jeder Zeit jeweils nur ein einziger Thread in einer synchronized-Methode dieser Klasse befindet. Ruft also Thread 1 deposit auf und verliert dort die Kontrolle an Thread 2, der nun seinerseits withdraw aufruft, so muss Thread 2 am Eingang von withdraw warten, bis Thread 1 deposit verlassen hat.

Man nennt so ein Konstrukt einen *Monitor*. Ein Monitor ist eine Klasse, die Daten kapselt, auf die nicht gleichzeitig schreibend zugegriffen werden darf. Die Methoden eines Monitors werden mit synchronized geschützt. Dadurch kann sich jeweils nur ein einziger Thread im Monitor befinden.

In Java kann man das Monitor-Konzept aufweichen, indem man auch Methoden deklarieren darf, die nicht synchronized sind. Diese Methoden dürfen allerdings nur lesend auf die geschützten Daten zugreifen. In unserem Beispiel könnte die Klasse Account eine Methode

```
int getBalance() { return balance; }
```

besitzen, die einfach den Wert von balance zurückgibt. Diese Methode kann ohne Gefahr von einem Thread ausgeführt werden, während ein anderer Thread sein deposit oder withdraw ausführt. Es kann in diesem Fall nicht vorkommen, dass balance abhängig vom Zeitpunkt der Unterbrechung unterschiedliche Werte bekommt. Da das Lesen von Werten des Typs long oder double auf heutigen Rechnern nicht atomar ist (d.h. aus mehreren Schritten besteht), müssen solche Lesezugriffe ebenfalls mit synchronized geschützt werden.

20.3 wait und notify

Es kann vorkommen, dass sich ein Thread in einem Monitor befindet, aber nicht weiterlaufen kann, bevor eine bestimmte Bedingung erfüllt ist. Zum Beispiel könnte man fordern, dass withdraw(y) nur dann vom Konto abbuchen darf, wenn der Kontostand dadurch nicht negativ wird. Die Bedingung würde also lauten, dass balance >= y sein muss.

Falls diese Bedingung nicht erfüllt ist, kann sich der Thread nicht einfach in eine Warteschleife begeben und so lange kreisen, bis die Bedingung eintritt (*busy waiting*). balance kann nämlich nur durch Ausführung von deposit erhöht werden. Kein anderer Thread darf aber deposit ausführen, weil withdraw noch aktiv ist und den Monitor blockiert: Es darf sich ja immer nur ein einziger Thread im Monitor befinden. Das Ergebnis ist eine *Systemverklemmung* (*deadlock*), bei der keiner der Threads mehr weiterlaufen kann.

Dieses Problem kann durch Aufrufe von wait und notify gelöst werden, die Methoden der Klasse Object sind, von der Account implizit erbt. Der Aufruf von wait bewirkt, dass der rufende Thread den Monitor freigibt und sich »schlafen legt«. Ein anderer Thread kann inzwischen weiterlaufen und – da der Monitor nun frei ist – zum Beispiel ein deposit ausführen. Da dadurch der Kontostand erhöht wurde, sollte der erste Thread wieder geweckt werden, damit er nachschauen kann, ob die Bedingung, auf die er wartet, bereits erfüllt ist. Ist sie erfüllt, kann er weiterlaufen, anderenfalls sollte er sich wieder mit wait schlafen legen. deposit weckt den wartenden Thread mittels notify. Wird in einem Monitor notify aufgerufen, so wird einer der mit wait wartenden Threads in diesem Monitor geweckt. Wartet kein Thread, so bleibt notify wirkungslos. Die Klasse Account muss also folgendermaßen implementiert werden:

```
class Account {
    int balance = 0;

    synchronized void deposit (int x) {
        balance = balance + x;
        notify();
    }
```

```
    synchronized void withdraw (int y) {
        try {
            while (balance < y) wait();
            // balance >= y
            balance = balance - y;
        } catch (InterruptedException e) {
            return;
        }
    }
    ...
}
```

Zu wait und notify ist noch Folgendes zu sagen:

- wait sollte man immer in einer Schleife aufrufen, in der man die Bedingung prüft, auf die der Thread wartet. Beim Aufwachen des Threads kann nämlich nicht garantiert werden, dass diese Bedingung erfüllt ist. Daher muss der Thread die Bedingung nochmals prüfen und sich wieder schlafen legen, falls sie noch nicht erfüllt ist.
- Wenn ein Thread A aus einem wait erwacht, betritt er den Monitor an der Wartestelle neu. Falls sich Thread B, der das notify ausgelöst hat, noch im Monitor befindet, muss A warten, bis B den Monitor verlassen hat. Erst dann darf er eintreten. Das muss so sein, weil sich ja immer nur ein einziger Thread im Monitor aufhalten darf.
- wait und notify dürfen nur aus einer synchronisierten Methode heraus aufgerufen werden. Falls man sie außerhalb einer synchronisierten Methode aufruft, wird eine Ausnahme ausgelöst.
- Anstatt notify kann man auch notifyAll aufrufen. Dadurch wird nicht nur einer der in diesem Monitor wartenden Threads aufgeweckt, sondern alle.
- Der Aufruf von wait kann eine Ausnahme auslösen. Deshalb muss er in eine try-Anweisung eingeschlossen werden. Falls ein Thread endlos wartet, weil das zugehörige notify ausblieb, kann der Benutzer mit der Abbruchtaste (*Strg-C*) eine Ausnahme (InterruptedException) auslösen, die behandelt werden muss.

Wir können nun also mehrere Aktivitäten parallel laufen lassen, den schreibenden Zugriff auf gemeinsame Daten mit einem Monitor schützen und diesen Monitor kontrolliert freigeben, wenn ein Thread, der sich im Monitor befindet, auf eine Bedingung wartet, die nur dadurch eintreten kann, dass ein anderer Thread den Monitor betritt.

Übungsaufgaben

1. *Ein-/Ausgabe-Threads.* Um während Berechnungen oder Ausgaben jederzeit Benutzereingaben entgegennehmen zu können, lagert man diese oft in einen eigenen Thread aus, der nichts anderes macht, als ständig zu versuchen, von der Tastatur zu lesen und eventuelle Eingaben an andere Threads zu melden. Schreiben Sie ein Programm, das aus zwei Threads besteht. Der erste Thread (Printer) soll ständig ein Zeichen am Bildschirm ausgeben, das in der statischen Variablen Printer.ch gespeichert ist. Der zweite Thread (Reader) soll ständig auf die Eingabe eines Zeichens von der Tastatur warten und dieses dann in Printer.ch speichern, so dass Printer von diesem Zeitpunkt an das neue Zeichen ausgibt. Schreiben Sie auch ein Hauptprogramm, das beide Threads startet.

2. *Monitore.* Schreiben Sie einen Monitor, der einen Zeichenpuffer als Array der Länge n verwaltet und folgende Methoden aufweist:

   - put(ch) hängt das Zeichen ch an den Puffer an.
   - get() liefert das Zeichen, das bereits am längsten im Puffer steht.

   Da put und get von verschiedenen Threads aufgerufen werden können, ist der Zugriff auf den gemeinsamen Puffer ein kritischer Bereich und muss in einem Monitor gekapselt werden. Beachten Sie, dass der Puffer voll werden kann. put kann dann sein Zeichen nicht ablegen und muss mittels wait warten, bis Platz im Puffer frei wird. Der Puffer kann auch leer werden. In diesem Fall kann get kein Zeichen liefern, sondern muss mittels wait warten, bis wieder Zeichen im Puffer abgelegt werden. Schreiben Sie auch ein Testprogramm, das zwei unterschiedlich schnelle Threads erzeugt. Der erste Thread legt ständig mittels put Zeichen im Puffer ab. Der zweite Thread holt sich ständig mittels get Zeichen aus dem Puffer und gibt sie am Bildschirm aus.

3. *Speisende Philosophen.* Fünf Philosophen sitzen an einem runden Tisch und essen Spaghetti. Zu ihrer Linken und Rechten befindet sich jeweils eine Gabel, die sie mit ihrem Nachbarn teilen.

   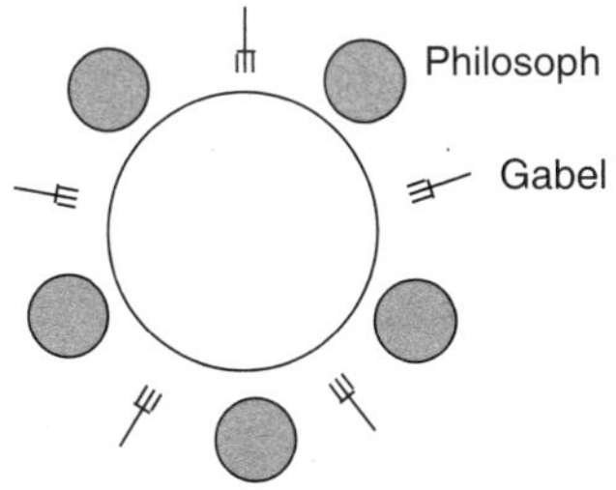

   Die Philosophen tun den ganzen Tag nichts anderes als zu denken, zu essen, dann wieder zu denken, wieder zu essen usw. Will ein Philosoph essen, muss er beide Gabeln benutzen. Hat einer seiner Nachbarn gerade die Gabeln, muss der hungrige Philosoph warten, bis dieser mit dem Essen fertig ist und die Gabeln ablegt. Obwohl alle Philosophen unterschiedlich schnell denken, kann das Problem auftreten, dass sie alle gleichzeitig hungrig werden. Nimmt nun jeder Philosoph zuerst die linke Gabel, wird er feststellen, dass die rechte Gabel von seinem Nachbarn blockiert ist. Es tritt eine Systemverklemmung ein und die Philosophen verhungern.

Schreiben Sie ein Programm, das diese Situation simuliert und allen Philosophen ein faires Überleben garantiert. Implementieren Sie jeden Philosophen als Thread und realisieren Sie seine Denk- und Essensdauer mittels `sleep`. Implementieren Sie die Gabeln als boolesches Array der Länge 5. Wird die Gabel `i` gerade benutzt, ist `fork[i] == true`, sonst false. Hinweis: Wenn Sie das Gabel-Array in einem Monitor verwalten, werden es Ihnen die Philosophen danken.

21 Auszug aus der Java-Klassenbibliothek

Kaum ein Java-Programm kommt in der Praxis ohne die Java-Klassenbibliothek aus, die Standardbausteine für alle erdenklichen Zwecke bereithält, von einfachen Datenstrukturen, wie Listen und Mengen, über Ein-/Ausgabeklassen, Netzwerkklassen und Benutzeroberflächenklassen bis hin zu Klassen für Threads, Ausnahmen, Sicherheitsaufgaben und vieles mehr. Die Java-Bibliothek enthält Tausende von Klassen und Interfaces sowie Zehntausende von Methoden, die wir hier natürlich nicht alle behandeln können. Das ist auch gar nicht nötig, denn es gibt unter [JDK] eine gute Online-Dokumentation ihrer Schnittstellen.

Wir wollen uns in diesem Kapitel einige der am häufigsten benötigten Klassen und ihre wichtigsten Methoden ansehen. Dazu gehören die Collection-Klassen sowie die Klassen für Datenströme und Benutzeroberflächen. Weiterführendes findet man unter [JDK] oder [Swing] sowie in Büchern wie [CWH00] oder [Wal04].

21.1 Collection-Typen

Die Collection-Typen sind Bausteine zur Verwaltung von *Objektsammlungen* wie Listen, Mengen oder Schlüssel-Wert-Paaren. Die meisten von ihnen implementieren das Interface `Collection`, das bereits einige gemeinsame Methoden vorgibt. Davon abgeleitete Interfaces wie `List` und `Set` fügen noch weitere Methoden dazu. Abb. 21.1 gibt einen Überblick über die wichtigsten Collection-Typen.

Seit Java 5 sind die Collection-Typen generisch. Somit lassen sich Sammlungen von Objekten eines ganz bestimmten Typs verwalten. Das Interface `Collection` enthält Methoden wie `add()` und `remove()`, um Objekte zu einer Collection hinzuzufügen und zu entfernen. Die Methode `clear()` entfernt alle Objekte aus der Collection, `contains()` prüft, ob die Collection ein bestimmtes Objekt enthält, und `size()` liefert die Anzahl der Objekte in der Collection.

Das Interface `List` beschreibt *geordnete* Sammlungen, bei denen die Objekte eine bestimmte Reihenfolge haben und durch einen Index angesprochen werden können. Das erste Objekt hat den Index 0. Es gibt überladene Methoden `add()` und `remove()`, die Objekte an einer bestimmten Position einfügen und löschen. Das Interface `List` wird von den beiden Klassen `LinkedList` und `ArrayList` implementiert, die sich nur in ihren internen Datenstrukturen unterscheiden.

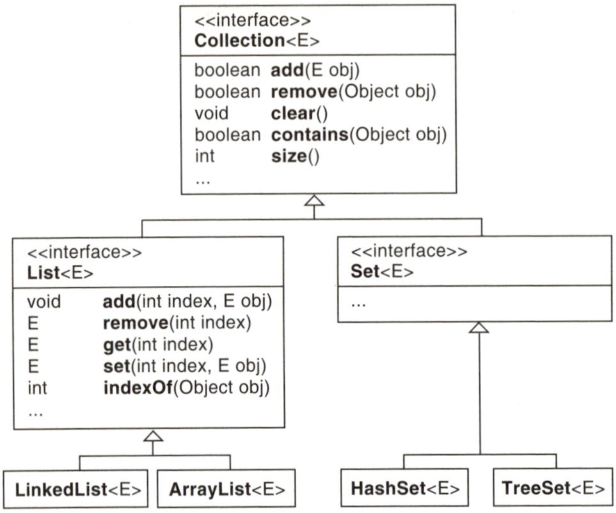

Abb. 21.1 *Auszug aus der Collection-Hierarchie*

Das Interface Set verwaltet Mengen von Elementen, in denen keine Duplikate vorkommen, und hat im Wesentlichen die gleichen Methoden wie Collection. Es gibt zwei Klassen, die dieses Interface implementieren: HashSet implementiert es als Hashtabelle, TreeSet als balancierten Binärbaum (siehe z.B. [Sed02]). Der Benutzer muss sich aber in der Regel nicht um diese Unterscheidung kümmern und kann wahlweise HashSet oder TreeSet verwenden.

Alle Collection-Typen sind im Paket java.util enthalten. Man muss sie daher von dort importieren. Wir zeigen nun Beispiele für das Arbeiten mit Listen und Mengen und sehen uns dann weitere Klassen zur Verwaltung von Objektsammlungen an.

21.1.1 Listen

Die Klasse LinkedList implementiert das List-Interface als verkettete Liste, während die Klasse ArrayList es als Array implementiert, das bei Bedarf automatisch wächst. LinkedList benötigt wegen der Listenknoten etwas mehr Speicherplatz als ArrayList, dafür müssen beim Einfügen und Löschen keine Elemente verschoben werden. LinkedList besitzt außerdem einige zusätzliche Methoden, um Elemente am Anfang oder am Ende der Liste einzufügen (addFirst() und addLast()) und um Elemente vom Anfang oder vom Ende der Liste zu entfernen (removeFirst() und removeLast()). Die von Collection geerbte Methode list.add(elem) fügt ein Element in beiden Listenarten an das Ende der Liste an. Hier ist ein Beispiel, das mit ArrayList arbeitet und eine Liste von Strings verwaltet:

```
import java.util.ArrayList;
class ListExample {
    public static final void main(String[] arg) {
        ArrayList<String> list = new ArrayList<String>(); // creates an empty list of strings
        list.add("Anton");      // adds to the end of the list
        list.add("Berta");
        list.add(1, "Caesar"); // inserts at index 1
        print(list);            // prints Anton, Caesar, Berta
        if (list.contains("Caesar")) list.remove("Caesar");
        list.set(0, "Emil");
        print(list);            // prints Emil, Berta
    }
    static void print(ArrayList<String> list) {
        for (int i = 0; i < list.size(); i++) Out.println(list.get(i));
    }
}
```

Iteratoren

Das obige Beispiel enthält eine for-Schleife, die über die Elemente der Liste iteriert und jedes Element über seinen Index anspricht. Die Collection-Typen stellen für das Durchlaufen von Sammlungen aber auch so genannte *Iteratoren* zur Verfügung. Das Interface Collection definiert eine Methode

```
Iterator<E> iterator();
```

die ein Iterator-Objekt mit folgender Schnittstelle liefert:

```
interface Iterator<E> {
    boolean  hasNext();  // returns true if there are more elements in the collection
    E        next();     // returns the next element from the collection
    void     remove();   // removes the element returned by the most recent call of next
}
```

Dieser Iterator kann nun dazu verwendet werden, um die Elemente einer Sammlung wie folgt zu durchlaufen:

```
static <T> void printCollection(Collection<T> coll) {
    Iterator<T> iterator = coll.iterator();
    while (iterator.hasNext()) {
        Out.println(iterator.next());
    }
}
```

Der Unterschied zu der im letzten Abschnitt gezeigten for-Schleife liegt darin, dass Iteratoren auf *alle* Collection-Typen anwendbar sind, während die for-Schleife nur für Listen funktioniert, deren Elemente sich mit list.get(i) über einen Index ansprechen lassen. printCollection lässt sich also zum Beispiel auch auf Mengen anwenden.

Iterieren mit einer for-Schleife

Seit Java 5 gibt es eine neue for-Schleife (siehe Kapitel 7.3), mit der man nicht nur über Arrays, sondern auch über Collections iterieren kann. Sie kann in unserem Listenbeispiel wie folgt verwendet werden:

```
ArrayList<String> list = new ArrayList<String>();
...
for (String s: list) Out.println(s);
```

Damit kann man auch die generische Methode printCollection() vereinfachen:

```
static <T> void printCollection(Collection<T> coll) {
    for (T elem: coll) Out.println(elem);
}
```

Diese Form der for-Schleife funktioniert für alle Klassen, die das Interface Iterable implementieren, das wie folgt ausieht:

```
interface Iterable<T> {
    Iterator<T> iterator();
}
```

Alle Collection-Klassen implementieren dieses Interface und können somit einen Iterator liefern, der dann implizit von der for-Schleife benutzt wird, um über die Elemente der Collection zu laufen.

21.1.2 Mengen

Mengen sind Sammlungen von Elementen, in denen jedes Element höchstens einmal vorkommt. Die Java-Bibliothek stellt zwei Mengen-Typen zur Verfügung (HashSet und TreeSet), die sich in ihrer Benutzung kaum unterscheiden. Beide implementieren das Interface Set, das im Wesentlichen die gleichen Methoden zur Verfügung stellt wie das Interface Collection. Wir zeigen hier ein Beispiel für die Verwendung von HashSet:

```
import java.util.HashSet;
class SetExample {
    public static final void main(String[] arg) {
        HashSet<String> set = new HashSet<String>(); // creates an empty set of strings
        set.add("Anton");
        set.add("Berta");
        set.add("Anton");
        for (String s: set) Out.println(s);        // prints Berta, Anton
        if (set.contains("Berta")) set.remove("Berta");
        for (String s: set) Out.println(s);        // prints Anton
    }
}
```

HashSet implementiert die Menge als Hashtabelle (siehe z.B. [Sed02]): Jedes Element wird dabei unter einem Index abgespeichert, der mit Hilfe der Methode hashCode() aus dem Wert des Elements berechnet wird. Eine Standardimplementierung von hashCode() wird von Object geerbt, kann aber in der Klasse der Elemente überschrieben werden.

TreeSet implementiert die Menge als balancierten binären Suchbaum (siehe z.B. [Sed02]), was eine Ordnungsbeziehung zwischen den Elementen erfordert. Daher verlangt TreeSet, dass die eingefügten Elemente das Interface Comparable<T> implementieren, das wie folgt aussieht:

```
interface Comparable<T> {
    int compareTo(T obj);
}
```

Der Aufruf a.compareTo(b) liefert einen Wert, der negativ ist, wenn $a < b$ ist, positiv, wenn $a > b$ ist, und 0, wenn $a = b$ ist. Die meisten Standardtypen wie Integer, Double oder String implementieren bereits das Interface Comparable<T>. Wenn man Elemente eigener Klassen in TreeSet verwalten will, muss man sicherstellen, dass diese Klassen ebenfalls Comparable<T> implementieren. Für eine Bruchzahlenklasse Fraction könnte das wie folgt aussehen:

```
class Fraction implements Comparable<Fraction> {
    int z;  // Zähler
    int n;  // Nenner
    ...
    public int compareTo(Fraction f) {
        int result = z * f.n - f.z * n;
        return result; // result < 0 if this < f; result > 0 if this > f; result == 0 if this == f
    }
}
```

Zahlenmengen

Für Zahlenmengen gibt es in der Java-Bibliothek die Klasse java.util.BitSet, die Mengen als Bit-Arrays verwaltet: Das Bit i ist gesetzt, wenn die Zahl i in der Menge enthalten ist. Hier ist ein Beispiel für die Verwendung von BitSet:

```
BitSet s1 = new BitSet(); s1.set(1); s1.set(2); s1.set(3); // s1 = {1, 2, 3}
BitSet s2 = new BitSet(); s2.set(2); s2.set(3); s2.set(4); // s2 = {2, 3, 4}
BitSet s3 = new BitSet(); s3.set(2); s3.set(4); s3.set(6); // s3 = {2, 4, 6}
s1.or(s2);          // set union: s1 = s1 ∪ s2 = {1, 2, 3, 4}
s1.and(s3);         // set intersection: s1 = s1 ∩ s3 = {2, 4}
s1.clear(4);        // removes the value 4: s1 = s1 - {4} = {2}
if (s1.get(2)) ...  // returns true if s1 contains the value 2
```

21.1.3 Abbildungen

In vielen Programmen benötigt man Mengen von Schlüssel-Wert-Paaren. Man kann solche Mengen als *Abbildungen* (*maps*) betrachten. Zum Beispiel ist ein Telefonbuch eine Abbildung von Namen auf Telefonnummern oder eine Artikelliste eine Abbildung von Artikelnummern auf Artikelbeschreibungen.

Abbildungen werden in der Java-Bibliothek durch das generische Interface java.util.Map dargestellt, für das es verschiedene Implementierungen wie HashMap oder TreeMap gibt. Der Typparameter K bezeichnet darin einen Schlüssel (*key*) und der Typparameter V einen Wert (*value*). Hier ist ein Auszug von Map:

```
interface Map<K, V> {
    V              put(K key, V value);              // enters a key/value pair into the map
    V              get(Object key);                  // returns the value for the given key
    V              remove(Object key);               // removes the key/value pair for the given key
    void           clear();                          // removes all entries from the map
    int            size();                           // returns the number of entries in the map
    boolean        containsKey(Object key);          // returns true if the map contains the given key
    boolean        containsValue(Object value);      // returns true if the map contains the given value
    Set<K>         keySet();                         // returns the set of all keys in this map
    Collection<V> values();                          // returns the collection of all values in this map
    ...
}
```

Wie bei Mengen gibt es auch bei Abbildungen eine Klasse HashMap, die das Map-Interface als Hashtabelle implementiert, und eine Klasse TreeMap, die es als balancierten Binärbaum implementiert. Wie oben geschildert, müssen die Schlüssel einer HashMap die Methode hashCode() implementieren, während die Schlüssel einer TreeMap das Interface Comparable<T> implementieren müssen. Das folgende Beispiel zeigt die Verwendung von HashMap zur Erstellung eines Telefonbuchs:

```
import java.util.HashMap;

class MapExample {
    public static void main(String[] args) {
        HashMap<String, Integer> phoneBook = new HashMap<String, Integer>();
        phoneBook.put("Meier", 123456);
        phoneBook.put("Hinz", 452317);
        phoneBook.put("Kunz", 876543);
        if (phoneBook.containsKey("Hinz")) phoneBook.remove("Hinz");
        for (String name: phoneBook.keySet())
            Out.println(name + ": " + phoneBook.get(name));
    }
}
```

Das Beispiel liefert als Ausgabe:

```
Kunz: 876543
Meier: 123456
```

21.2 Datenströme

Für die Ein-/Ausgabe von Daten haben wir in Kapitel 2.5 die Klassen In und Out kennen gelernt, die jedoch nicht Teil der Java-Klassenbibliothek sind, sondern für dieses Buch entwickelt wurden. Die Java-Bibliothek enthält eine ganze Reihe weiterer Klassen, um anspruchsvollere Ein-/Ausgabeoperationen zu bewältigen und um von verschiedenen Datenquellen zu lesen und auf sie zu schreiben.

Das Ein-/Ausgabemodell von Java basiert auf sequenziellen *Datenströmen*: Wenn man schreibt, erzeugt man einen Ausgabestrom (in eine Datei oder in den Speicher); wenn man liest, kommen die Daten von einem Eingabestrom (von einer Datei oder vom Speicher).

Grundsätzlich unterscheidet man zwischen *Byteströmen* und *Zeichenströmen*. Ein Bytestrom ist eine Folge von Bytes und wird für die Ein-/Ausgabe binärer Daten verwendet (z.B. Bilddateien). Ein Zeichenstrom ist eine Folge von Zeichen, die in einem bestimmten Zeichensatz (z.B. ASCII oder Unicode) codiert ist. Textdateien werden normalerweise als Zeichenströme verarbeitet. Wenn der Zeichensatz aber ASCII ist, können sie auch als Byteströme verarbeitet werden. Alle Datenstromklassen befinden sich im Paket java.io.

21.2.1 Byteströme

Ein Bytestrom ist eine Folge von Bytes. Es gibt Operationen, um einzelne Bytes oder ganze Bytefolgen zu schreiben und zu lesen. Alle Byteströme sind von den abstrakten Klassen InputStream und OutputStream abgeleitet, deren Schnittstellen auszugsweise in Abb. 21.2 und Abb. 21.3 gezeigt werden. Kursivschrift deutet abstrakte Klassen und abstrakte Methoden an.

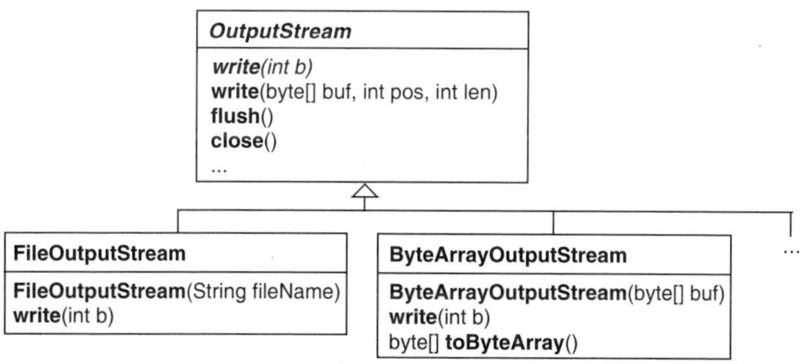

Abb. 21.2 *Auszug der Klasse OutputStream und ihrer Unterklassen*

Die Methode write() kann dazu verwendet werden, ein einzelnes Byte auszugeben oder len Bytes des Arrays buf ab der Stelle pos. Da manche Unterklassen von OutputStream die ausgegebenen Daten zwischenpuffern, sollte man am Ende der Ausgabe die Methode flush() aufrufen, die den restlichen Puffer ausgibt. Ganz zum Schluss sollte man den Ausgabestrom mittels close() schließen, um interne Ressourcen des Dateisystems freizugeben. Zwei wichtige Unterklassen von OutputStream sind FileOutputStream zur Ausgabe auf eine Datei und ByteArrayOutputStream zur Ausgabe in ein Byte-Array im Hauptspeicher, dessen Wert man mit toByteArray() abfragen kann.

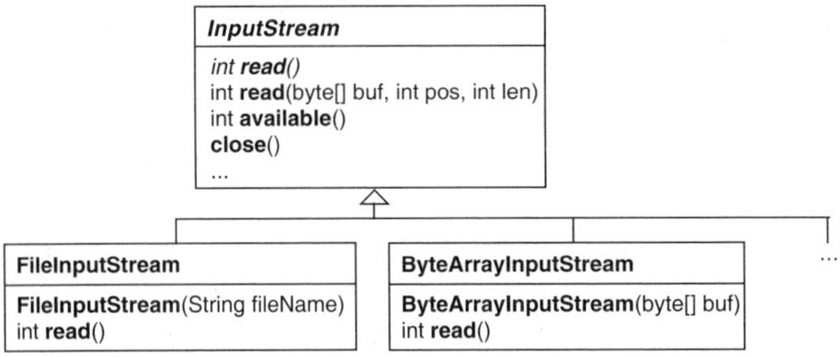

Abb. 21.3 *Auszug der Klasse InputStream und ihrer Unterklassen*

Die Methode read() der Klasse InputStream liefert das nächste Byte des Eingabestroms oder -1, wenn nichts mehr gelesen werden konnte. Mit read(buf, pos, len) kann man eine Bytefolge der Länge len in das Array buf ab der Stelle pos einlesen. Die Anzahl der tatsächlich gelesenen Bytes wird als Funktionswert geliefert. Die Methode available() liefert die Anzahl der noch ungelesenen Bytes im Eingabestrom. Am Ende der Eingabe sollte man nicht vergessen, den Eingabestrom mit close() zu schließen. Zwei wichtige Unterklassen von InputStream sind FileInputStream zum Lesen von einer Datei und ByteArrayInputStream zum Lesen von Daten aus einem Byte-Array. Hier ist ein Beispiel, das eine Datei A.txt in eine Datei B.txt kopiert:

```
import java.io.*;
class ByteStreamExample {
    public static void main(String[] args) {
        try {
            InputStream in = new FileInputStream("A.txt");
            OutputStream out = new FileOutputStream("B.txt");
            byte[] buf = new byte[in.available()];
            in.read(buf, 0, buf.length);
            out.write(buf, 0, buf.length);
            in.close();
            out.close();
        } catch (FileNotFoundException e) {
            Out.println(e.getMessage());
        } catch (IOException e) {
            e.printStackTrace();
        }
    }
}
```

Man beachte, dass einige der Methoden Ausnahmen auslösen können, die man abfangen muss. Wenn eine Datei nicht geöffnet werden konnte, gibt es eine FileNotFoundException, wenn ein sonstiger Fehler beim Lesen oder Schreiben auftritt, wird eine IOException ausgelöst.

21.2.2 Zeichenströme

Im Gegensatz zu Byteströmen enthalten Zeichenströme Texte in ASCII- oder Unicode. Eingabeströme werden durch die abstrakte Klasse Reader und ihre Unterklassen repräsentiert, Ausgabeströme durch die abstrakte Klasse Writer und ihre Unterklassen. Abb. 21.4 und Abb. 21.5 zeigen einen Auszug ihrer Schnittstelle.

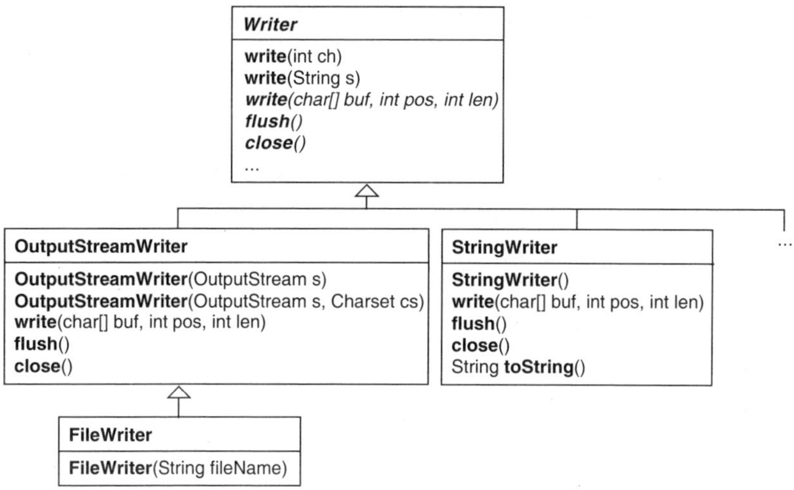

Abb. 21.4 *Auszug der Klasse Writer und ihrer Unterklassen*

Es gibt überladene write()-Methoden, um ein einzelnes Zeichen, einen String oder einen Teil eines char-Arrays auf einen Zeichenstrom zu schreiben. Die Methode flush() entleert den Writer-Puffer; close() schließt den Zeichenstrom und gibt Ressourcen des Dateisystems frei.

Die beiden wichtigsten Unterklassen von Writer sind FileWriter und StringWriter. Will man auf eine Datei schreiben, so benutzt man FileWriter. Will man einen Zeichenstrom im Hauptspeicher erzeugen, so benutzt man StringWriter.

Die Klasse OutputStreamWriter lenkt einen Zeichenstrom in einen Bytestrom um. In ihrem Konstruktor gibt man den gewünschten Bytestrom an sowie optional den gewüschten Zeichensatz (Charset.forName("US-ASCII") für ASCII-Ströme; Charset.forName("UTF-8") für Unicode-Ströme). FileWriter benutzt den im Betriebssystem eingestellten Standardzeichensatz (meist ASCII).

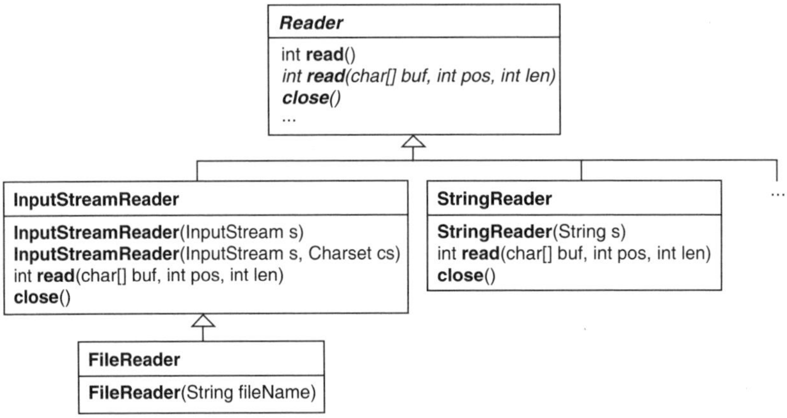

Abb. 21.5 *Auszug der Klasse Reader und ihrer Unterklassen*

Die Klassen und Methoden der Reader-Hierarchie funktionieren analog zu denen der Writer-Hierarchie. Auch hier sind die wichtigsten Klassen FileReader zum zeichenweisen Lesen von einer Datei und StringReader zum zeichenweisen Lesen von einem String. InputStreamReader bildet wieder einen Zeichenstrom auf einen Bytestrom ab. Das folgende Beispielprogramm benutzt Zeichenströme, um eine Datei in eine andere zu kopieren:

```
import java.io.*;
class CharacterStreamExample {
    public static void main(String[] args) throws IOException {
        Reader r = new FileReader("A.txt");
        Writer w = new FileWriter("B.txt");
        int ch = r.read();
        while (ch >= 0) { w.write(ch); ch = r.read(); }
        r.close(); w.close();
    }
}
```

21.2.3 Filterströme

Die bisher besprochenen Datenströme sind mit bestimmten Datenquellen und Datensenken verbunden, von denen sie lesen und auf die sie schreiben (z.B. Dateien, Byte-Arrays oder Strings). Daneben gibt es aber auch so genannte *Filterströme*, die nicht direkt mit einer Quelle oder Senke verknüpft sind, sondern mit einem anderen Datenstrom, vor den sie wie ein Filter geschaltet werden. Wie bei einem Stecksatz können vor jeden Datenstrom ein oder mehrere Filterströme gesteckt werden, die Daten vor der Ausgabe vorverarbeiten oder nach der Eingabe nachbearbeiten (siehe Abb. 21.6).

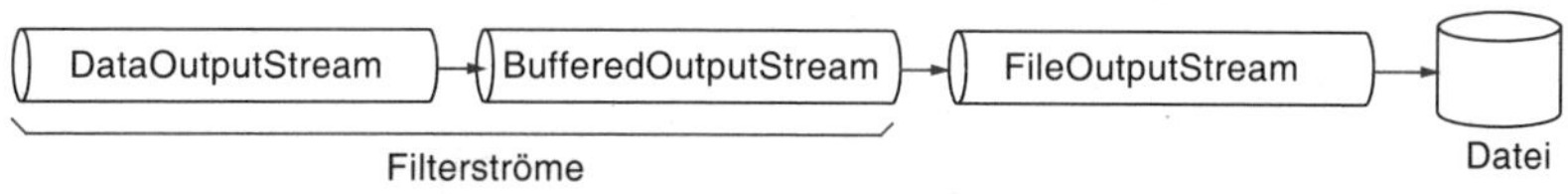

Abb. 21.6 *Filterströme vor einem FileOutputStream*

Für Byteströme definiert die Java-Bibliothek eine ganze Reihe von Filterströmen, die wie in Abb. 21.7 gezeigt in die Klassenhierarchie integriert sind.

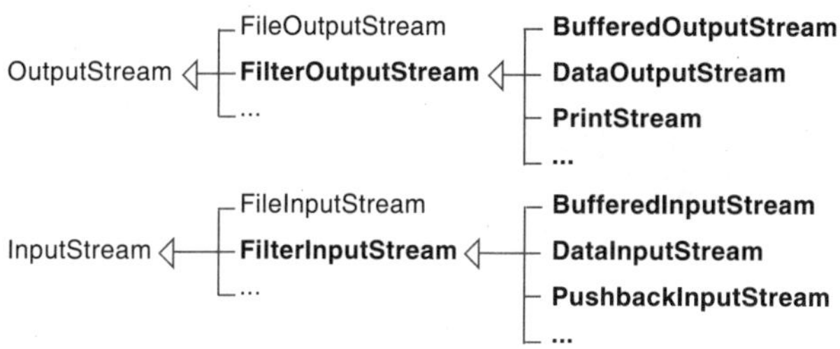

Abb. 21.7 *Byte-Filterströme*

Die Klasse BufferedOutputStream puffert die ausgegebenen Daten, bevor sie sie an den nächsten Datenstrom weiterleitet. DataOutputStream enthält Methoden, um Daten der Standardtypen (int, float, String etc.) in rechnerunabhängigem Binärformat auszugeben (d.h. an den nächsten Datenstrom weiterzuleiten). PrintStream enthält Methoden, um Daten der Standardtypen als formatierten Text auszugeben.

Bei der Eingabe gibt es analoge Klassen BufferedInputStream und DataInputStream. Außerdem gibt es die Klasse PushbackInputStream, die gelesene Zeichen wieder in den Eingabestrom zurückstellen kann, so dass sie später nochmals gelesen werden.

Um Daten gepuffert von einer Datei input.txt zu lesen, kann man zum Beispiel einen BufferedInputStream vor einen FileInputStream stecken, was wie folgt aussieht:

```
InputStream s = new BufferedInputStream(new FileInputStream("input.txt"));
int data = s.read();
...
```

Ähnlich wie bei Byteströmen gibt es auch bei Zeichenströmen Filterströme, die von den Klassen FilterWriter und FilterReader abgeleitet sind. Allerdings sind die Zeichen-Filterklassen nicht so zahlreich wie die Byte-Filterklassen.

PrintStream

Eine der am häufigsten verwendeten Filterstrom-Klassen ist die Klasse PrintStream, die wir uns nun etwas genauer ansehen. PrintStream enthält Methoden zur formatierten Ausgabe von Zahlen, Zeichenketten und anderen Daten. Hier ist ein Auszug ihrer Schnittstelle:

```
class PrintStream extends FilterOutputStream {
    PrintStream(OutputStream s) {...}
    PrintStream(String fileName) {...}
    ...
    void print(boolean b) {...}
    void print(int i) {...}
    void print(float f) {...}
    ...
    void println() {...}
    void println(boolean b) {...}
    void println(int i) {...}
    void println(float f) {...}
    ...
    void printf(String formatString, Object... args) {...}
}
```

Die Methoden print() und println() gibt es in überladener Form für Daten der Typen boolean, char, char[], byte, short, int, long, float, double, String und Object. Während print() den Parameter einfach ausgibt, hängt println() noch einen Zeilenvorschub an. Ist der Parameter vom Typ Object, wird er vor der Ausgabe mit der Methode toString() in einen String umgewandelt, der dann ausgegeben wird. Das folgende Beispiel gibt die Werte eines int-Arrays auf die Datei output.txt aus.

```
int[] a = {2, 4, 6};
try {
    PrintStream out = new PrintStream("output.txt");
    for (int i = 0; i < a.length; i++) {
        out.print("a[" + i + "] = ");
        out.println(a[i]);
    }
    out.close();
} catch (IOException e) {...}
```

Die Datei output.txt hat dann folgenden Inhalt:

```
a[0] = 2
a[1] = 4
a[2] = 6
```

Die Klasse System besitzt ein statisches Feld out vom Typ PrintStream. Dieses Feld kann dazu verwendet werden, Daten auf den Bildschirm auszugeben, z.B.:

```
System.out.println("Hello World");
```

Die Klasse PrintStream enthält schließlich noch eine Methode printf(), mit der man eine variable Anzahl von Parametern mit exakt spezifizierbarer Formatierung ausgeben kann. Die Zeile

```
System.out.printf("Wert %1$3d = %2$6.2f", 1, 3.14);
```

erzeugt die Ausgabe

```
Wert  1 =   3,14
```

und ist wie folgt zu verstehen: Das Formatelement %1$3d bedeutet, dass hier das erste Argument (%1$) als Dezimalzahl (d) rechtsbündig in ein Feld mit 3 Stellen eingefügt werden soll. Das Formatelement %2$6.2f bedeutet, dass hier das zweite Argument (%2$) als Kommazahl (f) rechtsbündig in ein Feld mit 6 Stellen eingefügt werden soll, wobei 2 Kommastellen zu verwenden sind. Die genaue Syntax der Formatelemente ist kompliziert und kann in der Online-Dokumentation der Java-Klassenbibliothek [JDK] nachgelesen werden.

21.3 Grafische Benutzeroberflächen

Die Programmierung grafischer Benutzeroberflächen unter Java ist ein umfangreiches Thema, über das dicke Bücher geschrieben wurden (z.B. [Wal04]). Wir können im Rahmen dieser Einführung nur an der Oberfläche dieses Themas kratzen, um dem Leser einen groben Eindruck zu vermitteln, wie grafische Benutzeroberflächen erstellt werden. Details können in Büchern oder Online-Tutorials (z.B. [Swing] oder [JDK]) nachgelesen werden.

Die Bibliotheksklassen für grafische Benutzeroberflächen stecken in den Paketen java.awt und javax.swing. *AWT* (*abstract windowing toolkit*) enthält die Grundklassen und die Ereignisverarbeitung, *Swing* enthält die Fenster und Benutzeroberflächenelemente.

21.3.1 GUI-Komponenten und Layout-Manager

Grafische Benutzeroberflächen (*GUIs*) bestehen in Java aus Fenstern (*frames*), in denen Zeichenflächen (*panels*) installiert werden und in diesen wiederum GUI-Komponenten wie Textfelder, Buttons, Checkboxen und Radiobuttons. Abb. 21.8 zeigt ein Beispiel solcher Komponenten.

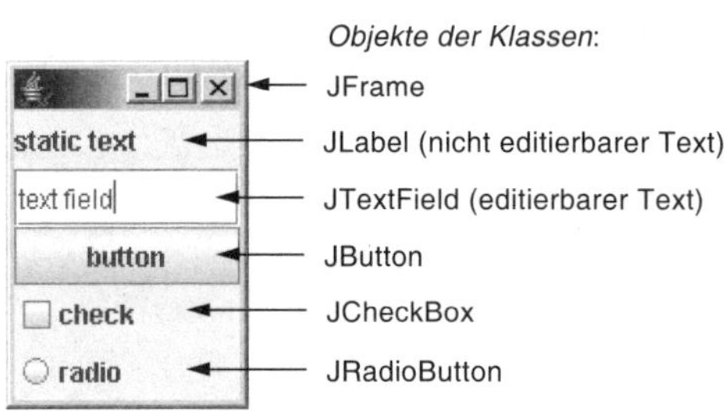

Abb. 21.8 *Beispiele für GUI-Komponenten in Swing*

Um GUI-Komponenten in einem Fenster zu positionieren, legt man üblicherweise nicht ihre Pixelpositionen fest, sondern übergibt sie einem *Layout-Manager*, der sie automatisch je nach Festergröße anordnet und ihre Positionen anpasst, wenn das Fenster vergrößert oder verkleinert wird. Die Java-Bibliothek bietet diverse Layout-Manager an. Der einfachste von ihnen ist der FlowLayout-Manager, der die Komponenten einfach nebeneinander anordnet (siehe Abb. 21.9).

FlowLayout

```
JPanel = new JPanel(new FlowLayout());
panel.add(new Button("A"));
panel.add(new Button("B"));
panel.add(new Button("C"));
```

Abb. 21.9 *Anordnung von Buttons mit einem FlowLayout-Manager*

Will man die Komponenten hingegen in einem gitterförmigen Raster anordnen, so benutzt man einen GridLayout-Manager, wie das in Abb. 21.10 gezeigt wird.

GridLayout

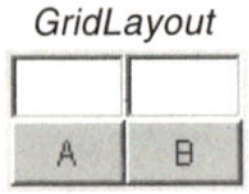


```
JPanel panel = new JPanel(new GridLayout(2, 2));
panel.add(new TextField());
panel.add(new TextField());
panel.add(new Button("A"));
panel.add(new Button("B"));
```

Abb. 21.10 *Anordnung von Textfeldern und Buttons mit einem GridLayout-Manager*

Daneben gibt es noch weitere Layout-Manager, wie den BorderLayout-Manager, mit dem man Komponenten in die Mitte oder an die Ränder eines Fensters setzen kann, oder den GridBagLayout-Manager, mit dem man die Anordnung und die Größenverhältnisse der Komponenten relativ zueinander definieren kann. Auf diese Layout-Manager wird hier aber nicht näher eingegangen.

Hat man die GUI-Komponenten mit einem Layout-Manager in einem JPanel angeordnet, kann man dieses nun in ein Fenster (JFrame) einhängen oder es zusammen mit weiteren Komponenten und Panels in ein übergeordnetes Panel einfügen. Der folgende Code zeigt, wie man das JPanel aus Abb. 21.9 in ein Fenster einfügt und das Fenster anzeigt:

```
JPanel panel = new JPanel(new FlowLayout()); // siehe Abb. 21.9
...
JFrame window = new JFrame();    // creates a window
window.setDefaultCloseOperation(WindowConstants.EXIT_ON_CLOSE);
window.setContentPane(panel);    // adds the panel to the window
window.pack();                   // calculates the positions of the GUI components
window.setVisible(true);         // displays the window
```

21.3.2 Ereignisverarbeitung

Wenn der Benutzer mit einer grafischen Oberfläche interagiert, indem er zum Beispiel auf einen Button klickt oder ein Textfeld ausfüllt, so lösen die GUI-Komponenten Ereignisse aus, auf die andere Programmteile reagieren können.

Informationen über Ereignisse werden in Ereignis-Objekten verwaltet. Klickt man zum Beispiel auf einen Button, so löst dieser ein Ereignis der Art ActionEvent aus, d.h., es wird ein ActionEvent-Objekt erzeugt, das den Zeitpunkt des Klicks, den getroffenen Button und andere Parameter enthält. Klickt man auf die Close-Box eines Fensters, so löst diese ein Ereignis der Art WindowEvent aus, das Informationen über das zu schließende Fenster enthält.

Für jede Ereignis-Art gibt es in der Java-Bibliothek ein *Listener-Interface*, das Methoden zur Behandlung dieses Ereignisses definiert. Das Interface zur Behandlung von ActionEvent heißt zum Beispiel ActionListener, das Interface zur Behandlung von WindowEvent heißt WindowListener. Das ActionListener-Interface sieht so aus:

```
interface ActionListener extends EventListener {
   void actionPerformed(ActionEvent e);
}
```

Will nun ein Objekt des Benutzerprogramms auf ein ActionEvent reagieren, so muss es das ActionListener-Interface implementieren, z.B.:

```
class MyListener implements ActionListener {
   public void actionPerformed(ActionEvent e) {
      System.out.println("ActionEvent occurred");
   }
}
```

Objekte der Klasse MyListener können nun auf ActionEvents reagieren. Man muss sie allerdings noch bei der Ereignisquelle registrieren, damit sie beim Auftreten des Ereignisses informiert werden. Zu diesem Zweck hat jede Ereignisquelle geeignete add- und remove-Methoden. Die Klasse JButton (die ActionEvents auslösen kann) hat zum Beispiel die beiden Methoden

```
class JButton ... {
   public void addActionListener(ActionListener listener) {...}
   public void removeActionListener(ActionListener listener) {...}
   ...
}
```

Um zum Beispiel ein MyListener-Objekt myObj bei einem JButton-Objekt button zu registrieren, schreibt man

```
button.addActionListener(myObj);
```

Bei jedem Klick auf den Button wird nun die actionPerformed-Methode von myObj aufgerufen, die in unserem Beispiel den Text ActionEvent occurred ausgibt.

21.3.3 Beispiel

Als Beispiel wollen wir nun einen einfachen Taschenrechner bauen, der ganze Zahlen addieren und subtrahieren kann. Die Benutzeroberfläche soll wie in Abb. 21.11 aussehen. Die beiden Zahlen werden in zwei Textfelder eingegeben. Drückt man den Plus-Button (oder Minus-Button), werden sie addiert (oder subtrahiert), und das Ergebnis wird in das obere Textfeld geschrieben. Das untere Textfeld wird gelöscht.

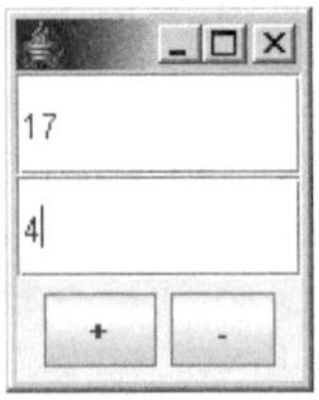

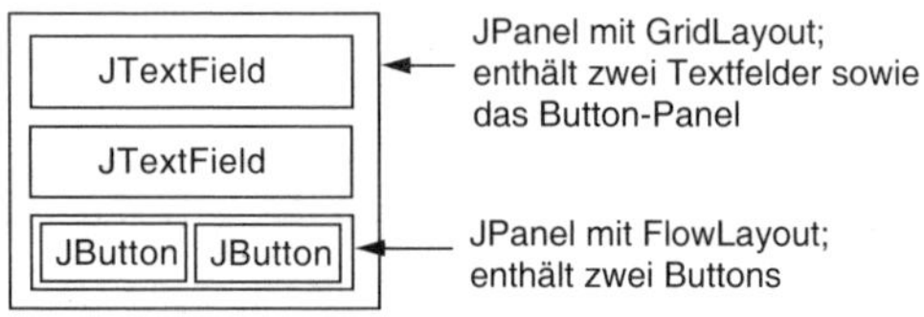

Abb. 21.11 *Benutzeroberfläche eines einfachen Taschenrechners*

Abb. 21.11 zeigt auch das gewünschte Layout des Fensters. Die beiden Buttons verpacken wir in ein Hilfspanel, das durch einen FlowLayout-Manager verwaltet wird. Dieses Hilfspanel fügen wir dann zusammen mit den beiden Textfeldern in ein äußeres Panel ein, das mit einem GridLayout-Manager arbeitet, der ein Gitter mit drei Zeilen und einer Spalte verwaltet.

Wir bauen unseren Taschenrechner als Klasse Calculator, deren Konstruktor die gewünschte Benutzeroberfläche mit den beiden Panels, den Textfeldern und den Buttons erzeugt. Calculator implementiert auch das ActionListener-Interface, kann also auf Button-Klicks reagieren. Somit brauchen wir das Calculator-Objekt nur noch bei den beiden Buttons als ActionListener zu registrieren. Wenn dann ein Button geklickt wird, wird die actionPerformed-Methode von Calculator aufgerufen, die die beiden Zahlen aus den Textfeldern liest, das Ergebnis berechnet und es in das erste Textfeld zurückschreibt. Die folgende Implementierung sollte mit einigen Programmkommentaren selbsterklärend sein:

```
import javax.swing.*;
import java.awt.*;
import java.awt.event.*;

class Calculator implements ActionListener {
    // GUI components
    JTextField opd1 = new JTextField();     // first operand
    JTextField opd2 = new JTextField();     // second operand
    JButton plus = new JButton("+");        // "+" button
    JButton minus = new JButton("-");       // "-" button
```

```
    // set up the user interface
    public Calculator() {
        // register the calculator as a listener for ActionEvents
        plus.addActionListener(this);
        minus.addActionListener(this);

        // create the buttons panel
        JPanel buttons = new JPanel(new FlowLayout());
        buttons.add(plus);
        buttons.add(minus);

        // create a panel holding the two text fields and the buttons
        JPanel panel = new JPanel(new GridLayout(3, 1)); // 3 lines, 1 column
        panel.add(opd1);
        panel.add(opd2);
        panel.add(buttons);

        // create the main window
        JFrame frame = new JFrame();
        frame.setDefaultCloseOperation(WindowConstants.EXIT_ON_CLOSE);
        frame.setContentPane(panel);
        frame.pack();
        frame.setVisible(true);
    }

    // react to clicks on the "+" or "-" button
    public void actionPerformed(ActionEvent e) {
        try {
            int val1 = Integer.parseInt(opd1.getText());  // get value of first text field
            int val2 = Integer.parseInt(opd2.getText());  // get value of second text field
            int res;
            if (e.getSource() == plus)                    // "+" button clicked
                res = val1 + val2;
            else                                          // "-" button clicked
                res = val1 - val2;
            opd1.setText(String.valueOf(res));            // write result back to first text field
            opd2.setText("");                             // clear second text field
        } catch (NumberFormatException ex) {
        }
    }

    public static void main(String[] arg) {
        new Calculator();
    }

}
```

Übungsaufgaben

1. *ArrayList*. Schreiben Sie ein Programm, das eine Textdatei mit Hilfe der Klasse In liest und alle darin vorkommenden Wörter (d.h. Buchstabenfolgen) in einer ArrayList<String> speichert, wobei Duplikate vermieden werden sollen. Benutzen Sie anschließend die Methode Collections.sort() (siehe [JDK]), um die Liste zu sortieren, und geben Sie sie schließlich auf der Konsole aus.

2. *TreeSet*. Lösen Sie das gleiche Problem wie in Aufgabe 1, aber diesmal mit Hilfe der Klasse TreeSet<String> (siehe [JDK]). Diese Klasse eliminiert automatisch Duplikate und hält die Menge von Anfang an in sortierter Form.

3. *TreeMap*. Schreiben Sie ein Programm, das eine Textdatei mit Hilfe der Klasse In liest und die Häufigkeit der darin vorkommenden Wörter (Buchstabenfolgen) zählt. Benutzen Sie zur Häufigkeitszählung ein Objekt der Klasse TreeMap, in dem Sie Paare der Art (Wort, Häufigkeit) speichern.

4. *HashMap* und *ArrayList*. Entwickeln Sie ein Programm zur Verwaltung von Laufzeiten von Teilnehmern einer Sportveranstaltung. Die Namen der Teilnehmer sollen mit Hilfe der Klasse HashMap verwaltet werden, die Laufzeiten jedes Teilnehmers in einem Objekt der Klasse ArrayList. Schreiben Sie ein Testprogramm, das wiederholt jeweils einen Namen und eine Laufzeit einliest und sie in die oben beschriebene Datenstruktur einträgt. Das Programm soll auch alle Laufzeiten eines bestimmten Teilnehmers ausgeben können.

5. *Zeichenströme*. Benutzen Sie die Klasse FileReader, um einen Zeichenstrom von einer Datei zu lesen und die einzelnen Zeilen des Zeichenstroms in einem Objekt der Klasse ArrayList<String> abzuspeichern. Geben Sie anschließend alle Zeilen, die ein bestimmtes Textmuster enthalten, mit Hilfe der Klasse PrintStream auf eine neue Datei aus. Die Dateinamen und das gesuchte Textmuster sollen als Kommandozeilenparameter übergeben werden.

6. *Byteströme*. Lesen Sie eine Textdatei mit Hilfe der Klasse FileInputStream als Bytestrom in Blöcken zu jeweils 16 Bytes. Geben Sie die Blöcke anschließend zeilenweise auf der Konsole aus. Die Bytes jedes Blocks sollen zuerst in textueller Form (als char-Werte) und anschließend in hexadezimaler Form ausgegeben werden. Benutzen Sie zur hexadezimalen Ausgabe eines Bytes b den Aufruf System.out.printf("%1$02x ", b);.

7. *Filterströme*. Lesen Sie mit Hilfe der Klasse In eine Textdatei, die ganze Zahlen enthält. Schreiben Sie diese Zahlen in binärer Form auf einen DataOutputStream, der als Filterstrom vor einen FileOutputStream geschaltet wurde (siehe [JDK]). Lesen Sie schließlich diese Datei wieder mit einem DataInputStream, der vor einen FileInputStream geschaltet wurde, und geben Sie die gelesenen Zahlen auf der Konsole aus. Die Namen der Ein- und Ausgabedatei sollen als Kommandozeilenparameter übergeben werden.

22 Ausblick

Die Java-Technologie ist ein derart umfangreiches Gebiet, dass ihre Beschreibung den Rahmen eines einzigen Buches – noch dazu eines einführenden Programmierlehrbuches – bei weitem sprengen würde. Neben der Sprache Java gehören dazu diverse Pakete, Protokolle und Standards, die die Softwareentwicklung für verschiedenste Anwendungsgebiete unterstützen, von Internet-Informationssystemen über Multimedia-Applikationen bis zu kleinsten Echtzeitsystemen in der Telekommunikation oder in Haushaltsgeräten. Wir wollen hier einen kleinen Vorgeschmack geben, wohin der Weg mit Java gehen kann und wo man weiterführende Literatur findet.

Die Sprache Java

Wir haben in diesem Buch die wichtigsten Sprachkonstrukte von Java behandelt. Trotzdem gibt es einige spezielle Dinge, auf die wir nicht eingegangen sind, weil sie über eine Einführung hinausgehen. Ihr Nutzen wird erst klar, wenn man tiefer in die Anwendungsgebiete eintaucht, für die diese Sprachkonstrukte entwickelt wurden, zum Beispiel in die objektorientierte Programmierung oder in die Entwicklung verteilter Systeme. Zu diesen Konstrukten gehören zum Beispiel *innere Klassen* und *anonyme Klassen*. Auch Threads haben wir in diesem Buch nur kurz behandelt. Wer zum Beispiel Näheres über *Thread-Gruppen* wissen will, muss weiterführende Literatur studieren, z.B. [Holu00].

Eine detaillierte Spezifikation aller Sprachmerkmale von Java findet man in [GJSB05] sowie im Internet unter *java.sun.com*. Auch Bücher wie [AGH00] oder [CWH00] gehen auf diese Merkmale detailliert ein.

Die Java-Klassenbibliothek

Java wird mit einer ungemein reichhaltigen Klassenbibliothek ausgeliefert, die fast alle Bedürfnisse des Programmierers abdeckt. In Kapitel 21 haben wir nur einige der am häufigsten benutzten Klassen daraus behandelt. Die folgende Aufstellung gibt einen kurzen Überblick über die wichtigsten Pakete der Java-Bibliothek:

- java.io: Dieses Paket enthält vor allem Datenstromklassen wie InputStream, OutputStream, Reader oder Writer, über die wir uns in Kapitel 21.2 einen Überblick verschafft haben. Daneben enthält es auch Klassen zur Behandlung von Dateien und Verzeichnissen sowie diverse spezialisierte Datenstromklassen (siehe [CWH00]).
- java.awt und javax.swing: Diese beiden Pakete dienen zur Programmierung grafischer Benutzeroberflächen (GUIs) mit Buttons, Textfeldern, Rollbalken und allem, was dazugehört. Wir haben sie kurz in Kapitel 21.3 kennen gelernt. Die GUI-Programmierung ist aber wesentlich facettenreicher, als wir im Rahmen dieses Buches darlegen können. Ein gutes Tutorial dazu findet man in [Wal04] oder in [Swing].
- java.util: In diesem Paket werden Objektsammlungen wie Mengen, Listen, dynamische Arrays oder Hashtabellen angeboten, zusammen mit Iteratoren, um ihre Elemente zu durchlaufen. Einen Überblick darüber haben wir in Kapitel 21.1 gegeben. java.util enthält auch andere nützliche Klassen wie Zufallszahlengeneratoren oder Klassen zur Zeit- und Datumsrechnung.
- java.net: Programme kommunizieren oft über ein Netzwerk mit anderen Programmen. Das Paket java.net stellt dazu geeignete Klassen zur Verfügung, um Verbindungen zu öffnen und Daten zwischen Verbindungspunkten zu übertragen. Das Paket enthält auch Klassen, um Webseiten über das HTTP-Protokoll anzusprechen.
- java.rmi: Verteilte Systeme benutzen *Remote Method Invocation* (*RMI*), um Methoden anderer Programme aufzurufen, die sogar auf anderen Rechnern laufen können. Das Paket java.rmi stellt dazu die nötigen Klassen zur Verfügung.
- java.security: Dieses Paket enthält Klassen, mit denen man die Rechte von Java-Programmen einstellen und überwachen kann.
- *Reflection*. Java-Programme können zur Laufzeit Informationen über sich selbst und andere Programme gewinnen. So kann man zum Beispiel erfahren, wie die Klasse eines Objekts heißt und welche Felder und Methoden sie hat. Man kann die Werte dieser Felder abfragen und ändern und die Methoden dieser Objekte aufrufen. Mittels Reflection ist es zum Beispiel möglich, einen Debugger zu implementieren, der ein anderes Programm zur Laufzeit analysiert und seine Daten anzeigt. Reflection wird in Java durch das Paket java.lang.reflect angeboten.
- *Serialisierung*. Die Daten eines Programms müssen oft persistent gemacht werden, das heißt, man muss sie so auf der Platte speichern, dass sie beim nächsten Programmstart wieder geladen werden können. Das ist besonders bei komplexen Objektgeflechten (z.B. in Editoren oder Grafikprogram-

men) nicht trivial, da nach dem Laden wieder das gleiche Geflecht mit den gleichen Objekten und Verbindungen entstehen muss. Diese Aufgabe wird in Java durch die Klasse Object und das Interface Serializable automatisiert, so dass man sich als Programmierer nicht darum zu kümmern braucht.

Alle diese Pakete und Klassen sind unter [JDK] ausführlich dokumentiert. In [CWH00] und [Flan04] findet man außerdem viele Beispiele für ihre Verwendung.

Web-Programmierung

Java wurde vor allem durch die Web-Programmierung bekannt. Es eignet sich hervorragend zur Entwicklung dynamischer Webseiten mit animierten Bildern, Benutzerinteraktionen und konfigurierbaren Seiteninhalten. Grundlage dafür ist die Tatsache, dass Java-Programme nicht in Maschinencode übersetzt werden, sondern in einen interpretierbaren Zwischencode (Bytecode), der auf allen Rechnern und Betriebssystemen ausgeführt werden kann. Dasselbe Java-Programm kann also auf unterschiedlichen Rechnern laufen. Webseiten können Java-Programme enthalten (so genannte *Applets*), die mitsamt der Webseite über das Internet geladen und am Rechner des Benutzers ausgeführt werden. Dadurch kann der Benutzer mit dem Applet lokal kommunizieren und vermeidet unnötigen Netzwerkverkehr. Spezielle Sicherheitsmechanismen sorgen dafür, dass das Applet auf dem Rechner des Benutzers keinen Schaden anrichtet. Hinweise zur Applet-Programmierung findet man in [CWH00].

Das Gegenstück zu Applets sind *Servlets*. Servlets sind Java-Klassen, die auf dem Serverrechner laufen, von dem eine Webseite geladen wurde, und die mit der Webseite auf dem Benutzerrechner kommunizieren. Servlets können zum Beispiel Inhalte aus einer Datenbank holen und an die Webseite liefern, wo sie dann dargestellt werden. Eine Erweiterung von Servlets sind so genannte *Java Server Pages* (*JSP*), bei denen Code in der Seitenbeschreibungssprache HTML mit Java-Codestücken gemischt wird, so dass das Seitenlayout und die Bereitstellung des Seiteninhalts im gleichen Dokument stehen. Weiterführende Literatur zu Servlets und Java Server Pages findet man zum Beispiel in [Turau01] sowie unter *java.sun.com/products/servlet/* und *java.sun.com/products/jsp/*.

Für den Bau interaktiver Web-Oberflächen gibt es schließlich eine Technik namens *Java Server Faces* [Bosch04], bei der man grafische Benutzeroberflächen aus vorgefertigten Komponenten wie Buttons, Textfeldern oder Auswahllisten zusammensetzen kann, wie man das bei Desktop-Oberflächen mit *Swing* gewohnt ist.

Komponentenbasierte Programmierung

Komponententechnologie wird oft als Alternative zur objektorientierten Programmierung gepriesen, obwohl es eigentlich gar keine einheitliche Komponententechnologie gibt. Die einzelnen Standards wie *JavaBeans (J2EE)*, *Microsoft COM*, *Microsoft .NET* und *OMG CORBA* weichen erheblich voneinander ab. Im Allgemeinen kann man sagen, dass Komponenten Softwarebausteine (in Java Klassen) sind, die sich lose über einen Ereignismechanismus koppeln lassen, oft in verschiedenen Sprachen geschrieben sind und in manchen Fällen nicht durch Programmierung, sondern durch visuelle Werkzeuge miteinander verbunden werden.

Java unterstützt die Komponententechnologie durch den *JavaBeans-Standard*. Beans sind Klassen, die Ereignisse auslösen und auf Ereignisse reagieren können. Mit Hilfe visueller Werkzeuge kann man Beans aus einer Bean-Box auswählen und zusammenstecken, indem man Beans für gewisse Ereignisse registriert. Tritt das Ereignis ein, werden die registrierten Beans automatisch benachrichtigt. Komponententechnologie macht es oft möglich, Beans unterschiedlicher Hersteller zusammenzustecken.

In ähnliche Richtung geht auch der *Enterprise JavaBeans Standard* (*EJB*, *J2EE*), bei dem mehrere Komponenten eine gemeinsame Software-Infrastruktur (*Application Server*) verwenden, die Dienste wie Verteilung, Transaktionen und Sicherheit anbietet. Bei EJB tritt allerdings der Aspekt des visuellen Komponierens von Software in den Hintergrund.

Informationen über JavaBeans findet man zum Beispiel in [ONS98] oder unter *java.sun.com/products/javabeans/*. Zum Thema Enterprise Java Beans kann man in [Bod02] oder *java.sun.com/products/ejb/* nachlesen.

Verteilte Systeme

In einer vernetzten Welt wird die Programmierung verteilter Systeme immer wichtiger. Ein verteiltes System [Bog99] besteht aus mehreren (oft verschiedenartigen) Rechnern, auf denen Software läuft, die eine gemeinsame Aufgabe löst. Beispiele für verteilte Systeme sind Flugbuchungssysteme oder unternehmensweite Informationssysteme, in denen mehrere Rechner zusammenarbeiten.

Java-Bibliotheken bieten mit der Technik des *entfernten Methodenaufrufs* (*Remote Method Invocation*, *RMI*) die Grundlage für verteilte Systeme. Mittels RMI kann ein Rechner *A* eine Methode `m` aufrufen, die auf einem entfernten Rechner `B` läuft. Der Aufruf unterscheidet sich dabei nicht von einem lokalen Methodenaufruf. Im Hintergrund werden aber die Parameter von `m` zu einem Datenpaket verpackt, das über das Netzwerk zum Rechner `B` geschickt wird. Dort werden die Parameter wieder entpackt und an die wirkliche Methode `m` übergeben. Die Rückgabeparameter fließen über den gleichen Weg wieder zurück.

Verteilte Programmierung wird vor allem durch die Pakete java.rmi und java.net unterstützt. Es gibt auch Pakete, die eine Kommunikation zwischen Java und anderen Programmiersprachen über den CORBA-Standard ermöglichen.

In letzter Zeit sind auch *Web-Services* zur Kommunikation zwischen verteilten Programmen populär geworden (siehe *java.sun.com/webservices/* oder [Chap02]). Web-Services sind Programme, die XML-Textnachrichten über das Standardprotokoll HTTP austauschen. Sie sind plattformunabhängig und eignen sich daher vor allem zur Kommunikation in heterogenen Systemen.

Datenbankanschluss

Die meisten kommerziellen Softwaresysteme arbeiten mit großen Datenmengen, die in einer Datenbank gespeichert werden. Die *JDBC*-Technologie (*Java Database Connectivity*) ermöglicht Java-Programmen den Zugriff auf solche Datenbanken. Informationen zu JDBC findet man zum Beispiel in [SS03] oder unter *java.sun.com/products/jdbc/*.

Embedded Systems

Java wurde ursprünglich für die Programmierung von Kleinstrechnern entwickelt, wie sie in Haushaltsgeräten, Mobiltelefonen oder Chipkarten vorkommen. Daher ist es nicht verwunderlich, dass diese Technologie der *Embedded Systems* von Java gut unterstützt wird. Neben kompakten Java-Laufzeitsystemen für solche Rechner gibt es etliche Bibliotheken und Standards wie *JavaCard*, *JavaPhone* oder *JavaTV*. Erwähnenswert ist auch die *JINI-Netzwerk-Technologie* zur drahtlosen Kommunikation zwischen Rechnern, Peripherie, Sensoren und anderen Geräten. Dabei werden die in unmittelbarer Nähe des Benutzers befindlichen Dienste automatisch lokalisiert und verfügbar gemacht. Weiterführende Informationen über Java-Technologien für Embedded Systems und Mobiles Rechnen findet man z.B. unter *java.sun.com/products/* oder *www.sun.com/jini/*.

Sicherheit

Im E-Commerce sind Verschlüsselungstechniken nötig, mit denen man kritische Daten wie Kreditkartennummern oder digitale Unterschriften sicher über das Internet übertragen kann. Aufbauend auf dem herstellerunabhängigen *SSL-Standard* (*Secure Socket Layer*) wird ein Java-Paket angeboten, mit dem man sichere Verbindungen aufbauen und Daten verschlüsselt übertragen kann. Weiterführende Informationen zu diesem Thema findet man zum Beispiel in [Thom00] und unter *java.sun.com/products/jsse/*.

Wie man sieht, ist die Java-Technologie wirklich umfassend. Für beinahe jedes Thema der modernen Softwareentwicklung gibt es Pakete und Standards. Allerdings ist noch vieles im Fluss. Neue Gebiete werden erschlossen, Standards erweitert oder geändert. Die aktuellsten Informationen findet man immer im Internet, wobei die Webseite von Sun (*java.sun.com*) eine wahre Fundgrube darstellt. Viele der hier beschriebenen Techniken (*Applets*, *Servlets*, *JSP*, *JavaBeans*, *JDBC*, *Networking*, *Security*, *Reflection* und anderes) werden auch in gut lesbarer Form und mit vielen Beispielen in [Flan04] beschrieben.

A Klassen für die Ein-/Ausgabe

Die Standard-Ein-/Ausgabeklassen der Java-Bibliothek sind für Programmieranfänger zu kompliziert. Für dieses Buch wurden daher zwei einfachere Klassen In und Out entwickelt, die das Lesen und Schreiben von Texten und Zahlen ermöglichen, und zwar sowohl vom Bildschirm als auch von Dateien.

Anhang A enthält die Spezifikation der Klassen In und Out. Sie können unter *ssw.jku.at/JavaBuch/* geladen und am eigenen Rechner installiert werden. Installationsanweisungen befinden sich auf der Webseite.

A.1 Eingabeklasse In

Die Klasse In erlaubt das Lesen von Zeichen, Zahlen, Namen und Texten sowohl von der Tastatur als auch von einer Datei.

Alle In-Methoden lesen von einem Eingabestrom, der standardmäßig von der Tastatur kommt. Man kann den Eingabestrom mittels In.open so umlenken, dass von einer Datei gelesen wird. Wenn man diese Datei mit In.close wieder schließt, kommt die Eingabe wieder von der Tastatur.

Eingabe von der Tastatur

Wenn man von der Tastatur liest, wird ein interner Lesepuffer verwendet, den der Benutzer füllen muss, indem er eine Folge von Zeichen im Konsolenfenster eintippt und mit der Return-Taste abschließt. Ruft man eine Lesemethode (z.B. In.readInt) auf und der Lesepuffer ist leer, so wartet die Methode, bis der Benutzer den Puffer wie oben beschrieben gefüllt hat. Anschließend wird der Lesepuffer zeichenweise abgearbeitet (einschließlich Steuerzeichen wie '\r' oder '\t'), bis er vollständig konsumiert ist. Versucht eine Methode über das Ende des Puffers hinaus zu lesen, muss sie warten, bis der Puffer erneut gefüllt wurde. Enthält ein Programm zum Beispiel die Anweisungen

```
int x = In.readInt();
int y = In.readInt();
int z = In.readInt();
```

und ist der Lesepuffer leer, so blockiert das erste In.readInt. Der Benutzer tippt nun zum Beispiel

17 234 *Return-Taste*

Die ersten beiden Aufrufe von In.readInt können nun abgearbeitet werden. x bekommt den Wert 17 und y den Wert 234. Das dritte In.readInt blockiert wieder, bis der Benutzer erneut eine Zahl eintippt und mit der Return-Taste abschließt.

Eingabe von einer Datei

Wenn man von einer Datei liest, wird kein Lesepuffer verwendet, sondern Methoden wie In.readInt lesen direkt von der Datei. Enthält die Datei *input.txt* zum Beispiel folgende Werte:

17 234 35 28

so kann die Datei wie folgt verarbeitet werden:

```
In.open("input.txt");
int x = In.readInt();
while (In.done()) {
    ...process x ...
    x = In.readInt();
}
In.close();
```

Ende des Eingabestroms

Bei der Eingabe von der Tastatur kann der Benutzer das Ende des Eingabestroms durch die Tastenkombination *Strg-Z* am Beginn einer neuen Zeile signalisieren. Bei der Eingabe von einer Datei wird das Ende des Eingabestroms automatisch am Dateiende erkannt. In beiden Fällen liefert In.done() == false, falls versucht wird, über das Ende des Eingabestroms hinaus zu lesen.

Konstanten

static final char **eof** = '\uffff';

Das Zeichen, mit dem das Ende des Eingabestroms signalisiert wird. Es wird von read oder peek (siehe übernächste Seite) geliefert, wenn kein weiteres Zeichen mehr gelesen werden kann.

Methoden

Im Folgenden bedeutet der Begriff *Leerraum* entweder ein Leerzeichen, ein Tabulatorzeichen ('\t') oder ein Zeilenendezeichen ('\r' oder '\n').

static char **read**()

Liest das nächste Zeichen. Wenn versucht wird, über das Ende des Eingabestroms hinauszulesen, wird eof geliefert und done() == false.

static boolean **readBoolean**()

Liest einen booleschen Wert. Die Methode überliest eventuellen Leerraum und versucht dann, einen Namen zu lesen. Ist dieser Name "true" so wird true geliefert, sonst false. Ist der Name weder "true" noch "false", liefert done() == false.

static String **readIdentifier**()

Liest einen Namen. Die Methode überliest eventuellen Leerraum und liest dann eine Folge von Buchstaben und Ziffern beginnend mit einem Buchstaben. Wurde ein Name erkannt, wird er als String zurückgegeben, ansonsten wird ein leerer String geliefert und done() == false.

static String **readWord**()

Liest ein Wort. Die Methode überliest eventuellen Leerraum und liest dann ein Wort aus beliebigen Zeichen bis zum nächsten Leerraum oder bis zum Ende der Eingabe. Wurde ein Wort erkannt, wird es als String zurückgegeben, sonst wird ein leerer String geliefert und done() == false.

static String **readLine**()

Liest eine Zeile. Die Methode liest den Rest der aktuellen Zeile (inklusive "\r\n") und liefert sie als String (exklusive "\r\n"). Eine Zeile kann auch leer sein.

static String **readFile**()

Liest die ganze Datei. Die Methode liest den Rest der aktuellen Datei und liefert sie als String. done() == true.

static String **readString**()

Liest einen String. Die Methode überliest eventuellen Leerraum und liest dann einen String unter doppelten Hochkommas. Sie kann benutzt werden, um Textstücke zu lesen, die Leerzeichen enthalten.

static int **readInt**()

Liest eine int-Zahl. Die Methode überliest eventuellen Leerraum und liest dann eine int-Zahl bestehend aus Ziffern und einem wahlweisen '-' als Vorzeichen. Wenn keine int-Zahl gelesen werden konnte oder wenn die Zahl zu groß ist, wird 0 geliefert und done() == false.

static long **readLong**()

Liest eine long-Zahl. Die Methode überliest eventuellen Leerraum und liest dann eine long-Zahl bestehend aus Ziffern und einem wahlweisen '-' als Vorzeichen. Wenn keine long-Zahl gelesen werden konnte oder wenn die Zahl zu groß ist, wird 0 geliefert und done() == false.

static float **readFloat**()

Liest eine float-Zahl. Die Methode überliest eventuellen Leerraum und liest dann eine float-Zahl gemäß Java-Spezifikation samt eventuellem Vorzeichen. Wenn keine float-Zahl gelesen werden konnte oder wenn die Zahl nicht der Java-Spezifikation für float-Konstanten entspricht, wird 0f geliefert und done() == false.

static double **readDouble**()

Liest eine double-Zahl. Die Methode überliest eventuellen Leerraum und liest dann eine double-Zahl gemäß Java-Spezifikation samt eventuellem Vorzeichen. Wenn keine double-Zahl gelesen werden konnte oder wenn die Zahl nicht der Java-Spezifikation für double-Konstanten entspricht, wird 0.0 geliefert und done() == false.

static char **peek**()

Vorausschau auf das nächste Zeichen. Die Methode überliest eventuellen Leerraum und liefert dann das nächste Zeichen, ohne es aus dem Eingabestrom zu entfernen. Man kann mit ihr herausfinden, welches Element als Nächstes im Eingabestrom kommt.

static void **open**(String fn)

Öffnet eine Textdatei zum Lesen. Die Datei namens fn wird geöffnet und wird zum neuen Eingabestrom für zukünftige Aufrufe von Lesemethoden. Wenn die Datei nicht geöffnet werden konnte, ist done() == false.

static void **close**()

Schließt den aktuellen Eingabestrom und schaltet auf den Eingabestrom um, der vor dem letzten In.open benutzt wurde. Wenn man versucht, den Tastatureingabestrom zu schließen, ist done() == false.

static boolean **done**()

Prüft, ob die zuletzt aufgerufene In-Methode erfolgreich war. Nach dem Aufruf einer Lesemethode liefert done() == true, wenn das gewünschte Element gelesen wurde, ansonsten false. done kann auch nach open und close aufgerufen werden, um zu prüfen, ob diese Operationen erfolgreich waren.

A.2 Ausgabeklasse Out

Die Klasse Out erlaubt die formatierte Ausgabe von Daten auf den Bildschirm oder auf eine Datei. Anfangs ist der Ausgabestrom das Konsolenfenster am Bildschirm. Durch Aufruf von Out.open kann man den Ausgabestrom auf eine Datei umlenken. Nach Schließen der Datei mittels Out.close geht die Ausgabe wieder auf den alten Ausgabestrom.

Methoden

static boolean **done**()

Liefert true, wenn die zuletzt aufgerufene Ausgabeoperation erfolgreich war, sonst false.

static void **print**(boolean b)
static void **print**(char s)
static void **print**(int i)
static void **print**(float f)
static void **print**(long l)
static void **print**(double d)
static void **print**(String s)
static void **print**(Object o)

Gibt den Parameter aus. Boolesche Werte werden als "true" und "false" ausgegeben. Für Object-Parameter wird vor der Ausgabe die Methode toString aufgerufen, die das Objekt in einen String konvertiert.

static void **println**()

Gibt eine *Zeilenendemarkierung* aus, wodurch eine neue Ausgabezeile begonnen wird. Unter Windows besteht die Zeilenendemarkierung aus den beiden Zeichen '\r' und '\n'.

static void **println**(boolean b)
static void **println**(char s)
static void **println**(int i)
static void **println**(long l)
static void **println**(float f)
static void **println**(double d)
static void **println**(char a[])
static void **println**(String s)
static void **println**(Object o)

Gibt den Parameter und eine Zeilenendemarkierung aus. Boolesche Werte werden als "true" und "false" ausgegeben. Für Object-Parameter wird vor der Ausgabe die Methode toString aufgerufen, die das Objekt in einen String konvertiert. Unter Windows besteht die Zeilenendemarkierung aus den beiden Zeichen '\r' und '\n'.

static void **open**(String fn)

Öffnet die Datei namens fn als aktuellen Ausgabestrom. Alle zukünftigen Ausgabeoperationen schreiben auf diese Datei, bis sie wieder mit Out.close geschlossen wird. Von diesem Zeitpunkt an schreiben Ausgabeoperationen wieder auf den alten Ausgabestrom. Wenn die Datei nicht geöffnet werden konnte, ist done() == false.

static void **close**()

Schließt den aktuellen Ausgabestrom und schaltet auf den Ausgabestrom zurück, der vor dem letzten Aufruf von Out.open benutzt wurde.

B Java-Grammatik

Die folgende EBNF-Grammatik (EBNF siehe Kapitel 1.6.3) wurde aus der Java-Sprachspezifikation ([GJSB05]) abgeleitet und geringfügig vereinfacht.

Deklarationen

```
JavaFile       =  ["package" Name "; "]
                  {"import" ["static"] Name ["." "*"] ";"}
                  {ClassDecl | InterfaceDecl | EnumDecl | ";"}.

ClassDecl      =  {"public" | "abstract" | "final"} "class" Ident [TypePars]
                  ["extends" Type] ["implements" Type {"," Type}] ClassBody.
ClassBody      =  "{" {ClassMember} "}".
ClassMember    =  FieldDecl
               |  MethodDecl
               |  ConstructorDecl
               |  ClassDecl
               |  InterfaceDecl
               |  EnumDecl
               |  ["static"] Block
               |  ";" .

InterfaceDecl  =  ["public"] "interface" Ident [TypePars] ["extends" Type {"," Type}]
                  "{"  {  FieldDecl
                        | MethodHeader ";"
                        | ClassDecl
                        | InterfaceDecl
                        | EnumDecl
                        | ";"
                        }
                  "}".

EnumDecl       =  ["public" | "private"] "enum" Ident ["implements" Type {"," Type}]
                  "{" [EnumConst {"," EnumConst}] [";" { ClassMember }] "}".
EnumConst      =  Ident ["(" [Expr {"," Expr}] ")"].

TypePars       =  "<" TypePar {"," TypePar} ">".
TypePar        =  ident ["extends" Type {"&" Type} ].
```

```
FieldDecl        = {Visibility | "static" | "final" | "transient" | "volatile"} Type Var {"," Var} ";".
Var              = Ident ["=" VarInit].
VarInit          = Expr | "{" VarInit {"," VarInit} "}".

MethodDecl       = MethodHeader (Block | ";").
MethodHeader     = {Visibility | "static" | "abstract" | "final" | "native" | "synchronized" | "strictfp"}
                   [TypePars] (Type | "void") Ident FormPars ["throws" Name {"," Name}].
FormPars         = "(" [FormPar {"," FormPar}] ")".
FormPar          = ["final"] Type ["..."] Ident.

ConstructorDecl  = [Visibility] [TypePars] Ident FormPars ["throws" Name {"," Name}] Block.

Type             = (PrimitiveType | Name [TypeArgs]) {"[" "]"}.
PrimitiveType    = "byte" | "short" | "int" | "long" | "char" | "float" | "double" | "boolean".
TypeArgs         = "<" TypeArg {"," TypeArg} ">".
TypeArg          = Type | "?" [("extends" | "super") Type].
Visibility       = "public" | "protected" | "private".
Name             = Ident {"." Ident}.
```

Anweisungen

```
Statement        = {Ident ":"}
                   ( Block
                   | [Expr] ";"
                   | "if" "(" Expr ")" Statement ["else" Statement]
                   | "switch" "(" Expr ")" "{" {SwitchGroup} "}"
                   | "while" "(" Expr ")" Statement
                   | "for" "(" [ForInit] ";" [Expr] ";" [ForUpdate] ")" Statement
                   | "for" "(" Type Ident ":" Expr ")" Statement.
                   | "do" Statement "while" "(" Expr ")" ";"
                   | "try" Block ( Catch {Catch} [Finally] | Finally )
                   | "synchronized" "(" Expr ")" Block
                   | "return" ["Expr"] "; "
                   | "throw" Expr ";"
                   | "break" [Ident] ";"
                   | "continue" [Ident] ";"
                   | "assert" Expr [":" Expr] ";"
                   ).

Block            = "{" { StatementOrDecl } "}".
StatementOrDecl  = Statement
                 | ["final"] Type Var {"," Var} ";"
                 | ClassDecl.

Catch            = "catch" "(" FormPar ")" Block.
Finally          = "finally" Block.
```

```
ForInit          =  Expr {"," Expr}
                 |  ["final"] Type Var {"," Var} .
ForUpdate        =  Expr {"," Expr}.

SwitchGroup      =  CaseLabel {CaseLabel} StatementOrDecl {StatementOrDecl}.
CaseLabel        =  "case" ConstantExpr ":"  | "default" ":" .
```

Ausdrücke

```
Expr             =  CondExpr | Assignment.
ConstantExpr     =  Expr.

Assignment       =  Designator AssignOp Expr.
AssignOp         =  "=" | "+=" | "-=" | "*=" | "/=" | "&=" | "|=" | "^=" | "%="
                 |  "<<=" | ">>=" | ">>>=".

CondExpr         =  CondOrExpr ["?" Expr ":" CondExpr].
CondOrExpr       =  CondAndExpr {"||" CondAndExpr}.
CondAndExpr      =  OrExpr {"&&" OrExpr}.
OrExpr           =  XorExpr {"|" XorExpr}.
XorExpr          =  AndExpr {"^" AndExpr}.
AndExpr          =  EqualExpr {"&" EqualExpr}.
EqualExpr        =  RelExpr {("==" | "!=") RelExpr}.
RelExpr          =  ShiftExpr {("<" | ">" | "<=" | ">=") ShiftExpr} ["instanceof" Type].
ShiftExpr        =  AddExpr {("<<" | ">>" | ">>>") AddExpr}.
AddExpr          =  MulExpr {("+" | "-") MulExpr}.
MulExpr          =  Unary {("*" | "/" | "%") Unary}.

Unary            =  {"+" | "-" | "++" | "--" | "~" | "!" | "(" Type ")"} Primary {"++" | "--"}.
Primary          =  Literal
                 |  Designator
                 |  "(" Expr ")"
                 |  ClassNew
                 |  ArrayNew.

Designator       =  ( Ident | "this" | "super" )
                    {  "." (Ident | "this" | "class")
                    |  "[" Expr "]"
                    |  "(" [ActPars] ")"
                    }.

ClassNew         =  "new" Type "(" [ActPars] ")" [ClassBody].
ArrayNew         =  "new" (PrimitiveType | Name)
                    (  "[" Expr "]" {"[" [Expr] "]"}
                    |  "[" "]" {"[" "]"} "{" VarInit {"," VarInit} "}"
                    ).

ActPars          =  Expr {"," Expr}.
```

Lexikalische Symbole

```
Ident           =  Letter {Letter | Digit}.
Letter          =  any unicode character that is a letter
                |  "_"
                |  "$".

Literal         =  IntNumber | FloatNumber | StringConst | CharConst
                |  "true" | "false" | "null".

IntNumber       =  (    Digit {Digit}
                   |    "0" ("x" | "X") HexDigit {HexDigit}
                   |    "0" OctDigit {OctDigit}
                   ) ["l" | "L"].
Digit           =  "0" | "1" | "2" | "3" | "4" | "5" | "6" | "7" | "8" | "9".
OctDigit        =  "0" | "1" | "2" | "3" | "4" | "5" | "6" | "7".
HexDigit        =  Digit | "a" | "b" | "c" | "d" | "e" | "f" | "A" | "B" | "C" | "D" | "E" | "F".

FloatNumber     =  Digits   ( "." [Digits] [Exponent] [FloatSuffix]
                            | Exponent [FloatSuffix]
                            | FloatSuffix
                            )
                |  "." Digits [Exponent] [FloatSuffix].
Digits          =  Digit {Digit}.
Exponent        =  ("e" | "E") ["+" | "-"] Digits.
FloatSuffix     =  "f" | "F" | "d" | "D".

StringConst     =  ' " ' {StringChar} ' " '.
StringChar      =  any character except " or \
                |  EscapeSequence.
EscapeSequence  =  "\u" HexDigit HexDigit HexDigit HexDigit
                |  "\" OctDigit [OctDigit] [OctDigit]
                |  "\b"     /* \u0008: backspace BS */
                |  "\t"     /* \u0009: horizontal tab HT */
                |  "\n"     /* \u000a: line feed LF */
                |  "\f"     /* \u000c: form feed FF */
                |  "\r"     /* \u000d: carriage return CR */
                |  '\" '    /* \u0022: double quote " */
                |  "\' "    /* \u0027: single quote ' */
                |  "\\".    /* \u005c: backslash \*/

CharConst       =  " ' " (any character except ' or \) " ' "
                |  EscapeSequence.
```

C Programmierstil

Guter Programmierstil trägt wesentlich zur Lesbarkeit und Wartbarkeit von Programmen bei. Richtlinien für die Namensgebung, Kommentierung oder Einrückung von Anweisungen lassen sich zwar nicht generell festlegen; die folgende Zusammenstellung enthält aber einige bewährte Konventionen, die hier empfohlen werden. Wichtiger jedoch, als einen *bestimmten* Programmierstil einzuhalten, ist es, einen *konsistenten* Stil zu befolgen.

C.1 Namensgebung

Namen für	beginnen mit		Beispiele
Konstanten	Substantiv	Großbuchstaben	SIZE, MAX_LEN
Variablen	Substantiv	Kleinbuchstaben	version, wordSize
	Adjektiv	Kleinbuchstaben	full, ready
Funktionen	Substantiv	Kleinbuchstaben	position()
	Adjektiv	Kleinbuchstaben	empty(), equal()
Prozeduren	Verb	Kleinbuchstaben	drawLine()
Klassen	Substaniv	Großbuchstaben	File, TextFrame

Namenslänge. Lokale, temporär verwendete Namen sollten kurz sein (z.B. i, j). Globale, wichtige Namen sollten sprechend, aber nicht zu lang sein (z.B. words, nEntries).

Sprache. Wählen Sie englische Namen. Sie sind meist kürzer als deutsche Namen und passen besser zu den englischen Schlüsselwörtern. Außerdem können Sie Programme mit englischen Namen leichter an Personen weitergeben, die kein Deutsch verstehen (z.B. über das Internet).

Worttrennung. Namen, die aus mehreren Wörtern bestehen, können entweder durch Groß-/Kleinschreibung (z.B. drawLine) oder durch ein Unterstreichungszeichen (z.B. draw_line) getrennt werden. Die meisten Java-Programmierer verwenden die erste Variante.

C.2 Kommentare

Kommentieren Sie, was *nicht* im Programm steht (und wichtig ist). Vermeiden Sie Kommentare, die nur das wiederholen, was man ohnehin aus dem Programmtext ablesen kann.

Wählen Sie für Kommentare dieselbe Sprache wie für Namen im Programm. Aus den oben geschilderten Gründen sind englische Kommentare vorteilhaft.

Verwenden Sie *javadoc*-konforme Kommentare für Klassen, Felder und Methoden, z.B.

```
/**  A stack of integer.
     Implements a FIFO data structure of fixed length. ...
*/
public class Stack {

   /**  indicates stack overflow.
        This flag should be checked after every push() operation.
        If overflow == true, the parameter of the most recent push() operation
        was ignored.
   */
   public boolean overflow;
   ...

   /**  pushes the value x onto the stack.
        The overflow flag tells if the operation was successful.
   */
   public void push (int x) {...}
   ...
}
```

Verwenden Sie *Trennkommentare* zur Einleitung von Anweisungsfolgen, die eine bestimmte Aufgabe erfüllen, z.B.

```
//---- Read input array
In.open("input.txt");
int len = In.readInt();
int[] a = new int[len];
for (int i = 0; i < len; i++) a[i] = In.readInt();

//---- Invert array
invert(a);

//---- Print inverted array
for (int i = 0; i < len; i++) Out.print(a[i] + " ");
Out.println();
```

Halten Sie die Anweisungsfolgen einer Methode möglichst frei von Kommentaren. Jedesmal, wenn Sie einen Kommentar schreiben, sollten Sie sich überlegen, ob Sie nicht stattdessen das Programm vereinfachen oder bessere Namen wählen können, um dadurch den Kommentar zu vermeiden. Ein gutes Programm ist nicht eines, das möglichst viele Kommentare enthält, sondern eines, das möglichst wenige Kommentare *benötigt*. Falls Sie dennoch einmal einen Algorithmus ausführlich kommentieren wollen, tun Sie das im Kopfkommentar der Methoden und Klassen und nicht zwischen den einzelnen Anweisungen. Bei zu vielen Kommentaren zwischen den Anweisungen kann es sein, dass Sie das Programm vor lauter Kommentaren nicht mehr sehen.

C.3 Einrückungen

Verwenden Sie als Einrückungstiefe 1 Tabulatorzeichen oder 2 Leerzeichen. Zu tiefe Einrückungen sind genauso unleserlich wie zu wenig tiefe oder gar keine Einrückungen. Die folgenden Codemuster zeigen, wie Sie Programmkonstrukte einrücken sollten:

Anweisungen

```
if (cond) {
  ...
} else if (cond) {
  ...
} else {
  ...
}
```

```
switch (expr) {
  case c1:
    ...
  case c2:
    ...
}
```

```
try {
  ...
} catch (Exception1 e) {
  ...
} finally {
  ...
}
```

```
while (cond) {
  ...
}
```

```
do {
  ...
} while (cond);
```

```
for (...) {
  ...
}
```

Klassen

```
class C {
  ... fields ...
  ... methods ...
}
```

Methoden

```
public int func() {
  ... declarations ...
  ... statements ...
}
```

Normalerweise sollten Sie jede Anweisung in eine eigene Zeile schreiben. Falls jedoch mehrere kurze Anweisungen zusammengehören und eine Einheit bilden, können Sie sie in die gleiche Zeile schreiben, z.B.

```
p.next = head; head = p;
if (a > b) max = a; else max = b;
```

Auf diese Weise wird der Programmtext kürzer, was oft auch dazu führt, dass er besser überschaubar ist.

C.4 Programmkomplexität

Unter der (statischen) Komplexität eines Programms versteht man die Schwierigkeit, mit der man das Programm verstehen und warten kann. Es gibt verschiedene Komplexitätsmaße, auf die wir hier nicht näher eingehen können. Ein einfaches und überraschend gutes Komplexitätsmaß ist die Anzahl der Zeilen (*lines of code* oder *LOC*) eines Programms oder noch besser die Anzahl der Anweisungen. Kurze Programme sind meist nicht nur effizienter, sondern auch leichter zu verstehen.

Eine Methode sollte keinesfalls länger als eine Bildschirmseite sein. Falls eine Methode länger ist, sollten Sie sie in kleinere Methoden zerlegen. Vermeiden Sie aber Extreme. Programme, die aus Hunderten von Methoden bestehen, die alle nur ein bis zwei Zeilen lang sind, sind ebenfalls schwer zu verstehen, weil der Leser ständig zwischen den einzelnen Methoden hin und her springen muss.

Um auch längere Methoden kompakt zu halten, sollten Sie keine überlangen Namen verwenden und Anweisungen, die zusammengehören, in die gleiche Zeile schreiben. Übertreiben Sie aber nicht! Zu dichte Programme sind schwer zu lesen; zu kurze Namen wirken kryptisch.

C.5 Testhilfen

Hilfsdrucke

Moderne Programmierumgebungen verfügen meist über einen *Debugger*, der ihnen erlaubt, ein Programm Anweisung für Anweisung auszuführen und sich dazwischen die Werte der Variablen anzusehen. Trotz dieser bequemen Hilfe kann es nützlich sein, in Ihr Programm Hilfsdrucke einzubauen, die Ihnen zum Beispiel den Inhalt einer komplizierten Datenstruktur am Bildschirm oder noch besser auf eine Datei ausgeben. Hilfsdrucke sind kein Ersatz für einen Debugger, aber eine sinnvolle Ergänzung. Sie stellen Informationen kompakt und übersichtlich dar, wie Sie es mit einem Debugger kaum erreichen können.

Hilfsdrucke sollten auch nach dem Testen eines Programms nicht gelöscht werden. Sie können sie entweder auskommentieren oder noch besser mit einem *Hilfsdruckschalter* ausblenden, z.B.

```
if (debug) {
    Out.println("-- contents of list ---");
    Node p = head;
    while (p != null) {
        Out.print(p.val + " ");
        p = p.next;
    }
    Out.println();
}
...
```

Die Abfrage des Schalters debug kostet kaum Laufzeit und kann selbst in einem ausgetesteten und an den Kunden ausgelieferten Programm enthalten bleiben. Dies hat den Vorteil, dass man die Hilfsdrucke beim Auftreten eines Fehlers jederzeit wieder aktivieren kann. Wenn Sie es so einrichten, dass der debug-Schalter per Kommandozeilenparameter gesetzt werden kann, brauchen Sie zum Einschalten der Hilfsdrucke das Programm nicht einmal neu zu übersetzen.

Viele Programmierer legen sich statt eines einfachen debug-Schalters ein ganzes Array solcher Schalter an. Das hat den Vorteil, dass Sie über die einzelnen Schalter unterschiedliche Hilfsdrucke aktivieren können, z.B.

```
if (debug[0]) { ... }
if (debug[1]} { ... }
```

Plausibilitätsprüfungen

Wenn ein Programm an einer bestimmten Stelle Annahmen über Parameterwerte oder über den Zustand von Datenstrukturen macht, dann sollten diese Annahmen auch überprüft werden. Java bietet für diesen Zweck die assert-Anweisung an (siehe Kapitel 3.4).

```
assert x >= 0 && x <= 100 : "Method m(): value of x is not within 0..100";
```

Ähnlich wie Hilfsdrucke sollten auch assert-Anweisungen nicht nur beim Testen verwendet werden, sondern auch in fertigen Programmen enthalten bleiben. Die Prüfungen werden ja nur ausgeführt, wenn man seine Programme mit der Option -enableassertions ausführt, und kosten daher kaum Laufzeit.

Sie werden staunen, wie oft diese Plausibilitätsprüfungen Fehler selbst in ausführlich getesteten Programmen aufdecken. Plausibilitätsprüfungen helfen, Fehler frühzeitig zu entdecken und nicht erst dann, wenn sie sich fortgepflanzt haben und sich an ganz anderer Stelle im Programm auswirken.

Man nennt diesen Programmierstil *defensives Programmieren.* Ein Programmierer kann nie vorsichtig genug sein. Selbst erfahrene Programmierer machen Fehler, die oft beim Testen nicht entdeckt werden und erst im Betrieb eines Programms zum Vorschein kommen. Plausibilitätsprüfungen schaffen ein ruhiges Gewissen. Sie wirken wie »Wachhunde« im Programm, die sicherstellen, dass die Annahmen des Programmierers auch wirklich immer gelten.

Literatur

[AGH00] Ken Arnold, James Gosling, David Holmes: *The Java Programming Language*, Third Edition. Addison-Wesley, 2000.

[Bod02] Stephanie Bodoff et al.: *The J2EE Tutorial*. Addison-Wesley, 2002.

[Bosch04] Andy Bosch: *Java Server Faces*. Addison-Wesley, 2004.

[Brügge04] Bernd Brügge, Allen H. Dutoit: *Objektorientierte Softwaretechnik mit UML, Entwurfsmustern und Java*. Pearson, 2004.

[Budd01] Timothy Budd: *Understanding Object-Oriented Programming with Java*. Addison-Wesley, 1999.

[Bog99] Marko Boger: *Java in verteilten Systemen*. dpunkt.verlag, 1999.

[Chap02] David A. Chappell, Tyler Jewell: *Java Web Services*. O'Reilly & Associates, 2002.

[CWH00] Mary Campione, Kathy Walrath, Alison Huml: *The Java Tutorial, Third Edition*. Addison-Wesley, 2000.
Auch unter *http://java.sun.com/docs/books/tutorial/*

[Flan04] David Flanagan: *Java Examples in a Nutshell, Third Edition*. O'Reilly & Associates, 2004.

[Fowler03] Martin Fowler: *UML Distilled, Third Edition*. Addison-Wesley, 2003.

[FS99] Mohammed Fayad, Douglas C. Schmidt: *Implementing Application Frameworks: Object-Oriented Foundations of Framework Design*. John Wiley & Sons, 1999.

[GHJ04] Erich Gamma, Richard Helm, Ralph Johnson: *Entwurfsmuster*. Addison-Wesley, 2004.

[GJSB05] James Gosling, Bill Joy, Guy Steele, Gilad Bracha: *The Java Language Specification, Third Edition*. Addison-Wesley, 2005. Auch unter *http://java.sun.com/docs/books/jls/*

[Hall00] Marty Hall: *Core Servlets and JavaServer Pages (JSP)*. Prentice Hall, 2000.

[HK05] Martin Hitz, Gerti Kappel, Elisabeth Kapsammer, Werner Retschitzegger: *UML@Work*. 3. Auflage. dpunkt.verlag, 2005.

[Holu00] Allen Holub: *Taming Java Threads*. Addison-Wesley, 2000.

[JavaBuch] Webseite mit diversen Materialien zu diesem Buch: *http://ssw.jku.at/JavaBuch/*

[Javadoc] Beschreibung des Werkzeugs *javadoc*: *http://java.sun.com/j2se/javadoc/*

[JDK] Online-Dokumentation der Java-Klassenbibliothek: *http://java.sun.com/j2se/1.5.0/docs/api/*

[ONS98] Joseph O'Neil, Herbert Schildt: *Java Beans Programming from the Ground Up*. McGraw Hill, 1998.

[Pree96] Wolfgang Pree: *Framework Patterns*. SIGS Books & Multimedia, 1996.

[Sed02] Robert Sedgewick: *Algorithms in Java*, Third Edition. Addison-Wesley, 2002.

[SS03] Gunter Saake, Kai-Uwe Sattler: *Datenbanken und Java*. 2. Auflage. dpunkt.verlag, 2003.

[Swing] Swing-Tutorial: *http://java.sun.com/docs/books/tutorial/uiswing/*.

[Thom00] Stephen Thomas: *SSL and TLS Essentials*. John Wiley, 2000.

[Turau01] Volker Turau, Ronald Pfeiffer: *Java Server Pages*. dpunkt.verlag, 2001.

[Wal04] Kathy Walrath et al.: *The JFC Swing Tutorial: A Guide to Constructing GUIs*, Second Edition. Addison-Wesely, 2004.

Index

A

E

F

G

H

I

R

S

U

V

W

X

Z

Sonderzeichen